Wolfgang Rieger

SGML für die Praxis

Ansatz und Einsatz von ISO 8879

Mit einer Einführung in HTML

enthält DOS-Diskette mit SGML-Parser

 Springer

Wolfgang Rieger
BSE Büro für Software-Entwicklung
Frankfurter Ring 193 a
D-80807 München

ISBN 978-3-642-78703-4   ISBN 978-3-642-78702-7 (eBook)
DOI 10.1007/978-3-642-78702-7

CIP-Aufnahme beantragt

Umschlaggestaltung: Künkel + Lopka, Ilvesheim
Satz: BSE Büro für Software-Entwicklung
SPIN 10122414   33/3142 – 5 4 3 2 1 0 – Gedruckt auf säurefreiem Papier

Inhaltsverzeichnis

Einleitung   1

Danksagung 9

Dokumente   11

1.1. Was sind Dokumente? 11
1.2. Bestandteile von Dokumenten............................12
1.3. Das Problem und seine Teillösungen....................14
1.4. Was ist SGML? 19
1.5. Zusammenfassung 22

Dokumentstruktur   23

2.1. Was ist Struktur? 23
2.2. Markierung von Dokumentbestandteilen 26
2.3. Dokument-Typen und Dokumentinstanzen 29
2.4. Lineare und nichtlineare Struktur.......................32
2.5. Zusammenfassung 36

SGML im Einsatz   39

3.1. Beispiel Lexikonartikel.....................................39
3.2. SGML und die neuen Medien 43

3.3. Einsatzbereiche 46

3.4. Ungeeignete Dokument-Typen 49

3.5. Zusammenfassung 51

Muster und Modelle 53

4.1. Klassenbildung 53

4.2. Dokument-Typ-Definitionen 55

4.3. Primitive Muster 55

4.4. Konnektoren und andere Operatoren 56

4.5. Gruppierung in Inhaltsmodellen 58

4.6. Mehrdeutigkeit 59

4.7. Zusammenfassung 63

4.8. Übungen 66

SGML-Dokumente 67

5.1. Ein einfaches Beispiel 67

5.2. Dokument-Typ-Definitionen 68

5.3. Elementdeklarationen 71

5.4. Darstellung der hierarchischen Struktur 72

5.5. Bewegliche Bestandteile 75

5.6. Inklusionen 76

5.7. Exklusionen 77

5.8. Minimierung von Endemarkierungen 79

5.9. Minimierung von Startmarkierungen 82

5.10. Alternative Minimierungen 85

5.11. Zusammenfassung 88

5.12. Übungen 90

Inhalte und Entitäten 93

6.1. Der Inhalt von SGML-Elementen 93

6.2. Buchstabe, Zeichen, Zeichensatz 95

6.3. Unabhängigkeit von der Codierung 97

6.4. Unabhängigkeit vom Alphabet 99

6.5. Entitätsdeklaration und Entitätsreferenz 101

6.6. Zeichenreferenzen 102

6.7. CDATA, SDATA und NDATA 104

6.8. Daten-Entitäten und Text-Entitäten 106

6.9. Externe Entitäten 107

6.10. Subdokumente 108

6.11. Parameter-Entitäten 109

6.12. Verwendung von Parameter-Entitäten 110

6.13. Standardisierte Alphabeterweiterungen 112

6.14. Der Entity-Manager 114

6.15. Zusammenfassung 115

6.16. Übungen 117

Attribute 119

7.1. Problemstellung 119

7.2. Deklaration von Attributen 121

7.3. CDATA-Attribute 124

7.4. Attribute mit deklariertem Wert 128

7.5. Objektwertige Attribute 131

7.6. Voreinstellung FIXED 132

7.7. Voreinstellung CURRENT 134

7.8. Gebrauch von Attributen 135

7.9. Zusammenfassung 138

7.10. Übungen 140

Spezielle Elemente 141

8.1. Verknüpfungen und Verweise 141

8.2. ID- und IDREF-Attribute 145

8.3. Voreinstellung CONREF 149

8.4. Indizes und Register 150

8.5. Glossare 161

8.6. Verzeichnisse 162

8.7. Literaturverweise 163

8.8. Fußnoten 165

8.9. Zusammenfassung 166

8.10. Übungen 168

Daten und Notationen 171

9.1. Daten in Elementen 171
9.2. Notationen 174
9.3. NOTATION-Attribute 178
9.4. Einbinden von Binärdaten 179
9.5. ENTITY-Attribute 180
9.6. Zusammenfassung 186
9.7. Übungen 188

Die SGML-Deklaration 191

10.1. Aufbau der SGML-Deklaration 192
10.2. PUBLIC-Bezeichner 193
10.3. Spezifikation von Zeichensätzen 198
10.4. Kapazität 203
10.5. Syntax-Spezifikation 205
10.6. Merkmale 216
10.7. Anwendungsspezifische Informationen 222
10.8. Systemdeklaration 223
10.9. Zusammenfassung 227
10.10. Übungen 229

Randgebiete 231

11.1 Kurzreferenzen 231
11.2 LINK-Attribute 236
11.3 Markierte Bereiche 245
11.4 Zusammenfassung 248
11.5. Übungen 250

HTML 251

12.1. Das World Wide Web 252
12.2. HTML 254
12.3. Die Elemente von HTML 256
12.4. Listen 265

12.5. Hypertext-Links.................................268
12.6. URIs, URLs und URNs 270
12.7. Dokumentstruktur...................................277
12.8. Formulare..281
12.9. HTML-Etikette......................................293

SGML-Anwendungen 297

13.1. Eingabe, Bearbeitung und Ausgabe..........................298
13.2. Parser..301
13.3. Editoren..305
13.4. Textverarbeitung und DTP...............................308
13.5. Konverter..314
13.6. SGML-Datenbanken...............................318
13.7. HTML-Software......................................319
13.8. DTD-Tools...328
13.9. Zusammenfassung 330

Zeichensätze 333

A.1 ASCII...334
A.2 ISO Latin 1 335
A.3 EBCDIC..336

Sonderzeichen 339

B.1 Bezeichner..339
B.2 ISOlat1..342
B.3 SGML-Zeichen 345
B.4 Interpunktion 346
B.5 Sonstige Symbole 348
B.6 Mathematische Symbole................................349
B.7 Griechisches Alphabet................................350

Parser-Manual 355

C.1 Aufruf des Parsers 355
C.2 Optionen 356
C.3 Ausgabe 362
C.4 Entitäten 366
C.5 SGML-Deklaration 370
C.6 Systemdeklaration 371

Informationsquellen 373

D.1. Bibliographie 373
D.2. Organisationen und Kontakte 377
D.3. SGML im Internet 380
D.4. Informationssuche im Internet 384
D.5. Software in der Public Domain 390
D.6. Anbieter von SGML-Software 391

Lösungen   401

E.1. Lösungen zu Kapitel 4 401
E.2. Lösungen zu Kapitel 5 402
E.3. Lösungen zu Kapitel 6 405
E.4. Lösungen zu Kapitel 7 406
E.5. Lösungen zu Kapitel 8 408
E.6. Lösungen zu Kapitel 9 410
E.7. Lösungen zu Kapitel 10 412
E.8. Lösungen zu Kapitel 11 413

Index   415

Einleitung

Meine erste Begegnung mit SGML fand vor einigen Jahren auf einer Entwicklertagung in San Jose, Kalifornien statt. Im Rahmen einer die Tagung begleitenden Ausstellung wurde ein auf SGML basierendes Online-Hilfesystems gezeigt. Es sollte auf den Maschinen von Silicon Graphics einen mit einer graphischen Oberfläche und Hypertext-Fähigkeiten versehenen eleganten Ersatz des altehrwürdigen Unix-Befehls man bilden.

Es ist manchmal niederschmetternd, wenn eine Idee oder Vorstellung, die man im Innern seit einiger Zeit bewegt hatte (oder von der man bewegt wurde), einem auf einmal als Wirklichkeit, fortgeschrittenes Projekt oder gar fertiges Produkt entgegentritt.

Das war hier nicht der Fall, denn obwohl hier bereits ein internationaler Standard fixiert war und fertige Produkte vorlagen, war klar erkennbar, daß man dennoch erst ganz am Anfang einer Entwicklung steht, die eines Tages vielleicht als vierte informationstechnische Revolution in die Kulturgeschichte eingehen wird.

Nur nebenbei und zur Erinnerung die bisherigen Quantensprünge in der Verfügbarkeit von Information:

- Die erste informationstechnische Revolution bildet natürlich die Erfindung der Schrift. Sie entkoppelt die Weitergabe von Information von persönlichem Kontakt und beseitigt die Unsicherheit mündlicher Weitergabe. Außerdem wird die Kapazität des menschlichen Gedächtnisses als beschränkender Faktor überwunden.

Informationen, Erfahrungen, Kunstwerke, Kultur schlechthin kann jetzt akkumuliert und über die Generationen weitergegeben werden.

Es ist ein Schritt, der eine tiefe Kluft zwischen Kulturen mit Schrift und Kulturen ohne Schrift aufreißt. Ein Schritt, der in der gedanklichen Welt vergleichbar ist mit der erstmaligen Verwendung von Werkzeugen in der physischen Welt. Mit der Erfindung der Schrift überwindet der Mensch auch in diesem Bereich sein *So-gemacht-Sein* (sofern man die Sprachfähigkeit als dem Menschen ohnehin eigentümlich betrachtet).

- Die zweite Revolution ist die Erfindung des Buchdrucks[1]. Es ist ein quantitativer Sprung gegenüber dem qualitativen Sprung, den die Erfindung der Schrift bedeutet. Indem neue Möglichkeiten der Vervielfältigung und Weitergabe geschaffen werden, bedeutet der Buchdruck eine massive Veränderung in der Verfügbarkeit von Information.

Manchmal bedeutet aber eine quantitative Änderung, wenn sie genügend ausgeprägt ist, auch eine neue Qualität: Lesen und Schreiben lernen ohne Gegenstände zum Lesen und Schreiben ist eine etwas fruchtlose Übung. Voraussetzung für die damals einsetzende Alphabetisierung der Gesellschaft und die in der Folge resultierenden gesellschaftlichen Umwälzungen war die Verfügbarkeit von Bedrucktem außerhalb von Adel und Klerus.

- Die dritte Revolution schließlich haben wir alle erlebt, bzw. wir stecken noch mitten in ihr: Die Entwicklung der Telekommunikation und der elektronischen Datenverarbeitung brachte den allgemeinen Zugriff auf aktuelle Daten über beliebige Entfernungen hinweg.

---

[1] Es soll hier nicht vergessen werden, daß die Erfindung des Buchdrucks selbst nur einen Teil einer Gruppe von Erfindungen bildet, die erst zusammen den innovativen Sprung ermöglichen. Eine sehr wichtige Voraussetzung bildet zum Beispiel die industrielle Erzeugung von Papier. Ohne dem gegenüber dem Pergament wesentlich billigeren Papier wäre die Erfindung des Buchdrucks allein relativ folgenlos geblieben.

Man könnte meinen, daß die Zukunft nur noch "mehr und schneller" in Form erhöhter Bandbreiten und noch vielfältigerer Informationsangebote bringen wird. Man fragt sich, welche Innovation es rechtfertigen könnte, nun von einer vierten informationstechnischen Revolution zu sprechen. Was es sein wird, wird klarer, wenn man die neuen Dienste und Medien betrachtet. Immer mehr wandert das Schwergewicht von der direkten Darstellung oder Produktion von Information zur Vermittlung von Meta-Information, also Information über Information. Das Problem ist nicht mehr die Nicht-Existenz, sondern die Nicht-Auffindbarkeit von Information.

Zurück nach San Jose. Wie gesagt, ich war fasziniert von SGML. Die Vorstellung von etwas Ähnlichem hatte ich schon längere Zeit mit mir herumgetragen, auf jeden Fall seit ich als Assistent an der Universität Erlangen gearbeitet hatte. Damals war auch ich in bescheidenem Umfang mit der Produktion von Wissenschaft beschäftigt. Ein Wissenschaftler verbringt ja mittlerweile immer größere Abschnitte seiner Zeit nicht mehr damit, zu forschen, sondern forscht nach den Forschungen anderer. Häufig genug erfolglos. Zu spät stellt man fest, daß ein Ergebnis schon längst an anderer Stelle publiziert worden ist.

Wenn auch die Chance recht gering ist, daß die Wissenschaft bzw. die Produzenten von Information demnächst für einige Jahre oder Jahrzehnte Pause machen, um Gelegenheit zur Aufarbeitung und Integration des Bestehenden zu geben, ist es doch klar, daß in Zukunft Augenmerk und Anstrengungen stärker darauf gerichtet sein müssen, die existierenden Berge von Information besser zu erschließen.

Wie also können hier schrittweise Verbesserungen geschaffen werden? Es genügt nicht, elektronisch zu publizieren und die Publikation für Zugriffe über Netzwerk verfügbar zu machen. Es reicht nicht aus, wenn eine Publikation als PostScript-Datei verfügbar ist. Um zu wissen, ob die enthaltene Information relevant ist, muß das betreffende Dokument ausgedruckt und gelesen werden. Das ist wenig hilfreich, wenn der Informationssuchende mit einem Wust von Millionen von Dateien und Terabyte von Daten konfrontiert ist. Was fehlt, ist eine inhaltliche Erschließung in einer vom Computer verarbeitbaren Form. Eine solche Erschließung kann keine Klassifizierung entsprechend einem einmal fixierten Schema sein. Vielmehr muß jede Gruppe von Dokumenten ihrer Eigenart entsprechend nach Inhalt und Struktur erschlossen werden. Die heute verbreiteten Dokumentformate und Seitenbeschreibungssprachen können das nicht leisten, da sie die Struktur, wo überhaupt, nur unzureichend und unflexibel wiedergeben.

SGML löst dieses Problem dadurch, daß keine Struktur vorgegeben wird, sondern eine Sprache zur präzisen Beschreibung von Dokumentstrukturen bereitgestellt wird. Die dadurch erreichte Flexibilität und Anpassungsfähigkeit ist das besondere Merkmal von SGML. Es wird dadurch möglich, sehr unterschiedlich angelegte Informationsquellen zu integrieren. Und das ist Voraussetzung, wenn das Ziel der allgemeinen Verfügbarkeit des menschlichen Wissens eines Tages tatsächlich erreicht werden soll. Das wäre dann gewissermaßen die Vollendung der informationellen Demokratie.

Formuliert man all diese Bemühungen und Problemstellungen in einem Fernziel, so ergibt sich als Gegenstand der vierten informationstechnischen Revolution

- die allgemeine Verfügbarkeit des menschlichen Wissens durch maschinell auswertbare Strukturierung und Vernetzung von Information.

Ein großes Ziel, und SGML ist nur ein Teil der Lösung. Aber genug der Zukunftsmusik: Das Schöne an SGML ist, daß dieser Standard nicht nur Zukunft, sondern auch recht viel Gegenwart (und einige Vergangenheit) hat. Sprich: Man kann nicht nur die Zukunft in leuchtenden Farben malen, sondern auch die Probleme der Gegenwart lösen. Insbesondere das immer dringender werdende Problem der Wiederverwendbarkeit und Mehrfachverwendbarkeit von Dokumenten.

Ein Beispiel ist die ursprüngliche Handhabung der (Online-)Dokumentation unter Unix, die einen der ersten Versuche zur elektronischen Publikation und Mehrfachverwendung von Dokumenten darstellte. Jedem Manualeintrag sollte genau ein Dokument entsprechen. Dieses Dokument sollte sowohl für den Druck aufbereitet werden können, als auch für die Ausgabe auf einer Vielzahl von Terminals mit ihren unterschiedlichen Möglichkeiten der Formatierung und Hervorhebung benützt werden können. Erreicht wurde die Wiederverwendbarkeit durch die enge Verkopplung des Satzprogramms `troff` mit dem Formatierprogramm `nroff`, sowie einen auf die Auszeichnung von Manualeinträgen spezialisierten Satz von Makros.

Das Problem der Mehrfachverwendung war immer wieder aufgetaucht und hatte immer wieder seine Teillösungen gefunden, beispielsweise im WEB-System von D. E. Knuth, wo ein Dokument sowohl als Quellcode für ein Programm als auch als Dokumentation dient.

Und ganz zu schweigen von den unzähligen Fällen des wiederholten Formatierens und Überarbeitens von Dokumenten bei Wechseln der Textverarbeitungssoftware. Es gibt von mir noch gewartete Dokumente, die in ihren ältesten Wurzeln durch vier bis fünf Textverarbeitungssysteme hindurchkonvertiert worden sind (was eigentlich noch wenig ist).

Dergleichen schärft im Laufe der Zeit das Bewußtsein dafür, was die wesentlichen Teile eines Dokuments sind, daß es nämlich (relativ) gleichgültig ist, ob eine Überschrift als *15 Punkt Palatino* gesetzt, oder als `\bf\Large` markiert ist. Wesentlich und durch alle Konvertierungen und Formatierungen hindurch unverändert ist die Eigenschaft des betreffenden Textteils, eine Überschrift zu sein.

Die strukturellen Eigenschaften sind also die Invarianten. Will man sich nun auf diese Invarianten konzentrieren, so ist SGML eine adäquate Lösung. SGML ist, wohlgemerkt, nicht die einzig mögliche Lösung. Aber eine gute Lösung müßte SGML so ähnlich sehen, daß einfach keine Basis für eine Alternative besteht, die ja dann auch (international) zu standardisieren wäre. Eine Basis für Verbesserungen und Erweiterungen – aber auch für Vereinfachungen – von SGML besteht dagegen sehr wohl. SGML ist keine Religion, auch wenn manche SGML-Tagung den Eindruck erwecken mag.

Und schließlich: Die von SGML berührten Bereiche elektronische Publikation, Multimedia, Hypertext-Systeme, vernetzte Informationssysteme weisen in einer sonst bereits stagnierenden EDV-Branche auch heute noch teilweise dreistellige Zuwachsraten auf. SGML ist also auch ein gutes Geschäft und hält für den Informationsanbieter (worunter ich alles vom klassischen Verleger bis zum Network-Service-Provider verstehe) faszinierende Möglichkeiten und Märkte bereit.

Um ein letztes Mal auf meine erste Begegnung[2] mit SGML zurückzukommen: Am nächsten Tag fuhr ich nach San Francisco in einen großen Computerbuchladen und kaufte das einzige Buch über SGML, das dort auf Lager war. Es war *SGML: An Author's Guide* von Martin Bryan. Dieses Buch stürzte mich in den folgenden Nächten in einige Verwirrung. Zum einen begann es praktisch mit einem der eher esoterischen Aspekte von SGML, nämlich dem Aufbau der SGML-Deklaration und zum anderen bekam ich keine Vorstellung, wie ein SGML-Dokument insgesamt aussehen kann. Ich kam mir vor, wie der sprichwörtliche Mann, der sich in einem dunklen Raum in Gesellschaft eines Elefanten befindet und durch gelegentliches Ertasten von Rüssel, Ohren usw. zu den seltsamsten Vorstellungen über die Gestalt dieses Tieres gelangt[3].

Ich habe versucht, es in diesem Buch besser zu machen. Der Ansatz sollte – entsprechend dem Titel – praktisch bzw. pragmatisch sein. Gewicht sollte auf den Aspekten von

2   Eigentlich war es nicht der absolut erste Kontakt mit SGML. Ein oder zwei Jahre vorher hatte ich einen Artikel über SGML gelesen, der allerdings bei mir den Eindruck hinterlassen hatte, daß SGML eine Formatierungssprache mit festen Anweisungen ähnlich wie bei TeX oder RTF ist, nur daß eben `<h1>` statt `\section` zu verwenden ist.

3   Ansonsten ein sehr verdienstvolles Buch, insbesondere eben durch die Ausführlichkeit, mit der auch die entlegeneren Teile von SGML behandelt werden. In dieser Hinsicht sogar konkurrenzlos, wenn man nicht gerade den Text des Standards, d. h. das *SGML-Handbook* von Charles Goldfarb lesen will. Letzteres Buch ist natürlich die Bibel, was SGML betrifft. Aber die Bibel wendet sich eben vor allem an die Gläubigen.

SGML liegen, mit denen der Anwender hauptsächlich zu tun haben wird. Gleichzeitig sollte der Überblick gewahrt bleiben: immer wieder erscheinen vollständige Beispiele von SGML-Dokumenten.

Abschließend zur Frage, für welche Leser das vorliegende Buch gedacht ist. Die Frage nach der Zielgruppe für ein Buch über SGML ist eng verkoppelt mit der Frage nach dem potentiellen Einsatzbereich von SGML. Dieser ist sehr groß. Die Verwendung von SGML ist überall dort sinnvoll, wo Dokumente mit komplexer Struktur bestimmten Richtlinien entsprechend erstellt werden sollen. Das trifft sowohl auf Gebrauchstexte wie Lehrbücher, Fachliteratur, Lexika und andere Regelwerke zu, als auch auf die in Industrie und Verwaltung produzierten Texte wie Gesetze, Normen, Verordnungen, Kataloge, Listen usw. zu. Entsprechend groß ist der Kreis der potentiellen Anwender.

Die Zahl derjenigen, die schon direkte Berührung mit SGML-Implementationen hatten, ist demgegenüber sehr klein, wächst aber schnell. Ebenso schnell wächst die Zahl derer, die mit dem Stichwort SGML etwas verbinden können.

Wenn noch vor wenigen Jahren das Stichwort SGML nur im Wortschatz von Gurus zu finden war, so haben mittlerweile diejenigen, die mit Textverarbeitung und DTP zu tun haben, zum großen Teil schon von SGML gehört.

Jemand für den SGML bisher ein Hörensagen war, stellt sich die folgenden Fragen:

- Was ist SGML?

- Welchen Nutzen bringt mit SGML?

- Wenn mir SGML einen Nutzen verspricht, was sind die Voraussetzungen für den Einsatz von SGML?

Derjenige aber, dessen Aufgabe die konkrete Anwendung von SGML oder die Einrichtung und Anpassung von Arbeitsabläufen für den Einsatz von SGML ist, der beispielsweise bestehende Formatvorlagen, Style Sheets, Buchkataloge oder Layout-Richtlinien in Strukturdefinitionen umsetzen soll, stellt sich konkretere Fragen:

- Wie ist eine Dokument-Typ-Definition aufgebaut?

- Welcher Aufwand ist mit dem Erstellen von Dokument-Typ-Definitionen verbunden?

- Was ist beim Erstellen einer Dokument-Typ-Definition zu beachten?

Ich habe versucht, den Informationsbedürfnissen beider Gruppen gerecht zu werden. Dabei wenden sich die ersten vier Kapitel vor allem an diejenigen, die von SGML schon gehört haben und jetzt genaueres wissen wollen, sich dabei mehr für Idee und Konzept von SGML als für die konkrete Form interessieren, während der Rest des Buches sich eher an diejenigen wendet, die Antwort auf die Fragen der Anwendung suchen.

Ob es mir gelungen ist, womöglich für beide Gruppen im Bereich des *nicht zu viel und nicht zu wenig* zu bleiben, bezweifle ich. Immerhin hoffe ich, ein halbwegs brauchbares Buch vorzulegen, das seinen Teil zur Verbreitung einer mich nach wie vor faszinierenden Idee beitragen kann.

Danksagung

Abschließend möchte ich Herrn Dr. Barabas und den anderen Mitarbeitern des Springer Verlags für Ihre Geduld[4] und freundliche Unterstützung herzlich danken. Insbesondere gilt mein Dank Frau Hellbarth-Busch für Ihr sorgfältiges und dennoch zügiges Lektorat.

Auch Herrn Dr. Krüger von MID GmbH, Heidelberg möchte ich für Informationen über diverse SGML-Software und -Anwendungen meinen Dank aussprechen.

Keinesfalls vergessen werden sollen schließlich all diejenigen, die es durch ihre Arbeit möglich machten, daß der Anwender von SGML sich heute auf ein breites Spektrum ausgereifter und frei verfügbarer Software zurückgreifen kann. Die Zahl derjenigen, die ihre Beiträge einbrachten, ist zu groß, um auch nur einen kleinen Teil hier zu nennen. Dennoch soll zumindest Charles Goldfarb gedankt sein, der nicht nur die Grundlagen des Standards schuf und den Standardisierungsprozeß leitete, sondern auch den ersten frei verfügbaren SGML Parser implementierte. Dieser Parser wurde von James Clark weiterentwickelt und ist auf der beiliegende Diskette enthalten.

Und endlich bin ich all denen zu Dank verpflichtet, die durch die Erstellung von Materialien und Dokumenten, sowie durch die Bereitstellung von Informationsdiensten indirekt zu vorliegendem Text beitrugen. Dazu gehören insbesondere Erich Naggum, Robin Clover, Steve Pepper und Nelson H. F. Beebe, der die ebenfalls auf der Diskette enthaltene SGML-Bibliographie zusammengestellt hat.

München, im Dezember 1994

Wolfgang Rieger

---

[4] Als Erscheinungstermin war einmal April 1994 geplant. Damals sollte es jedoch ein kompaktes, sich auf das Notwendigste beschränkendes Buch mit maximal 250 Seiten werden.

Dokumente

D as vorliegende Buch handelt von SGML, der *Standard Generalized Markup Language*. Man könnte das mit "verallgemeinerte Standard-Markierungssprache" übersetzen und sich sofort fragen, was hier Gegenstand des Markierens ist. Die Antwort lautet: markiert werden Dokumente und Zweck der Markierungen ist, die Struktur von Dokumenten in standardisierter Form kenntlich zu machen.

Damit sind natürlich auch Dokumente Gegenstand dieses Buches. Bevor man sich mit SGML befassen kann, muß man sich daher fragen, was Dokumente sind.

Markierung von Dokumenten

1.1. Was sind Dokumente?

Die Frage scheint so albern wie die Frage, warum der Himmel blau sei. Denn fast so vertraut wie der Himmel sind Dokumente, so alltäglich, daß sie von uns kaum mehr wahrgenommen werden. Es beginnt mit der Morgenzeitung und endet mit Buch auf dem Nachttisch. Gott sei Dank ist die Frage, was Dokumente sind, einfacher zu beantworten als die Frage nach dem Blau des Himmels.

Also: Was sind Dokumente? Zunächst einmal wird man sagen, daß Dokumente etwas mit Information und der Übertragung von Information zu tun haben. Das ist richtig, aber auch in einem Gespräch wird Information übertragen. Das wesentliche Merkmal von Dokumenten ist, daß Dokumente *aufgezeichnete* Information sind.

Dokumente sind aufgezeichnete Information

In dieser Allgemeinheit definiert, sind Dokumente noch weiter verbreitet, als derjenige meint, der nur an schriftliche Dokumente denkt, also an Dokumente, bei denen die aufgezeichnete Information Sprache und das Medium der Aufzeichnung die Schrift ist. So definiert, umfaßt der Begriff auch andere Arten der Information (z. B. Bild und Ton) und andere Medien (z. B. elektronische).

Für sehr viele Menschen ist das Erstellen, Bearbeiten und die Weitergabe von Dokumenten Teil der täglichen Arbeit. Der Geschäftsbrief, der geschrieben wird, das ausgefüllte Formular, all das sind Dokumente.

Das Eindringen der EDV in fast alle Lebensbereiche hat selbstverständlich auch die Verarbeitung von Dokumenten massiv verändert. Dokumente werden heute meist auf (und teilweise natürlich auch von) Computern erstellt, mit Computern bearbeitet und manchmal auch in digitaler Form von Computern weitergegeben.

Dokumente sind nicht nur Text

Vom Studenten, der seine Abschlußarbeit schreibt, bis zur Erstellung von Publikationen in einem internationalen Verlag: auf allen Ebenen wird heute elektronische Textverarbeitung eingesetzt, um das Verarbeiten von Dokumenten einfacher und/oder wirtschaftlicher zu machen. Hier sollte man aber stocken. Denn es ist ja nicht von Dokumentenverarbeitung, sondern von Textverarbeitung die Rede. Diese Redeweise drückt aus, daß *Dokument* und *Text* als Synonyme betrachtet werden. Dokumente sind aber mehr als Text.

Der folgende Abschnitt untersucht daher, was die Bestandteile eines Dokuments sind.

1.2. Bestandteile von Dokumenten

Betrachtet man diese Seite, so kann man tatsächlich meinen, Dokumente bestünden aus Text oder seien Text. Nach kurzem Überlegen fällt einem dann ein, daß ja auch Abbildungen sicher zum Dokument gehören. Text, Bilder, Grafiken, Tabellen usw. bilden jedoch zusammen nur einen der Hauptbestandteile eines Dokuments.

Insgesamt gibt es drei Hauptbestandteile, nämlich

- Daten,
- Struktur und
- Format.

Die Daten stellen den Informationsgehalt des Doku-   Daten
ments direkt dar. Man könnte auch sagen, daß die Daten
die vom Dokument transportierte Information sind. Dazu
gehören wie gesagt Text, Abbildungen usw.

Aber Dokumente als aufgezeichnete Information sind   Multimedia-Dokumente
nicht nur schriftliche oder gedruckte Aufzeichnungen. Aufgezeichnete Information steckt auch in Videosequenzen,
Musik, Sprache, interaktiven Programmen und Animationen. Dokumente, die mehrere dieser Formen integrieren,
bezeichnet man als *Multimedia*-Dokumente.

Der zweite wichtige Bestandteil eines Dokuments ist   Struktur
die Struktur. Dazu gehört Gliederung, Aufzählungen, Listen, Verweise, Fußnoten, kurz gesagt alles, was uns Auffinden und Verarbeiten der im Dokument enthaltenen Informationen erleichtert. Abstrakt: Die Struktur beschreibt
die Beziehungen der Datenelemente untereinander.

Der dritte Bestandteil schließlich ist die Formatierung,   Formatierung
wobei unter Formatierung alles zu verstehen ist, was mit
der sinnlich wahrnehmbaren Erscheinung des Dokuments
zu tun hat. Die Formatierung macht die Struktur für den
Rezipienten erst wahrnehmbar. Eine Überschrift, die durch
ihre Erscheinung im Text nicht irgendwie hervorgehoben
wird, ist eigentlich keine Überschrift, sondern ein Satzfeh-
ler. Die Formatierung bedient sich der verschiedensten Mittel, um die einzelnen Strukturelemente eines Dokuments
hervorzuheben und/oder gegeneinander abzugrenzen:

- Wechsel der Schriftart (Hervorhebung im Fettdruck)
- Absatzformat (Einrücken, Abstände, Wechsel von
  Block- zu Flattersatz)
- besondere Seitenposition (Fußnote, Marginalie)
- grafische Elemente (Trennlinien in Tabellen)

So wie uns die Interpunktion hilft, die grammatikalische
Struktur eines Satzes zu erfassen, hilft uns die Formatierung, die Struktur eines Dokuments zu erfassen. Demnach

erleichtert also die Strukturierung von Dokumenten das Erfassen des Informationsgehalts, die Formatierung wiederum erleichtert uns die Wahrnehmung der Struktur.

1.3. Das Problem und seine Teillösungen

Man kann die drei Hauptbestandteile Daten, Struktur und Format als Ecken eines Dreiecks darstellen:

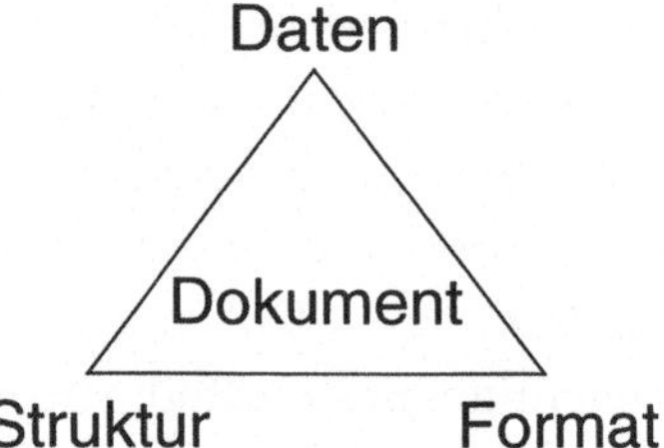

Herkömmliche, auf die Bearbeitung von Dokumenten ausgerichtete Anwendungen überdecken das aus *Daten*, *Struktur* und *Format* bestehende Dreieck nur teilweise. Um das zu verdeutlichen, untersuchen wir drei Gattungen solcher Anwendungen, nämlich Editoren, Textverarbeitungsprogramme und DTP-Programme.

Editoren sind Anwendungen zum Erstellen von Texten, d.h. Daten. Struktur und Format werden nicht wiedergegeben. Das Dokument wird einfach als eine durch Trennzeichen (z. B. CR-LF) markierte Folge von Zeile betrachtet, die Zeilen selbst sind Zeichenfolgen. Typischerweise werden Editoren heute bei der Erstellung von Programmen und ähnlichen Dokumenten verwendet, da diesen Dokumenten die Struktur aufgrund der Sprachdefinition implizit ist (eine IF-ELSE-Konstruktion wird vom Compiler auch dann erkannt, wenn der Programmtext keinerlei Formatierung enthält). Verbreitete Editoren (und gleichzeitig Veteranen ihrer Gattung) sind VI und Emacs (beide hauptsächlich unter Unix), sowie unter DOS als absolute Primitivvariante der Zeileneditor EDLIN.

Textverarbeitungsprogramme geben Daten und Format eines Dokuments wieder. Typischerweise hat man die

Möglichkeit, Teilen des Textes besondere Ausgabecharakteristika zuzuweisen, z. B. die Wiedergabe durch Fett- oder Kursivdruck oder durch bestimmte Schriften. Man kann den Text also *formatieren*. Die Formatbeschreibung ist dabei meist nicht portabel. Der Umbruch (d. h. die Verteilung des Textes auf Zeilen und Seiten) erfolgt häufig automatisch. Bekannte Beispiele von Textverarbeitungsprogrammen sind Microsoft Word und WordPerfect.

DTP-Programme geben ebenfalls Daten und Format wieder. Sie unterscheiden sich von Textverarbeitungsprogrammen durch die sehr genaue Kontrolle über Umbruch und allgemein die Anordnung von Texten und anderen Bestandteilen des Dokumentes auf der Seite. Wenn eine (mehr oder minder standardisierte) Seitenbeschreibungssprache wie PostScript zugrunde liegt, so ist die Formatbeschreibung (mehr oder minder) portabel. Prominenteste Beispiele sind Aldus PageMaker und Quark XPress.

DTP-Programme

Allen genannten Anwendungen ist gemeinsam, daß die Struktur als Teil des Dokuments nicht wiedergegeben wird. Sie entsteht erst im Auge (bzw. im Kopf) des Lesers.

Wie aber oben festgestellt wurde, ist die Struktur wesentlich für das Erfassen des Dokumentinhalts. Man kann jetzt argumentieren, daß, auch wenn keine abstrakte Strukturinformation vorhanden ist, die Struktur durch die Formatierung ja wiedergegeben wird. Das gilt aber nur für die konkrete Erscheinung.

Ein Beispiel: In Firma A wird ein Geschäftsbrief mit einer integrierten Bürolösung erstellt. Struktur ist (implizit) in der Datei vorhanden, teilweise vorgegeben durch die Software (denn deren Gliederungselemente wurden verwendet), teilweise aufgrund der Konfiguration (dem Brief liegt eine bestimmte Dokumentvorlage mit speziellen Absatzformaten für Anschrift etc. zugrunde), teilweise informell durch die Gliederung des Textes in Absätze (u. a. entsprechend den Sitten und Gebräuchen beim Schreiben von Geschäftsbriefen).

Der Geschäftsbrief

Der Brief wird ausgedruckt und existiert dabei vorübergehend als PostScript-Datei. Zu diesem Zeitpunkt ist die ursprünglich vorhandene Struktur weitgehend verloren und die enthaltene Information nur noch eingeschränkt zugänglich, da es z. B. nicht mehr möglich ist, aus der Datei ohne weiteres den Adressaten zu ermitteln.

Schließlich wird der gedruckte Brief per Fax an Firma B geschickt. An diesem Punkt ist der Strukturverlust total. Die im empfangenen Fax enthaltene Information beschreibt ein Bitmuster, d. h. auch die Daten und das Format sind verlorengegangen.

Daß hier ein Problem besteht, zeigt sich schon daran, daß teilweise die empfangenen Fax-Daten gespeichert werden und mit einem OCR-Verfahren (*Optical Character Recognition*) versucht wird, aus dem Bitmuster Text und Format zu rekonstruieren. Betrachtet man den so insgesamt getriebenen Aufwand zur Übertragung eines Textes, so erscheint das Verfahren grotesk. Es wird aber notwendig, wenn beispielsweise Fax-Bestellungen automatisch oder halbautomatisch ausgewertet werden sollen.

Seitenbeschreibungs-sprachen

Ein Problem besteht auch, wenn beispielsweise PostScript- oder RTF-Dateien übertragen oder gespeichert werden. Das Dokument wird nämlich nur dann identisch reproduziert, wenn in der Zielumgebung exakt dieselben Schriften wie in der Quellumgebung zur Verfügung stehen. Ansonsten werden zwar die Daten korrekt wiedergegeben, die Substitution nicht vorhandener Schriften durch Standardschriften verändert jedoch die Formatierung, wodurch das Erkennen der Dokumentstruktur schwierig oder unmöglich wird.

PDF

Auch wenn das Erscheinungsbild einer Seite überall identisch reproduziert werden kann, geht Information verloren. Das von Adobe Systems entwickelte *Portable Document Format (PDF)* zielt darauf ab, eine geräte- und systemunabhängige Darstellung beliebiger im PDF-Format vorliegender Dokumente zu ermöglichen. Text-, Bild- und Grafikbestandteile des Dokuments werden dabei durch PostScript wiedergegeben. Lokal nicht vorhandene Schriften werden mit Hilfe des *Adobe Type Managers* durch zwei *Multiple Master Fonts* (Serif und Sans Serif) wiedergegeben, wobei zwar der Schriftschnitt verlorengeht, die Metrik aber erhalten bleibt. Als Metrik bezeichnet man die verschiedenen Größenparameter eines Buchstabens, also Oberlänge, Unterlänge, Höhe usw. Mit der Metrik bleiben dann auch die Position der Buchstaben auf der Seite und die Abstände der Buchstaben erhalten. Spezielle Symbolschriften sind natürlich auch weiterhin nicht portabel.

Wo liegt das Problem, wenn Daten und Formatierung korrekt reproduziert werden, und damit auch die Struktur des Dokuments – soweit sie durch die Formatierung wiedergegeben wurde – erfaßbar sein sollte? Das Problem ist das Grundproblem der Seitenbeschreibungs- und Satzsprachen: die Struktur ist sehr wohl erfaßbar, aber nur für den menschlichen Leser. Es wird beispielsweise nicht zwischen einer fett gesetzten Überschrift und einem gleichfalls fett gesetzten hervorgehobenen Text unterschieden. Der menschliche Leser erkennt den Unterschied aus dem Kontext, der dokumentverarbeitenden Software fehlt dazu jedoch das entsprechende (Welt-)Wissen. Wo aber Differenzierungen verlorengehen, geht Information verloren.

Einige Textverarbeitungsprogramme bieten eine sogenannte Gliederungsfunktion, d. h. Überschriften, Abschnitte usw. können als solche gekennzeichnet werden. Ein so erfaßter Text hat eine durch die Gliederungselemente des betreffenden Programms vorgegebene Struktur. Doch auch das ist nicht ausreichend. Zum einen deshalb, weil zur Struktur mehr gehört als nur die Gliederung, zum anderen, und das ist wesentlich, sollen die durch die Struktur differenzierten Bestandteile eines Dokuments präzise und flexibel beschrieben werden. Die Vielfalt der Dokumentarten erlaubt dann aber keine Einheitsstruktur. Das ist der Grund dafür, daß SGML keine bestimmte, noch so allgemeine Struktur standardisiert, sondern die Mittel zur Beschreibung von Dokumentstrukturen bereitstellt.

Beispiel: Der Geschäftsbrief enthält eine Anschrift, die sich in Firmenname, Straße, Postleitzahl und Ort gliedert. Diese Strukturelemente sollten dann in dieser Form durch die Strukturbeschreibung erfaßt werden.

Das ist kein Selbstzweck: Wenn beispielsweise der Wunsch besteht, aus einem Dokumentenbestand mit Korrespondenz einzelne Dokumente nach Empfängern zu selek-

Textverarbeitung mit
Gliederungsfunktion

Dokumente und
Datenbanken

tieren, muß diese Information verfügbar sein. Das kann freilich geschehen, indem eine Datenbank sowohl die Anschriften der Empfänger als auch Verweise auf die jeweiligen Dokumente enthält. Abgesehen davon, daß dann Information dupliziert wird, liegt hier ein Hinweis auf unser Ziel.

Dokumente als
strukturierte Objekte

Was will man? Man will die Möglichkeiten, die eine Datenbank in Hinblick auf Abfrage und Verknüpfbarkeit von Informationen bietet, zusammen mit der flexiblen Struktur frei formulierter Dokumente. Oder, noch ein Stück weiter, was hindert uns, statt von Dokumenten, von komplex strukturierten Objekten in einem objektorientierten Datenbanksystem zu sprechen? Objektorientierte Datenbanksysteme werden meist durch OODBMS abgekürzt, was für *Object Oriented Database Management System* steht.

"OO in der Nußschale"

An dieser Stelle ein Exkurs zum Begriff "objektorientiert". Die Zahl der Abkürzungen, die mit "OO" beginnen, verdoppelt sich in der EDV alle 6 Monate. Gleichzeitig wird immer nebuloser, was OO ist und meint. Hier eine kurze Erklärung: Jedes Programm hat mit irgendwelchen Gegenständen (meist der realen Welt) zu tun. Das können Konten, ausgeliehene Bücher oder Atome sein. Diese Gegenstände (*Objekte* genannt) haben Eigenschaften und Zustände (Kontostand, Erscheinungsjahr, Quantenzustand). Diese Eigenschaften werden *Attribute* genannt.

Es genügt aber nicht, Objekte nur zu beschreiben, vielmehr ist es die Aufgabe eines Programms, Veränderungen der beschriebenen Objekte nachzubilden. Dem Ausleihen des Buches in der realen Welt, entspricht die Zustandsänderung des Buch-Objekts von "nicht-ausgeliehen" zu "ausgeliehen". Den möglichen Zustandsänderungen eines Objekts entsprechen die *Methoden*, deren Anwendung die entsprechende Änderung des Zustands bewirkt. Im Beispiel wäre das die Methode "Ausleihen". Das ist in etwa die objektorientierte Sicht.

Der OO-Sehweise steht die prozedurale Sehweise gegenüber. Beschreibt man die Zustandsänderung durch den Satz "Das Buch X wird ausgeliehen", so könnte man sagen, daß die objektorientierte Sicht vom Substantiv ausgeht, während die prozedurale Sicht sich am Verb orientiert. Das heißt, es gibt kein Objekt Buch, sondern eine *Prozedur*[1] "Buch_ausleihen" die als *Parameter* die Zustandsdaten des Buches erhält und sie in geeigneter Weise ändert.

Angewandt auf Datenbanken kann man eine Datenbank als Menge von Zustandsdaten ("Feldern" in "Sätzen" in "Tabellen") sehen, oder als strukturiertes Dokument, dessen Bestandteile Objekte darstellen, und das genauso wie sonst ein Dokument auch publiziert werden kann.

Wenn Datenbanken als publizierbare Dokumente behandelt werden können, und eben das meint der Begriff *Database Publishing*, dann sollen auch Dokumente wie Datenbanken behandelt werden können. Abfragen sollen möglich sein und die in Dokumenten enthaltene Information soll unbeschränkt verknüpfbar sein.

Database Publishing

1.4. Was ist SGML?

Aus der Erörterung der Probleme und Defizite im letzten Abschnitt lassen sich einige Anforderungen an eine Lösung ableiten. Die Lösung sollte:

Anforderungen an eine Lösung

- Daten und Struktur von Dokumenten darstellen,
- portabel sein,
- standardisiert sein,
- flexibel genug sein, um individuelle, beliebig komplexe Dokumentstrukturen zu tragen und
- vielseitig genug sein, beliebige Dokumentbestandteile integrieren zu können, also auch Bestandteile, die für Hypertext- oder Multimedia-Dokumente typisch sind, und Bestandteile, an die heute noch niemand denkt.

Diese Liste von Forderungen führt direkt auf die Frage, was die *Standard Generalized Markup Language* (kurz: SGML) ist. Eine der Antworten auf diese Frage lautet nämlich: die Lösung oder eine mögliche Lösung der beschriebenen Probleme.

---

[1] Eine Prozedur ist eine Befehlsfolge.

SGML als mögliche
Lösung

Daß SGML die Lösung sein wird, die sich durchsetzen wird, ist (noch) nicht völlig sicher. Auf jeden Fall ist SGML, insofern es den aufgestellten Forderungen entspricht, eine mögliche Lösung. Zudem: Welche Form der Dokumentenbeschreibung es auch immer sein wird, die sich letzten Endes durchsetzt, sie wird SGML in vieler Beziehung ähneln. Warum? Ganz einfach, weil identische Problemstellungen zu ähnlichen Lösungen führen. Die sich letztendlich etablierende Lösung wird SGML so sehr ähneln, wie die Form eines Wals der Form eines Fisches ähnelt. Es steht freilich zu hoffen, daß die Dokumenten-Markierungssprache der Zukunft nicht alle 10 Minuten zum Atmen an die Oberfläche muß.

Und schließlich lässt sich ebenso feststellen, daß einige Formen der Dokumentbeschreibung den Forderungen nicht entsprechen. Was nicht heißt, daß diese nicht ihre Einsatzbereiche finden werden. PDF bildet beispielsweise weder die Struktur ab, noch ist es flexibel genug, alle Arten von Bestandteilen zu integrieren. Aber als Darstellungsformat für elektronische Bücher ist es nützlich und wird seine Anwender und Anwendungen finden.

SGML als Austauschformat

Was ist SGML? Eine andere Antwort lautet: SGML ist ein standardisiertes Dateiformat zum Austausch von Dokumenten. Diese Antwort ist zwar richtig, greift aber zu kurz, da SGML zum einen mehr, zum anderen weniger leistet. Mehr insofern, als die portable Beschreibung der Daten nur eine der Leistungen von SGML ist. Weniger, weil ohne eine sowohl vom Sender als auch vom Empfänger akzeptierte Dokumentstruktur ein übertragenes Dokument zwar richtig empfangen wird, aber vom Empfänger nicht interpretiert werden kann. Denn um die übertragene Strukturinformation auswerten zu können, müssen die Namen der Strukturelemente und ihre Bedeutung dem Empfänger bekannt sein. Es nutzt dem Empfänger nichts zu wissen, daß ein `pal`-Element aus beliebig vielen, aber mindestens einem `pa`-Element besteht. Erst wenn bekannt ist, daß ein `pa`-Element eine Postanschrift und ein `pal`-Element eine Liste von Postanschriften ist, kann die enthaltene Information sinnvoll ausgewertet werden.

Außerdem leistet eine Beschreibung von SGML als Dateiformat dem Irrtum Vorschub, daß SGML ein Dateiformat wie RTF oder WordPerfect sei, was dazu führt, daß die Markierungen einiger weitverbreiteter Strukturdefinitionen (etwa der AAP-DTDs) als Sprachbestandteile von SGML mißverstanden werden.

Ganz nüchtern betrachtet und auf jeden Fall ist SGML ein ISO-Standard zur Beschreibung von Dokumentstrukturen. ISO steht dabei für *International Organization for Standardization*[2]. Die ISO ist das internationale Normungsgremium. Mitglieder der ISO sind die nationalen Normungsinstitute wie z. B. das Deutsche Institut für Normung (DIN), das American National Standards Institute (ANSI) in den USA oder die British Standards Institution (BSI) in Großbritannien. Ein ISO-Standard ist damit international, herstellerunabhängig und offiziell.

SGML als internationaler Standard

SGML wurde als ISO 8879 am 15.10.1986 publiziert, eine Überarbeitung und Ergänzung (Amendment 1) erschien am 15.7.1988, weitere auf SGML basierende oder in Beziehung zu SGML stehende internationale Standards sind verabschiedet oder in Vorbereitung.

ISO 8879

Schließlich kann SGML auch als Programmiersprache gesehen werden. Der einzige Unterschied zwischen SGML und einer Programmiersprache ist inhaltlich. SGML ist deskriptiv, ein SGML-Dokument ist nicht "ausführbar". Ansonsten ist SGML eine formale Sprache genau wie Pascal oder C.

SGML als formale Sprache

Die Folge ist, daß derjenige, der SGML zur Beschreibung von Dokumentstrukturen einsetzt, mit Problemen konfrontiert ist, mit denen seit je die Programmierer zu kämpfen haben. Etwa dem Problem, daß die Formulierung in einer formalen Sprache nicht den intendierten Inhalt, sondern etwas völlig anderes beschreibt. Das führt dazu, daß die Anwender von SGML häufig die Hilfe spezialisierter Dienstleister in Anspruch nehmen.

---

2   Das Akronym müßte also eigentlich IOS lauten.

1.5. Zusammenfassung

SGML steht für *Standard Generalized Markup Language*. Auf die Frage, was SGML ist, gibt es verschiedene Antworten:

- SGML ist die Lösung des Problems, Struktur und Daten eines Dokuments portabel und flexibel wiederzugeben.
- SGML ist ein standardisiertes Dateiformat zum Austausch von Dokumenten.
- SGML ist ein ISO-Standard zur Beschreibung von Dokumentstrukturen.
- SGML ist eine (Programmier-)Sprache zur Beschreibung von Dokumentstrukturen.

Jede dieser Antworten ist zumindest teilweise richtig. Wir werden jedoch SGML in erster Linie als Sprache zur Beschreibung von Dokumentstrukturen sehen. Dazu muß man sich jedoch klarmachen, was zur Struktur eines Dokuments gehört und was nicht. Das ist Aufgabe des nächsten Kapitels.

Dokumentstruktur

Der Begriff "Struktur" ist bislang ganz selbstverständlich gebraucht worden, dabei ist dieser Begriff durch seinen vielfältigen und sehr unterschiedlichen Gebrauch mittlerweile recht diffus geworden. Man spricht beispielsweise von der Struktur einer Oberfläche, von der Struktur einer Behörde, von "verkrusteten" Strukturen, die es "aufzubrechen" gilt, von Marktstrukturen und strukturalistischen Sichtweisen.

2.1. Was ist Struktur?

Zunächst fällt auf, daß von Strukturen meist dann die Rede ist, wenn es um die Beziehung eines Ganzen zu seinen Teilen, oder um die Beziehungen der Teile eines Ganzen zueinander geht. Diese Beziehungen bilden gewissermaßen die konkrete Struktur des betreffenden Gegenstandes. Die Beziehungen der Beamten und Abteilungen einer Behörde bilden ihre Struktur, die Beziehungen der Anbieter und Konsumenten eines Marktes bestimmen die Struktur dieses Marktes usw.

konkrete Struktur

Davon ausgehend kann man in einem Abstrahierungsschritt sehr verschiedene Gegenständen auf ihre Struktur hin vergleichen. Stellt man dann fest, daß die Teile verschieden, die Strukturen aber gleich oder ähnlich sind, so sagt man, es handle sich um zwei konkrete Realisierungen oder Verkörperungen derselben Struktur. So kann man Äpfel mit Birnen vergleichen und sagen, daß beide struktu-

abstrakte Struktur

relle Ähnlichkeiten haben und sie als Früchte mit "Kernobst-Struktur" charakterisieren.

Strukturmuster

Ein weiterer Schritt nimmt dann diese abstrakte Struktur als Muster. Dieses Muster enthält den Teilen der konkreten Struktur entsprechende Leerstellen, die in der Verkörperung aufgefüllt werden können oder auch nicht.

Dokument-Typ

Diese drei Schritte geht man auch bei der Anwendung von SGML. Zunächst wird ein konkretes Dokument betrachtet. Man sieht die einzelnen Teile und ihre Beziehungen zueinander. Durch den Vergleich mit ähnlichen Dokumenten gelangt man zur abstrakten Struktur. Nimmt man diese abstrakte Struktur schließlich als Muster, so hat man den Dokument-Typ, dessen formale Beschreibung die Dokument-Typ-Definition von SGML ist.

Um dem Ganzen etwas mehr Anschaulichkeit zu geben, soll jetzt als Beispiel die Dokumentart "Geschäftsbrief" dienen. Zunächst das konkrete Beispiel eines Geschäftsbriefs:

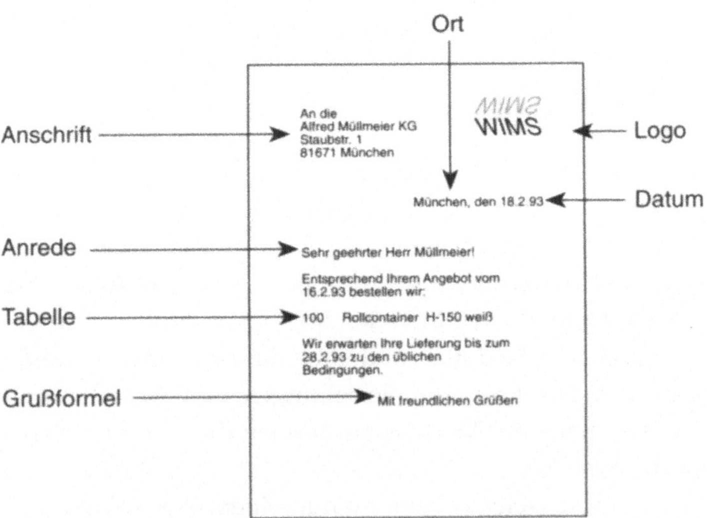

Bestandteile

In der Abbildung sind einige Bestandteile markiert, die als Strukturelemente in Frage kommen: Anschrift, Anrede, Grußformel usw. Diese Teile sind im einzelnen Dokument erkennbar, da sie durch die Formatierung hervorgehoben werden. Vergleicht man eine größere Zahl von Dokumenten des gleichen Typs, so stellt man fest, daß manche Elemente stets vorhanden sind (z. B. Anrede und Datum) und andere vorhanden sein können, aber nicht müssen (z. B. die Tabelle). Die formale Beschreibung des sich so ergebenden Musters liefert schließlich die Dokument-Typ-Definition.

Doch zunächst der unstrukturierte, "nackte" Text:

```
An die
Alfred Müllmeier KG
Staubstr. 1
81671 München
München, den 18.2.93
Sehr geehrte Herren!
Entsprechend Ihrem Angebot vom 16.2.93
bestellen wir:
100 Rollcontainer weiß
Wir erwarten Ihre Lieferung bis zum 28.2.93
zu den üblichen Bedingungen.
Mit freundlichen Grüßen
```

Es fällt auf, daß der Text Sonderzeichen enthält. Unabhängigkeit vom Alphabet ist aber ein Aspekt der Portabilität. SGML erreicht diese durch Beschränkung auf ein Basisalphabet (z. B. den weitgehend dem ASCII-Zeichensatz entsprechenden Zeichensatz von ISO 646) und Wiedergabe von Sonderzeichen durch spezielle Standardmarkierungen. Im Fall des Umlauts ü ist das ü und für das scharfe ß ist es ß (sz-Ligatur). Also:

Markierung von Sonderzeichen und Symbolen

```
An die
Alfred M&uuml;llmeier KG
Staubstr. 1
81671 M&uuml;nchen
M&uuml;nchen, den 18.2.93
Sehr geehrte Herren!
Entsprechend Ihrem Angebot vom 16.2.93
bestellen wir:
100 Rollcontainer wei&szlig;
Wir erwarten Ihre Lieferung bis zum 28.2.93
zu den &uuml;blichen Bedingungen.
Mit freundlichen Gr&uuml;&szlig;en
```

Die Lesbarkeit wurde zwar nicht unbedingt verbessert, dafür aber ist der Text jetzt portabel.

2.2. Markierung von Bestandteilen

Als nächstes sollen die verschiedenen Strukturbestandteile adäquat markiert werden. Das geschieht in SGML, indem Anfang und Ende eines Bestandteils (z. B. der Anrede) markiert werden. Der Namen des Bestandteils (z. B. anrede) ist Teil der Markierung:

```
<anrede>Sehr geehrte Damen und
Herren!</anrede>
```

Dabei ist `<anrede>` die Startmarkierung oder das Start-Tag (von *Tag* = Marke, Markierung), und `</anrede>` ist die Endemarkierung oder das Ende-Tag. `Sehr geehrte ...` ist der Inhalt des Dokumentbestandteils oder Elements.

Der Inhalt eines Bestandteils kann weiter gegliedert sein, also selbst Bestandteile enthalten. Zum Beispiel eine aus Zeilen (r wie *row*) und Spalten (c wie *column*) aufgebaute Tabelle (`table`):

```
<table>
<r><c>100</c><c>Rollcontainer
wei&szlig;</c></r>
</table>
```

Markierung entsprechend der Formatierung

Eine Art der Markierung beschränkt sich darauf, diejenigen Textteile auszuzeichnen, die in der Ausgabe in irgendeiner Weise besonders behandelt (z. B. eingerückt oder hervorgehoben) werden.

Beispiel einer solchen Markierung des Geschäftsbriefes mit SGML:

```
<gbrief><logo>
<adr>
An die
Alfred M&uuml;llmeier KG
Staubstr. 1
81671 München</adr>
```

```
<quelle>M&uuml;nchen, den 18.2.93</quelle>
<anrede>Sehr geehrte Herren!</anrede>
<par>Entsprechend Ihrem Angebot vom 16.2.93
bestellen wir:
<table>
<r><c>100</c><c>Rollcontainer
wei&szlig;</c></r>
</table>
Wir erwarten Ihre Lieferung bis zum 28.2.93
zu den &uuml;blichen Bedingungen.</par>
<gruss>Mit freundlichen
Gr&uuml;&szlig;en</gruss>
</gbrief>
```

Eine solche Markierung ist gewissermaßen minimal, da
nur das markiert wird, was markiert werden muß. Es ist
klar, daß Teile des Dokuments, die in der Ausgabe besonders behandelt werden sollen, im Dokument irgendwie
kenntlich gemacht, also markiert sein müssen. Es kann aber
durchaus auch feiner unterschieden werden. Bestandteile,
die sich in der Formatierung nicht unterscheiden, werden
dann durch die Markierung differenziert. Beispielsweise
können die einzelnen Teile der Anschrift spezifisch markiert
werden.

Minimale Markierung

Verzichtet man auf dieses feine Differenzieren, und beschränkt man sich auf das Minimum, so wird implizit ein
Strukturelement als ein durch die Formatierung hervor-
gehobener Bestandteil des Textes definiert. Das heißt, daß
im Grunde genommen gar nicht zwischen Formatierung
und Struktur unterschieden wird.

In der Tat soll ja eine Entsprechung zwischen Formatierung und Struktur bestehen, insofern die Formatierung das
Erfassen der Struktur unterstützen soll. Nur wird diese
Entsprechung hier auf den Kopf gestellt, da die Strukturbeschreibung zur Nachbildung der Formatierung eingesetzt
wird.

Bevor die Kritik weiter ins einzelne geht, soll die Markierung etwas vereinfacht werden. Das obige Beispiel enthält nahezu genauso viel Markierung wie Text und ist –

insbesondere durch die Markierungssequenzen für Sonderzeichen – schlecht lesbar.

Minimierung

Das läßt sich verbessern, denn in SGML-Dokumenten kann auf Markierungen verzichtet werden, wenn deren Vorhandensein sich aus dem Kontext ergibt (z. B. wird durch die Startmarkierung von `ort` die Endemarkierung von `adr` impliziert). Man bezeichnet dieses Verfahren als *Minimierung*.

Darstellung von
Sonderzeichen

Außerdem könnte ein SGML-Editor statt der Markierungssequenzen für Sonderzeichen die Sonderzeichen selbst darstellen. Durch die Angabe eines die betreffenden Sonderzeichen enthaltenden Zeichensatzes (etwa ISO Latin 1) im Vorspann eines SGML-Dokuments kann im Dokument die Umschreibung von "ü" durch `ü` vermieden werden. Dabei ist allerdings Vorsicht angebracht. Um der besseren Lesbarkeit willen soll in den folgenden Beispielen ein erweiterter Zeichensatz vorausgesetzt werden.

Das bekannte Beispiel mit durch Minimierung und direkte Darstellung von Sonderzeichen vereinfachter Markierung:

```
<gbrief>
<logo>
<adr>
An die
Alfred Müllmeier KG
Staubstr. 1
8000 München 2
<quelle>München, den 18.2.93
<anrede>Sehr geehrte Herren!
<par>Entsprechend Ihrem Angebot vom 16.2.93
bestellen wir:
<table>
<c>100<c>Rollcontainer weiß
</table>
Wir erwarten Ihre Lieferung bis zum 28.2.93
zu den üblichen Bedingungen.
<gruss>Mit freundlichen Grüßen
</gbrief>
```

2.3. Dokument-Typen und -Instanzen

So weit, so gut. Nicht klarer ist allerdings, was die Strukturbestandteile eines Dokuments sind. Aus der Sicht von SGML sind die Bestandteile des Dokuments natürlich durch die Markierungen bestimmt. Dann ist aber die Frage, die sich hier stellt, bereits geklärt. Das Frage lautet: Was sind die Merkmale von Bestandteilen? Mit einem Stapel von Beispieldokumenten versehen und vor die Aufgabe gestellt, Bestandteile und Struktur dieser Dokumente zu identifizieren, gibt es dann eine einzige, eindeutige Lösung? Um die Antwort vorwegzunehmen: Nein. Welche Teile eines Dokuments als Elemente der SGML-Struktur auftauchen, hängt nicht nur von den Dokumenten selbst, sondern auch von der Anwendung ab. Aber es gibt Merkmale von Bestandteilen, und die sollen in diesem Abschnitt untersucht werden.

Zunächst einmal fällt auf, daß im Beispiel hauptsächlich Bestandteile markiert wurden, die in jedem Geschäftsbrief auftauchen. In jedem Dokument vom Typ "Geschäftsbrief" gibt es eine Anschrift, eine Anrede, eine Grußformel usw. Die Inhalte der betreffenden Bestandteile wechseln oder können wechseln. Die Grußformel kann beispielsweise manchmal besonders formell ("Mit verbindlicher Hochachtung") und manchmal weniger formell ("See you on the bitstream") ausfallen, aber die Bestandteile sind vorhanden.

Die Invarianten, die stets vorhandenen Bestandteile, sind auf jeden Fall Strukturbestandteile. Um aber Invarianten feststellen zu können, braucht es mehr als ein einzelnes Dokument. Man muß eine Gruppe gleichartiger Dokumente betrachten, um feststellen zu können, was stets, was manchmal und was nie vorhanden ist, und wie die Bestandteile sich innerhalb welcher Spielräume ändern können.

Eine solche Gruppe gleichartiger Dokumente, die durch eine Strukturbeschreibung erfaßt wird, bezeichnet man als Dokument-Typ oder Dokumentklasse. Das einzelne Dokument ist dann Instanz der Dokumentklasse oder die Dokumentinstanz.

Typen von
Dokumenten

Invarianten von
Dokument-Typen

Dokumentinstanz

Der Inhalt von
Strukturbestanteilen
muß variabel sein.

Bestandteile, die bei allen Instanzen der Dokumentart gleich sind, sind jedoch keine Invarianten in diesem Sinn. Sie gehören eigentlich nicht einmal zum Inhalt, allenfalls zur Formatierung des Dokuments. Ein Beispiel für einen stets identisch vorhandenen Bestandteil ist das Firmenlogo. Da es beispielsweise auch auf dem Briefbogen aufgedruckt sein kann, sieht man, daß es nicht eigentlich Teil der Dokumentinstanz sein kann.

Varianten

Weiter ist zu fragen, wie eng oder wie weit die Grenzen der Klasse gezogen werden sollen. Handelt es sich bei dem Beispiel um eine Instanz von "Brief", "Geschäftsbrief" oder "Bestellung"? Allgemein läßt sich sagen, daß die Beschreibung so spezifisch wie möglich sein sollte, denn nur dann kann die gesamte im Dokument enthaltene Information erschlossen werden. Es muß nicht für jede Variante ein eigener Dokument-Typ definiert werden, aber das Spezifische der Variante sollte erfaßt werden.

spezielle Bestandteile

Im Beispiel war das nicht der Fall. Die Markierung erfaßt z. B. nicht, daß die Tabelle nicht einfach eine Tabelle, sondern spezifisch für die Dokumentart *Bestellung* ist. Eine solche Liste mit Stückzahlen und Artikelbezeichnungen ist Teil jeder Bestellung und sollte daher auch entsprechend markiert werden:

```
<bliste>
<stueck>100<artikel>Rollcontainer weiß
</bliste>
```

undifferenzierte
Markierung

Das Ziel muß sein, alle Teile des Dokuments als das zu markieren, was sie sind. Ein krasseres Beispiel für eine semantisch nicht korrekte Markierung:

```
Die Funktion <kursiv>printf</kursiv> dient
der <kursiv>formatierten</kursiv> Ausgabe
von Zeichenketten (s.a. <kursiv>Ultra-C
Library Reference, p. 112</kursiv>)
```

Hier wird die Markierung kursiv ohne Differenzierung auf drei unterschiedliche Textbestandteile angewandt, nämlich einen symbolischen Namen (`printf`), eine Hervorhebung

(formatierten) und einen Literaturverweis (Ultra-C
Library Reference, p. 112).

Ein weiterer Kritikpunkt an der Markierung des Geschäftsbriefs ist, daß sie nicht vollständig ist. Die Substruktur des Elements *Anschrift* wird zum Beispiel durch die
Markierung nicht erfaßt. Korrekterweise sollten Name,
Straße, PLZ, Wohnort usw. entsprechend markiert sein.
Ebenso sollte der Bestandteil quelle in Ort und Datum
aufgeteilt werden.

Berücksichtigt man die gefundenen Regeln für die
Markierung von Textbestandteilen, so erhält das Beispieldokument folgende Form:


```
<gbrief>
<adr>
<firma>Alfred Müllmeier KG
<strasse>Staubstr. 1
<plz>81671
<stadt>München
</adr>
<ort>München, den <datum>.
<anrede>Sehr geehrte Herren!
<par>Entsprechend Ihrem Angebot vom 16.2.93
bestellen wir:
<bliste><stueck>100<artikel>Rollcontainer
weiß</bliste>
Wir erwarten Ihre Lieferung bis zum 28.2.93
zu den üblichen Bedingungen.
<gruss>Mit freundlichen Grüßen
</gbrief>
```

Insbesondere ist hier die Substruktur des Elements *Anschrift*
voll durch Markierung erschlossen.

Der Inhalt des Beispieldokuments läßt sich noch weiter
reduzieren. Nimmt man an, daß

- die Anschrift aufgrund eines Namensschlüssels aus
  einer Datenbank abgerufen wird,
- Ort, Datum, Anrede und Grußformel automatisch erzeugt werden und

Substrukturen

Weitere Reduktionen

- Hinweis auf Angebot und Lieferziel auf das jeweilige Datum reduziert werden,

so ergibt sich als neuer Inhalt:

```
<gbrief>
<adr>Müllmeier KG
<angebot>16.2.93
<bliste>
<stueck>100<artikel>Rollcontainer weiß
</bliste>
<ziel>28.2.93
</gbrief>
```

SGML-Dokument vs. Datenbank

Was unterscheidet das so reduzierte Dokument vom Satz einer Datenbank mit den Feldern Lieferant, Angebotsdatum, Lieferziel und einem Verweis auf eine Liste von Artikeln und Stückzahlen? Im Prinzip wenig. Dann liegt aber die Frage nahe, warum man, statt SGML-Dokumente zu erzeugen, das Bestellbuch nicht gleich als Datenbank führen soll.

Flexibilität

Man kann eine Sammlung von SGML-Dokumenten tatsächlich als Datenbank mit beliebig komplexer, sehr flexibler Struktur sehen. Der wesentliche Punkt ist die Flexibilität der Struktur. Die obige Bestellung könnte statt der knappen Form eben auch eine persönliche Anrede enthalten, oder der Hinweis auf das Lieferziel könnte anders formuliert sein usw.

Diese Flexibilität ist mit einer Datenbank kaum realisierbar. Umgekehrt kann ein frei gestalteter Text ohne die Anwendung von SGML nicht rigide auf die Übereinstimmung mit einer vorgegebenen Struktur überprüft werden.

2.4. Lineare und nichtlineare Struktur

Was Bestandteil der Struktur sein soll, wurde im letzten Abschnitt untersucht. Die nächste Frage ist, welche Arten und Charakteristika von Strukturelementen es allgemein gibt.

Wenn man die Bestandteile eines "normalen" Textes vergleicht, so kann man zwei Arten von Strukturelementen unterscheiden. Zum einen hat man Bestandteile, die in ihrer Anordnung und Aufeinanderfolge einer sehr strikten Ordnung folgen, nämlich Gliederungen, Überschriften und ähnliches. Zum anderen gibt es Bestandteile, die an fast jeder Stelle des Dokuments auftreten können, z. B. Hervorhebungen, Verweise, Fußnoten und ähnliches. Zunächst zur Gliederungs- oder hierarchischen Struktur:

Die meisten Dokumente haben eine hierarchische Struktur, d. h. sie sind gegliedert, beispielsweise in Kapitel. Die Kapitel sind wieder in Abschnitte gegliedert, die Abschnitte zerfallen in Absätze usw. Das sieht beispielsweise so aus:

Hierarchische Struktur

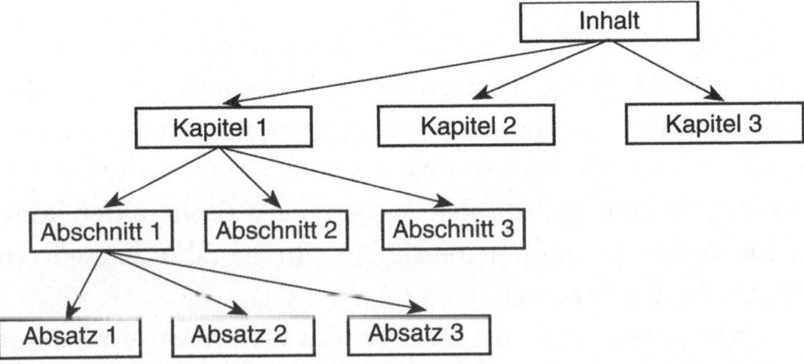

Die Stufen dieser Hierarchie sind die Gliederungsebenen. Im gedruckten Dokument jedoch sieht man keine Pyramide hierarchisch geordneter Elemente, sondern die Gliederungsstruktur wird in linearisierter Form dargeboten:

Kapitel 1
Abschnitt 1.1
Absatz 1.1.1
Absatz 1.1.2
Absatz 1.1.3
Abschnitt 1.2
Abschnitt 1.3
Kapitel 2
Kapitel 3

lineare Struktur

Diese lineare Aufeinanderfolge der Bestandteile der hierarchischen Struktur bezeichnet man als lineare Struktur. Es ist auch insofern sinnvoll, hier von linearer Struktur zu sprechen, da im modernen Sprachgebrauch linear ja für eng, rigide und eindimensional steht, und der lineare Teil der Dokumentstruktur meist der strikt und ohne große Variationsbreiten definierte Teil der Struktur ist. Wer aber "linear" sagt, muß auch "nichtlinear" sagen:

nichtlineare Struktur

In der Tat haben die meisten Texte außer der linearen Struktur auch noch nichtlineare Strukturbestandteile. Das sind z. B. Verweise, Fußnoten, Marginalien, Inhaltsverzeichnis, Register, Glossar, Bibliographie, Literaturhinweise. Diese nichtlinearen Bestandteile haben häufig Verweischarakter. Sie setzen andere Bestandteile in Beziehung zueinander.

bewegliche
Bestandteile

Außerdem sind sie dadurch charakterisiert, daß sie an beliebiger Stelle im Text auftreten können. In diesem Zusammenhang wurden vorhin auch Hervorhebungen als Beispiel genannt. Hervorhebungen können zwar an beliebiger Stelle auftreten, haben aber keinen Verweischarakter. Man sollte daher verallgemeinernd von *freien* oder *beweglichen* Bestandteilen sprechen.

Man kann statt von linearer und nichtlinearer Struktur auch die *hierarchische Struktur* von der *Verweisstruktur* unterscheiden.

Erst die Verbindung von hierarchischer Struktur und Verweisstruktur macht ein Dokument eigentlich brauchbar. Die Verweisstruktur liefert einen wesentlichen Beitrag zur Erschließung des Inhalts.

"konventioneller" Text
vs. Hypertext

Im Zusammenhang mit Stichworten wie "Neue Medien" und "elektronische Bücher" ist häufig von Hypertext-Systemen und Hypertexten die Rede. Was einen Hypertext ausmacht, bleibt meist unklar. In der Tat kann man die Unterscheidung von Hypertexten und konventionellen Dokumenten an der relativen Gewichtung von linearer und nichtlinearer Struktur festmachen.

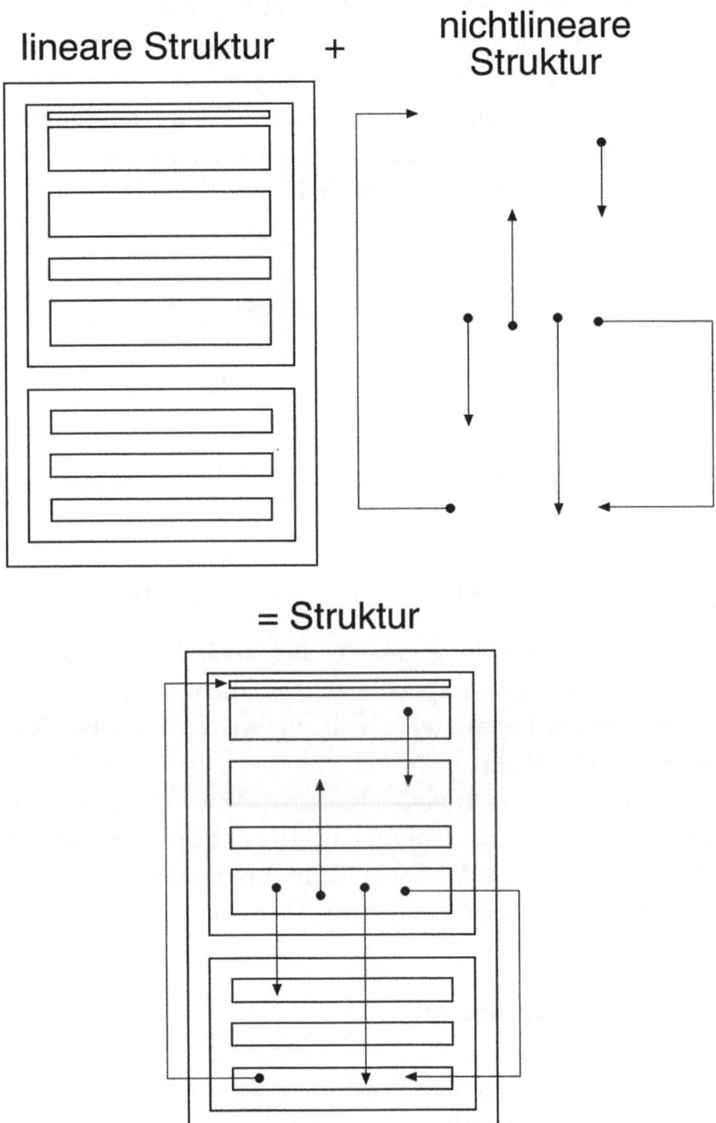

Beim konventionellen Text überwiegt die lineare Struktur.
Im gedruckten Buch folgt Seite auf Seite, Abschnitt auf Abschnitt und somit ergibt sich eine lineare Darstellung einer
hierarchischen Struktur.

In Hypertexten tritt die lineare Struktur in den Hinter-
grund. Es dominieren direkt umgesetzte hierarchische
Strukturen und/oder nichtlineare Strukturelemente. Man

steigt beispielsweise zwischen Gliederungsebenen auf und ab, bekommt zu jedem Thema eine Liste von Unterthemen, unter diesen findet man Unter-Unterthemen usw. Oder man bewegt sich durch ein Netzwerk relativ autonomer *informationeller Einheiten*, die durch eine Vielzahl von Verweisen miteinander verbunden sind.

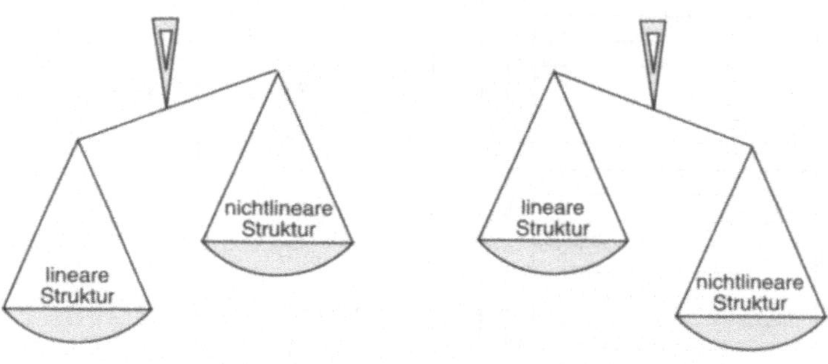

Man soll aber nicht vergessen, daß auch konventionelle oder konventionell dargebotene Dokumente meist nichtlineare Strukturbestandteile (z. B. Verweise, Fußnoten, Register usw.) besitzen.

Umgekehrt lassen viele Hypertext-Anwendungen auch eine lineare Sicht des Dokuments zu, z. B. durch Blättern oder sogenannte *Guided Tours* (d. h. durch eine Aktion des Lesers wird eine lineare Folge von Themen gewählt).

2.5. Zusammenfassung

Abschließend sollen die Ergebnisse dieses Kapitels kurz zusammengefaßt werden:

Die Struktur eines Dokuments ergibt sich aus der Abstraktion vom einzelnen Dokument (der Dokumentinstanz). Die in den Dokumenten eines bestimmten Typs (der Dokument-Typ oder die Dokumentklasse) auftretenden Bestandteile werden durch Markierung kenntlich gemacht.

Die Markierungen haben dabei folgende Form:
<Elementname>Inhalt</Elementname>.

Die einzelnen Markierungen bezeichnet man als *Tags*.
Dabei ist <*Elementname*> die Startmarkierung und
</*Elementname*> ist die Endemarkierung.

Aus Portabilitätsgründen verwenden SGML-Dokumente meist standardisierte Zeichensätze. Sonderzeichen und Symbole werden durch Sequenzen der Form

&*Symbolname*;

markiert.

Die Forderungen an die Markierung lassen sich wie folgt zusammenfassen:

Forderungen an die
Markierung

- **Abstraktion von Konstanten der Dokumentart**
  Bestandteile, die bei allen Instanzen einer Dokumentart identisch vorhanden sind, gehören nicht zum Inhalt.

- **Semantisch korrekte Markierung**
  Die Markierung soll so speziell und genau wie möglich sein. Bestandteile sollen als das gekennzeichnet werden, was sie sind. Nur so kann der Inhalt durch die Markierung vollständig erschlossen werden.
  Keinesfalls sollen in Funktion und/oder Bedeutung unterschiedliche Bestandteile mit identischen Markierungen versehen werden.

- **Vollständige Markierung**
  Die Gliederung sollte so fein wie möglich sein. Die Struktur, die ein Leser des gedruckten Dokuments mit Hilfe der Formatierung und aufgrund seines Wissens über die Dokumentart erkennt, soll vollständig durch die Markierung abgebildet werden.

- **Weitgehende Implizierung von Inhalten**
  Erschließbare Information soll von der Anwendung so weit wie irgend möglich impliziert, d. h. automatisch eingefügt werden. Dazu gehört insbesondere das automatische Erzeugen von Verweisen, Erstellen von Registern, Inhaltsverzeichnissen usw.

SGML im Einsatz

D er Einsatz von SGML ist kein Selbstzweck. Ein Wechsel der Arbeitswege und Produktionsverfahren erfordert stets einen Aufwand von Zeit und Kapital, der nur dann gerechtfertigt ist, wenn dadurch die Produktion vereinfacht, beschleunigt oder die Produkte entscheidend verbessert (sprich: marktgerechter) werden. Wie sich zeigen wird, kann durch den Einsatz von SGML in vielen Fällen eine Kombination von besser, schneller und billiger realisiert werden.

In diesem Kapitel wird die Frage, wann der Einsatz von SGML Sinn macht und wann nicht unter verschiedenen Gesichtspunkten beleuchtet. Zuerst an einem Beispiel, dann unter dem Gesichtspunkt Mehrfachverwendung und Publikationsformen und schließlich bezogen auf das Anwendungsgebiet.

3.1. Beispiel Lexikonartikel

Um einen Eindruck zu bekommen von den Vorteilen und Möglichkeiten, die der Einsatz von SGML mit sich bringt, soll ein weiteres zwar konkretes, aber fiktives Beispiel untersucht werden.

Im Verlag Wissen & Macht erscheint seit 60 Jahren ein weit verbreitetes Konversationslexikon. Vor 15 Jahren wurde die Produktion auf EDV umgestellt. Grundlage der aktuellen Ausgabe ist der Inhalt einer Datenbank von Lexikonartikeln. Die von den Autoren verfaßten Texte werden mit speziellen Markierungen versehen in die Datenbank eingegeben. Für einen Artikel über Rüdiger Manesse wird z. B. folgender Text gespeichert:

```
Manesse, Rüdiger, ^gest^ 5. Sept. 1304,
Züricher Patrizier. - Ritterl. Ratsmitglied,
seine reiche Sammlung von mittelhochdt.
Liedern bildete wohl den Grundstock der
.I Großen Heidelberger Liederhandschrift,
die deshalb auch
.I Manessische Handschrift
genannt wird.
```

Dabei bezeichnet `^gest^` das Sonderzeichen '†' und `.I` am Anfang einer Zeile markiert kursiv gesetzten Text. Im Druck erscheint der Artikel dann so:

Manesse, Rüdiger, † 5. Sept. 1304, Züricher Patrizier. - Ritterl. Ratsmitglied, seine reiche Sammlung von mittelhochdt. Liedern bildete wohl den Grundstock der *Großen Heidelberger Liederhandschrift,* die deshalb auch *Manessische Handschrift* genannt wird.

Die verwendete Markierung entsprach dem ursprünglich verwendetem Satzsystem. Dieses ist seit 4 Jahren nicht mehr in Gebrauch. Seither werden die Artikeltexte durch eine speziell erstellte Software ins *Rich Text Format* umgewandelt und von RTF mit Standardsoftware auf PostScript-Belichtern ausgegeben. Der Beispielartikel sieht in RTFetwa so aus:

```
{\b Manesse,} R\'fcdiger, \'86 5. Sept.
1304, Z\'fcricher Patrizier. - Ritterl.
Ratsmitglied, seine reiche Sammlung von
mittelhochdt. Liedern bildete wohl den
Grundstock der {\i Gro\'dfen Heidelberger
Liederhandschrift}, die deshalb auch {\i
Manessische Handschrift} genannt wird.
```


Jetzt soll das Lexikon auch als elektronische Publikation angeboten werden. Die Datenkonvertierung bietet an und für sich keine Probleme, Schwierigkeiten bereitet aber die

Realisierung der Suchfunktionen[1]. Selbstverständlich kann nach Stichwort gesucht werden, also z. B. nach Manesse. Da die verwendete Software auch eine Volltextsuche erlaubt, kann auch nach Artikeln gesucht werden, die bestimmte Worte oder Zeichenketten enthalten. Beispielsweise würde eine Suche nach der Zeichenkette maness sowohl den obenstehenden Artikel, als auch alle anderen Artikel finden, in denen auf Mannesse oder die Manessische Handschrift Bezug genommen wird (die Suche nach der Zeichenkette manesse findet jedoch die manessische Handschrift nicht – Volltextsuchen haben ihre Tücken).

Eine große Zahl von sinnvollen Anfragen und Selektionen sind nicht möglich. Es können beispielsweise keine biographischen Artikel selektiert werden. Der Wunsch, aus der vorhandenen Wissensbasis heraus als Sonderpublikation ein Personenlexikon zu extrahieren, ist also ohne großen Arbeitsaufwand nicht möglich. So ist eine Suche nach allen Schweizern, die im 14. Jahrhundert gelebt haben ebenfalls nicht möglich.

Schließlich enthält die Wissensbasis zwar Verweise, die auch in die elektronische Publikation übernommen werden können, aber es sind nur relativ wenige und teilweise inkonsistente. Ein Verweis ist dann inkonsistent, wenn das Verweisziel nicht existiert (der Artikel, auf den verwiesen wird, existiert nicht), oder durch eine Änderung der Verweis semantisch falsch ist (der Grund, aus dem auf einen Artikel verwiesen wurde, entfiel durch eine Änderung).

Die beschriebenen Probleme können sämtlich durch den Einsatz von SGML gelöst werden. Der Artikel könnte bei Markierung mit SGML etwa so aussehen:

---

[1] Die Suche in einer Datenbank (oder allgemeiner: einer Wissensbasis) wird auch gern als Recherche bezeichnet.

```
<biograph>
<name>Manesse
<vname>Rüdiger
<gest>5.9.1304
<ort>Zürich
<kateg>Patrizier
<vita>Ritterliches Ratsmitglied, seine
reiche Sammlung von mittelhochdeutschen
Liedern bildete wohl den Grundstock der
<ref>Großen Heidelberger Liederhandschrift
<refart>Heidelberger
Liederhandschrift</ref>, die deshalb auch
<ref>Manessische Handschrift</ref> genannt
wird.
<sa>Minnesang
<sa>mittelhochdeutsche<sub>Literatur
</biograph>
```

Zunächst ist dazu zu bemerken, daß die Artikel eines Lexikons in verschiedene Gattungen zerfallen. Es gibt z. B. Artikel zu Personen (wie im Beispiel), geographischen Begriffen (Städte, Flüsse, Landschaften und Staaten), Pflanzen, Tieren, chemischen Verbindungen und Mineralien usw.

Es wäre grundsätzlich falsch, das Lexikon als eine Folge von Artikeln mit gleichartiger, allgemeiner Struktur darzustellen. Vielmehr muß jede einzelne Gattung mit ihrer spezifischen Struktur dargestellt werden. Ein Artikel über einen Fluß unterscheidet sich strukturell von einem Artikel, der sich auf eine Stadt bezieht. Beispielsweise wird der Artikel über den Fluß stets eine Angabe der Länge enthalten, während der Artikel über die Stadt eine Angabe zur Zahl der Einwohner machen wird. Die entsprechenden Elemente machen nur in der spezifischen Gattung Sinn. Die Länge einer Stadt oder die Einwohner eines Flusses können kaum sinnvolle Information sein.

Man stellt also den biographischen Artikel durch ein spezielles Element `biograph` dar. Das `biograph`-Element wiederum kann eine Reihe weiterer, für diese Artikelgattung spezifischer Elemente enthalten:

name	Name
vname	Vorname
gest	Sterbedatum. Das Geburtsdatum fehlt, da in diesem Fall nicht bekannt.
ort	Ort der Wirkung. Drückt eine geographische Zuordnung aus. Stimmt nicht unbedingt mit dem Geburtsort überein.
kateg	Kategorie, meist der Beruf, also Komponist, Politiker, aber auch König, sagenhaftes Monster u. ä.
vita	Lebensbeschreibung
ref	Verweis. Der Inhalt stimmt häufig mit dem Stichwort des Artikels überein, auf den Bezug genommen wird (z. B. bei Manessische Handschrift).
refart	abweichendes Artikelstichwort
sa	"siehe auch". Ein Verweis, dessen Inhalt nicht Teil des Fließtextes ist.
sub	bezeichnet das allgemeine Thema, hier also "mittelhochdeutsche Literatur" unter dem allgemeinen Thema "Literatur".

Es ist klar, daß eine derartige Aufbereitung dem Inhalt der Wissensbasis eine völlig neue Qualität gibt. Es ist aber auch klar, daß diese Aufbereitung einen erheblichen Aufwand an Zeit und Geld erfordert, da sie nur teilweise automatisch oder halbautomatisch erfolgen kann (zusätzliche Stichworte müssen beispielsweise von einem menschlichen Bearbeiter eingefügt werden).

3.2. SGML und die neuen Medien

Die Darstellung der Vorteile von SGML im letzten Abschnitt wurde vor allem am Übergang zu einer neuen (elektronischen) Publikationsform dargestellt. Ganz allgemein läßt sich sagen, daß der Einsatz von SGML auf jeden Fall dann Sinn macht, wenn ein Dokument unterschiedlichen Verwendungen dienen soll. Das entsprechende

Mehrfachverwendung

Schlagwort heißt Mehrfachverwendung oder *reusable documents*.

Mehrfachverwendung war bisher in weiten Bereichen kein Thema, da es im Grunde nur eine Form der Publikation gab, nämlich den Druck. Durch den verbreiteten Einsatz der EDV hat sich das mittlerweile geändert.

Online-Dokumente

Eine Form der Mehrfachverwendung ergibt sich, wenn ein Dokument als Online-Dokument genutzt werden soll. Das ist wie bereits erwähnt bei EDV-Dokumentation häufig der Fall, aber auch Reparaturanleitungen, Betriebshandbücher und ähnliche Dokumente werden immer häufiger für die Online-Nutzung aufbereitet. Das macht vor allem dann Sinn, wenn die Darstellung des Online-Dokuments in eine einschlägige Anwendung integriert ist. Reparaturhinweise und Ersatzteilkatalog würden beispielsweise ein Kfz-Diagnoseprogramm sinnvoll ergänzen, da zur Diagnose gleich Hinweise zur Behebung des betreffenden Problems und Informationen zu den benötigten Ersatzteilen zur Verfügung stehen. Da etwa bei Betriebshandbüchern häufig eine gedruckte Version aufgrund gesetzlicher Bestimmungen vorliegen muß, ergibt sich die Mehrfachverwendung als gedrucktes und Online-Dokument.

Auch bei der als Online-Dokument vorliegenden Softwaredokumentation ist es meist so, daß die Online-Dokumentation Teil einer integrierten Entwicklungsumgebung ist. So kann man sagen, daß die enge Einbindung in eine einschlägige Anwendung geradezu ein Kennzeichen von Online-Dokumenten ist und diese gegen andere Publikationsformen abgrenzt.

Database Publishing

Zu diesen gehört das *Database Publishing*. Der oben erwähnte Ersatzteilkatalog liegt ja beim Hersteller oder Händler zunächst in Form einer Datenbank vor. Aus dieser müssen die für die Publikation relevanten Daten extrahiert und für die Publikation aufbereitet werden. Gegenstand der Publikation ist beim Database Publishing also nicht mehr der Text eines (einzelnen) Autors, sondern der Inhalt einer Datenbank oder – allgemeiner – einer Wissensbasis. Eine Mehrfachverwendung ergibt sich dann dadurch, daß meist nicht der ganze Inhalt der Datenbank ausgewertet wird, sondern einzelne Teile je nach Adressat und in verschiedenen Aktualitätsstufen aufbereitet wird. Hier kann SGML auch als Austauschformat eine wichtige Rolle spielen.

Der allgemeine Fall ist das *Electronic Publishing*. Hier wird ein Dokument nicht mehr in gedruckter Form, sondern als Datenträger (beispielsweise auf CD–ROM) publiziert. Mehrfachverwendung ergibt sich hier meist dadurch, daß die betreffenden Dokumente nicht neu erstellt werden, sondern – wie im Fall des Lexikons – ein existierendes Dokument in neuer Form publiziert wird. Eine Druckversion muß dabei aber auch weiterhin verfügbar sein. Die betreffenden Dokumente sind meist sehr umfangreich und haben eine komplexe Verweisstruktur. Kennzeichen elektronischer Publikationen sind daher Volltextsuche und andere Suchfunktionen, sowie die Unterstützung der Verweisstruktur durch die Präsentationssoftware. Das heißt, daß die Darstellung eines im Dokument enthaltenen Verweises aktive Elemente enthält.

Diese aktiven Elemente werden als Hypertext-Links oder einfach als Links bezeichnet, die Dokumente sind daher Hypertexte. Die Verweisstruktur eines Hypertextes kann durch SGML besonders gut dargestellt und gewartet werden. Dem Leser bietet sich das Dokument als ein Netz durch Verweise verbundener Einheiten *(informational units)* dar, in dem er – keinem fest vorgegebenen Pfad folgend – die ihn interessierenden Informationen sucht *(browsing)*.

Die Bezeichnung Hypertext impliziert eine Beschränkung des Inhalts auf Texte. Das muß natürlich nicht sein. Man spricht daher besser von Hypermedia-Dokumenten oder – geläufiger – von Multimedia-Dokumenten, vor allem dann, wenn ein Dokument nicht nur statische Bestandteile wie Text und Abbildungen, sondern auch dynamische Bestandteile wie interaktive Grafiken, Videosequenzen, Musik, gesprochene Texte, Programmaufrufe usw. enthält. SGML eignet sich gut zur Darstellung derartiger komplexer Dokumente. Der auf SGML basierende Standard *HyTime* spezifiziert insbesondere die Darstellung dynamischer Bestandteile.

Zusammenfassung

Zusammenfassend läßt sich sagen, daß SGML gerade im Bereich der neuen Medien seine Stärken voll zeigen kann. Beleg dafür ist auch, daß gerade die Entwicklung und zunehmende Verbreitung der neuen Medien dem breiten Einsatz von SGML den entscheidenden Anstoß zu geben scheint.

3.3. Einsatzbereiche

So wie einige Publikationsformen den Einsatz von SGML besonders lohnend machen, so gibt es auch vom Inhalt her einige Bereiche, die für den Einsatz von SGML spezifisch geeignet sind.

Dokumentation und
Manuale

Zunächst ist dies – fast klassisch – der Bereich der Dokumentation und der Manuale. Fast klassisch deshalb, weil eine der frühesten Textverarbeitungsanwendungen gerade in diesen Bereich zielte. Die ersten Versionen des Betriebssystems Unix enthielten die Formatierungsprogramme `nroff` und `troff`, sowie speziell zur Beschreibung von Manualseiten formulierte Makros, mit deren Hilfe aus einem Dokument sowohl das gedruckte Manual als auch die Online-Version generiert werden konnte.

Diese Makros implizierten eine Manualstruktur, die noch heute für die Dokumentation von Programmen und Schnittstellen gebräuchlich ist. Die wesentlichen Strukturelemente sind dabei Name und Kurzbeschreibung, Synopsis, Beschreibung, Fehlerliste und "Siehe auch".

Wichtige Anwender in diesem Bereich sind IBM und OSF, die *Open Software Foundation*.

Gebrauchsanwei-
sungen und Repa-
raturanleitungen

Vom inhaltlichen her und strukturell nicht wesentlich anders beschaffen als Dokumentation und Manuale, haben Gebrauchsanweisungen, Reparaturanleitungen und ähnliche Dokumente für SGML eine historisch besondere Bedeutung, da einige frühe, wichtige und große Anwendungen von SGML aus diesem Bereich kamen. Namentlich in Zusammenhang mit der CALS-Initiative des amerikanischen Verteidigungsministeriums DoD (*Department of De-*

fense) wurde SGML zum Standard für die Beschreibung der Struktur militärischer Dokumentation. Außerdem sind die Auto- und Flugzeugindustrie (ebenfalls zunächst in den USA) Pioniere in der Anwendung von SGML gewesen.

Noch allgemeiner kann man sagen, daß technische Texte schlechthin für den Einsatz von SGML besonders geeignet sind. Das drückt sich auch darin aus, daß die beiden Marktführer im Bereich *Technical Text Publishing*, nämlich *Interleaf* und *Frame*, zu ihren eingeführten Produkten analoge Produkte mit enger SGML-Koppelung bzw. mit direkter SGML-Unterstützung auf den Markt bringen: die Rede ist von *Interleaf 5 <SGML>* und *FrameBuilder*.

Die Austauschbarkeit und Standardisierung von Dokumenten hat in der Wissenschaft eine besondere Bedeutung. Am Anfang der großräumigen Vernetzung von Computern (durch sogenannte *Wide Area Networks*) stand der Wunsch von Wissenschaftlern, Informationen möglichst schnell und bequem mit Kollegen austauschen bzw. aus wissenschaftlichen Datenbanken abrufen zu können. Das geschah (und geschieht) auf der Basis unformatierter Texte. Sobald formatierte und strukturierte Dokumente oder Datenbasen ausgetauscht werden sollten, entstanden massive Probleme aufgrund der Inkompatibilitäten der zugrundeliegenden Software.

Im Bereich der Naturwissenschaften hat sich als Quasi-Standard das von dem Mathematiker D. E. Knuth entwickelte Satzprogramm TeX etabliert. Doch auch hier bestehen noch erhebliche Inkompatibilitäten, da eine Reihe unterschiedlicher Makropakete für TeX existieren. Außerhalb des naturwissenschaftlichen Bereichs und beim Austausch von Wissensbasen bestehen die Probleme weiterhin und werden immer größer. Ein Signal für einen beginnenden Wandel ist der Einsatz von SGML im Rahmen des *World Wide Web*, einem neuen, SGML-basierten Dienst des Usenet.

Der Geschäftsbrief war das erste von uns betrachtete Beispiel für strukturierte Dokumente. Was für den Geschäftsbrief gilt, trifft praktisch auf alle in Wirtschaft und Verwaltung auftretenden Dokumentarten zu. Der Gedanke, das Ziel des papierlosen Büros bzw. der papierlosen Ver-

technische Texte

wissenschaftliche Texte

Formulare, Rechnungen, Bestellungen, Angebote, Briefe

waltung unter Einsatz von SGML anzusteuern, liegt daher eigentlich nahe. Bisher ist das jedoch – meines Wissens – noch nicht geschehen, d. h. eine vollintegrierte, SGML-basierte Büro- und Kommunikationsanwendung wurde bislang noch nicht entwickelt oder fand zumindest keine Verbreitung.

Das kann daran liegen, daß Formulare und ähnliche Dokumente in ihrer Struktur so einfach und regelmäßig sind, daß die Abbildung des Formularinhalts durch den Satz einer Datenbank natürlich erscheint. Andererseits treten gerade an der Schnittstelle Datenbank-Dokument in der Bürokommunikation die Probleme typischerweise auf, wenn nämlich die erforderliche Verknüpfung in ihrer Komplexität das schlichte Drucken von Serienbriefen übersteigt.

Gesetzestexte oder allgemein juristische Texte können geradezu als Prototypen strikt strukturierter Texte gelten. Ein Gesetz gliedert sich beispielsweise in Artikel oder Paragraphen, diese in Absätze, die Absätze in Sätze, und die Sätze können in Nummern und Buchstaben gegliederte Aufzählungen enthalten.

Es ist daher auch kein Wunder, wenn eine Applikation aus diesem Bereich am Anfang der Entwicklung steht, die zu SGML führte. In der Tat war ein integriertes Informationssystem für Anwaltsbüros das Projekt, dessen Leitung Charles Goldfarb, der Erfinder von SGML, 1969 übernahm. Zusammen mit Edward Mosher und Raymond Lorie entwickelte er für dieses Projekt GML, die *Generalized Markup Language*, die der direkte Vorläufer von SGML war. Daß die Anfangsbuchstaben von Goldfarb, Mosher und Lorie sich zu GML kombinieren, ist übrigens kein Zufall.

In Holland hat Kluwer, der dort wichtigste Verlag für juristische Texte eine Dokument-Typ-Definition für juristische Texte entwickelt und SGML zur Basis der Produktion gemacht.

Ein weiterer wichtiger Anwender in diesem Bereich ist das Deutsche Institut für Normung DIN, das seit einiger Zeit SGML zur Beschreibung von Normdokumenten einsetzt.

Welche Vorteile der Einsatz von SGML bei der Erstellung und Aufbereitung von Lexika bieten kann, wurde oben schon ausführlich dargestellt. Was für Lexika gilt, gilt analog für Wörterbücher und Referenztexte allgemein. Insbesondere da hier eine elektronische Publikation nahe liegt oder bereits stattgefunden hat.

Kataloge ähneln Lexika insofern, als auch sie im Prinzip Listen von Artikeln sind. Die einzelnen Artikel beschreiben einen Gegenstand, sei es ein Buch oder ein Bauteil. Wie beim Wörterbuch variieren die einzelnen Artikel in der Struktur wenig oder gar nicht. Der wesentliche Unterschied zu Lexikon und Wörterbuch besteht aber in der relativ häufigen, meist regelmäßigen Aktualisierung. Da Kataloge zudem häufig sehr umfangreich sind, entsteht der Wunsch, die Aktualisierung möglichst zu automatisieren. Hier kann der Einsatz von SGML hilfreich sein, vor allem dann, wenn die Struktur nicht so homogen und regelmäßig ist, daß die Darstellung des Katalogs durch die Tabellen einer Datenbank naheliegt.

Die Reihen und Periodika schließlich haben mit den Katalogen das regelmäßige und unter Umständen häufige Erscheinen gemein. Ob der Einsatz von SGML hier Sinn macht, hängt von der Art der Publikation ab. Wenn diese nämlich so beschaffen ist, daß das Layout automatisch erzeugt werden kann, wird SGML die Produktion vereinfachen können. Das ist bei Fachzeitschriften und ähnlichen Publikationen meist der Fall. Keinen Sinn macht es bei Zeitschriften, Illustrierten und ähnlichen Publikationen, bei denen die einzelnen Seiten meist sehr individuell gestaltet werden. Der Extremfall wird hier vertreten durch Zeitgeist-Magazine, bei denen das Layout manchmal geradezu den Inhalt unter sich begräbt.

3.4. Ungeeignete Dokument-Typen

Mit dem Beispiel des Zeitgeist-Magazins ist jetzt eben der Punkt erreicht, wo fairerweise zugegeben werden muß, daß

"chaotische" Struktur

"flache" Struktur

fehlende Struktur

es Dokumente und Dokumentarten gibt, für die der Einsatz von SGML wenig bis keinen Sinn macht.

Der beschriebene Fall des Zeitgeist-Magazins kann als "chaotisches Dokument" charakterisiert werden. Praktisch jede Seite hat ihre eigene, sich nicht wiederholende Gestaltung. Das Layout dominiert dabei den Inhalt, so daß häufig der Text dem verfügbarem Raum angepaßt wird. Für solche Dokumente ist der Einsatz eines DTP-Programms sinnvoller.

Der zweite Fall, in dem sich SGML (manchmal) nicht "lohnt", wurde auch schon erwähnt. Bei einer sehr regelmäßigen und relativ flachen Struktur, wie sie z. B. für Formulare typisch ist, kann es natürlicher und einfacher sein, die Dokumente direkt in einer Datenbank "abzubilden". Man kann sich beispielsweise fragen, ob es sinnvoll ist, eine Anschriftenliste als SGML-Dokument darzustellen. Dafür spricht die gute Portabilität und die Effizienz der Darstellung. Effiziente Darstellung bedeutet hier, daß ohne großen Aufwand und Overhead eine komplexe Struktur und eine große Zahl optionaler Elemente eingebracht werden können. Dagegen spricht, daß es schlicht an geeigneten SGML-Applikationen (in diesem Fall ein SGML-DBMS mit benutzerfreundlicher Abfrageschnittstelle) mangelt.

Der dritte Fall, in dem SGML-Einsatz nicht angebracht ist, wird in der Praxis selten in Betracht kommen. Es ist der Fall des "strukturlosen" Dokuments: SGML beschreibt die Struktur eines Dokuments. Hat ein Dokument keine Struktur, so macht auch SGML keinen Sinn. In der Tat gibt es nahezu strukturlose Dokumente. Ein Beispiel ist ein belletristischer Roman (etwa "Korrektur" von Thomas Bernhard), der ohne jede Gliederung nur aus einem einzigen Absatz besteht.

Aber auch dann, wenn SGML nicht dazu gebraucht wird, Struktur abzubilden, kann SGML als portables Austauschformat seinen Nutzen haben.

3.5. Zusammenfassung

Der Einsatz von SGML ist dann besonders sinnvoll, wenn
die betreffenden Dokumente eine ausgeprägte Struktur
haben, die weder so unregelmäßig ist, daß die Darstellung
durch eine Seitenbeschreibungssprache wie PostScript ad-
äquater ist, noch so regelmäßig, daß eine Datenbank geeigneter ist.

Muster und Modelle

N achdem in Kapitel 2 Dokumentstrukturen eher informell betrachtet wurden, wird in den folgenden Abschnitten die formale Beschreibung von Dokumentstrukturen durch Inhaltsmodelle behandelt.

4.1. Klassenbildung

Ausgangspunkt ist die Zusammenfassung von Dokumenten mit ähnlichem Aufbau und gemeinsamen Merkmalen zu einer Gruppe. Diese Gruppe wird entsprechend der Terminologie der objektorientierten Programmierung auch als *Klasse* bezeichnet. Jedes Dokument der Klasse Dokumente ist dann Verkörperung oder *Instanz* der Klasse. Die Ähnlichkeiten der Struktur und die Merkmale, die der Klassenbildung zugrunde liegen, machen den *Dokument-Typ* aus und werden in SGML durch eine *Dokument-Typ-Definition* (DTD) formal beschrieben. Ein konkreter Geschäftsbrief ist dann beispielsweise eine der DTD für den Dokument-Typ "Geschäftsbrief" entsprechende *Dokumentinstanz*.

Die Zuordnung des Dokuments zu einem Dokument-Typ ist die erste Stufe der Beschreibung, denn bereits die Klassenbildung beinhaltet eine Abstraktion von der konkreten Struktur der Instanz. So kann ein und dasselbe Dokument als Instanz von "Geschäftsbrief" und als Instanz von "Bestellung" unterschiedliche Struktur aufweisen.

Das heißt, daß ein einzelnes Dokument eigentlich keine Struktur hat, sondern nur als Instanz einer Klasse von Do-

Terminologie

kumenten. Das ist keine philosophische Haarspalterei, sondern aus mehreren Gründen wichtig.

Struktur ist relativ

Man darf nämlich nicht aus dem Auge verlieren, daß die Struktur, die man im Dokument "sieht", meist nur eine von mehreren möglichen Strukturen Das Erstellen von Strukturbeschreibungen ein und desselben Dokuments durch mehrere Personen ist ein etablierter Bestandteil von SGML-Tagungen und User-Group-Treffen. Es ist immer wieder überraschend, wie stark die Ergebnisse sich unterscheiden. Ursache der voneinander abweichenden Ergebnisse dürfte sein, daß eine einzelne Instanz für eine Strukturbeschreibung nicht ausreichend ist. Man wird dann stets Annahmen machen müssen, wie weitere Instanzen strukturiert sein könnten, und diese Annahmen können sehr unterschiedlich sein.

Beispiele sind die Basis der Strukturbeschreibung

Daraus folgt, daß für das Erstellen von Strukturbeschreibungen möglichst umfassendes Beispielmaterial eine wesentliche Voraussetzung ist, denn nur wenn die Klasse durch Beispiele gut repräsentiert ist, kann eine korrekte Strukturbeschreibung formuliert werden.

Struktur hängt von der Anwendung ab

Aber die Beispiele allein genügen bei weitem nicht. Wichtig ist nämlich nicht nur die Beschaffenheit der Dokumente an sich, sondern auch ihr Gebrauch. Es muß also beim Entwurf einer DTD erkundet werden, welche Stufen die Dokumente bei Erstellung und Wartung durchlaufen sollen und welcher Gebrauch von den im Dokument enthaltenen Informationen gemacht wird, werden soll und gemacht werden kann. Es ist beim DTD-Entwurf besonders wichtig, an die Zukunft zu denken, da die Wiederverwendbarkeit von SGML-Dokumenten davon abhängt, daß Verwendungsmöglichkeiten, die sich vielleicht erst in mehreren Jahren ergeben, nicht erschwert oder gar ausgeschlossen werden[1]. All das setzt eine intensive Auseinandersetzung mit den Anwendern voraus.

---

[1] Man muß kein Hellseher sein und heute noch nicht existierende Anwendungen explizit berücksichtigen. Wenn aber der Informationsgehalt der Dokumente vollständig oder nahezu vollständig erschlossen, ist der Weg auch für künftige Anwendungen meist relativ eben.

4.2. Dokument-Typ-Definitionen

Die erste Stufe der Strukturbeschreibung war die Klassenbildung. Die zweite Stufe ist die formale Beschreibung der
Bestandteile, die in der Dokumentinstanz enthalten sein
können.

Diese Bestandteile werden als *Elemente* des Dokument-
Typs bzw. der Dokumentinstanz bezeichnet. Die DTD benennt die Elemente, die Teil der Struktur sein können, d. h.
sie ordnet den Elementen Namen zu. Der Inhalt der Elemente wiederum wird durch *Inhaltsmodelle* definiert.

Um einerseits den Inhalt von Elementen präzise festlegen zu können ohne andererseits die Flexibilität der Gestaltung einzuschränken, werden als Inhaltsmodelle Muster
verwendet. Ein solches Muster ist keine fixierte Vorgabe
wie ein auszufüllendes Formular, sondern bildet eher einen
Rahmen. Das Muster besagt zum Beispiel, daß ein Buch aus
einer Folge von Kapiteln besteht, es schreibt aber nicht die
Zahl der Kapitel vor. Oder das Muster erlaubt Fußnoten
innerhalb von Absätzen, ohne sie zu fordern (was unsinnig
wäre).

Diese Strukturmuster werden durch Ausdrücke beliebiger Komplexität dargestellt, die selbst wieder aus einfa-
cheren Ausdrücken zusammengesetzt sein können, welche
letztlich aus primitiven Ausdrücken bzw. Mustern zusammengesetzt sind.

Das funktioniert genauso wie bei arithmetischen Ausdrücken, die aus primitiven Ausdrücken wie Zahlen und
Variablen mit Hilfe von Klammern und Operatoren (+, -, ×,
/) beliebig komplex aufgebaut werden. Nur nennt man in
SGML die Operatoren Konnektoren.

4.3. Primitive Muster

Der einfachste Fall eines Strukturmusters ist ein primitiver
Ausdruck, der für Text steht. Er wird durch den speziellen
Bezeichner PCDATA wiedergegeben. Das Inhaltsmodell ei-
nes nur Text enthaltenden Elements ist daher:

Marginalien:
DTD

Elemente

Inhaltsmodelle sind
Strukturmuster

Elemente mit Text-
inhalt

```
(#PCDATA)
```

PCDATA steht dabei für *parsable character data*. Das bedeutet, daß im Text auftretende spezielle Markierungssequenzen wie ß für das scharfe S, von der SGML-Anwendung erkannt und umgesetzt werden. Das #-Symbol vor PCDATA dient dazu, den speziellen Bezeichner von Elementbezeichnern zu unterscheiden. Die runden Klammern schließlich begrenzen das Inhaltsmodell.

Oft haben Elemente jedoch nicht Text, sondern andere Elemente zum Inhalt. Das Muster für den Umschlag (Element env) eines Email-Briefes (Element mail) wäre z. B. schlicht:

```
(mail)
```

Der Inhalt des mail-Elements wiederum wird durch ein eigenes Inhaltsmodell festgelegt.

4.4. Konnektoren und andere Operatoren

Konnektoren sind Trennzeichen in den Listen von Mustern, aus denen Inhaltsmodelle aufgebaut sind. Aber sie sind nicht nur Separatoren (d. h. Trennzeichen), sondern auch Operatoren, indem sie die Art der Verknüpfung der Listenelemente anzeigen.

SEQ-Konnektor

Falls ein Element mehrere andere Elemente enthält, kann die Reihenfolge des Auftretens durch den entsprechenden Konnektor festgelegt werden. Ein Element, das aus den Teilen Anfang, Mitte und Schluß besteht, würde z. B. durch das Muster

```
(anfang, mitte, schluss)
```

beschrieben. Das die Bestandteile verbindende Kommazeichen ist der SEQ-Konnektor. SEQ steht dabei für "Sequenz" oder "Reihenfolge". Der Sequenzkonnektor zeigt an, daß die Reihenfolge nicht beliebig ist, sondern daß die Teile des Inhaltsmodells in der Dokumentinstanz in der angegebenen Folge auftreten müssen.

Meist ist die Struktur aber nicht so starr. Häufig sind einzelne Teile *wiederholbar*. Beispielsweise besteht ein Theaterstück aus einer Folge von Akten, ein Element `drama` könnte in seiner Struktur daher durch

wiederholbare
Bestandteile

```
(akt+)
```

wiedergegeben werden. Das Pluszeichen `'+'` besagt, daß das `drama` aus beliebig vielen, aber mindestens einem Akt besteht.

Oft auch sind einzelne Bestandteile *optional*, d.h. sie können, müssen aber nicht vorhanden sein. Ergänzt man das Muster für `drama` durch optionale Bestandteile für Prolog und Epilog, so erhält man:

optionale Bestandteile

```
(prolog?, akt+, epilog?)
```

Daß ein Element optional ist, wird durch ein nachgestelltes Fragezeichen angezeigt.

Die Kombination "optional und wiederholbar" wird durch das Stern-Zeichen `'*'` angezeigt. Das Inhaltsmodell für moderne Dramen, die unter Umständen nur aus Prolog und/oder Epilog oder aus Nichts bestehen, wäre dann:

optionale und wieder-
holbare Bestandteile

```
(prolog?, akt*, epilog?)
```

Auch die Reihenfolge muß nicht fest sein. Ein Bestandteil `com` einer Anschrift, der Telefon-, Faxnummer und Emailadresse enthält, könnte durch

```
(tel & fax & email)
```

beschrieben werden.

Das &-Zeichen anstelle des Sequenzkonnektors zeigt an, daß die Bestandteile in beliebiger Reihenfolge auftreten können. Außer der Reihenfolge `tel fax email` sind auch alle anderen Permutationen[2] zulässig: `fax tel email`, `email fax tel` usw. Dieser Konnektor heißt AND-Konnektor.

AND-Konnektor

---

[2] Eine Permutation ist eine Umstellung oder Umordnung einer Menge unterschiedlicher Objekte. Ein Kartenfolge in einem gemischten Kartenspiel ist zum Beispiel eine Permutation der Spielkarten.

OR-Konnektor

Außer SEQ- und AND-Konnektor gibt es als dritten den OR-Konnektor, der eine Liste von alternativen Bestandteilen trennt. Das Inhaltsmodell für ein Gerichtsurteil könnte daher durch

```
(freispruch | schuldspruch)
```

wiedergegeben werden[3]. Es muß genau eine der genannten Alternativen realisiert sein. Oder wenn ein `drama` entweder eine Folge von Aufzügen oder eine Folge von Akten ist, kann das durch das Inhaltsmodell

```
(aufzug+ | akt+)
```

ausgedrückt werden.

4.5. Gruppierung in Inhaltsmodellen

Vorrang

Konnektoren sind Operatoren ohne Vorrang. Anders als in arithmetischen Ausdrücken, wo der Vorrang von + kleiner als der von × ist, so daß der Ausdruck a + b×c implizit als a + (b×c) geklammert wird, ist für Konnektoren kein Vorrang definiert. Konnektoren dürfen daher nicht gemischt werden:

```
(tel, fax & email)
```

wäre falsch. Vielmehr muß stets explizit mit Klammern gruppiert werden. In dem Modell

```
(tel, (fax & email))
```

bildet `(fax & email)` eine durch Klammerung begrenzte *Gruppe*.

Nicht nur Elemente, sondern auch Gruppen können als optional und/oder wiederholbar gekennzeichnet werden. Oben wurde das Inhaltsmodell für ein aus Aufzügen oder Akten bestehendes `drama` durch

---

[3] Die angegebenen Elementnamen sind eigentlich nicht zulässig, da SGML die Länge von Namen auf 8 Zeichen begrenzt. Doch davon mehr im nächsten Kapitel.

```
(aufzug+ | akt+)
```
wiedergegeben. Das Inhaltsmodell
```
(aufzug | akt)+
```
scheint nahezu dieselbe Struktur zu beschreiben. Was ist der Unterschied? Im ersten Fall hat man eine Folge von Aufzügen oder eine Folge von Akten. Im zweiten Fall hat man eine Folge von Aufzügen oder Akten (also möglicherweise gemischt: ein Aufzug, zwei Akte, noch ein Aufzug, und wieder ein Akt, …)

Ein weiteres Beispiel: Ein Text besteht aus beliebig vielen Absätzen, Listen und Tabellen in beliebiger Reihenfolge,wobei jedoch am Anfang ein Absatz stehen muß. Das wird durch das Inhaltsmodell

```
(absatz, (absatz | liste | tabelle)* )
```

wiedergegeben.

4.6. Mehrdeutigkeit

Das bisher Gesagte kann leicht den Eindruck erwecken, daß es bei der Formulierung von Inhaltsmodellen keine Beschränkungen gibt, daß also jedes korrekt gebildete Muster auch ein zulässiges Inhaltsmodell ist. Das ist so nicht der Fall. Der Grund dafür ist, daß Ausdrücke nicht nur korrekt gebildet sein müssen, sondern auch sinnvoll auswertbar sein müssen.

Bei der Konstruktion von arithmetischen Ausdrücken mit ganzen Zahlen und den Operatoren +, -, × und / gibt es nur eine solche Beschränkung: Division durch 0 (oder einen Ausdruck mit Wert 0) ist nicht zulässig. Ansonsten können beliebige arithmetische Ausdrücke schematisch ausgewertet werden, und als Ergebnis resultiert eine ganze Zahl.

Ähnliches muß für Muster gelten. Der Auswertung entspricht hier der Vergleich der in der Dokumentinstanz gefundenen Elemente mit den Inhaltsmodellen. Dieser Vergleich wird im allgemeinen von einem sogenannten SGML-Parser durchgeführt. Der SGML-Parser hat im wesentlichen drei Funktionen:

- Zunächst wird die DTD vom Parser gelesen. In der DTD sind die Inhaltsmodelle für die einzelnen Elemente angegeben. Ein spezielles Element ist dabei das sogenannte Basiselement. Der Namen des Basiselements stimmt mit dem Namen der DTD überein.

- Der Parser liest die Dokumentinstanz. Der Anfang wird dabei mit dem Inhalt des Basiselements gemacht, d. h. die Dokumentinstanz als Ganzes muß mit dem Inhaltsmodell des Basiselements übereinstimmen. Dabei wird der Inhalt der gefundenen Elemente mit den entsprechenden Inhaltsmodellen verglichen.

- Falls Fehler gefunden werden, werden diese gemeldet. Ansonsten werden (anwendungsspezifische) Ausgabedaten erzeugt.

An einem Beispiel sieht man, wie dieser Abgleich von Dokumentinstanz und Inhaltsmodellen konkret funktioniert. Eine DTD ordnet den Elementen A, B, C und D folgende Inhaltsmodelle zu:

```
A                (#PCDATA, B+)

B                (C?, D)

C                (#PCDATA)

D                (#PCDATA)
```

Das Basiselement ist A. Man hat hier ein Beispiel für einen *gemischten* Inhalt (*mixed content*) vor sich, da das Element sowohl Daten (`#PCDATA`) als auch andere Elemente (`B+`) enthält. Der Inhalt von B dagegen ist Elementinhalt (*element content*), während C und D Dateninhalt (*data content*) haben.

Der Inhalt der Dokumentinstanz ist folgender:

```
<A>aaaaaaaa<B><C>cccccccccc</C>
<D>dddddddddd</D></B>
<B><D></D></B></A>
```


Der Parser beginnt jetzt den Abgleich. Als erstes wird die Startmarkierung des Basiselements A gefunden. Das ist in Ordnung und muß auch so sein. Dann kommen Daten, was mit dem Inhaltsmodell übereinstimmt (#PCDATA). Anschließend wird eine Startmarkierung für ein B-Element gefunden, was auch mit dem Inhaltsmodell übereinstimmt, das mindestens ein B-Element in A verlangt (B+). In diesem Fall enthält das B-Element ein optionales C-Element, welches Daten enthält. Das nichtoptionale D-Element enthält auch Daten. Nach der Endemarkierung von D wird die Endemarkierung von B erwartet und gefunden. Darauf folgt nochmals eine Startmarkierung für ein B-Element, das diesmal jedoch nur ein D-Element ohne Inhalt enthält[4]. Es folgt das Ende von B und das Ende von A und damit das Ende der Dokumentinstanz.

Das beim Abgleich von Mustern auftretende Problem rührt nun daher, daß es mehr als ein mögliches Verfahren gibt, und daß die unterschiedlichen Verfahren auch unterschiedliche Ergebnisse haben können.

Man kann das an folgendem Beispiel illustrieren: An einer Stelle wird die Dokumentstruktur durch das Modell (A+,B?,A+) beschrieben. Im Dokument findet der Parser eine Folge von drei A-Elementen vor: A A A.

Welche Elemente sollen welchem Teil des Inhaltsmodells zugeordnet werden? Wenn der Abgleich überhaupt erfolgreich sein soll, so muß das erste A-Element der ersten Komponente des Inhaltsmodells und das dritte A-Element der letzten Komponente des Inhaltsmodells zugeordnet werden:

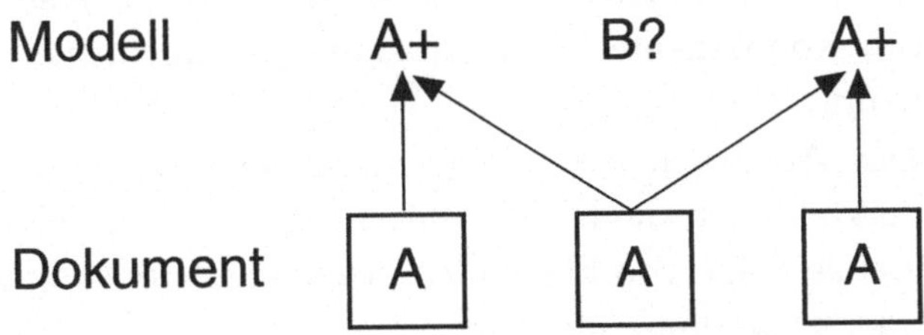

Ein Programm, das beim Abgleich von DTD und Dokumentinstanz die Komponenten des Inhaltsmodells der

---

4   Es ist durchaus zulässig, daß ein Element mit Inhaltsmodell #PCDATA leeren (also keinen) Inhalt hat.

Reihe nach abarbeitet, würde dem ersten Modellteil A+ die ganze Elementfolge A A A zuordnen:

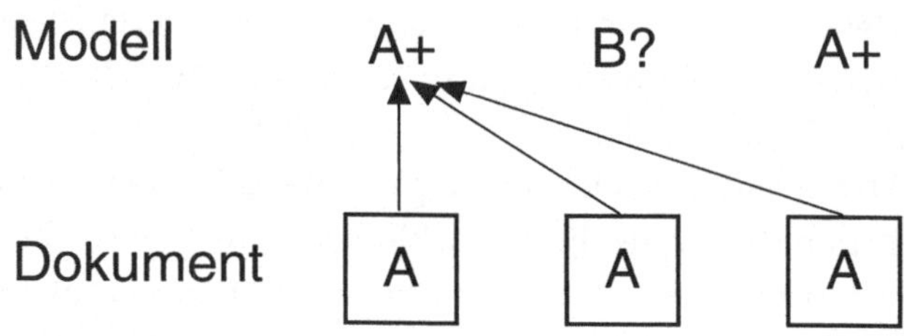

Beim dritten Modellteil angekommen, würde kein A-Element mehr gefunden werden.

mehrdeutige Inhalts-
modelle

Das hier auftretende Problem wird als *Mehrdeutigkeit des Inhaltsmodells* bezeichnet (*content model ambiguity*).

SGML löst das Problem, indem Mehrdeutigkeit nicht zugelassen wird. Eine DTD, die mehrdeutige Inhaltsmodelle enthält, gilt als fehlerhaft. Der Standard verlangt jedoch nicht, daß ein Parser oder eine SGML-Anwendung mehrdeutige Inhaltsmodelle erkennt und entsprechende Fehler meldet.

Was genau ist Mehrdeutigkeit? Die im Standard gegebene Definition von Mehrdeutigkeit ist nicht sehr erhellend:

A content model, for which an element or character string occuring in the document instance can satisfy more than one primitive content token without look-ahead.

Sinngemäß übersetzt: Ein Inhaltsmodell ist mehrdeutig, wenn eine Zeichenkette oder ein Element, das in der Dokumentinstanz auftritt, ohne *look-ahead* mehr als einer primitiven Komponente des Inhaltsmodells zugeordnet werden kann.

Der Ausdruck *without look-ahead* besagt, daß ein Inhaltsmodell auch dann als mehrdeutig gilt, wenn eine auf eine ganze Folge von Elementen bezogene Auflösung möglich oder sogar eindeutig wäre.

Beispiel: Das Muster (A+, A) bezeichnet eine Kette von mindestens zwei A-Elementen. Das letzte A-Element kann dabei dem zweiten Teil des Musters, alle anderen können dem ersten Teil des Musters eindeutig zugeordnet werden, aber nur, wenn das *ganze* Muster mit der *ganzen* Kette abgeglichen wird. Wenn das Inhaltsmodell von links nach rechts abgearbeitet wird, wird die ganze Kette der A+-Komponente zugewiesen und für die zweite Komponente wird kein A-Element mehr gefunden.

Mehrdeutigkeit kann nur dann auftreten, wenn ein Elementname im Inhaltsmodell mehrfach erscheint. Weiterhin kann Mehrdeutigkeit nicht bei primitiven Komponenten auftreten, die weder optional noch wiederholbar sind. Beispielsweise ist (A, A) nicht mehrdeutig, obwohl das A-Element mehrfach auftritt, das Muster (A?, A) ist aber mehrdeutig.

4.7. Zusammenfassung

Komplexe Muster entstehen durch Kombination der folgenden drei Grundmuster:

In einer geordneten Gruppe muß jeder Bestandteil in der angegebenen Reihenfolge auftreten. Die Bestandteile der Gruppe werden durch den SEQ-Konnektor ', ' getrennt: A , B , C. Es ist eine SEQ-Gruppe.

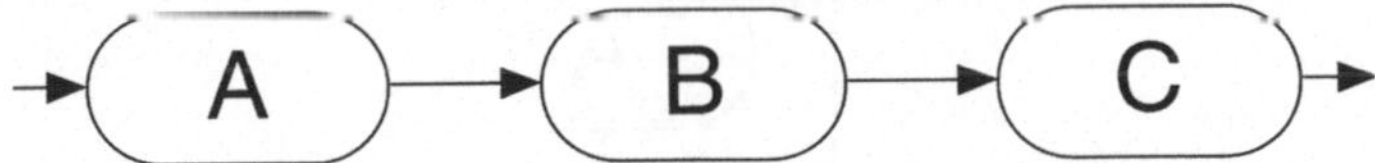

In einer Gruppe von Alternativen muß genau einer der angegebenen Bestandteile auftreten. Die Bestandteile werden durch den OR-Konnektor '|' getrennt: A | B | C. Es ist eine OR-Gruppe.

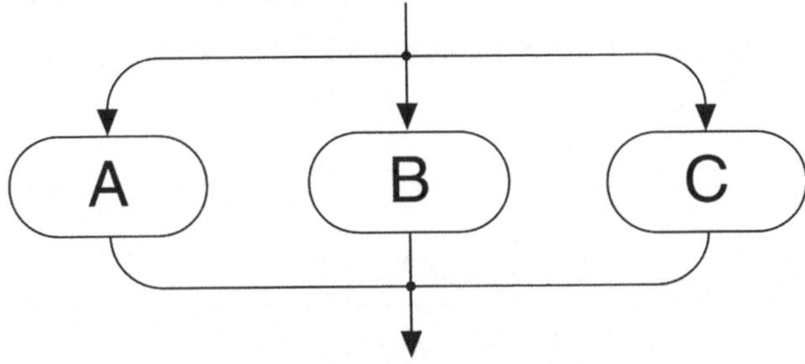

In einer ungeordneten Gruppe muß jedes angegebene Element auftreten, die Reihenfolge ist aber beliebig. Die Bestandteile einer solchen Gruppe werden durch den AND-Konnektor ' & ' getrennt: A & B. Es ist eine AND-Gruppe.

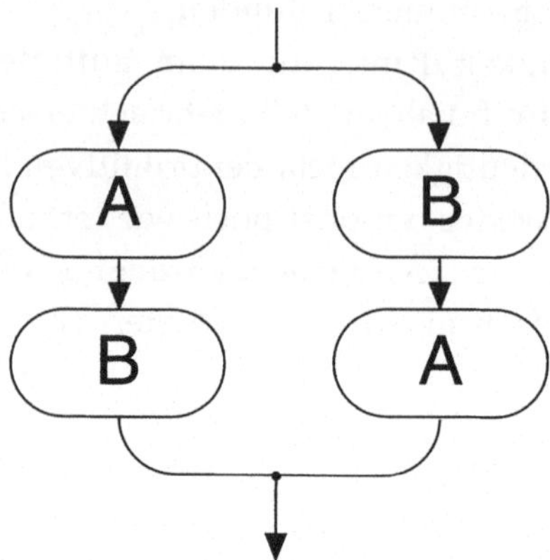

Eine Strukturbeschreibung wird erst dadurch flexibel, daß einzelne Bestandteile optional und/oder wiederholbar sind.

Ein optionaler Bestandteil kann, muß aber nicht vorhanden sein. Er wird durch ein nachgestelltes Fragezeichen als optional gekennzeichnet: A?

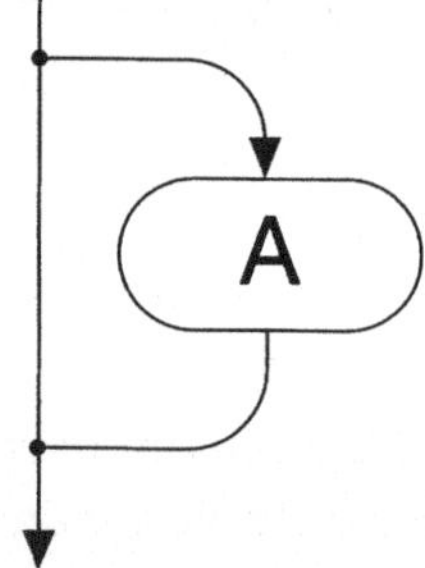

Ein optionaler und wiederholbarer Bestandteil kann beliebig oft oder gar nicht vorhanden sein. Er wird durch ein nachgestelltes *-Symbol gekennzeichnet: A*

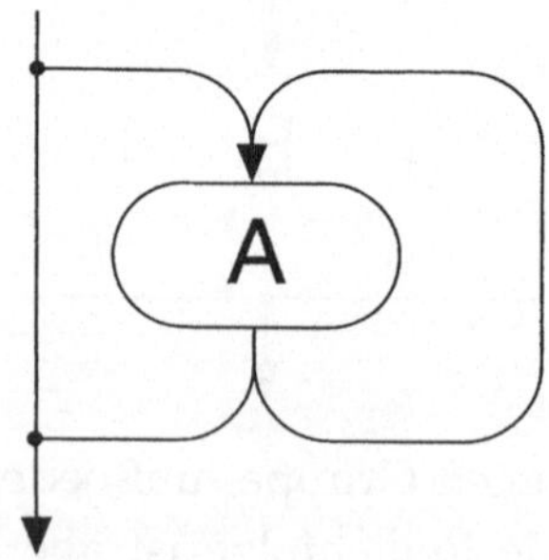

Ein wiederholbarer Bestandteil muß mindestens einmal
vorhanden sein, kann aber beliebig oft wiederholt werden.
Er wird durch ein nachgestelltes Pluszeichen gekennzeichnet: A+

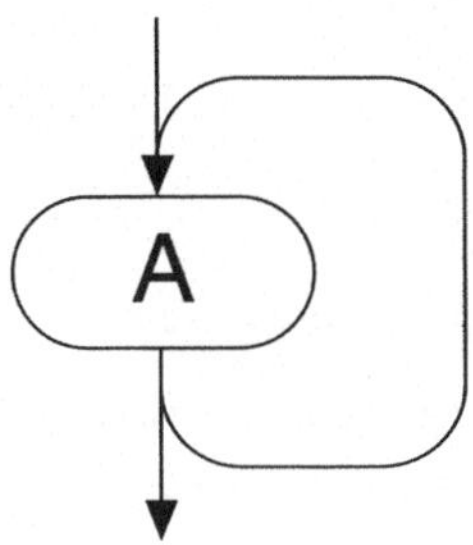

4.8. Übungen

1. Was ist der Unterschied zwischen den Mustern

   ```
   (tel, (fax? & email?))
   ```

   und

   ```
   (tel, (fax | email)?)
   ```

2. Geben Sie ein nicht mehrdeutiges Inhaltsmodell für ein Folge von mindestens zwei A-Elementen an.

3. Welche der folgenden Muster sind äquivalent? Welche der Inhaltsmodelle leiden an Mehrdeutigkeit?

   ```
   (A & B)                 ((A,B) | (B,A))
   (A*)                    (A, (A+)?)
   (A, (B|C)?, (B|C)?)     (A,B?,C?)
   (A, (B|C))              ((A,B) | (A,C))
   (A, (B,C))              (A,B,C)
   (A?,B)                  ((A,B)|B)
   (A+)                    (A,A*)
   (A?)+                   (A*)
   (A|(A,B)|(A,C))         (A?, (B|C))
   ((A,B,C) | (A,C,B))     (A, (B&C))
   ```

4. Überprüfen Sie die folgenden Elementfolgen auf Übereinstimmung mit dem jeweiligen Muster. Welche Muster sind mehrdeutig?

Elementfolge	Muster
A B C C C	`(A,B,(C|D)*)`
A B	`(A,B?,(C|D?)+)`
A B A C B	`((A|B|C)+,(C,B))`

SGML-Dokumente

N achdem im letzten Abschnitt die Mittel zur Beschreibung von Elementinhalten bereitgestellt worden sind,
behandelt dieses Kapitel den Aufbau von SGML-Dokumenten, die Deklaration von Elementen und damit verbunden
die verschiedenen Formen der Minimierung.

5.1. Ein einfaches Beispiel

Ein erstes (sehr einfaches) Beispiel für ein (fast) vollständi-
ges SGML-Dokument:

```
<!DOCTYPE simpel [
<!ELEMENT simpel - - (#PCDATA) >
] >
<simpel>Ein sehr einfaches Dokument.
</simpel>
```

SGML-Dokumente bestehen aus drei Teilen, nämlich

- SGML-Deklaration,
- Prolog und
- Dokumentinstanz.

Die SGML-Deklaration fehlt im Beispiel (wie in den meisten
Fällen). Das ist zulässig, da eine SGML-Anwendung in diesem Fall eine Voreinstellung annimmt[1].

 Der Prolog ist der Inhalt der DOCTYPE-Deklaration.
Insbesondere enthält der Prolog den Namen des Dokument-Typs und die Dokument-Typ-Definition (DTD). Die

Teile eines SGML-
Dokuments

Prolog

---

[1] Meist ist das die im SGML-Standard definierte *reference concrete syntax*.

DTD ist die formale Beschreibung der Struktur. Sie ist allen Dokumenten des betreffenden Typs gemeinsam.

Dokumentinstanz

Die Dokumentinstanz schließlich bildet den eigentlichen Inhalt des Dokuments. Im Beispiel ist das:

```
<simpel>Ein sehr einfaches
Dokument.</simpel>
```

Die Dokumentinstanz besteht in diesem Fall aus der Startmarkierung des Basiselements (`<simpel>`) , Textdaten (`Ein sehr einfaches Dokument.`) und der Endemarkierung des Basiselements (`</simpel>`). Zur Erinnerung: Das Basiselement ist das Element, dessen Name der Name des Dokument-Typs, also `simpel` ist.

Das Beispiel ist tatsächlich absurd einfach, da eben das, was SGML leisten soll, nämlich die Struktur eines Dokuments wiederzugeben, hier nicht geleistet wird, da die gesamte Dokumentinstanz vom Inhalt eines Elements gebildet wird.

SGML als
Austauschformat

Oder vielleicht doch nicht so absurd. Man kann SGML als reines Austauschformat für Textdaten verwenden, mit dem Textdaten unabhängig vom Zeichensatz (z. B. ASCII oder EBCDIC) und mit standardisierter Darstellung von Sonderzeichen (z. B. `ä` für das kleine Umlaut-a) transportiert werden können.

5.2. Dokument-Typ-Definitionen

Weil die DTD allen Dokumenten des betreffenden Typs gemeinsam ist, wird sie häufig extern gehalten. Das Dokument hat dann zum Beispiel die Form:

```
<!DOCTYPE simpel SYSTEM >
<simpel>Ein sehr einfaches
Dokument.</simpel>
```

externe Bezeichner

Aufgrund des Namens des Dokument-Typs (`simpel`) und des externen Bezeichners `SYSTEM` kann die SGML-Anwendung dann eine Datei mit den Deklarationen für diesen Dokument-Typ lokalisieren.

Der (systemabhängige) Name der Datei kann aber auch
explizit angegeben werden:

```
<!DOCTYPE simpel SYSTEM "c:\sgml\simpel.dtd"
>
<simpel>Ein sehr einfaches
Dokument.</simpel>
```

Der Inhalt der Datei `"c:\sgml\simpel.dtd"` wäre dann:

```
<!ELEMENT simpel - - (#PCDATA) >
```

Externe Bezeichner sind im Dokument enthaltene Information, die es der SGML-Anwendung ermöglicht, auf die in
Bezug genommene Information zuzugreifen. Externe Bezeichner gibt es in zwei Varianten, nämlich als SYSTEM-
und PUBLIC-Bezeichner.

Der SYSTEM-Bezeichner wird durch das vorangestellte
Schlüsselwort SYSTEM gekennzeichnet. Der Bezeichner ist
eine Zeichenkette mit systemabhängiger Information, typi-
scherweise ein mehr oder weniger vollständiger Pfadname.
Sofern es notwendig ist, wird die SGML-Anwendung mit
Hilfe der ihr zur Verfügung stehenden Information den
Pfadnamen ergänzen. Beispielsweise könnte auf einem
Unix-System der Bezeichner

   `"dtds/simpel.dtd"`

zu

   `"/usr/sgml/inputs/dtds/simpel.dtd"`

ergänzt werden, wenn die SGML-Anwendung über eine
Umgebungsvariable weiß, daß einzubindende Dateien unter dem Verzeichnis `"/usr/sgml/inputs"` zu finden
sind.

PUBLIC-Bezeichner sind wie SYSTEM-Bezeichner auf-
gebaut. Sie werden durch das vorangestellte Schlüsselwort
PUBLIC gekennzeichnet. Die Zeichenkette – oder um den in
SGML gebräuchlichen Ausdruck zu verwenden, das Literal
– ist ein entsprechend einer speziellen, standardisierten
Syntax aufgebauter öffentlicher Name, beispielsweise:

   `-//USA/AAP//DTD ART-1//EN`

SYSTEM-Bezeichner

PUBLIC-Bezeichner

Die SGML-Anwendung wird dann mit Hilfe interner Tabellen den öffentlichen Namen in einen Systemnamen übersetzen[2].

Kommentare

Außer Elementdeklarationen kann die DTD unter anderem auch Kommentare (genauer: *Kommentardeklarationen*) enthalten.

```
<!DOCTYPE simpel [
<!-- Eine sehr einfache DTD -->
<!ELEMENT simpel - - (#PCDATA) >
] >
```

DTD-Subset

Die Deklarationen sind hier in eckige Klammern eingeschlossen. Man bezeichnet diesen Teil des Prologs als DTD-Subset. Der Inhalt des Subsets ergänzt und modifiziert die Deklarationen einer eventuell vorhandenen externen DTD.

Prolog-Syntax

Der Prolog hat demnach folgenden Aufbau:

```
<!DOCTYPE
DTD-Name
externer-DTD-Bezeichner ?
( [ DTD-Subset-Deklarationen ] ) ?
>
```

Syntax-Notation

Eine Anmerkung zur Notation, die hier zur Beschreibung der Syntax verwendet wird. Diejenigen Teile, die fett gesetzt sind (z. B. **DOCTYPE**), erscheinen ebenso im SGML-Dokument. Syntaxbegriffe werden kursiv gesetzt (z. B. *Elementname*). Zur Kennzeichnung von Gruppierung, Reihenfolge, alternativen, optionalen und wiederholbaren Teilen werden die schon von den Inhaltsmodellen her bekannten Mittel verwendet, d. h. das auf *DTD-Bezeichner* folgende Fragezeichen zeigt an, das der DTD-Bezeichner weggelassen werden kann. So ist

```
( [ DTD-Subset-Deklarationen ] ) ?
```

eine optionale Gruppe.

---

[2] Oder auch nicht. Voraussetzung ist, daß der betreffende öffentliche Name der SGML-Anwendung bekannt ist. Man kann der SGML-Anwendung aber auch durch einen nachgestellten Systembezeichner auf die Sprünge helfen, also:
```
PUBLIC "-//USA/AAP//DTD ART-1//EN" "dtds/aapart.dtd"
```

Um den Leser nicht mit einer Fülle von Details und (jetzt) noch unbekannten Begriffe zu belasten, wurden die Syntaxregeln gegenüber dem Standard vereinfacht. Sie sind dadurch wohlgemerkt nicht falsch, vielmehr beschreiben sie eine Untermenge von SGML.

5.3. Elementdeklarationen

Die DTD im obigen Beispiel enthält eine einzige *Elementdeklaration*, nämlich:

```
<!ELEMENT simpel - - (#PCDATA) >
```

Dabei zeigt `<!` den Beginn einer Deklaration an, `ELEMENT` besagt, daß es sich um eine Elementdeklaration handelt, und `simpel` ist der Name des Elements.

Für die Namen von Elementen und Namen allgemein gelten einige relativ rigide Regeln. Zunächst kann ein Name aus Buchstaben, Ziffern sowie Punkt und Querstrich bestehen. Zulässig sind also `A1`, `t-2.1`, `anfang` usw. Das erste Zeichen muß ein Buchstabe sein (`1.Teil` ist daher nicht zulässig). Namen können aus maximal acht Zeichen bestehen, weshalb `inhaltsverzeichnis` als Name nicht zulässig ist. Groß- und Kleinschreibung werden nicht unterschieden[3]. Glücklicherweise können alle aufgeführten Regeln durch eine Modifikation der SGML-Deklaration geändert werden[4].

Diejenigen Namen, die in der Syntax von SGML selbst verwendet werden, also `ELEMENT`, `DOCTYPE` usw., werden als *reserviert* bezeichnet. Anders als in den meisten Programmiersprachen ist der Gebrauch von reservierten Namen als Elementname zulässig:

SGML-Namen

---

[3] Das kann tückisch sein. Elemente können mehrfach deklariert werden. Gültig ist die erste Deklaration. Weitere Deklarationen werden ignoriert. Will man zwei verschiedene Elemente deklarieren, deren Namen sich nur durch Groß-/Kleinschreibung unterscheiden (etwa `a1` und `A1`), so wird die zweite Deklaration ignoriert.

[4] Es ist beispielsweise üblich, lange Namen mit 16 und mehr Zeichen zuzulassen und zwischen Groß- und Kleinschreibung zu unterscheiden.

```
<!ELEMENT ELEMENT - - (#PCDATA) >
```

ist eine zulässige Deklaration eines Elements mit Namen ELEMENT[5]. Wo sich Verwechslungsmöglichkeiten ergeben, wird der reservierte Name durch ein #-Zeichen kenntlich gemacht, z. B. bei #PCDATA.

Die auf den Namen des Elements folgenden beiden Querstriche beziehen sich auf die Minimierbarkeit von Start- und Endemarkierungen. Steht an dieser Stelle ein Querstrich, so muß die Markierung vorhanden sein. Ein großes O zeigt an, daß die Markierung weggelassen werden kann[6]. Details dazu folgen später.

Darauf folgt das Inhaltsmodell (im Beispiel schlichter Text, also #PCDATA).

Die Elementdeklaration schließt mit einer spitzen Klammer.

Zusammenfassung   Die Syntax einer Elementdeklaration ist:

```
<!ELEMENT
Elementname
Start-Minimierung
Ende-Minimierung
Inhaltsmodell
>
```

5.4. Darstellung der hierarchischen Struktur

Die hierarchische Struktur wird in SGML dadurch wiedergegeben, daß Elemente wieder andere Elemente enthalten. Das an der Spitze der Hierarchie stehende Element ist dabei das Basiselement. Man sieht das besser anhand des Beispiels einer DTD für einfach strukturierte Texte:

Ein Text (text) besteht aus einer Überschrift (kopf), gefolgt von beliebig vielen Absätzen (absatz), Listen (liste) und Zitaten (cit). Eine Liste besteht aus beliebig

---

[5]   Ob dergleichen eine gute Idee ist, steht auf einem anderen Blatt.

[6]   O wie *omit* (weglassen). **Achtung:** Das große O wird gerne mit der Null verwechselt!

vielen Punkten (lp). Dieser Struktur entspricht folgende
DTD:

```
<!DOCTYPE text [
<!ELEMENT text    - -
   (kopf, (absatz | liste | cit)+)  >
<!ELEMENT kopf   - - (#PCDATA)     >
<!ELEMENT absatz - - (#PCDATA)     >
<!ELEMENT liste  - - (lp)*         >
<!ELEMENT lp     - - (#PCDATA)     >
<!ELEMENT cit    - - (#PCDATA)     >
]>
```

Die Elemente `kopf`, `absatz`, `lp` und `cit` haben als Inhalt
Daten (*data content*). Das Basiselement `text` und das Element `liste` haben dagegen nur andere Elemente zum Inhalt (*element content*).

Ein Element mit Dateninhalt kann auch leer sein. Be- Zeilentrenner
ginnt die Dokumentinstanz beispielsweise mit

```
<text><kopf></kopf><absatz>...,
```

also mit einer leeren Überschrift, so ist das in Ordnung. Das
Element muß nicht einmal richtig leer sein. Es gilt nämlich
die Regel, daß Zeilenendezeichen ignoriert werden, die
einer Startmarkierung unmittelbar folgen oder unmittelbar
einer Endemarkierung vorausgehen. Bei Elementen mit
Elementinhalt kann sich zwischen den Markierungen beliebiger Leerraum (also Zeilentrenner, Zwischenraum oder
Tabulatorzeichen) befinden.

Man kann daher SGML-Dokumente genau wie Pro- Formatierung der
gramme übersichtlicher machen, indem Markierungen je- Dokumentinstanz
weils an den Anfang der Zeile gesetzt werden:

```
<text>
<kopf>
Pest oder Cholera?
</kopf>
<absatz>
Seit Anbeginn der Zeit sieht der Mensch sich
mit Situationen konfrontiert, die eine Wahl
```

73

```
schwierig machen. ...
</absatz>
```

Hier ist der Inhalt des `kopf`-Elements die Zeichenkette `"Pest oder Cholera?"`. Eine Gliederung durch Einrükken ist allerdings nicht möglich, da bei Elementen mit Dateninhalt die zum Einrücken verwendeten Zeichen zum Inhalt zählen würden.

```
<text>
      <kopf>

            Pest oder Cholera?
      </kopf>
      <absatz>

            ...
```

In diesem Fall gäbe es beim `text`-Element kein Problem, da `text` Elementinhalt hat, aber der Inhalt des `kopf`-Elements wäre `"\t\tPest oder Cholera?\n\t"`[7].

gemischter Inhalt   Würde man darauf verzichten, für die Überschrift ein Element bereitzustellen, und statt dessen `text` als

```
<!ELEMENT text - -
     (#PCDATA, (absatz|liste|cit)+) >
```

deklarieren, so hätte `text` sowohl andere Elemente als auch Daten als Inhalt. Man spricht dann von Elementen mit gemischtem Inhalt (*mixed content*). Elemente mit gemischtem Inhalt sollten vermieden werden, da es gerade in Zusammenhang mit Zeilentrennern Probleme geben kann. Beispiel:

```
<!ELEMENT text - - (kopf, #PCDATA) >
```

Beginnt jetzt die Dokumentinstanz mit

```
<text>
<kopf> ...,
```

so wird das auf die Startmarkierung von `text` folgende Zeilenendezeichen als Dateninhalt interpretiert. Dateninhalt

---

[7] Dabei wurde das Tabulatorzeichen durch `"\t"` und das Zeilenende-Zeichen durch `"\n"` dargestellt.

kann aber in diesem Inhaltsmodell nur bei #PCDATA auftreten. Der Parser moniert daher ein fehlendes kopf-Element, das er dann in der nächsten Zeile findet, ohne dafür noch eine Verwendung zu haben. Man kann gemischten Inhalt immer vermeiden, indem #PCDATA durch ein Element mit Dateninhalt ersetzt wird:

```
<!ELEMENT text - - (kopf, rest) >
<!ELEMENT rest - - (#PCDATA) >
```

5.5. Bewegliche Bestandteile

In den meisten Texten gibt es Bestandteile, die praktisch an beliebiger Stelle auftreten können. Bestandteile, die keine fixe Position in der hierarchischen Struktur haben, werden als *beweglich* bezeichnet (*floating material*).

Ein Beispiel dafür sind Fußnoten. Normalerweise können Fußnoten an beliebiger Stelle im Text eines Absatzes erscheinen. Man fühlt sich gedrängt, dies durch folgendes Inhaltsmodell mit gemischtem Inhalt für absatz wiederzugeben:

```
<!ELEMENT absatz - - ((#PCDATA, fn?)+) >
<!ELEMENT fn     - - (#PCDATA)        >
```

Eine Fußnote fn kann entsprechend diesem Inhaltsmodell auf Textdaten folgen, oder, da wie gesagt #PCDATA im Inhaltsmodell nicht garantiert, daß an der betreffenden Stelle auch tatsächlich Textdaten erscheinen, kann eine Fußnote auch am Anfang eines Absatzes stehen.

Die oben beschriebenen Probleme mit gemischten Inhalten können dann nicht auftreten, wenn das Inhaltsmodell eine wiederholbare OR-Gruppe ist. Da man ohnehin nicht erzwingen kann, daß eine Fußnote vorangehendem Text folgt, ist es besser, absatz durch

```
<!ELEMENT absatz - - (#PCDATA | fn)+ >
```

zu deklarieren.

Jetzt sollen auch Listen Fußnoten enthalten können. Also dasselbe für `liste`:

```
<!ELEMENT liste - -  (#PCDATA | fn)+ >
```

Und schließlich sollen Listen nicht nur gleichberechtigt neben Absätzen stehen, sondern - wie Fußnoten - auch an beliebiger Stelle innerhalb eines Absatzes auftreten können:

```
<!ELEMENT absatz - -
  (#PCDATA | fn | liste)+ >
```

Dieses Vorgehen erscheint fragwürdig und wird in der Handhabung schnell unübersichtlich und umständlich. Außerdem entspricht es nicht dem Gebrauch. Üblich ist es, derartige Elemente ab einer bestimmten Stufe in der hierarchischen Struktur zuzulassen.

Beispiel Fußnoten: Fußnoten in Überschriften und ähnlichen Textteilen werden als unästhetisch empfunden (und können genauso gut am Anfang des ersten folgenden Absatzes stehen). Man wird daher Fußnoten innerhalb von Absätzen (und damit innerhalb von allen in Absätzen enthaltenen Bestandteilen) zulassen wollen.

5.6. Inklusionen

Das beschriebene Problem wird in SGML durch das Konstrukt der *Inklusion* gelöst. Eine Inklusion folgt auf das Inhaltsmodell und hat die Syntax:

```
+ ( Elementname ( | Elementname )* )
```

Es ist also eine durch | getrennte Liste. Die Inklusion bewirkt, daß die in der Liste aufgeführten Elemente an beliebiger Stelle im Inhalt des betreffenden Bestandteils auftreten können. Im Fall von `absatz` würde also die Inklusion von `fn` und `liste` so aussehen:

```
<!ELEMENT absatz - - (#PCDATA) +(liste|fn) >
```

Statt des *Konnektors* | kann ebenso gut auch ein Komma oder das &-Symbol verwendet werden[8].

Das folgende Beispiel zeigt eine Dokumentinstanz mit inkludierten `liste`- und `fn`-Elementen:

```
<text>
<kopf>Kopfzeile</kopf>
<absatz>Ein Absatz
<fn>Fussnote 1 innerhalb von Absatz</fn>
<liste>
<lp>Erster Punkt von Liste innerhalb von
Absatz
<fn>Fussnote 2 innerhalb von Listenpunkt in
Liste in Absatz</fn>
</lp>
</liste>
</absatz>
</text>
```

5.7. Exklusionen

Inkludierte Bestandteile sind im gesamten Inhalt zulässig. Also auch im Inhalt des inkludierten Bestandteils selbst. Das heißt, daß beispielsweise Fußnoten selbst Fußnoten enthalten können, nämlich dann, wenn sie inkludiert werden.

Falls dergleichen nicht erwünscht ist, muß das betreffende Element ausgeschlossen werden. Das einschlägige Konstrukt heißt *Exklusion*. Die Syntax der Exklusion ist dieselbe wie bei der Inklusion, nur daß statt dem Plus- ein Minuszeichen verwendet wird:

```
- ( Element-Name ( | Element-Name )* )
```

---

[8] Die Inklusionsliste erscheint wie ein Inhaltsmodell, hat aber damit eigentlich nichts zu tun. Vielmehr handelt es sich um eine in SGML auch an anderer Stelle verwendete sogenannte Namensliste (*name list*). Dies ist eine durch runde Klammern begrenzte und durch einen beliebigen Konnektor separierte Liste von Namen.

Exklusionen folgen in der Syntax der Elementdeklaration dem Inhaltsmodell und stehen vor etwa vorhandenen Inklusionen.

Um zu bewirken, daß Fußnoten keine Fußnoten enthalten können, muß die Elementdeklaration von `fn` also lauten:

```
<!ELEMENT fn - - (#PCDATA) -(fn) >
```

Wirkungsweise

Wie wirken Exklusionen? Man kann es sich so vorstellen, daß der Parser beim Abgleich der Dokumentinstanz laufend eine Liste der aufgrund von Inklusionen zulässigen Elemente führt. Stößt der Parser jetzt auf die Startmarkierung eines Elements, für das eine Exklusionsliste existiert, so werden die exkludierten Elemente aus der aktuellen Liste von Inklusionen gestrichen. Aus den Inhaltsmodellen von in diesem Element enthaltenen Elementen wird das exkludierte Element entfernt, sofern es optional ist.

Nur optionale Elemente können exkludiert werden.

Es ist ein Fehler, notwendig vorhandene Elemente zu exkludieren, was sich an folgendem Beispiel veranschaulichen läßt: Fußnoten werden als Folge von Absätzen definiert; gleichzeitig dürfen Absätze keine Absätze enthalten:

```
<!ELEMENT absatz - - (#PCDATA) -(absatz)
+(fn) >
<!ELEMENT fn      - - (absatz+) -(fn)
>
```

Dann ist `absatz` innerhalb von Fußnoten exkludiert und gleichzeitig vom Strukturmodell vorgeschrieben. Der SGML-Parser wird daher diese DTD als fehlerhaft reklamieren.

Exklusion schlägt Inklusion

Ist ein Element gleichzeitig exkludiert und inkludiert (wie bei der Fußnote innerhalb einer Fußnote innerhalb eines Absatzes, wo `fn` als Teil von `fn` exkludiert und als Teil von `absatz` inkludiert ist), so gilt das Element als exkludiert. Kurz gesagt: Exklusion schlägt Inklusion.

5.8. Minimierung von Endemarkierungen

Eines der besseren Argumente gegen SGML ist, daß man in manchem SGML-Dokument vor lauter Struktur die Daten nicht mehr sehen kann, daß also die große Zahl verwendeter Markierungen zum Verlust der Übersicht führt.

Ein Ziel bei der Erstellung von SGML-Dokumenten muß daher sein, die Menge der Markierungen auf das notwendige Minimum zu reduzieren. Man kann dieses Ziel erreichen, indem überflüssige Markierungen weggelassen werden. Man geht dabei davon aus, daß Markierungen, deren Vorhandensein von der Strukturdefinition gefordert wird, dadurch gewissermaßen überflüssig oder redundant werden. Der SGML-Parser sagt einfach: "Ich gehe davon aus, daß alles in Ordnung ist. Wenn etwas nicht da ist, was da sein muß, dann ist es für mich implizit vorhanden." Man sagt daher, daß der Parser in diesem Fall eine nicht vorhandene Markierung impliziert *(implied tags)*. Betrachten wir folgenden Beispieltext, dem die DTD von Seite 73 zugrundeliegt:

implizierte
Markierungen

```
<text>
<kopf>Kopfzeile</kopf>
<absatz>Absatz
<fn>Fussnote</fn>
<liste>
<lp>Punkt1</lp>
<lp>Punkt2</lp>
</liste>
</absatz></text>
```

Die fett dargestellten Endemarkierungen sind im Grunde überflüssig. Beispielsweise folgt der Endemarkierung von `kopf` die Startmarkierung von `absatz`. Es ist aber aufgrund des Strukturmodells von `text` klar, daß der Anfang von `absatz` das Ende von `kopf` impliziert. Läßt man die redundanten Endemarkierungen weg, so bleibt:

```
<text>
<kopf>Kopfzeile
```

```
<absatz>Absatz
<fn>Fussnote</fn>
<liste>
<lp>Punkt1
<lp>Punkt2
</liste>
```

Das Weglassen von redundanten Markierungen bezeichnet man als *Minimierung*[9].

Deklaration der Minimierbarkeit der Endemarkierung

Das Wegminimieren redundanter Endemarkierungen ist jedoch nur dann zulässig, wenn in der DTD für die betreffenden Elemente die Endemarkierungen als minimierbar gekennzeichnet sind. Das geschieht, indem in der Elementdeklaration der zweite Querstrich durch ein O ersetzt wird:

```
<!DOCTYPE text [
<!ELEMENT text    - O (kopf, (absatz|cit)+)
>
<!ELEMENT kopf    - O (#PCDATA)
>
<!ELEMENT absatz  - O (#PCDATA)   +(liste|fn)
>
<!ELEMENT liste   - - (lp)*
>
<!ELEMENT lp      - O (#PCDATA)
>
<!ELEMENT cit     - O (#PCDATA)
>
<!ELEMENT fn      - - (#PCDATA)   -(fn)
>
]>
```

Es fällt auf, daß bei einigen Elementen die Endemarkierung nicht als minimierbar gekennzeichnet wurde, nämlich genau bei den Elementen, die in der Inklusionsliste von absatz erscheinen. Was würde geschehen, wenn man das

---

[9] Das umgekehrte Verfahren, ein Dokument mit minimierten Markierungen in die ausgeschriebene Form zu bringen, soll mit *Expansion* bezeichnet werden.

Minimieren der Endemarkierung von `fn` in folgendem Beispiel zuließe?

```
...
<fn>Fussnote
<liste>
<lp>Punkt1

...
```

Da entsprechend der DTD des Beispiels innerhalb von Fußnoten Fußnoten zwar exkludiert sind, nicht aber Listen,
können Fußnoten innerhalb von Absätzen auch Listen enthalten. Der Parser wird daher an der Startmarkierung von
`liste` keinen Anstoß nehmen, und die ganze Liste wird
zum Teil der Fußnoten, was vermutlich nicht im Sinne des
Autors ist. Wären dagegen auch `liste`-Elemente in `fn`-
Elementen exkludiert, so würde es funktionieren. Der Parser würde, an der Startmarkierung von `liste` angekommen, feststellen, daß ein `liste`-Element an dieser Stelle
innerhalb von `fn` nicht zulässig ist, daraus auf das Ende des
`fn`-Elements schließen und mit der Abarbeitung des Inhalts
von `liste` beginnen.

Aus diesem Beispiel kann man erkennen, daß man gut
daran tut, die Minimierung von Endemarkierungen nur bei
Elementen zuzulassen, die eine ziemlich genau definierte
Rolle in der hierarchischen Struktur spielen. Das ist natürlich nicht sehr präzise ausgedrückt und letzten Endes auch
nicht eindeutig festzulegen. Man kann es sich aber am Beispiel von `absatz` klarmachen. Entsprechend der DTD kann
`absatz` nur an einer Stelle in der Dokumentstruktur auftreten, nämlich als Teil einer gemischten Liste aus Absätzen
und Zitaten, und das sind auch die einzigen Elemente, die
legal auf `absatz` folgen können. Das macht die Situation
einigermaßen überschaubar. Dagegen muß Ende und (wie
man sehen wird) auch Start von beweglichen Elementen
stets explizit markiert werden. Diese Elemente haben ja *per
definitionem* keine definierte Position in der hierarchischen
Struktur. Es ist daher für den Autor nicht ohne weiteres
überschaubar, wie das Weglassen einer Endemarkierung

sich auswirken würde, so daß es besser ist, die Minimierung gar nicht erst zuzulassen.

Es wurde gesagt, daß eine Endemarkierung dann impliziert werden kann, wenn die DTD ihr Vorhandensein an der betreffenden Stelle erfordert. Das läßt sich präzisieren. Es gibt vier Bedingungen, bei denen der Parser das Ende eines Elements annimmt:

- Erstens wenn die Endemarkierung des Elements gefunden wird.

- Zweitens wenn die Endemarkierung eines Elements gefunden wird, zu dessen Inhalt das betreffende Element gehört. Beispiel:

```
<absatz>Ein Absatz<fn>Fussnote</absatz>
```

Hier beendet die `</absatz>`-Markierung das Fußnotenelement.

- Drittens bis zur Startmarkierung eines Elements, das mit dem Inhaltsmodell des aktuellen Elements nicht vereinbar ist. Beispielsweise können Absätze keine Absätze enthalten.Es ist daher klar, daß bei

```
<absatz>erster Absatz<absatz>zweiter
Absatz
```

die zweite `absatz`-Startmarkierung die Endemarkierung für den ersten Absatz impliziert.

- Und schließlich, viertens, bis zum Ende des Dokuments. Das ist auch klar.

Tritt eine der vier Bedingungen ein, so endet der Inhalt des Elements an dieser Stelle.

5.9. Minimierung von Startmarkierungen

Was für die Endemarkierungen gilt, gilt ebenso für die Startmarkierungen. Auch sie können weggelassen werden, wenn ihr Vorhandensein impliziert werden kann, und das ist wie bei den Endemarkierungen dann der Fall, wenn die Strukturdefinition ihr Vorhandensein vorschreibt. In unserem Beispiel gilt das z. B. für die Startmarkierung von Basiselement und Kopfzeile:

```
<text>
<kopf>Kopfzeile
<absatz>...
```

Um anzuzeigen, daß die Startmarkierung minimiert werden kann, ersetzt man den ersten Bindestrich in der Element-deklaration durch ein großes O. Die Beispiel-DTD sieht demnach mit der Modifikation für Minimierung von Start-markierungen so aus:

Deklaration der
Minimierbarkeit der
Startmarkierung

```
<!DOCTYPE text [
<!ELEMENT text    O O (kopf,(absatz|cit)+)  >
<!ELEMENT kopf    O O (#PCDATA)             >
<!ELEMENT absatz  - O (#PCDATA) +(liste|fn) >
<!ELEMENT liste   - - (lp)*                 >
<!ELEMENT lp      - O (#PCDATA)             >
<!ELEMENT cit     - O (#PCDATA)             >
<!ELEMENT fn      - - (#PCDATA) -(fn)       >
]>
```

Und schließlich kann wie bei den Endemarkierungen das unbedachte Wegminimieren von Startmarkierungen zu un-erwarteten Effekten führen. Betrachten wir beispielsweise folgende DTD und Dokumentinstanz:

```
<!DOCTYPE text [
<!ELEMENT text - - (a?)       >
<!ELEMENT a    O O (b)        >
<!ELEMENT b    - - (#PCDATA)  >
]>
<text><b>DATA</b></text>
```

Normalerweise würde man folgende Überlegung anstellen: Da ein b-Element nur als Teil eines a-Elements auftreten kann, sollte der Parser, wenn er die Startmarkierung von b findet, eine Startmarkierung für a implizieren. Obwohl diese Überlegung dem oben dargestellten Prinzip zu folgen

83

scheint, wird ein SGML-Parser einen Fehler finden. Warum?

Der Grund ist, daß es dem Parser zuviel Intelligenz abverlangen würde, wenn man solche Implikationen zuließe. Um die Parser (verhältnismäßig) einfach zu halten, gibt es folgende Regel:

Eine Startmarkierung kann nur dann minimiert werden, wenn das betreffende Element nicht optional ist und alle anderen an dieser Stelle möglichen Elemente optional sind.

Aufgrund dieser Regel konnte im obigen Beispiel die Startmarkierung von a nicht impliziert werden, da a im Inhaltsmodell von text optional ist.

Ein Element gilt in diesem Kontext auch dann als optional (der Standard spricht von *inhärent optional*), wenn es im betreffenden Kontext (d. h. im aktuellen Inhaltsmodell) Teil einer OR-Gruppe oder Teil einer optionalen beliebigen Gruppe ist. Das ist in folgendem Beispiel der Fall:

```
<!DOCTYPE text [
<!ELEMENT text - - (a | b)     >
<!ELEMENT a     O - (#PCDATA) >
<!ELEMENT b     O - (#PCDATA) >
]>
<text>DATA</b></text>
```

Hier entsteht für den Parser eine Mehrdeutigkeit, weil das Inhaltsmodell von text eine OR-Gruppe ist, und keine Startmarkierung eine Entscheidung für a oder b erlaubt. Diese Mehrdeutigkeit könnte erst dann aufgelöst werden, wenn die Endemarkierung </b> erreicht wird. Der Parser kann aber nicht beliebig weit vorausschauen, um eine Entscheidung zu treffen.

Wenn man nun fragt, was passiert, wenn liste und lp durch

```
<!ELEMENT liste - O (lp)*      >
<!ELEMENT lp     O O (#PCDATA) >
```

deklariert werden und in der Dokumentinstanz

```
<liste>
Erster Punkt
<lp>Zweiter Punkt
</liste>
```

die erste <lp>-Markierung in der Liste weggelassen wird,
so gilt aufgrund der Regel, daß die <lp>-Markierung nicht
minimiert werden kann, da sie optional ist.

Weil die Endemarkierung von `liste` minimierbar ist
und Text (`"Erster Punkt"`) nicht dem Inhaltsmodell von
`liste` entspricht, wird daher die Endemarkierung
`</liste>` impliziert. Beim zweiten Punkt der Liste meldet
der SGML-Parser dann einen Fehler, da er an dieser Stelle
mit einem `lp`-Element nichts anfangen kann.

Abgesehen von dieser Problematik machen leere Listen
ohnehin nicht viel Sinn. Wenn man `liste` wie folgt deklariert, ist das Problem behoben:

```
<!ELEMENT liste - O (lp)+ >
```

Schließlich noch eine letzte Bemerkung zur Minimierung
von Start- und Endemarkierungen: Es gab schon einige
Fälle, in denen die Element-Deklaration Start- und Endemarkierung als minimierbar bezeichnete (etwa den Listenpunkt `lp` im letzten Beispiel). Das sollte nicht zu der An-
sicht führen, daß Elemente auf diese Weise ganz verschwinden können. Wenn ein Element keinen Inhalt hat,
dann muß zumindest die Startmarkierung vorhanden sein.
Das folgende Beispiel stellt daher das absolute Minimum
eines SGML-Dokuments dar:

```
<!DOCTYPE simpel [
<!ELEMENT simpel  O O (#PCDATA) >
]>
<simpel>
```

5.10. Alternative Minimierungen

Das Streben nach Minimierung und Reduzierung der
Schreibarbeit beim Einfügen von Markierungen hat im

SGML-Standard tiefe Spuren hinterlassen. Das geht soweit, gewisse Lässigkeiten explizit zuzulassen. Es ist beispielsweise zulässig, eine Start- oder Endemarkierung nicht zu schließen, wenn sie von einer anderen Markierung gefolgt wird (das sieht etwa so aus: <a<b oder </a <b oder </a</b). Im Grenzbereich der sinnvollen Minimierung bewegen sich leere und reduzierte Markierung. In beiden Fällen werden Start- bzw. Endemarkierung nicht ganz weggelassen und vom Parser impliziert, sondern lediglich im Umfang verringert.

leere Startmarkierung

Die leere Startmarkierung hat die Form <> und stellt eine Wiederholung der Startmarkierung des zuletzt geöffneten Elements[10] dar, d. h. <a>...<> ist gleichwertig mit <a>...<a>. Als Beispiel kann eine auf folgender einfacher DTD

```
<!ELEMENT table  - -  (row+)  >
<!ELEMENT row    O O  (cell+)  >
<!ELEMENT cell   O O  (#PCDATA)  >
```

basierende Tabelle dienen:

	Laufwerk 1	Laufwerk 2
Kapazität	234 MB	356 MB
Transfer	1.2 MB/sec	1.9 MB/sec

In der nicht minimierten Form überwiegt die Markierung gegenüber den Daten:

```
<table>
<row>
    <cell></cell>
    <cell>Laufwerk 1</cell>
    <cell>Laufwerk 2</cell>
</row>
```

---

[10] Die Startmarkierung des zuletzt geöffneten Elements ist nicht notwendig die letzte in der Dokumentinstanz enthaltene Startmarkierung, da die Startmarkierung des zuletzt geöffneten Elements auch impliziert worden sein kann.

```
<row>
   <cell>Kapazität</cell>
   <cell>234 MB</cell>
   <cell>356 MB</cell>
</row>
<row>
   <cell>Transfer</cell>
   <cell>1.2 MB/sec</cell>
   <cell>1.9 MB/sec</cell>
</row>
</table>
```

Nach Anwendung der bekannten Minimierungen verbleibt:

```
<table>
<cell>       <cell>Laufwerk 1 <cell>Laufwerk 2
<row>
Kapazität <cell>234 MB     <cell>356 MB
<row>
Transfer  <cell>1.2 MB/sec <cell>1.9 MB/sec
</table>
```

Die Verwendung von leeren Startmarkierungen läßt dann
unter den Markierungen schon den Inhalt erkennen:

```
<table>
<cell>       <>Laufwerk 1 <>Laufwerk 2
<row>
Kapazität <>234 MB       <>356 MB
<row>
Transfer  <>1.2 MB/sec <>1.9 MB/sec
</table>
```

Analog zur leeren Startmarkierung gibt es die *leere Endemar-*
kierung. Sie hat die Form `</>` und terminiert das zuletzt
geöffnete Element. Ein Beispiel:

```
...diese Endemarkierung ist <em>leer</>.
```

leere Endemarkierung

Vorsicht ist angebracht beim Mischen von leeren Start- und
Endemarkierungen. Bei ineinander geschachtelten Elementen a, b und c expandiert

```
...  <a><b><c>...</><>...</></></>...
```

nicht zu

```
...  <a><b><c>...</c><c>...</c></b></a>...
```

sondern zu

```
...  <a><b><c>...</c><b>...</b></a></???>...,
```

da nach der ersten leeren Endemarkierung das zuletzt geöffnete Element nicht c, sondern b ist usw. Das Resultat wird vermutlich eine Fehlermeldung des Parsers sein.

reduzierte Markierung Die reduzierte Endemarkierung (*null end tag* oder kurz *net*) ist dann zulässig, wenn die Startmarkierung die Form

```
<Elementname/
```

hat und besteht dann einfach aus einem /-Zeichen. Der Standard bezeichnet eine solche Startmarkierung als *net-enabling start-tag*. Sinnvoll verwendbar ist die reduzierte Minimierung z. B. bei inkludierten Elementen, deren Start- und Endemarkierungen im allgemeinen nicht implizierbar sind. Bei einem hervorhebenden Element em sieht das etwa folgendermaßen aus:

```
...  zu betonen, daß <em/keinerlei/ illegale
Handlungen festgestellt werden konnten ...
```

5.11. Zusammenfassung

Ein SGML-Dokument besteht aus SGML-Deklaration, Prolog und Dokumentinstanz. Die DTD besteht aus den durch einen externen Bezeichner angegebenen Teil und dem Inhalt des DTD-Subsets.

Die DTD enthält die Elementdeklarationen. Eine Elementdeklaration hat die Syntax

```
<!ELEMENT
Elementname
Start-Minimierung
Ende-Minimierung
Inhaltsmodell
Exklusionen
Inklusionen
>
```

Die hierarchische Struktur wird durch die Inhaltsmodelle dargestellt. Bewegliche Elemente werden durch Inklusion und Exklusion kontrolliert.

Es gibt viele Formen der Minimierung, d. h. des Weglassens von redundanter Markierung. Am wichtigsten ist die Minimierung von Start- und Endemarkierungen. Für die Benutzer von SGML-Editoren hat Minimierung eher geringe Bedeutung, bei der Konvertierung oder der automatischen Generierung von SGML-Dokumenten kann Minimierung aber das Datenvolumen reduzieren und die Übersichtlichkeit erhöhen.

5.12. Übungen

1. Welche der folgenden Namen sind zulässig für Elemente entsprechend der Standardsyntax und welche nicht?

```
element
ELEMENT
5.3.2-1
t-2
CH2.3
absatz.hdr
absatz_kopf
title5
PCDATA
```

2. Geben Sie für den Dokumenttyp `text` (wie auf Seite 73 definiert) eine minimale Dokumentinstanz an. Eine Dokumentinstanz ist dann minimal, wenn man nichts mehr weglassen kann, ohne daß die Übereinstimmung von Dokumentinstanz und DTD verlorengeht.

3. Angenommen Absatz und Zitat sind als Teile eines Textes wie folgt deklariert:

```
<!ELEMENT text    - - (absatz | cit)+ >
<!ELEMENT absatz  - - (#PCDATA) +(cit) >
<!ELEMENT cit     - - (#PCDATA) >
```

Ist dann die Dokumentinstanz

```
<text>
<absatz>
<cit>...<cit>...</cit></cit>...
</absatz>
<cit>
<cit>...</cit>
</cit>
<text>
```

korrekt oder fehlerhaft?

4. Die folgende DTD enthält fünf Fehler. Finden Sie diese
   Fehler.

```
<DOCTYPE doc [
<!ELEMENT text  - -
   (kopf,(absatz|cit)+) >
<!ELEMENT kopf  - - (#PCDATA) >
<!ELEMENT absatz - 0
   (#PCDATA)  +(liste|fn) >
<!ELEMENT liste - - (lp)* >
<!ELEMENT lp - O (#PCDATA) >
<!ELEMENT fn - - (#PCDATA) -fn >
]>
```

5. Dokumentinstanz und DTD in folgendem Beispiel enthalten fünf Fehler. Finden und beheben Sie diese Fehler, indem Sie fünf Markierungen einfügen.

```
<!DOCTYPE X
<!ELEMENT X O O (A, B?, C)       >
<!ELEMENT A O O (#PCDATA)        >
<!ELEMENT B - - (C?, #PCDATA) >
<!ELEMENT C O - (#PCDATA)        >
]>
<X><B>DATEN</C><C>DATEN</X>
```

6. Warum muß ein Element ohne Inhalt auch dann eine
   Startmarkierung haben, wenn diese minimierbar ist?
   Legen Sie der Überlegung das Beispiel des Listenpunk-
   tes zugrunde.

7. Die ersten beiden Zeilen des voll minimierten Beispiels
   auf Seite 87 lauten:

```
<table>
<cell><>Laufwerk 1<>Laufwerk 2
```

Warum konnte die erste Startmarkierung `<cell>` hier
nicht weggelassen werden, obwohl

```
<table>Kenngr&ouml;&szlig;e
<>Laufwerk 1<>Laufwerk 2
```

problemlos akzeptiert wird, während

```
<table><>Kenngröße
<>Laufwerk 1<>Laufwerk 2
```

wieder zu einem Fehler führt? Warum wird

```
<row>Kapazität<>...
```

nicht zu

```
<row>Kapazität<row>...
```

expandiert?

Inhalte und Entitäten

Bisher war hauptsächlich davon die Rede, wie SGML die Struktur eines Dokumentes wiedergibt. So wichtig die Darstellung der Struktur auch sein mag, die im Dokument enthaltenen Daten sind auch nicht unwichtig, bilden sie doch den Inhalt im engeren Sinn. Daher soll in diesem Kapitel die Darstellung der Daten in SGML-Dokumenten behandelt werden.

6.1. Der Inhalt von SGML-Elementen

Die Daten eines Dokuments erscheinen als Inhalt von Elementen. Dafür gab es schon einige Beispiele. Typischerweise sieht das so aus:

```
<element>
Zwischen Start und Endemarkierung
findet sich der Inhalt
</element>
```

Was man hier sieht, ist jedoch nicht der Inhalt einer Datei, sondern ein gedruckter Text. SGML hat aber mit *elektronischer* Dokumentenverarbeitung zu tun. Die Inhalte (und selbstverständlich auch die im Dokument enthaltenen Markierungen) müssen daher in irgendeiner Form dargestellt werden als in einer Datei abgespeicherte Folge von Nullen und Einsen. Wie die Speicherung eines Dokuments als Bytefolge in einer Datei funktioniert, wurde bisher noch nicht untersucht.

Man wird natürlich annehmen, daß die Speicherung wie üblich erfolgt, d. h. die den einzelnen Zeichen entsprechenden Zeichencodes werden abgelegt. Ein Zeichencode ist dabei eine einem Zeichen eindeutig zugeordnete Zahl. Die Zahl liegt in einem begrenzten, relativ kleinen Bereich (häufig 0 bis 127 oder 0 bis 255, entsprechend einer Darstellung durch einen 7 Bit- oder 8 Bit-Code)[1].

Die Frage nach dem Verfahren der Speicherung wird dadurch zur Frage nach dem Code, bzw. nach der Zuordnung zwischen Zeichen und Zahlen.

Gäbe es nur eine standardisierte Zuordnung, bestünde kein Problem. Leider ist dem nicht so, auch wenn bei Benutzern von PCs der Eindruck verbreitet ist, daß es nur einen Code gibt, nämlich ASCII. ASCII steht für *American Standard Code for Information Interchange* und ist bis auf marginale Unterschiede identisch mit dem internationalen Standard ISO 646. Im ASCII-Code würde die Codierung des obigen Beispiels so aussehen:

<	e	l	e	m	e	n	t	>	Z	w	...
3C	65	6C	65	6D	65	6E	74	3E	5A	77	...

Dagegen sieht die Codierung im EBCDIC-Zeichensatz völlig anders aus:

<	e	l	e	m	e	n	t	>	Z	w	...
4C	85	93	85	94	85	95	A3	6E	E9	A6	...

EBCDIC ist ein hauptsächlich im Bereich der IBM-Rechner gebräuchlicher Zeichensatz. Man könnte jetzt argumentieren, daß kein Mensch EBCDIC verwendet (was so nicht stimmt) und es am einfachsten sei, festzulegen, daß

---

[1] Ein Bit ist eine Stelle einer Binärzahl. So wie durch eine 8-stellige Dezimalzahl 10^8 gleich 100 Millionen Zahlen dargestellt werden können, können durch eine 8-stellige Binärzahl 2^8 gleich 256 verschiedene Zeichencodes dargestellt werden.

SGML-Dokumente im ASCII-Zeichensatz abgelegt werden sollen.

Man muß dem entgegenhalten, daß SGML-Dokumente portabel sein sollen, d. h. ein Dokument, das auf einem IBM-Mainframe im EBCDIC-Zeichensatz erstellt wurde, soll auf einem PC mit erweiterten ASCII-Zeichensatz les- und verarbeitbar sein (und umgekehrt).

Und schließlich endet die Beinahe-Universalität des ASCII-Codes dann, wenn es darum geht, Umlaute oder Sonderzeichen zu kodieren. ASCII als 7-Bit-Code mit 128 Zeichen enthält nur die wichtigsten und gebräuchlichsten internationalen Zeichen. Deutsche Umlaute gehören nicht dazu. Spezielle Zeichen für nationale Alphabete werden durch erweiterte Zeichensätze kodiert, und hier ist die Standardisierung noch nicht so weit gediehen.

6.2. Buchstabe, Zeichen, Zeichensatz

An dieser Stelle ist es notwendig, einige Begriffe genauer gegeneinander abzugrenzen, die häufiger und fälschlicherweise synonym gebraucht werden, ohne synonym zu sein. Es handelt sich um die Begriffe: *Buchstabe, Zeichen* und *Zeichensatz*. Im letzten Abschnitt hatte ich bereits begonnen, diese Begriffe etwas freihändig zu verwenden, deshalb soll hier zwar keine strenge Definition gegeben, aber eine gewisse Klärung versucht werden.

Zunächst das Zeichen. Es gibt ganze Bibliotheken von Büchern, deren Ziel es ist, den Begriff des Zeichens präzise zu definieren. In der Tat ist das Zeichen und das Zeichenhafte Gegenstand der Wissenschaft der Semiotik. Man hat es also mit einer ganzen Wissenschaft zu tun. Uns soll genügen, daß Zeichen für etwas stehen, z. B. Laute (der Vokal A) oder Anweisungen ("Vorfahrt gewähren") usw. Zeichen können eigentlich für alles stehen, womit Menschen umgehen. Wesentlich ist allerdings, daß das Zeichen nicht nur für etwas steht, sondern daß es verstanden wird. Das unverstandene Zeichen erscheint als Ornament oder Chiffre.

Zeichen

Buchstaben

Der Buchstabe ist die konkrete Erscheinungsform eines Zeichens:

A A A A

sind verschiedene Buchstaben, die für dasselbe Zeichen stehen.

Schriftfamilien,
Schriften,
Schriftschnitte und
Schriftgrößen

Die Buchstaben unterscheiden sich dadurch, daß sie jeweils zu verschiedenen Schriften gehören. Das sind beispielsweise hier Times, Courier, Helvetica und Avantgarde. Die genannten Schriften bezeichnen eigentlich Schriftfamilien. Schriftfamilien sind Gruppen von einander vom Aussehen her ähnlicher Schriften, innerhalb deren man die Schriften nach Schriftschnitt

A A A A

und Schriftgröße

A A A A

unterscheidet.

Umgekehrt können nicht nur verschiedene Buchstaben für dasselbe Zeichen, es können in einer Schrift auch gleiche Buchstaben für verschiedene Zeichen stehen.

Beispielsweise sind Bindestrich, Minuszeichen und Gedankenstrich verschiedene Zeichen, da ihre Funktion im Text unterschiedlich ist. Aus diesem Grund werden sie meist durch unterschiedliche Buchstaben dargestellt, und zwar durch horizontale Striche unterschiedlicher Länge:

- – —

Eine zur Darstellung des ASCII-Zeichensatzes entworfene Schrift wird diese drei verschiedenen Zeichen meist durch denselben Buchstaben darstellen, nämlich den Querstrich –. Ebenso wird häufig anstelle des nicht vorhandenen Multiplikationszeichens × der Stern * verwendet.

Zeichensätze,
Alphabete und
Zeichencodes

Ein Zeichensatz schließlich ist eine eindeutige Zuordnung zwischen einer Menge von Zeichen (einem Alphabet) und einer Menge von Zahlen. Die einem Zeichen zugeordnete Zahl bezeichnet man als Zeichencode.

Also: A ist ein Buchstabe, der das Zeichen A darstellt, dem im ASCII-Zeichensatz der Code 65 entspricht. Die Zuordnungen der Zeichen und Zahlen werden anschaulich durch Code-Tabellen dargestellt. Die Tabellen für ASCII und einige andere Zeichensätze finden sich im Anhang.

Nachdem die Begriffe ein wenig geklärt wurden, kann die Problemstellung neu formuliert werden: Es geht darum, die im Dokument enthaltenen Daten in eindeutiger und portabler Weise darzustellen. Die Daten des Dokuments sind die Inhalte der im Dokument enthaltenen Elemente. Der Inhalt eines Elements wiederum ist (im allgemeinen) eine Folge von Zeichen. Das Alphabet, dem diese Zeichen entstammen, ist im Prinzip unbeschränkt und muß in der Praxis daher auf jeden Fall offen, d. h. erweiterbar sein. Ziel ist, kurz gesagt, die Darstellung von Zeichen in SGML-Dokumenten unabhängig vom verwendeten Alphabet und unabhängig von dessen Codierung zu machen.

Problemstellung

6.3. Unabhängigkeit von der Codierung

Um die Portabilität von SGML-Dokumenten zu gewährleisten, müssen die für Markierungen und schlichten Text benötigten Zeichen unabhängig von der Codierung dargestellt werden können.

Das Problem wird durch die SGML-Deklaration gelöst. Man erinnert sich: Ein SGML-Dokument besteht aus drei Teilen, nämlich der SGML-Deklaration, dem Prolog mit der DTD und der Dokumentinstanz.

Mit der SGML-Deklaration hat der Benutzer nie und der Entwickler recht selten zu tun. Meist enthält das Dokument gar keine SGML-Deklaration. In diesem Fall wird vom SGML-System eine Voreinstellung impliziert. Es soll an dieser Stelle daher nur das angewandte Verfahren interessieren.

SGML geht dabei von einem bekannten Zeichensatz aus. Dieser Zeichensatz wird Basiszeichensatz (*base character set*) genannt. Meist ist es der (dem ASCII-Zeichensatz entsprechende) ISO 646-Zeichensatz.

Basiszeichensatz

Für die SGML-Deklaration selbst muß stets dieser Zeichensatz verwendet werden. Das heißt, daß ein von ISO 646 abweichender Zeichensatz frühestens im Prolog verwendet werden kann.

Der zu verwendende Basiszeichensatz wird über einen PUBLIC-Bezeichner (*public identifier*) angegeben. Der PUBLIC-Bezeichner für den ISO 646-Zeichensatz ist beispielsweise:

```
"ISO 646:1983//CHARSET International
Reference Version (IRV)//ESC 2/5 4/0"
```

Das SGML-System muß diesen Zeichensatz kennen. Die Syntax der PUBLIC-Bezeichner braucht uns an dieser Stelle nicht zu interessieren (siehe dazu Abschnitt 10.2).

Umsetzungstabelle
Dazu kommt eine Umsetzungstabelle, die den Codes des Dokumentzeichensatzes die entsprechenden Codes des Basiszeichensatzes zuordnet. Im EBCDIC-Zeichensatz ist der Code für "a" 129, in ISO 646 ist der Code 97; der Code für "b" in EBCDIC ist 130, in ISO 646 ist er 98 usw. Die Umsetzungstabelle könnte daher wie folgt aussehen:

```
. . .
129     97
130     98
131     99
. . .
```

Eine solche Tabelle kann relativ lange werden. Um das zu vermeiden, ordnet die Umsetzungstabelle in der SGML-Deklaration nicht einzelne Codes, sondern Folgen von Codes zu. Die Tabelle ist dreispaltig: in der linken Spalte steht ein Code aus dem Dokumentzeichensatz, in der mittleren Spalte die Länge der Folge, und in der rechten Spalte der dem Code aus der linken Spalte entsprechende Code im Basiszeichensatz. Die Tabellenzeile

```
129     9     97
```

besagt beispielsweise, daß die neun Codes 129 bis 137 einschließlich (`'a'` bis `'i'` in EBCDIC) den Codes 97 bis 105 des Basiszeichensatzes ('a' bis 'i' in ISO 646) zugeordnet werden.

Codes von Zeichen, die im Alphabet des Dokuments nicht auftreten, werden als UNUSED gekennzeichnet. Zum Beispiel schließt die Zeile

UNUSED

```
0     9      UNUSED
```

die Codes 0 bis 8 aus dem Alphabet des Dokuments aus.

Genaugenommen gibt es zwei solcher Tabellen, nämlich eine im CHARSET-Teil und eine im SYNTAX-Teil der SGML-Deklaration. Dabei dient nur die Tabelle im CHARSET-Teil der Umsetzung zwischen verschiedenen Zeichensätzen. Der SYNTAX-Teil erlaubt es, andere Zeichen für die Markierung des Dokumentes zu verwenden. Wollte man etwa für Start- und Endemarkierungen statt der spitzen die eckigen Klammern verwenden (also [element] statt <element>), so kann man das durch entsprechende Einträge im SYNTAX-Teil erreichen.

CHARSET-Tabelle
und SYNTAX-Tabelle

Außerdem werden im SYNTAX-Teil der SGML-Deklaration einzelne Codes als nicht im Dokument auftretend (*shunned*) bezeichnet und die für Zeichen von besonderer Signifikanz verwendeten Codes angegeben. Das sind zum Beispiel die Zeichen für Zeilenanfang (RS = Record Start), Zeilenende (RE = Record End), Tabulator (TAB) und Zwischenraum (SPACE).

6.4. Unabhängigkeit vom Alphabet

Die Unabhängigkeit von der Codierung gewährleistet eine Portierbarkeit von SGML-Dokumenten auf niedriger Ebene, d. h. Portierbarkeit ist gegeben, aber mit einem relativ beschränkten Alphabet.

Das kann jedoch nicht ausreichen, selbst wenn ISO 646 durch ein umfangreicheres Alphabet ersetzt oder ergänzt wird. Ein beschränktes Alphabet, und sei es noch so umfangreich, kann nicht die praktisch unbeschränkte Menge der von Menschen verwendeten Zeichen adäquat darstellen.

Daher muß Unabhängigkeit vom Alphabet das Ziel sein, was auch mit einem Grundgedanken von SGML zusammenhängt: Geradezu das Prinzip von SGML ist es, Inhalt und Struktur eines Dokuments so präzise und vollständig wie möglich zu beschreiben. Daraus folgt, daß bestehende Unterschiede auch als solche gekennzeichnet sein sollen.

Wer beispielsweise in einer DTD ein Element `<kursiv>` definiert und dieses Element sowohl zur Markierung von Hervorhebungen als auch zur Markierung von Zitaten verwendet, verstößt zwar nicht gegen die Syntax, wohl aber gegen den Geist von SGML. Oder weniger schwülstig ausgedrückt: Er hat die Idee von SGML noch nicht ganz begriffen.

Genau dasselbe gilt, wenn die Verwendung desselben Buchstabens für verschiedene Zeichen bestehende Unterschiede verwischen würde. Im vorletzten Abschnitt gab es das Beispiel von Bindestrich, Minuszeichen und Gedankenstrich als verschiedene Zeichen, die häufig durch denselben Buchstaben dargestellt werden. Weil aber bestehende Unterschiede auch als solche gekennzeichnet werden müssen, genügt es nicht, für die Codierung des Textes

```
Antennen-Orientierung: - 17.5 Grad
```

zweimal den ASCII-Code 45 (hyphen) zu verwenden. Das Alphabet von ISO 646 enthält aber keine zwei verschiedenen Zeichen.

Entitäten

Die Erweiterung des zur Verfügung stehenden Zeichenvorrats zu einem praktisch unbeschränkten Alphabet wird in SGML durch den Gebrauch von Entitäten bewerkstelligt.

Den im Standard gebrauchten Begriff *entity* übersetze ich hier mit Entität. Es gibt im Deutschen die Entität als eher selten verwendeten philosophischen Begriff. Ich denke, daß daraus keine Verwirrung entstehen wird. Man hätte *entity* auch präziser, aber holpriger als Ganzheit oder Einheit übersetzen können.

Wesentlich ist, daß Entitäten benannte Objekte sind, deren Inhalt entweder eine Zeichenkette oder eine ganze

Datei sein kann. Das ist eigentlich nicht ganz korrekt, entspricht aber der Praxis. Abstrakt gesehen, ist eine Entität ein benanntes, deklariertes Objekt, dessen Inhalt dem SGML-System in der oder jener, vom Standard nicht näher bezeichneten Weise verfügbar ist.

Entitäten entsprechen in ihrer Funktion damit weitgehend der Rolle, die Makros und die Einbindung von Dateien durch `include` oder eine ähnliche Anweisung in den meisten Programmiersprachen spielen.

6.5. Entitätsdeklaration und Entitätsreferenz

Um zwei Entitäten `hyphen` und `minus` für Bindestrich und Minuszeichen zu deklarieren, fügt man

Deklaration

```
<!ENTITY hyphen  "-" >
<!ENTITY minus   "-" >
```

in die DTD ein. Der Inhalt der Entität (oder Ersetzungstext) ist die durch Anführungszeichen begrenzte Zeichenkette.

Der Ersetzungstext kann beliebig sein, also auch ein Textäquivalent. Das Zeichen für (Winkel-)Grad sei beispielsweise im Basiszeichensatz nicht enthalten. Man kann dann eine Entität `deg` (für *degree*) mit entsprechendem Ersetzungstext definieren:

```
<!ENTITY deg " Grad" >
```

Die so definierten Entitäten können dann im Dokument referenziert werden:

Referenzierung

```
Antennen&hyphen;Orientierung:
&minus;17.5&deg;
```

Diese Referenzierungen bewirken, daß das gewünschte Zeichen oder das für die jeweilige Umgebung beste Äquivalent in der Ausgabe erscheint. Bei den schon häufig verwendeten Entitäten für Umlaute (`ü`) würde – soweit vorhanden – das betreffende Zeichen (ü) oder eine Entsprechung (ue) eingefügt werden.

Die Syntax einer Entitätsreferenz ist[2]:

```
&Entitäts-Name;
```

Die Differenzierung kann auch noch ein bißchen weitergetrieben werden, indem man den Punkt in der Gradangabe als Dezimalpunkt mit einer Entität dpoint beschreibt:

```
&minus; 17&dpoint;5&deg;
```

In einer mehrsprachigen Umgebung wird dann je nach Sprache dpoint als Punkt oder Komma definiert:

```
<!ENTITY dpoint "." >
```

bzw.

```
<!ENTITY dpoint "," >
```

Aber auch wenn die Umgebung nicht mehrsprachig ist, kann diese Differenzierung Sinn machen. Dann z. B., wenn das verwendete Satzsystem sonst dem Punkt einen am Satzende üblichen Extra-Zwischenraum anhängen würde.

6.6. Zeichenreferenzen

Angenommen, man arbeitet mit einem SGML-System unter MS-Windows. Wenn der aktive Drucker ein Apple LaserWriter ist, kann zwischen Minuszeichen (Code 150) und Bindestrich (Code 45) differenziert werden[3]. Es wird jetzt nur noch ein Verfahren benötigt, Zeichencodes in die Daten eines Dokuments einzufügen. Dazu bedient man sich der sogenannten *Zeichenreferenzen*. Um etwa den Code 150 einzufügen, wird als Zeichenreferenz – verwendet. Allgemein ist die Syntax einer Zeichenreferenz

```
&#zeichencode;
```

---

[2] Man kann eine Entitäts-Referenz auch durch Zwischenraum- oder Zeilenende-Zeichen begrenzen (d. h. Antennen&hyphen Orientierung würde auch funktionieren), aber das ist keine empfehlenswerte Praxis.

[3] Die Einschränkung auf Apple LaserWriter ist erforderlich, weil der Code 150 in einem nicht-standardisierten Bereich liegt. Beim generischen PostScript-Drucker ist dieser Code z. B. nicht belegt.

Der Zeichencode kann dabei nur in Dezimalform angegeben werden. Sind in der Dokumentation eines Zeichensatzes die Codes hexadezimal oder oktal angegeben, bleibt nichts anderes übrig, als umzurechnen. Im Unicode-Zeichensatz beispielsweise sind die entsprechenden Codes hexadezimal, 2010 für Bindestrich und 2212 für das Minuszeichen. Die Zeichenreferenzen müßten dann ‐ und − lauten.

Es werden jetzt Entitäten mit entsprechenden Ersetzungstexten deklariert, welche die Zeichenreferenzen enthalten:

```
<!ENTITY hyphen "&#45;"  >
<!ENTITY minus  "&#150;" >
<!ENTITY deg    "&#186;" >
```

Zeichenreferenzen können nicht nur in Ersetzungstexten, sondern auch im Textinhalt (#PCDATA) von Elementen erscheinen. Man hätte also auch das Beispiel mit

```
Antennen&#45;Orientierung&#150; 17.5&#186;
```

wiedergeben können.

Aus Gründen der Portabilität sollte man dergleichen aber unbedingt vermeiden und stets Entitätsreferenzen verwenden[4].

Es ist zu beachten, daß über Zeichenreferenzen beliebige Zeichen eingefügt werden können, also auch solche, die im SGML-Dokument sonst nicht zulässig sind. So können zum Beispiel die normalerweise nicht zulässigen Codes 0 und 255 über Zeichenreferenzen problemlos eingefügt werden:

---

[4] Ein weiteres (archaisches) Verfahren zum Einbetten beliebiger Inhalte in den Datenstrom sind sogenannte Verarbeitungsanweisungen (*processing instructions*).
Sie haben die Form `<?inhalt>`, wobei der Inhalt alles außer dem terminierenden Größer-Zeichen > enthalten kann. Man könnte auf diese Weise die gewünschten Zeichen oder irgendwelche Anweisungen, die vom lokalen System interpretiert werden können, direkt einbetten. Da ein solches Verfahren die Portabilität eines SGML-Dokuments sehr effektiv eliminiert, wird vom Gebrauch eingebetteter Verarbeitungsanweisungen dringend abgeraten.

```
&#0;&#255;
```

erzeugt keine Fehlermeldung.

6.7. CDATA, SDATA und NDATA

SDATA   Daten, deren Gültigkeit lokal ist und die bei einem Transfer auf ein anderes System unter Umständen konvertiert werden müssen, werden als systemabhängige Daten bezeichnet. Ist der Inhalt einer Entität vom lokalen Zeichensatz abhängig, so trifft das sicherlich zu, und es erscheint sinnvoll, solche Daten für die SGML-Anwendung kenntlich zu machen. Das geschieht, indem diese Entitäten als SDATA-Entitäten deklariert werden:

```
<!ENTITY hyphen  SDATA  "&#45;"   >
<!ENTITY minus   SDATA  "&#150;"  >
<!ENTITY deg     SDATA  "&#186;"  >
```

Da alle solchen Deklarationen in der DTD enthalten sind und dort meist in *entity sets* zusammengefaßt eingebunden werden, ist die Portierung eines Dokuments mit Anpassung der systemspezifischen Entitäten nicht allzu schwierig.

CDATA   Ein etwas anders gelagertes Problem ergibt sich, wenn der Parser Daten fälschlicherweise als Markierung interpretiert. Das ist in folgendem Beispiel der Fall:

```
... Aus a<b folgt dann für die
Seitenl&auml;nge der Hypotenuse ...
```

Hier würde der Parser <b als Teil einer Startmarkierung für ein vermutlich unbekanntes Element b interpretieren und in der Folge natürlich einen Syntaxfehler melden[5]. Man könnte jetzt eine SDATA-Entität lt (für: *less than*, also *kleiner als*) deklarieren:

```
<!ENTITY lt SDATA "<" >
```

[5] Wenn der Text "a < b" statt "a<b" lautete, würde der Parser dagegen keinen Fehler finden. Das liegt daran, daß das Kleiner-Zeichen nur "im Kontext" eine besondere Rolle spielt, also z. B. dann, wenn es von einem am Anfang eines Namens zulässigen Zeichen gefolgt wird. Das Leerzeichen ist kein solches Zeichen, also bleibt "a < b" ohne Folgen.

Um aber unterscheiden zu können zwischen systemspezifischen Daten und Daten, die lediglich vom Parser ignoriert werden sollen, ist es besser, dergleichen als CDATA-Entität zu deklarieren:

```
<!ENTITY lt CDATA "<" >
```

Wenn man z. B. einen Text über SGML als SGML-Dokument erstellt, muß man natürlich auch Beispiele einfügen können. Das kann man durch Verwendung von einschlägigen Entitäten. Ein Beispiel:

```
... daher wird die Deklaration<dpe>
      &mdo;ENTITY quot &lit;&lit;&lit; &mdc;
</dpe>&Auml;rger machen. ...
```

Dabei wäre dpe ein Element zur Markierung von abgesetzten Programmbeispielen (*displayed program examples*), und mdo, lit und mdc wären als SGML-Begrenzungszeichen deklarierte CDATA-Entitäten:

```
<!-- SGML delimiters -->
<!ENTITY lit CDATA '"'
  -- literal start or end -- >
<!ENTITY mdc CDATA ">"
  -- markup declaration close -- >
<!ENTITY mdo CDATA "<!"
  -- markup declaration open -- >
```

Wenn dieses Verfahren zu umständlich wird (etwa bei längeren Beispieltexten), kann das ganze Beispiel als CDATA-Entität deklariert werden[6]:

```
...
<!ENTITY bsp43 CDATA
'<!-- SGML delimiters -->
<!ENTITY lit CDATA '"'
  -- literal start or end -- >
<!ENTITY mdc CDATA ">"
```

---

[6] Ein Problem kann sich allerdings bei diesem Verfahren ergeben, wenn die Länge des Ersetzungstextes den SGML-Parameter LITLEN überschreitet. Standardmäßig hat LITLEN den Wert 240, dieser kann aber durch Modifizierung der SGML-Deklaration hochgesetzt werden.

```
 -- markup declaration close -- >
<!ENTITY mdo CDATA "<!"
 -- markup declaration close -- >' >
...
```

```
<pe>mdo</pe>, <pe>lit</pe> und <pe>mdc</pe>
wären als SGML-Begrenzungszeichen
deklarierte CDATA-Entit&auml;ten:
<dpe>&bsp43;</dpe>
```

Wie man sieht, kann der oben fett markierte Ersetzungstext einer Entität ohne weiteres Zeilentrenner enthalten.

NDATA   Sowohl für CDATA- als auch für SDATA-Entitäten gilt, daß der Inhalt nur zulässige SGML-Zeichen enthalten kann. Was ist nun, wenn Daten eingebunden oder irgendwie mit dem Dokument verknüpft werden sollen, für die diese Bedingung nicht zutrifft? Es ist wenig praktikabel, in 10 MB Binärdaten alle betreffenden Zeichen zu suchen und durch Zeichenreferenzen zu ersetzen - und kann auch wohl kaum Sinn der Sache sein. Man deklariert in einem solchen Fall vielmehr die betreffende Datenmenge als NDATA-Entität, wobei das N für *non-SGML data* steht. Da für die Deklaration einer NDATA-Entität aber Notationen nötig sind, wird die Behandlung des Themas auf Kapitel 9 verschoben.

6.8. Daten-Entitäten und Text-Entitäten

CDATA-, SDATA- und NDATA-Entitäten werden als *Daten-Entitäten* bezeichnet. Im Gegensatz dazu sind die *Text-Entitäten* dadurch gekennzeichnet, daß ihr Inhalt in derselben Weise Teil von Daten und Struktur eines Dokuments ist, als wäre er an der Stelle der Referenzierung eingefügt worden. Solche im DTD-Subset definierten Text-Entitäten können wie Makros oder Textbausteine für das jeweilige Dokument verwendet werden. Beispiel[7]:

---

[7] Für die Sonderzeichen ü und ß werden hier die in der Standard-Alphabeterweiterung ISOlat1 definierten Entitäten verwendet. Frage: Was wäre die Folge, wenn man mfg als CDATA oder als SDATA deklarieren würde?

```
<!ENTITY mfg
  "Mit freundlichen Gr&uuml;&szlig;en" >
```

Es ist eine Besonderheit von Text-Entitäten, die eigentlich den Namen der Gattung (Ganzheit, Einheit) rechtfertigt, daß der Inhalt einer Text-Entität einen abgeschlossenen Kontext bildet. Dieser schon erwähnte Kontext steuert die Erkennung spezieller Zeichenfolgen wie "<!" (am Anfang von Deklarationen) und "]" (am Ende des DTD-Subsets). Außerhalb ihres Kontexts sind diese Zeichenfolgen harmlos, weshalb innerhalb der Dokumentinstanz jede Menge öffnende und schließende eckige Klammern auftreten können: eckige Klammern sind eben nur im Kontext der Prologs signifikant.

Kontext

Da das Ende einer Text-Entität eine Kontextgrenze bildet, hätte es bei den im letzten Abschnitt als CDATA-Entitäten definierten Begrenzungszeichen genügt, wenn sie als Text-Entitäten definiert worden wären. Zum Beispiel hätte lt durch

Entitäts-Ende

```
<!ENTITY lt "<" >
```

definiert werden können. Wenn man sich das Entitäts-Ende als abstraktes Zeichen vorstellt, das jetzt durch ♦ dargestellt werden soll, sieht man, was passiert. Der Text "a<b" bereitet Probleme, aber aus "a<b" wird durch Einfügen des Ersetzungstextes "a<♦b", und "<♦b" kann nicht Teil einer Startmarkierung sein.

6.9. Externe Entitäten

Für kleine Dokumentbausteine, wie etwa eine Grußformel, wird man den Ersetzungstext direkt angeben. Umfangreichere Bausteine, beispielsweise die Kapitel eines Buches, wird man als *externe Entitäten* deklarieren, d. h. jedes Kapitel eines Buches wird jeweils in einer eigenen Datei abgelegt:

```
<!DOCTYPE book SYSTEM [
<!ENTITY kap1 SYSTEM "c:\mybook\kap1.sgm" >
```

```
<!ENTITY kap2 SYSTEM "c:\mybook\kap2.sgm" >
<!ENTITY kap3 SYSTEM "c:\mybook\kap3.sgm" >
<!ENTITY kap4 SYSTEM "c:\mybook\kap4.sgm" >
]>
<book>
&kap1;
&kap2;
&kap3;
&kap4;
</book>
```

Man hat hier anstelle eines Ersetzungstextes einen externen Bezeichner für die einzubindende Datei.

Nicht nur Text-Entitäten, sondern auch Daten-Entitäten können extern deklariert werden. Externe Daten-Entitäten müssen jedoch in der Deklaration mit einer Notation verbunden werden, ein Thema, das in Kapitel 9 behandelt wird.

6.10. Subdokumente

Bei dem im letzten Abschnitt angegebenen Beispiel entspricht die Struktur der einzelnen Text-Entitäten der in der book-DTD vorgegebenen Struktur. Man trägt dabei der strukturellen Verschiedenartigkeit der Buchteile Rechnung, indem man in dieser DTD Elemente für Titelseite, Inhaltsverzeichnis, Kapitel, Index usw. vorsieht. Man kann aber diese DTD auch in entsprechende Sub-DTDs (titel, inhalt, kapitel, usw.) zerlegen und diesen entsprechende *Subdokumente* zuordnen. Subdokumente sind dabei der Inhalt entsprechender SUBDOC-Entitäten. Jedes Subdokument hat dabei eine eigene DTD und unterscheidet sich für sich betrachtet nicht von einem normalen SGML-Dokument[8].

---

[8] Mit der Einschränkung, daß Subdokumente keine eigene SGML-Deklaration haben können. Die SGML-Deklaration des Hauptdokuments gilt für alle darin enthaltenen Subdokumente.

Das SGML-Dokument würde dann beispielsweise so aussehen:

```
<!DOCTYPE book SYSTEM [
<!ENTITY titel  SYSTEM "titel.sgm"  SUBDOC >
<!ENTITY inhalt SYSTEM "inhalt.sgm" SUBDOC >
<!ENTITY kap1   SYSTEM "kap1.sgm"   SUBDOC >
<!ENTITY kap2   SYSTEM "kap2.sgm"   SUBDOC >
<!ENTITY kap3   SYSTEM "kap3.sgm"   SUBDOC >
<!ENTITY kap4   SYSTEM "kap4.sgm"   SUBDOC >
<!ENTITY index  SYSTEM "index.sgm"  SUBDOC >
]>
<book>
&titel;
&inhalt;
&kap1;
&kap2;
&kap3;
&kap4;
&index;
</book>
```

Die Datei "inhalt.sgm" hätte dabei etwa den Inhalt:

```
<!DOCTYPE inhalt SYSTEM "inhalt.dtd" [] >
<inhalt>...</inhalt>
```

Die Verwendung von Subdokumenten setzt allerdings zweierlei voraus: Die SGML-Anwendung muß Subdokumente unterstützten[9], und das SUBDOC-Merkmal muß in der SGML-Deklaration aktiviert sein[10].

6.11. Parameter-Entitäten

Eine spezielle Form von Entitäten sind *Parameter-Entitäten* (*parameter entities*). Sie unterscheiden sich von den bisher

---

[9] Der Standard verlangt nicht, daß eine konforme Anwendung Subdoku-
     mente unterstützt.

[10] Siehe dazu Kapitel 10.

besprochenen generischen[11] Entitäten (*general entities*) dadurch, daß in der Deklaration dem Namen ein Prozentzeichen vorangestellt wird und bei der Referenzierung statt dem &-Zeichen ebenfalls das Prozentzeichen verwendet wird.

Geltungsbereich

Der wesentliche Unterschied zwischen Parameter- und generischen Entitäten ist, daß generische Entitäten nur innerhalb der Dokumentinstanz und Parameter-Entitäten nur innerhalb der DTD referenziert werden können. Namenskonflikte zwischen generischen Entitäten und Parameter-Entitäten können nicht auftreten, es ist also zulässig, wenn auch keine gute Praxis, denselben Namen für eine generische und eine Parameter-Entität zu verwenden.

Der Zweck von Parameter-Entitäten ist, Teile der DTD zu definieren, die übereinstimmen und auch in Zukunft übereinstimmen sollen.

6.12. Verwendung von Parameter-Entitäten

Als Beispiel für den Gebrauch von Parameter-Entitäten können die sogenannten beweglichen Elemente dienen.

Bewegliche Elemente sind solche, die keine feste Position in der Struktur eines Dokuments haben, sondern an beliebiger Stelle im Inhalt eines Elements auftreten können. Beispiele dafür sind Fußnoten, Abbildungen und ähnliches. Typischerweise werden diese Elemente in Inklusionen aufgelistet. Man sieht das in folgendem Beispiel:

```
<!DOCTYPE text [
<!ELEMENT text
   O - (p+) >
<!ELEMENT em
   - - (#PCDATA) -(em) +(fig|fn))
   -- emphasized phrase -- >
<!ELEMENT fn
```

---

[11] Der Standard unterscheidet darüber hinaus noch Text-Entitäten (*text entities*), also Entitäten, deren Inhalt zu Daten und Struktur des Dokuments gehört. Im Gegensatz dazu können generische Entitäten auch beliebige Daten enthalten, z. B. Bilddaten

```
    - - (#PCDATA) -(fig|fn) +(em)
    -- footnote material -- >
<!ELEMENT fig
    - O EMPTY
    -- figure -- >
<!ELEMENT p
    O O (#PCDATA) +(em|fig|fn))
    -- paragraph -- >
]>
```

Hier erscheinen Hervorhebungen (em), Fußnoten (fn) und
Abbildungen (fig) als bewegliche Elemente. Entsprechende Inklusions- und Exklusionslisten erscheinen an mehreren
Stellen[12]. Wenn man jetzt Zitate (q) als weiteres bewegliches Element der DTD hinzufügen will, muß man es in allen Inklusionslisten eintragen.

Es ist besser, eine Parameter-Entität floats zu definieren, die eine Liste aller beweglichen Elemente enthält:

```
<!DOCTYPE text [
<!ENTITY % floats  "em|fig|q|fn" >
<!ELEMENT text
    O - (p+)    >
<!ELEMENT em
    - - (#PCDATA) -(em) +(%floats;)
    -- emphasized phrase -- >
<!ELEMENT q
    - - (#PCDATA) -(q) +(%floats;)
    -- quoted text -- >
<!ELEMENT fn
    - - (#PCDATA) -(fig|fn) +(%floats;)
    -- footnote material -- >
<!ELEMENT fig
    - O EMPTY
    -- figure -- >
```

---

[12] Bei der im Beispiel gezeigten DTD ist es eigentlich überflüssig, etwa em
in fn zu inkludieren, da fn nur als Bestandteil von p auftreten kann, em
dort aber schon inkludiert sind. Bei der gezeigten Deklaration von fn wird
jedoch auch bei einer Änderung der DTD dahingehend, daß fn als Teil
anderer Elemente (etwa eines Abschnittstitels) auftreten kann, em stets
Bestandteil von fn sein können.

```
<!ELEMENT p
  O O (#PCDATA) +(%floats;))
  -- paragraph -- >
]>
```

Modularisierung

Eine weitere Funktion der Parameter-Entitäten ist die DTD-Modularisierung. Bei der Softwareentwicklung werden die Funktionen und Unterprogramme einer Anwendung meist in Gruppen zusammengefaßt. Diese Gruppen werden als Module bezeichnet. Ebenso können auch die Elemente und Entitäten einer DTD in Gruppen gegliedert werden. Das erhöht die Übersichtlichkeit und erlaubt darüber hinaus die Wiederverwendung solcher DTD-Module.

Da Dokumentstrukturen nicht total unterschiedlich sind, sondern häufig übereinstimmende Teile haben, können die immer wieder in verschiedenen DTDs auftretenden Elementdeklarationen in Module zusammengefaßt werden und ähnlich wie Funktionsbibliotheken bei der Softwareentwicklung immer wieder verwendet werden.

Beispielsweise wird für sämtliche Dokumentarten in einer SGML-Anwendung stets dieselbe Tabellenstruktur verwendet. Man faßt die Tabellenstrukturbeschreibung daher in einer Tabellen-DTD zusammen und bindet sie in der Dokument-DTD als Parameter-Entität ein:

```
...
<!ENTITY table.dtd SYSTEM
"/sgml/dtds/table.dtd" >
%table.dtd;
```

6.13. Standardisierte Alphabeterweiterungen

Es erscheint immer noch unbequem und wenig portabel, für jedes in einem Dokument verwendete Sonderzeichen eine Entität entsprechend dem systemspezifischen Zeichensatz definieren zu müssen.

Das ist auch nicht nötig. Es gibt mehrere Gruppen von standardisierten Alphabeterweiterungen, die unter ande-

rem auch die bisher in Beispielen verwendeten Zeichen
enthalten.

Diese standardisierten Alphabeterweiterungen sind jeweils Gruppen von Entitäten, die über einen PUBLIC-Bezeichner angesprochen werden können. Solche Gruppen
bezeichnet man als *public entity sets*.

Die Verwendung einer solchen Alphabeterweiterung
funktioniert folgendermaßen: Zunächst muß der öffentliche
Name der Gruppe mit dem gewünschten Zeichen bekannt
sein. Im Fall des Bindestrichs gibt es ein *public entity set*, das
über den Bezeichner

```
"ISO 8879:1986//ENTITIES Numeric and Special
Graphic//EN"
```

angesprochen wird. Dieses enthält eine Entitätsdeklaration
für hyphen:

```
<!ENTITY hyphen SDATA "[hyphen]" >
```

Man deklariert jetzt eine Parameter-Entität ISOnum, deren
Inhalt statt durch eine Zeichenkette durch obigen PUBLIC-
Bezeichner definiert ist:

```
<!ENTITY % ISOnum PUBLIC "ISO
8879:1986//ENTITIES Numeric and Special
Graphic//EN" >
```

und referenziert diese Entität anschließend innerhalb der
DTD durch

```
%ISOnum;
```


Ein praktisches Problem entsteht dann, wenn für ein Dokument eine ganze Reihe solcher unter Umständen recht
umfangreicher *entity sets* gebraucht werden. Wenn es nur
darum geht, die Dokumentstruktur zu überprüfen, kann die
für das Lesen der *entity sets* erforderliche Zeit lästig werden.
Man kann in diesem Fall folgendes machen: Man kommen-
tiert die Deklarationen und Referenzen der externen Entitäten aus. Die Folge ist, daß jetzt z. B. Referenzen von Son-
derzeichen-Entitäten wie auml usw. undefiniert sind, was
normalerweise zu entsprechenden Fehlermeldungen führt.

Das wird durch Definition einer sogenannten DEFAULT-Entität verhindert. Deren Ersetzungstext wird dann als Ersetzungstext für alle nicht definierten Entitäten verwendet, ist dadurch also gewissermaßen eine Voreinstellung (*default*) für Entitäten. Konkret sieht das so aus:

```
<!--
<!ENTITY % ISOnum PUBLIC "ISO
8879:1986//ENTITIES Numeric and Special
Graphic//EN" >
%ISOnum;

...

-->

<!ENTITY #DEFAULT "[]" >

...
```

Kurz gesagt, die DEFAULT-Entität ist die Entität mit Namen #DEFAULT. Überall, wo im Text ein Umlaut steht, erscheint jetzt in der Ausgabe "[]" als Markierung für fehlende Zeichen oder fehlenden Text.

6.14. Der Entity-Manager

Der *Entity-Manager* ist derjenige Teil des SGML-Systems, dessen Aufgabe es ist, Entitätsreferenzen aufzulösen. Bei Entitäten, die durch einen PUBLIC-Bezeichner spezifiziert wurden, muß außerdem geprüft werden, ob sie dem System bekannt sind.

Für die Entität ISOnum wird das der Fall sein. Wie man am ersten Namensteil des PUBLIC-Bezeichners (ISO 8879:1986) erkennen kann, gehört dieses *entity set* zum SGML-Standard.

Meist wird dann der *entity manager* einen dem *entity set* entsprechenden lokalen Dateinamen ermitteln. Der sei zum Beispiel "c:\sgml\entities\isonum.pub". Anschließend wird der *entity manager* den Inhalt dieser Datei an der Stelle der Entitätsreferenz %ISOnum; einfügen. Damit ist dann auch die Entität hyphen deklariert und kann verwendet werden.

Im konkreten Fall wäre dieselbe Wirkung erzielt worden, wenn in der Deklaration von ISOnum statt des PUBLIC-Bezeichners der Pfadname angegeben worden wäre:

```
<!ENTITY % ISOnum SYSTEM
  "c:\sgml\entities\isonum.pub" >
```

Die auf das Kennwort SYSTEM folgende Zeichenkette kann dabei (was SGML betrifft) beliebige Daten enthalten. Sie dient dem lokalen System (in diesem Fall einer SGML-Applikation unter MS-DOS) dazu, die zur Entität gehörige Datei zu finden.

Wenn das lokale System weiß, wo es suchen muß und wie der entsprechende Dateiname zu bilden ist, kann die Zeichenkette auch weggelassen werden:

```
<!ENTITY % ISOnum SYSTEM >
```

6.15. Zusammenfassung

Die in einem SGML-Dokument enthaltenen Textdaten werden als Zeichencodes in Dateien dargestellt.

Um eine Unabhängigkeit von der zugrundeliegenden Codierung zu erreichen, wird der im Dokument verwendete Zeichensatz durch eine Umsetzungstabelle in einen (bekannten) Basiszeichensatz abgebildet.

Um Unabhängigkeit vom Alphabet des so definierten Zeichensatzes zu erreichen, werden Zeichen als Entitäten dargestellt. Häufig kann dabei auf standardisierte Gruppen von Entitäten, sogenannte *public entity sets* zurückgegriffen werden.

Außer zur Darstellung von Zeichen können Entitäten in einem SGML-Dokument vielfältige Funktionen haben. Unter anderem können sie zur Einbindung von Textbausteinen, Dateien oder beliebigen (auch binären) Daten verwendet werden. Insbesondere kann Einbindung von Dokumentteilen durch SUBDOC-Entitäten erfolgen.

Bei der Modularisierung der DTD kann die Verwendung von Parameter-Entitäten hilfreich sein.

6.16. Übungen

1. Definieren Sie Buchstabe, Zeichen und Zeichensatz.
2. Setzen Sie die folgenden Textfragmente möglichst adäquat und portabel unter Verwendung der in Anhang B enthaltenen Entitäten in SGML-Fragmente um:

    »¡No pasaran!«

    In § 12 wird die erforderliche Schichtdicke auf 5 µm mit einer Toleranz von ± 10% festgelegt.

    Der Gesamtwiderstand wird mit ≤ 5 Ω angegeben.

3. Schreiben Sie ein *display entity set* für eine der Standard-Alphabeterweiterungen (z. B. `ISOlat1` oder `ISOnum`), d. h. ersetzen Sie dort den Standardwert durch Ihren systemspezifischen Zeichencode, falls die betreffenden Zeichen vorhanden sind. Die betreffenden Dateien finden den Sie auf Ihrer Diskette im Verzeichnis `"\entities"`.
    Beispiel: Aus

    ```
    <!ENTITY half SDATA "[half  ]" >
    ```

    in `ISOnum` wird im IBM-PC-Zeichensatz

    ```
    <!ENTITY half SDATA "&#171;"    >
    ```

Attribute

Welche Mittel zur Darstellung eines Dokuments stehen bislang zur Verfügung? Beziehungsweise: Genügen die zur Verfügung stehenden Mittel zur Darstellung von Daten und Struktur von Dokumenten? Die Mittel, die SGML für die Darstellung von Text bereithält, wurden im letzten Kapitel behandelt und scheinen ausreichend zu sein, und die hierarchische Struktur wird durch das Ineinanderschachteln von Elementen wiedergegeben.

Das genügt jedoch nicht, denn wie in den einleitenden Kapiteln schon festgestellt wurde, sind Daten nicht notwendigerweise nur Text, und Struktur ist nicht unbedingt linear. Was also, wenn man Bilder oder andere nicht-textliche Daten integrieren will? Oder wenn Querverweise dargestellt werden sollen? Oder wenn man den Inhalt eines Elementsin dieser oder jener Form qualifizieren will?

Gegenstand dieses Kapitels ist daher die Qualifizierung von Elementen und Elementinhalten durch *Attribute*.

7.1. Problemstellung

Angenommen, die DTD enthält ein Element für Zitate, und die in den Zitaten verwendete Sprache oder Schrift kann von der im übrigen Text verwendeten Sprache und Schrift abweichen. Dann wird man selbstverständlich nicht nur die Zitate als solche markieren wollen, sondern auch mit Angaben über Sprache und Schrift versehen wollen.

Ein mögliches Verfahren wäre, für jede Sprache ein entsprechendes Element zu definieren, also ein Element `dzitat` für deutschsprachige Zitate, ein Element `ezitat` für englische Zitate usw. Daß dies keine gute Lösung, sondern ein Weg ins Dickicht ist, dürfte klar sein.

Ein anderer Ansatz wäre die Unterbringung von Angaben über Sprache und Schrift im Inhalt optionaler Elemente. Das würde in der DTD etwa wie folgt aussehen:

```
<!ELEMENT zitat - - ((sprache? & schrift?),
zitinh) >
<!ELEMENT zitinh  O O (#PCDATA) >
<!ELEMENT sprache - O (#PCDATA) >
<!ELEMENT schrift - O (#PCDATA) >
```

Und in der Dokumentinstanz würde ein englisches Zitat folgendermaßen markiert werden:

```
Beispiele sollten kurz sein:
<zitat><sprache>englisch</sprache>brevity is
the soul of wit</zitat>, wie es in
Shakespeares Hamlet heißt.
```

Aber auch das kann nicht als Lösung überzeugen, sondern macht eher den Eindruck eines Notbehelfs. Zum einen ist es etwas umständlich, zum anderen ist es eigentlich nicht korrekt, da ja eine Eigenschaft eines Elements als Teil der Struktur dargestellt wird.

Die SGML-konforme Lösung ist die Verwendung von Attributen, die durch ihren Wert den Inhalt von Elementen qualifizieren bzw. die Elemente selbst genauer bestimmen.

Angabe von Attributwerten

Attribute und ihre Werte sind Teil der Startmarkierung des betreffenden Elements. Die Angabe eines Attributwertes hat die Form einer Gleichung oder Zuweisung, der Attributname steht dabei auf der linken, der Attributwert auf der rechten Seite. Also:

```
Beispiele sollten kurz sein:
<zitat sprache="englisch">brevity is the
soul of wit</zitat>, wie es in Shakespeares
Hamlet heißt.
```

Durch das Attribut wird das Zitat zu einem *englischen* Zitat. Man kann daher das Attribut `englisch` als Adjektiv betrachten, das dem Substantiv `zitat` beigestellt ist und es genauer bestimmt.

Das Einschließen des Attributwertes in Anführungszeichen ist nur dann nötig, wenn der Attributwert Zwischenraumzeichen enthält. Im obigen Fall hätte also auch `sprache=englisch` genügt. Wenn dagegen der Wert des Attributs zum Beispiel eine Liste von Bezeichnern ist, werden die Anführungszeichen benötigt:

```
<eintrag stw=prisma slwlst="farben optik
spektrum">
```

könnte zum Beispiel die Startmarkierung eines Eintrags in einer Wissensbasis unter dem Stichwort "Prisma" mit einer Liste von Schlagworten, die als Werte des Attributs `slwlst` erscheinen.

7.2. Deklaration von Attributen

Selbstverständlich müssen Attribute in der DTD deklariert werden. Das geschieht im Fall des Attributs `sprache` durch folgende Deklaration:

```
<!ATTLIST zitat
    sprache (deutsch|englisch) deutsch >
```

Hierbei hat das Element `zitat` nur ein Attribut `sprache`. Dieses kann als Werte nur `deutsch` und `englisch` annehmen, was durch die in Klammern eingeschlossene und durch `OR`-Konnektor getrennte Liste festgelegt wird (man kann auch einen anderen Konnektor verwenden, aber `OR` hat sich eingebürgert).

Der auf die Liste folgende Wert `deutsch` ist die *Voreinstellung*. Diese ermöglicht es, bei Attributen, deren Wert nur selten von einem Standardwert abweicht, auf die explizite Angabe des Wertes zu verzichten. Beispielsweise werden Zitate in den allermeisten Fällen als Sprache `deutsch` haben. Die Voreinstellung ist dann der Wert, der

Voreinstellung

angenommen wird, wenn in der Elementinstanz kein Attributwert angegeben wurde. Hat man das Attribut sprache von zitat wie oben definiert, so ist

```
<zitat>Edel sei der Mensch,
hilfreich und gut.</zitat>
```

äquivalent zu

```
<zitat sprache=deutsch>Edel sei der Mensch,
hilfreich und gut.</zitat>
```

Zu beachten ist bei diesen Attributwerten, daß für sie dieselben Regeln und Einschränkungen wie für Namen gelten. Daher wird, wenn im Dokument auch französische Zitate auftreten können, entsprechend der Standard-Syntax französisch nicht als möglicher Attributwert deklariert werden dürfen. Der Grund ist, daß der Wert zu lang ist (mehr als acht Zeichen) und "ö" kein in Namen zulässiges Zeichen ist. Man wird sich daher für das Attribut sprache orthodoxe Werte ausdenken müssen.

Wenn man außerdem die Laufrichtung der Schrift durch ein Attribut lr erfassen will (rechts für lateinische Schrift, links für arabisch und hebräisch), so sieht die Deklaration der Attribute von zitat wie folgt aus:

```
<!ATTLIST zitat
   sprache ( deu | eng | frz | ita |
             spa | hbr | arb ) deu
   lr        ( links | rechts ) rechts
>
```

Man sollte nicht der Versuchung erliegen, die jetzt etwas kryptischen Attributwerte unmittelbar mit klärenden Kommentaren zu versehen, also etwa

```
        ( deu -- deutsch -- |
          eng -- englisch -- |
          frz -- französisch -- |
          ...
```

und so weiter. Kommentare sind in SGML nicht überall
erlaubt. Beispielsweise nicht innerhalb von Inhaltsmodellen,
und hier (innerhalb einer Namensliste) eben auch nicht.

Formal werden Attribute eines Elements in einer Attribut-Deklarations-Liste spezifiziert. Die Syntax einer Attribut-Deklarations-Liste ist:

```
<!ATTLIST Elementname
Attribut-Spezifikationen >
```

Dabei hat die einzelne Attribut-Spezifikation die Form:

```
Attributname Wertdeklaration Voreinstellung
```

Im obigen Beispiel war der Attributname sprache, die
Wertdeklaration war eine Namensliste und die Voreinstellung war deutsch.

Bei diesen Namenslisten ist zu beachten, daß die Zuordnung eines Namens zu einem Attribut eindeutig sein
muß. Dann nämlich kann in der Elementinstanz auf die
Angabe von Attributnamen und Gleichheitszeichen verzichtet werden:

```
<zitat eng>The rest is silence.</zitat>
```

Das folgende Beispiel einer Attributliste für ein Element
bild mit zwei Attributen hoch (das Bild erscheint im
Hochformat) und rahmen (das Bild soll mit oder ohne
Rahmen dargestellt werden) ist daher fehlerhaft:

```
<!ATTLIST bild
   hoch    (ja | nein) ja
   rahmen  (ja | nein) ja >
```

Es müssen also andere Attributwerte mit entsprechenden
Namen gewählt werden:

```
<!ATTLIST bild
   format  (hoch | quer) hoch
   rahmen  (ohne | einfach | doppelt) ohne >
```

Es ist dagegen korrekt, einen Namen für das gleiche Attribut verschiedener Elemente mehrfach zu verwenden:

Eindeutigkeit

```
<!ATTLIST absatz
  sprache (deutsch|englisch) deutsch >
<!ATTLIST zitat
  sprache (deutsch|englisch) deutsch >
```

Die Zuordnung des Attributwertes deutsch zum Attribut sprache ist hier ja eindeutig.

Da die Attributlisten bis auf den Elementnamen identisch sind, können die beiden Listen übrigens auch zu einer zusammengezogen werden:

```
<!ATTLIST (absatz|zitat)
  sprache (deutsch|englisch) deutsch >
```

7.3. CDATA-Attribute

In den bisher angegebenen Beispielen wurden die zulässigen Attributwerte in einer Liste explizit angegeben. Das ist dann möglich und sinnvoll, wenn die Zahl der Alternativen klein ist.

Wenn der Wertebereich eines Attributs sehr groß (oder unbeschränkt) ist, muß der Attributwert in allgemeinerer Form spezifiziert werden.

Beispielsweise soll ein Dokument Abbildungen enthalten können. Diese werden als fig-Elemente dargestellt. Das Element soll vier Attribute haben. Das Attribut fmt zur Angabe des Dateiformats kann nur eine überschaubare Zahl von möglichen Werten haben, nämlich cgm (für *Computer Graphics Metafile*), wmf (für *Windows Metafile*) und hpgl (für die *Hewlett-Packard*-Plotter-Sprache). Der Name der Bilddatei soll als Wert des Attributes file dargestellt werden, und schließlich sollen Breite und Höhe in der Ausgabe durch sizex bzw. sizey angegeben werden. Als Wert von file müssen beliebige Dateinamen, und als Werte von sizex und sizey müssen beliebige Maßangaben angegeben werden können. Diese drei Attribute haben also einen praktisch unbeschränkten Wertebereich. Man deklariert ihre Werte daher als CDATA:

```
<!ELEMENT fig - O EMPTY >
<!ATTLIST fig
  fmt      (cgm | wmf | hpgl) cgm
  file     CDATA #REQUIRED
  sizex    CDATA #REQUIRED
  sizey    CDATA #REQUIRED >
```

Ein `fig`-Element erscheint dann im Dokument beispielsweise als:

```
<fig file="c:\fig\figcgm\fig1.cgm"
sizex=10cm sizey=12cm>
```

Die einzige Einschränkung für CDATA-Werte ist, daß der
Wert nur im SGML-Dokument zulässige Zeichen enthalten
darf.

Was die Voreinstellung betrifft, so gibt es für das Attribut `file` keinen sinnvollen Standardwert. Als Voreinstellung erscheint hier #REQUIRED[1]. Die Voreinstellung
#REQUIRED zeigt an, daß der Attributwert in der Element-
instanz angegeben werden muß. Wenn die Applikation (z.
B. das Formatierungsprogramm) intelligent genug ist, für
die Attribute `sizex` und `sizey` aus den Dateien eine Stan-
dardgröße zu erschließen (zu implizieren), könnten diese
Attribute als #IMPLIED gekennzeichnet werden, so daß die
Größe nur im Fall einer gewünschten Skalierung angegeben
werden muß.

Ganz allgemein wird #IMPLIED als Voreinstellung für
Attribute verwendet, bei denen entweder die Wertangabe
optional sein soll, oder der Wert von der Anwendung erschlossen werden kann. Die Voreinstellung #IMPLIED
bedeutet nicht, daß eine SGML-Applikation den Wert des
betreffenden Attributs implizieren *muß*.

Bei den Attributen `sizex` und `sizey` gibt es – anders
als bei `file` – durchaus sinnvolle Standardwerte. Ein solcher Standardwert muß sich nicht notwendig auf Zentimeter oder Zoll beziehen, es kann auch eine abstrakte Maß-

Voreinstellung
REQUIRED

Voreinstellung
IMPLIED

---

[1] Das #-Zeichen ist der schon von #PCDATA bekannte *reserved name
indicator* oder kurz RNI. Er wird hier benötigt, um das Kennwort
REQUIRED von der möglichen Voreinstellung "REQUIRED" zu unterscheiden.

angabe sein. Beispielsweise kann als Standardwert die Breite bzw. Höhe der Seite des betreffenden Ausgabemediums verwendet werden. Die Deklaration sähe dann etwa so aus:

```
<!ATTLIST fig
   fmt      (cgm | wmf | hpgl) cgm
   file     CDATA #REQUIRED
   sizex    CDATA textwidth
   sizey    CDATA textheight >
```

Anführungszeichen

Weiter oben wurde gesagt, daß der Attributwert nur dann von Anführungszeichen begrenzt sein muß, wenn er selbst Zwischenraumzeichen enthält. Das gilt allerdings nur, wenn der Attributwert ansonsten "harmlos" ist, was bei Attributen, deren Werte SGML-Bezeichner sind, natürlich der Fall ist. Was aber, wenn der Wert Zeichen wie zum Beispiel '<' oder '&' enthält, die sonst vom Parser interpretiert werden?

Als Beispiel soll ein Element prog dienen, daß in einem Multimedia-Dokument zur Aufruf von interaktiven Programmen dienen könnte:

```
<!ELEMENT prog - O EMPTY >
<!ATTLIST prog
   command CDATA #REQUIRED >
```

Das Dokument würde dann beispielsweise folgende Stelle enthalten:

```
Bitte klicken Sie hier, um die Simulation
der Schockwellenausbreitung zu starten.
<prog
command="c:\sim\shocksim.exe <shocksim.dat">
```

Ohne die Anführungszeichen wäre ein Parser bei dem zur Eingabeumleitung verwendeten Kleiner-Zeichen in der Befehlszeile stark in Verwirrung geraten.

Statt dem doppelten Anführungszeichen kann (wie bei Literalen allgemein) auch das einfache Anführungszeichen verwendet werden:

```
<prog envvar='DEFAULT="100 200 norun"'>
```

definiert über ein Attribut die Besetzung einer Umgebungsvariablen DEFAULT für ein Programm.

Und noch etwas: CDATA-Attribute unterliegen natürlich
nicht den Beschränkungen von Länge und Inhalt, die für
Namen gelten. In Abschnitt 1 auf Seite 122 wurde französisch als nicht zulässiger Wert für das Attribut sprache
genannt, wenn der deklarierte Wert von sprache eine Liste
von Bezeichnern ist. Wenn man jetzt wie folgt sprache als
CDATA-Attribut deklariert:

```
<!ATTLIST zitat
   sprache CDATA "deutsch" >
```

und im Dokument französisch als Wert angeben will, kann
man das direkt tun:

```
<zitat sprache="französisch">
...
</zitat>
```

Voraussetzung ist, daß der Umlaut ein im SGML-Dokument zulässiges Zeichen ist. Wenn das nicht der Fall ist,
oder die Wertangabe protabel sein soll, so kann die standardisierte Zeichen-Entität referenziert werden:

```
<zitat sprache="franz&ouml;sisch">
...
</zitat>
```

Entitätsreferenzen in Attributwerten werden nämlich aufgelöst. Das gilt allgemein[2], nicht nur für CDATA-Attribute.

Der seltene Fall, daß ein Attributwert beide Formen des
Anführungszeichens enthält, kann ebenfalls durch die Verwendung einer Entitätsreferenz gelöst werden:

```
<!ENTITY sq "'" -- single quote -- >
<!ENTITY dq '"' -- double quote -- >
...
<forum name="According to &dq;Murphy&sq;s
Law&dq;">
```

Entitätsreferenzen in
Attributwerten

---

[2] Außer bei den im nächsten Abschnitt behandelten Attributen mit aus-
drücklich eingeschränktem Wertebereich.

könnte den Namen eines Mailbox-Forums *According to "Murphy's Law"* definieren.

7.4. Attribute mit deklariertem Wert

Der letzte Abschnitt enthielt als Beispiel ein Element `fig` zur Darstellung von Abbildungen mit Attributen `sizex` und `sizey` zur Angabe von Breite und Höhe. Diese Attribute wurden als `CDATA` deklariert, was zur Folge hat, daß diese Attribute praktisch beliebige Werte annehmen können, ohne daß ein SGML-Parser den Wert irgendwie überprüfen wird.

Manchmal ist es jedoch sinnvoll, den Wertebereich einzuschränken, z. B. bei Maßangaben auf Zeichenketten, die mit einer Ziffer beginnen. Es gibt für diesen Zweck in SGML einige Alternativen zu `CDATA`. Diesen Alternativen liegen die vom Parser erkannten Zeichenklassen zugrunde. ·

NAME und NAMES

Die Deklaration eines Attributs als `NAME` schränkt den Wertebereich auf zulässige Namen ein. Die Deklaration `NAMES` besagt, daß der Wert des Attributs eine durch Zwischenraumzeichen getrennte Liste von Namen ist.

NUMBER und NUMBERS

Bei der Deklaration als `NUMBER` bzw. `NUMBERS` wird der Wertebereich auf Ziffernfolgen bzw. durch Zwischenraumzeichen getrennte Ziffernfolgen eingeschränkt. Ziffernfolgen sollten dabei nicht mit Zahlen verwechselt werden. Zum Beispiel sind `"1"`, `"01"`, `"001"` usw. verschiedene Ziffernfolgen, die alle die gleiche Zahl bezeichnen. Als Attributwerte sind sie jedoch verschieden, das heißt ein SGML-Parser führt keine Normierung durch.

NUTOKEN und NUTOKENS

Eine Deklaration als `NUTOKEN` besagt, daß der Attributwert eine Zeichenkette ist, die mit einer Ziffer beginnt, worauf beliebige in einem Namen zulässige Zeichen folgen können. Beispielsweise wäre der Attributwert `"1.5cm"` für ein `NUTOKEN`-Attribut zulässig, `"-2mm"` jedoch wäre kein zulässiger Wert, da er nicht mit einer Ziffer beginnt. Analog wie bei den anderen Attributtypen ist bei `NUTOKENS` der Attributwert eine durch Zwischenraumzeichen getrennte Liste von `NUTOKEN`-Werten.

Außerdem muß beachtet werden, daß auch die Werte von NUTOKEN-Attributen der für Namen gültigen Maximallänge entsprechen müssen (8 Zeichen in der Standard-Syntax). Ein NUTOKEN-Attribut mit dem Wert "1.33333333" ist daher nicht zulässig. Analoges gilt für die anderen in diesem Abschnitt behandelten Typen von Attributen.

Allgemeiner als NUTOKEN-Attribute sind NMTOKEN-Attribute, deren Werte Zeichenketten sind, die aus beliebigen in einem Namen zulässigen Zeichen bestehen. Der Wert "–2mm" ist also für ein NMTOKEN-Attribut zulässig, da das Minuszeichen in Namen entsprechend der Standardsyntax erlaubt ist.

NMTOKEN und NMTOKENS

Zwar führt ein Parser keine Normierung von Attributwerten als Zahlen durch, ansonsten werden die Attributwerte aber durchaus normiert. Zwischenraumzeichen am Anfang und am Ende der Zeichenkette werden eliminiert, und Folgen von Zwischenraumzeichen im Innern werden zu einem einzelnen Zwischenraumzeichen zusammengezogen. Wenn in der SGML-Deklaration NAMECASE den Wert YES hat (wie in der Standard-Syntax) werden darüber hinaus Kleinbuchstaben durch die entsprechenden Großbuchstaben ersetzt. Das heißt, die Zeichenketten "a b", " a b " und "A \r\n \t B" werden alle auf den Wert "A B" normiert[3]. CDATA-Attribute dagegen werden nicht normiert.

Normierung von Attributwerten

Eine abstraktere Beschreibung der diversen Attributtypen gibt untenstehende Tabelle. Den Muster liegen dabei folgende Zeichenklassen entsprechend der Standard-Syntax zugrunde:

Zeichenklassen

Klassenname	Zeichen
namestart	'a'-'z', 'A'-'Z'
namechar	'a'-'z', 'A'-'Z', '0'-'9', '.', '-'
digit	'0'-'9'
space	' ', '\t', '\r', '\n'

---

[3] Die hier verwendeten Zeichenkonstanten '\t', '\r' und '\n' meinen (wie in der Programmiersprache C), das Tabulatorzeichen, Wagenrücklauf und Zeilensprung.

Die Verwendung von * und + in den Mustern der mittleren Spalte entspricht der Bedeutung in Inhaltsmodellen (d. h. `'digit+'` bezeichnet eine aus mindestens einer Ziffer bestehende Zeichenkette).

Attributtypen

Deklaration	Muster	Beispiel
NAME	namestart namechar*	"alt"
NAMES	NAME (space+ NAME)*	"hoch a4"
NUMBER	digit+	"105"
NUMBERS	NUMBER (space+ NUMBER)*	"1 2 3"
NUTOKEN	digit namechar*	"10.5"
NUTOKENS	NUTOKEN (space+ NUTOKEN)*	"2 2.33"
NMTOKEN	namechar+	".2mm"
NMTOKENS	NMTOKEN (space+ NMTOKEN)*	"-5 cm"

Probleme

Es fällt auf, daß die Möglichkeiten, den Wertebereich eines Attributs durch Deklaration mit einem der oben aufgeführten Attributtypen zu beschränken ziemlich beschränkt und sehr unflexibel sind.

Soll der Wert eines Attributs zum Beispiel eine Fließkommazahl sein, so ist die nächste Möglichkeit NMTOKEN, wobei die Beschränkung der Länge des Wertes auf die Länge von Namen, die durch die NAMELEN-Quantität in der SGML-Deklaration festgelegt wird, sich wieder lästig bemerkbar macht.

Das heißt, daß für das Attribut mit Fließkommawerten die Zeichenkette `"3.14159265"` kein zulässiger Wert ist, `"QWERTZ"` dagegen schon. Ein ausgesprochen unbefriedigender Zustand.

PATTERN-Attribute

Es wäre sehr wünschenswert, Attribute als FLOAT oder allgemeiner als PATTERN deklarieren zu können. Ein PATTERN-Attribut hätte zum Beispiel als Voreinstellung einen regulären Ausdruck[4], der die als Wert des Attributs zulässigen Zeichenketten definiert.

Das Fehlen eines flexiblen Verfahrens zur Beschreibung von Attribut-Wertebereichen ist eine Schwäche von SGML. Diese Schwäche ist historisch bedingt. Als SGML entworfen wurde, hatte man das Ziel, die Parser möglichst einfach zu

---

[4] Reguläre Ausdrücke sind beispielsweise die in vielen Textverarbeitungssystemen verwendeten Suchmuster.

halten. Deshalb wurde im Standard auf Features verzichtet, die zu implementieren heute kein Thema wäre.

In der Praxis deklariert man in solchen Fällen das betreffende Attribut meist als CDATA. Die Überprüfung des Wertes überläßt man dann der Applikation, die das Dokument weiterverarbeitet. Das erscheint schlechter und unsauberer, als es ist. Das Verfahren ist nämlich in gewisser Hinsicht durchaus in Ordnung, da diese Prüfung sich meist auf die Bedeutung des Wertes eines Attributs bezieht. Die Semantik einer DTD ist aber für den Parser im allgemeinen unbekannt.

Prüfung von Attributwerten durch die Applikation

7.5. Objektwertige Attribute

Immerhin, einige Attributtypen mit Semantik bietet auch SGML an. Die Werte dieser Attribute beziehen sich auf Objekte, die dem SGML-System in dieser oder jener Form bekannt sind. Man kann daher etwas verwaschen von objektwertigen Attributen sprechen. Der wesentliche Unterschied ist, daß die Werte der im letzten Abschnitt behandelten Attribute rein lexikalisch geprüft (also mit einem Muster abgeglichen) wurden, während die in folgender Tabelle zusammengefaßten Attributtypen semantisch (also auf ihren Inhalt hin) geprüft werden.

Deklaration	Bedeutung
ENTITY	Name einer Entität
ENTITIES	Liste von Entitätsnamen
ID	Bezeichner für Verweisziel
IDREF	Verweis auf definiertes Verweisziel
IDREFS	Liste von Verweisen auf definierte Verweisziele
NOTATION	Bezeichner einer Notation

Diese Attributtypen werden im Zusammenhang mit den durch sie üblicherweise dargestellten Objekten in den folgenden beiden Kapiteln ausführlich behandelt.

7.6. Voreinstellung FIXED

Zunächst sollen aber noch zwei neue Formen der Deklaration von Voreinstellungen behandelt werden. Bisher bekannt ist die Voreinstellung als #REQUIRED, #IMPLIED und die explizite Spezifikation.

Wird der Voreinstellung ein #FIXED vorangestellt, so wird die Voreinstellung zum fest eingestellten Wert, der vom Benutzer nicht mehr geändert werden kann. Fest eingestellte Werte werden benutzt, um Daten an eine SGML-Anwendung (beispielsweise ein Formatierungsprogramm) "durchzureichen".

Als Beispiel soll die Attributliste eines Elements img zur Darstellung von Rasterbildern dienen. In einer vorläufigen Version der Anwendung kann nur ein Dateiformat verwendet werden (in diesem Fall ist das TIFF, das *Tagged Image File Format*), und die Bilddaten werden zunächst auch alle in einem fest vorgegebenen Verzeichnis abgelegt. Es sollen aber von Anfang an die entsprechenden Attribute imgfmt und imgdir der endgültigen Version verwendet werden. Man deklariert diese deshalb mit fixierter Voreinstellung:

```
<!ATTLIST img
  imgfmt  (TIFF) #FIXED TIFF
  imgdir  CDATA  #FIXED "c:\img\tiff"
  ... >
```

Ein anderes Beispiel wären Parameter, die für alle Dokumente des betreffenden Typs fest eingestellt werden sollen, zum Beispiel Versionsnummern und ähnliches. Diese Parameter können am besten als FIXED-Attribute des Basiselements dargestellt werden. Im folgenden Beispiel werden Angaben über Version, Autor und Release-Datum der DTD article als fixierte Attribute des Basiselements article deklariert:

```
<!DOCTYPE article [
<!ELEMENT article ... >
<!ATTLIST article
```

```
version CDATA #FIXED "1.3"
author  CDATA #FIXED "Frank Neumann"
release CDATA #FIXED "21.12.1993"

...

>
```

Und schließlich, und das ist vielleicht die wichtigste Anwendung, können FIXED-Attribute dazu dienen, Elemente zu qualifizieren. Normalerweise qualifiziert der Wert eines Attributs ja die Elementinstanz. Durch ein FIXED-Attribut können dagegen Eigenschaften des Elements spezifiziert werden.

Man kann zum Beispiel elementbezogene Formatierungsinformation in einbringen, ohne die Dokumentinstanz zu kompromittieren:

Formatierung

```
<!ATTLIST absatz

  ...

  schrift CDATA #FIXED "Times"
  schnitt CDATA #FIXED "normal"
  groesse CDATA #FIXED "10pt"
  einzug  CDATA #FIXED "0pt"
  einzug1 CDATA #FIXED "15pt"

>
```

Wären diese Attribute keine FIXED-Attribute, so könnte der Benutzer unerwünschte Formatierungsinformation in das Dokument einbringen und auf diese Weise die Portabilität beeinträchtigen[5].

Oder man kann die Zugehörigkeit des Elements zu einer Gruppe ausdrücken. Man kann beispielsweise für jedes Element einer DTD ein FIXED-Attribut typ deklarieren und dadurch die Elemente in Gruppen aufteilen. Alle beweglichen Elemente erhalten dann float als Wert von typ, alle Verweise bekommen link als Wert, usw. Da ein Verweis meist auch beweglich ist, erhält er

Elementgruppen

---

5   Es ist auch bei FIXED-Attributen möglich, in der Dokumentinstanz einen Wert anzugeben. Dieser muß freilich mit der Voreinstellung übereinstimmen. Das heißt, `<absatz schrift="Times">` wäre zulässig.

```
<!ATTLIST verweis
  typ NAMES #FIXED "link float"
  ... >
```

Eine SGML-Anwendung kann dann den Wert von typ verwenden, um für die Mitglieder einer Gruppe auszuführende Aktionen zu bestimmen.

HyTime Dieses Verfahren zur Gruppierung und Qualifizierung von Elementen wird im HyTime-Standard verwendet, um Elemente als Instanzen der *architectural forms* der HyTime-Meta-DTD auszuweisen.

7.7. Voreinstellung CURRENT

Auf einen Minimierungseffekt läuft die Voreinstellung eines Attributwertes als #CURRENT hinaus. Der voreingestellte Wert ist dann der letzte im betreffenden Element explizit angegebene Wert.

Man kann #CURRENT-Attribute verwenden, um globale Voreinstellungen zu setzen. Beispielsweise kann für ein Element p, das Absätze (p wie *paragraph*) darstellt, die Ausrichtung des Textes (also, ob er linksbündig, rechtsbündig, zentriert oder als Block gesetzt werden soll) wie folgt über ein Attribut adjust definiert werden:

```
<!ELEMENT p - O (...) >
<!ATTLIST p
  adjust  (left|right|center|block) #CURRENT
  ... >
```

Im ersten Absatz des Dokuments muß dann das von da an (bis zur nächsten expliziten Angabe von adjust) gültige Absatzformat angegeben werden:

```
<p adjust=block> ... <p> ... <p> ...
<p adjust=left> ...
<p adjust=block> ... <p> ...
```

Ob die Verwendung von #CURRENT sinnvoll ist, hängt vom Einzelfall ab. Im allgemeinen wird die Verwendung von #CURRENT eine gewisse Unübersichtlichkeit mit sich bringen, da es Fälle geben kann, in denen dem Leser des SGML-Dokuments nicht klar ist, was der aktuelle Wert des Attributs ist.

Man könnte zum angegebenen Beispiel noch anmerken, daß die explizite Darstellung eines Formatierungsmerkmals wie Textausrichtung ein Verstoß gegen die "reine Lehre" von SGML ist.

Die "reine Lehre" besagt ja, daß Formatierungsanweisungen in der Dokumentinstanz nichts zu suchen haben, und die Formatierung eines Dokuments Sache der Anwendung ist. Es soll also nicht auf der Ebene der Formatierung, sondern inhaltlich markiert werden, also statt hervorzuhebenden Text als <kursiv> zu markieren, sollte eben ein Element <em> (em wie *emphasized*=hervorgehoben) verwendet werden.

Das ist natürlich alles im Prinzip richtig, gilt aber eben nur dann, wenn die Struktur der darzustellenden Dokumente mit sämtlichen möglicherweise auftretenden Bestandteilen bekannt ist. In der Praxis ist das jedoch häufig nicht der Fall. Wenn man eine DTD entwirft, wird man daher meist einige Freiräume für noch nicht bekannte Bestandteile offenlassen. Ein solcher Freiraum wäre zum Beispiel ein explizit formatierbares Absatzelement.

Wenn dann die DTD einige Zeit in Gebrauch ist, kann untersucht werden, wie die Freiräume genutzt wurden. Beispielsweise könnte sich herausstellen, daß öfters ein beidseits eingerückter Absatz zur Darstellung von Zitaten verwendet wurde. Man wird dann ein spezielles Element quote definieren, die betreffenden Absätze als quote markieren und in Zukunft quote für Zitate verwenden.

7.8. Gebrauch von Attributen

Häufig stellt sich die Frage, ob eine zum Dokument gehörige Information als Attribut oder als Element dargestellt werden soll.

Attribute sollten dann gebraucht werden, wenn eine Differenzierung durch Definition verschiedener Elemente in zwei bis auf den Namen identischen Elementen resultieren würde. Würde man etwa zwei verschiedene Elemente dzitat und ezitat für deutsch- bzw. englischsprachige Zitate definieren

```
<!ELEMENT dzitat - - (#PCDATA)  >
<!ELEMENT ezitat - - (#PCDATA)  >
```

so wären diese strukturell gleich und würden in den Inhaltsmodellen stets als (dzitat | ezitat) erscheinen. Hier sollte durch ein Attribut differenziert werden.

Umgekehrt kann der Wert eines Attributs keinen Einfluß auf die Struktur haben. Es ist zum Beispiel nicht adäquat, Überschriften als Absätze mit einem besonderen Attribut zu definieren, dessen Wert den Absatz als normal, Überschrift 1. Ordnung (h1) usw. ausweist:

```
<!ELEMENT text   - - (absatz+) >
<!ELEMENT absatz - - (#PCDATA) >
<!ATTLIST absatz
  typ (normal | h1 | h2 | ... ) normal
>
```

Das Resultat eines solchen Verfahrens ist ein Brei, aber kein strukturiertes Dokument. Wo strukturelle Unterschiede bestehen, müssen diese durch die in den Elementdeklarationen enthaltene Strukturbeschreibung dargestellt werden.

Eine weitere Regel: Attribute sollen eigentlich den Inhalt qualifizieren, aber nicht Teil des Inhalts sein. Daher ist es zum Beispiel kein guter Stil, die Überschrift eines Kapitel-Elements chapter durch ein Attribut heading wiederzugeben.

Man könnte geradezu als Grundprinzip formulieren, daß die Handhabung der Attribute so sein soll, daß ein Wegfall aller Attributwerte die im Dokument enthaltene Strukturinformation überhaupt nicht und die Gesamtinformation möglichst wenig beeinträchtigt.

Schließlich noch ein paar Worte zu einem Thema, das fast schon Gegenstand von Glaubenskriegen war und ist, nämlich system- und formatierungsabhängige Information in Attributwerten. Man kann beispielsweise die Ausrichtung des Textes in einem Absatz durch ein Attribut festlegen, wie in dem Beispiel für den Gebrauch von #CURRENT auf Seite 134 zu sehen war. Vertreter der reinen Lehre würden gegen eine solche Praxis einwenden, daß derartige Formatierungsinformationen in einem SGML-Dokument grundsätzlich nichts zu suchen haben.

Meiner Meinung nach ist das richtig, sofern die betreffenden Formatierungs- und systemspezifischen Informationen erschließbar sind. Im Fall der Textausrichtung, oder wenn es darum geht, zwischen Absätzen größere oder kleinere Zwischenräume einzufügen, wird das manchmal nicht möglich sein.

Man kann jetzt natürlich fragen, was die Bedeutung von 16 Punkt Abstand nach einem Absatz ist. Häufig liegen dem aber relativ diffuse Intentionen des Autors zugrunde. Oder es handelt sich um ein vorliegendes, "gewachsenes" Dokument, und die Abweichungen in der Formatierung sind darauf zurückzuführen, daß eben Setzer A es so machte und Setzer B es etwas anders machte.

Berücksichtigt man, daß es meist kein Problem ist, ein irrelevantes Attribut zu ignorieren, während eine zu komplexe oder unklare DTD erhebliche Schwierigkeiten in der Anwendung bereiten kann, so kommt man zu der Einsicht, daß man bei der Zulassung von Attributen nicht allzu kleinlich und haarspalterisch vorgehen sollte. Man kann langwierige und letztendlich ergebnislose Diskussionen mit den Anwendern vermeiden, wenn man eine gewünschte Differenzierungsmöglichkeit in einen Attributwert "packt". Die wesentliche Aufgabe des Entwicklers einer DTD ist ja, darauf zu achten, daß die Strukturbeschreibung nicht kompromittiert wird.

Die Anwendung von SGML soll eine Hilfe für diejenigen sein, die in disziplinierter und kontrollierbarer Form Dokumente erstellen wollen oder müssen. Der Einsatz von SGML als Disziplinierungsmittel wird der Akzeptanz beim Anwender nicht hilfreich sein.

7.9. Zusammenfassung

Attribute dienen der Qualifizierung von Elementen und Elementinhalten.

Die Spezifikation von Attributwerten ist Teil der Startmarkierung und hat die Form

Attributname = *Attributwert*.

Attribute werden als Teil einer Attribut-Deklarations-Liste in der DTD deklariert:

```
<!ATTLIST
( Elementname | Elementliste )
( Attributname
  Wertdeklaration
  Voreinstellung )+
>
```

Die Wertdeklaration ist entweder eine Liste von Werten, CDATA, die Spezifikation eines lexikalisch bestimmten Wertebereichs (NAME, NUTOKEN usw.) oder die Spezifikation eines Objektbereichs (ENTITY, ID usw.).

Deklaration	Bedeutung
CDATA	Zeichenkette
ENTITY	Name einer Entität
ENTITIES	Liste von Entitätsnamen
ID	Bezeichner für Verweisziel
IDREF	Verweis auf definiertes Verweisziel
IDREFS	Liste von Verweisen auf definierte Verweisziele
NAME	Bezeichner
NAMES	Liste von Bezeichnern
NMTOKEN	Zeichenkette, bestehend aus in Bezeichnern zulässigen Zeichen
NMTOKENS	Liste von aus in Bezeichnern zulässigen Zeichen bestehenden Zeichenketten
NUMBER	Ziffernfolge
NUMBERS	Liste von Ziffernfolgen
NUTOKEN	Zeichenkette, bestehend aus in Bezeichnern zulässigen Zeichen, wobei das erste Zeichen eine Ziffer ist

NUTOKENS   Liste von Zeichenketten, die aus in Bezeichnern zulässigen Zeichen bestehen und als erstes Zeichen eine Ziffer haben

NOTATION   Bezeichner einer Notation

Die Voreinstellung legt fest, welchen Wert das Attribut hat, wenn in der Elementinstanz kein Wert angegeben wird. Mögliche Voreinstellungen sind eine (eventuell durch #FIXED festgelegte) Wertangabe, #REQUIRED, #IMPLIED und #CURRENT.

7.10. Übungen

1. Welche der folgenden Deklarationen ist inkorrekt, und wenn ja, warum?

   a.)
   ```
   <!ELEMENT e1 - - (#PCDATA) >
   <!ELEMENT e2 - - (#PCDATA) >
   <!ATTLIST (e1|e2)
      att1 CDATA #IMPLIED >
   <!ATTLIST e2
      att2 CDATA #IMPLIED  >
   ```

   b.)
   ```
   <!ATTLIST e3
      font NAME "3pt-Roman" >
   ```

   c.)
   ```
   <!ATTLIST e4
      format (hoch|quer) hoch
      blatt  (a3|a4|legal) a4
      prior  (gering|normal|hoch) normal
   >
   ```

   d.)
   ```
   <!ATTLIST e5
      absender CDATA "Herr M&uuml;ller"
   >
   ```

   e.)
   ```
   <!ATTLIST e9
      id ID #CURRENT >
   ```

   f.)
   ```
   <!ATTLIST e10
      version CDATA #FIXED >
   ```

2. Für ein Bild-Element `pict` sollen Höhe und Breite durch Attribute spezifiziert werden. Höhe und Breite sind dabei Längenangaben, die sich aus einer positiven Fließkommazahl und einer Längeneinheit (Zentimeter, Millimeter, Inch oder Punkt) zusammensetzen.
   Definieren Sie entsprechende Attribute für `pict` so, daß einerseits der Wert möglichst genau geprüft wird, andererseits die Angabe von Höhe und Breite möglichst einfach bleibt. Sicherheit hat Priorität.

Spezielle Elemente

Das vorliegende Kapitel befaßt sich mit Bestandteilen der nichtlinearen Struktur von SGML-Dokumenten wie Verweisen, Indizes und ähnlichen. Da die Darstellung dieser Bestandteile meist den Gebrauch der Attributtypen `ID` und `IDREF` erfordert, werden diese im Zusammenhang mit den betreffenden Elementen behandelt.

8.1. Verknüpfungen und Verweise

Die bisher in Beispielen aufgetretenen Strukturbestandteile gehörten zur hierarchischen oder linearen Struktur. Die nichtlineare Struktur, deren Bedeutung in den einleitenden Kapiteln hervorgehoben wurde, ist bisher noch nicht behandelt worden.

In diesem Abschnitt sollen Verknüpfungen und Verweise als die konstituierenden Bestandteile der nichtlinearen Struktur zunächst allgemein betrachtet werden. Der nächste Abschnitt behandelt dann die Darstellung von Verknüpfungen durch `ID`- und `IDREF`-Attribute der verknüpften Elemente.

Man könnte Verknüpfungen ganz abstrakt-mathematisch definieren als Teilmenge der Potenzmenge der Menge der strukturellen Bestandteile eines Dokuments. Das ist natürlich Unsinn, denn es besagt lediglich, daß Verknüpfungen Beziehungen zwischen Teilen eines Dokuments herstellen, und das ahnt man eigentlich auch ohne diese Definition.

Damit Verknüpfungen sich mit Inhalt füllen und dadurch erst sinnvoll werden, müssen sie in den Möglichkeiten der Bezugnahme wesentlich eingeschränkt werden. Die Art dieser Einschränkung bestimmt dann Art und Eigenschaft der Verknüpfung.

Anhand einiger Beispiele werden die Unterschiede klar:

Verzeichnis

Ein Verzeichnis ist eine Liste aller in einem Dokument enthaltenen Elemente einer bestimmten Art mit Verweisen auf diese Elemente. Beispielsweise faßt das Inhaltsverzeichnis alle Überschriften von Kapiteln, Abschnitten usw. zusammen, während ein Verzeichnis der Abbildungen alle Abbildungen mit den jeweiligen Seitenzahlen aufführt.

Literaturverzeichnis

Wie der Name sagt, ist das Literaturverzeichnis das Verzeichnis der verwendeten bzw. der für ein Thema relevanten Literatur. Von anderen Verzeichnissen unterscheidet sich das Literaturverzeichnis dadurch, daß es im allgemeinen nicht automatisch aus dem Dokument erzeugt wird, sondern erstellt werden muß. Die Literaturangaben sind dann das Ziel von Literaturverweisen aus dem Text des Dokuments.

Index

Der Index oder das Register eines Buches ist eine alphabetische Liste von Schlagworten. Zu jedem Schlagwort gibt es eine Liste von Verweisungen auf relevante Stellen im Dokument. Manchmal werden die Schlagworte nach bezeichnetem Gegenstand in Gruppen zusammengefaßt (beispielsweise Personen, Orte und sonstige Gegenstände) und dementsprechend mehrere Register (Personen-, Orts- und Sachregister) geführt.

Glossar

Das Glossar ist eine Liste von Definitionen oder allgemeiner eine Gruppe von Erläuterungen von Begriffen, die im Text des Dokuments verwendet werden. Gelegentlich wird auch das Glossar mit dem Index kombiniert, d. h. die Indexeinträge enthalten (optionale) Definitionen und Erläuterungen.

Fußnote

In einem linear aufgebauten Dokument oder Dokumentteil ist die Fußnote ein Bestandteil, der außerhalb des linearen Zusammenhangs steht, auf den aber von einer (und nur einer) bestimmten Stelle innerhalb dieses Zusammenhangs Bezug genommen wird. Dasselbe gilt für Marginalien und Annotationen.

Marginalien unterscheiden sich von Fußnoten dadurch, daß Marginalien in der Randspalte positioniert werden, während Fußnoten am Ende der Seite oder am Ende eines Abschnitts zusammengefaßt werden. Während Fußnoten ergänzend und erläuternd sind, haben Marginalien eher zusammenfassenden Charakter.

Marginalie

Annotationen sind dadurch gekennzeichnet, daß sie im allgemeinen als Urheber nicht den Autor, sondern den Leser des Dokuments haben.

Annotation

Die bisher behandelten Bestandteile schaffen Beziehungen zwischen besonderen, abgesetzten Teilen eines Dokuments wie dem Inhaltsverzeichnis oder Index und Bestandteilen des Dokuments selbst. Der Verweis oder Querverweis ist eine Bezugnahme innerhalb des Dokuments oder auf andere Dokumente. Im gedruckten Text geschieht das durch Bezugnahme auf Gliederungselemente ("siehe Abschnitt 2.1") oder Seiten. In einem Hypertext kann auf beliebige Bestandteile Bezug genommen werden, es kann also auch auf ein einzelnes Wort verwiesen werden.

Verweis

Die oben aufgeführten Beispiele sind durch funktional-inhaltliche Kriterien gekennzeichnet. Man kann diese Bestandteile aber auch nach formalen Kriterien wie Richtung und Kardinalität klassifizieren.

Formale Kriterien

Die Richtung einer Verknüpfung ist entweder unidirektional, das heißt der Verknüpfung kann nur in einer Richtung gefolgt werden, oder sie ist bidirektional, das heißt man kommt von einem beliebigen Ende der Verknüpfung zum anderen.

Richtung der Verknüpfung

Unidirektionalen Verknüpfungen sind Verweise (*links*) im engeren Sinn. Der Ausgangspunkt wird Quelle (*link source*) oder Anker (*link anchor*) genannt, der Zielpunkt heißt Ziel (*link destination*). Diese Begriffe sind vor allem bei Hypertexten gebräuchlich.

Linkanker und -ziel

Verknüpfungen in einem gedruckten Text sind meist unidirektional, aber auch in einem Hypertext ist der Verweis aus dem Inhaltsverzeichnis in den Text unidirektional. Allerdings kann auch ein gedruckter Text bidirektionale

Verknüpfungen enthalten, beispielsweise wenn Glossar mit Index kombiniert ist und die im Glossar erklärten Begriffe im Text entsprechend hervorgehoben sind. Man kann dann vom hervorgehobenen Begriff zur Glossardefinition gehen und von dieser den Indexeinträgen zu den Stellen folgen, an denen der Begriff auftritt.

Kardinalität der Verknüpfung

Mit dem Begriff der Kardinalität werden Verknüpfungen nach Zahl der Verknüpfungspartner und Art ihrer Paarung unterschieden. Man spricht von 1:1-, 1:n- und m:n-Beziehungen. Die Bedeutung wird am besten durch eine Grafik klar[1]:

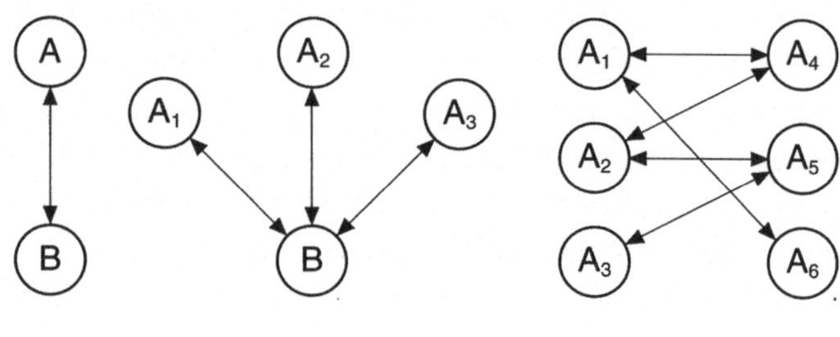

Ein Querverweis ist gewöhnlich eine 1:1-Verknüpfung, ein Indexeintrag dagegen ist eine 1:n-Verknüpfung, da einem Begriff beliebig viele einschlägige Stellen zugeordnet sein können.

Art des Übergangs

Ein bei Hypertexten relevantes Kriterium ist die Art des Übergangs. Sie kann ersetzend oder ergänzend sein. Dokumentinhalte werden in einem Hypertext-System meist in einem oder in mehreren Fenstern dargestellt. Bei einem ersetzenden Übergang wird in der Darstellung die Quelle durch das Ziel ersetzt, bei einem ergänzenden Übergang dagegen wird zusätzliche Information in einem eigenen Fenster angezeigt und die Darstellung der Quelle in ihrem Fenster bleibt unverändert. Beispielsweise wird die Dar-

---

[1] Präziser läßt sich Kardinalität wie folgt definieren: Wenn eine Verknüpfung als Menge von Paaren betrachtet wird (also etwa (a_1, b_1), (a_2, b_2), ...), so ist eine m:n-Verknüpfung der allgemeine Fall, eine 1:1-Verknüpfung ist ein einzelnes Paar mit verschiedenen Elementen, und eine 1:n-Verknüpfung ist dann gegeben, wenn auf der linken Seite stets dasselbe Element a auftritt, a auf der rechten Seite nicht auftritt und die Elemente der rechten Seite paarweise verschieden sind.

stellung eines Glossareintrags zu einem im Quellfenster hervorgehobenen Begriff durch einen ergänzenden Übergang realisiert.

Außerdem kann natürlich auch nach der Art der verknüpften Elemente unterschieden werden. Ob sie gleichartig sind oder nicht, ob es Teile des Inhalts von Elementen (also z. B. ein einzelnes Wort) oder Elemente sind, und schließlich, ob es sich um eine Verknüpfung innerhalb eines Dokuments handelt oder eine Verknüpfung zwischen Dokumenten.

Art der Link-Enden

Verknüpfungen innerhalb eines Dokuments werden als *Inter*-Verknüpfungen bezeichnet. Eine Verknüpfung aus dem vorliegenden in ein anderes Dokument wäre eine *Extra*-Verknüpfung und eine Verknüpfung aus einem anderen Dokument in das vorliegende eine *Intra*-Verknüpfung.

Inter-, Extra- und Intra-Verknüpfung

8.2. ID- und IDREF-Attribute

Unidirektionale Verknüpfungen innerhalb von Dokumenten (also Querverweise) werden durch ID-Attribute und IDREF-Attribute realisiert. Das Ziel des Verweises wird durch ein ID-Attribut gekennzeichnet, der Anker erhält ein IDREF-Attribut, dessen Wert mit dem Wert des ID-Attributs des Ziels übereinstimmt.

Beispielsweise soll auf Abschnitte (section-Elemente) verwiesen werden. Dafür erhält das Element section ein Attribut id:

```
<!ATTLIST section id  ID #IMPLIED  >
```

Als Voreinstellung wird hier IMPLIED gesetzt, da der Attributwert nur dann angegeben werden muß, wenn auf den betreffenden Abschnitt verwiesen wird. Als Anker wird ein Element sectref deklariert:

```
<!ELEMENT sectref - O  EMPTY   >
<!ATTLIST sectref idref IDREF #REQUIRED >
```

Man verwendet das dann etwa so:

```
<section id=s-intro>Betrachtet man die
Entwicklung der Informationsverarbeitung
seit der Erfindung der Schrift durch die
alten Sumerer

...

Wie wir in dem einleitenden Abschnitt
<sectref idref=s-intro> ausführlich
dargestellt haben ...
```

Im Beispiel war die Art des Verweisziels durch das Anker-element bestimmt. Soll im formatierten Dokument statt der Abschnittsnummer eine Seitenzahl erscheinen, so würde man ein weiteres Element (etwa `pageref`) benötigen. Das Erscheinungsbild von Verweisen im formatierten Doku-ment kann aber auch durch ein allgemeines Verweiselement mit einem die Art des Verweisziels bestimmenden Attribut festgelegt werden:

```
<!ELEMENT ref - O  EMPTY       >
<!ATTLIST ref
   idref   IDREF #REQUIRED
   reftype (chapter|section|page) page   >
```

Der Verweis

```
Wie wir in dem einleitenden Abschnitt <ref
section idref=s-intro> auf Seite <ref
idref=s-intro> ausführlich dargestellt haben

...
```

würde dann im formatierten Dokument als

> Wie wir in dem einleitenden Abschnitt 1.1 auf Seite 17 ausführlich
> dargestellt haben ...

erscheinen.

Schließlich kann für das Verweisziel genauso wie für den Verweis ein bewegliches, leeres Element definiert wer-den:

```
<!ELEMENT refpos - O  EMPTY     >
<!ATTLIST refpos id  ID  #REQUIRED >
```

Dieses Element `refpos` hat dann die Funktion einer Text-marke, die Ziel von Verweisen sein kann.

Der Verweis selbst wird insbesondere in Hypertext-Dokumenten meist kein leeres Element sein, vielmehr wird dem Verweis ein markierter Text zugeordnet:

```
<!ELEMENT reftext - - (#PCDATA)    >
<!ATTLIST reftext idref IDREF #REQUIRED >
```

In der Darstellung des Dokuments wird dann der Text z. B. farbig hervorgehoben, und der Verweis wird durch Anklicken aktiviert, oder der markierte Text dient als Titel eines Druckknopfes (*Button*).

Es gibt für `ID`- und `IDREF`-Attribute einige besondere Regeln:

Regeln für ID- und IDREF-Attribute

- Die als Werte von `ID`- und `IDREF`-Attributen verwendeten Bezeichner müssen gültige SGML-Namen sein (das schränkt die Länge und den Gebrauch von Sonderzeichen ein).
- `ID`-Attribute können nur `#IMPLIED` und `#REQUIRED` als Voreinstellung haben.
- In einer Attributliste kann es nur jeweils ein `ID`-Attribut geben (als dessen Namen man meist `id` oder `ID` wählt).

Konsistenz

Eine weitere Regel und gleichzeitig ein Problem hängt mit der *Konsistenz* von Verweisen zusammen: Ein als Wert eines `IDREF`-Attributs auftretender Wert muß definiert sein, d. h. es muß an anderer Stelle im Dokument ein Element geben, dessen `ID`-Attribut den gleichen Bezeichner als Wert hat. Ist das nicht der Fall, so hat man eine inkonsistente Verknüpfung vor sich und der SGML-Parser meldet einen Fehler.

Beschränkung auf Inter-Verknüpfung

Das an sich ist noch kein Problem. Das Problem taucht allerdings dann auf, wenn das Verweisziel existiert, aber nicht innerhalb des vorliegenden, sondern in einem anderen Dokument. Die Konstruktion von Verweisen durch Verwendung von `ID`- und `IDREF`-Attributen ist nur innerhalb des Dokuments möglich. Verwendet man andere Mittel für die Darstellung von Verknüpfungen, so kann die Konsistenz einer solchen Extra-Verknüpfung vom Parser nicht geprüft werden.

Inkonsistenz bei Intra-Verknüpfungen

Probleme mit der Konsistenz treten nicht nur bei Extra-Verknüpfungen auf, sondern in noch schwerwiegenderer

Form bei Intra-Verknüpfungen. Eine inkonsistente Extra-Verknüpfung wird spätestens bei der Aufbereitung des Dokuments gefunden. Bei der Bearbeitung eines Dokuments jedoch sind die existierenden Intra-Verknüpfungen meist nicht bekannt. Bei der Modifikation oder Löschung müßten sie jedoch bekannt sein.

Inkonsistenzen im WWW

Dieses Problem tritt gegenwärtig massiv bei den Dokumenten des *World Wide Web* auf. Das World Wide Web (oder kurz: WWW) ist ein neuer Internet-Dienst auf der Grundlage von HTML, einer SGML-DTD. Die Dokumente im WWW enthalten vielfältige Verweise untereinander, wobei die Zielpunkte über das gesamte globale Netz verstreut sein können. Die verwendeten IDs setzen sich aus den Namen von Servern und Dateipfaden zusammen. Die Folge ist, daß durch die laufende Umstrukturierung des Netzwerks, Änderung von Servernamen und Änderungen in den Dateisystemen häufig Inkonsistenzen auftreten.

Subdokumente

Die Beschränkung auf Inter-Verknüpfungen ist auch lästig, wenn zum Beispiel ein Buch in Kapitel aufgeteilt wird und jedes Kapitel ein SGML-Subdokument ist. Die Idee bei Subdokumenten ist ja unter anderem, daß das einzelne Subdokument autonom ist und fehlerfrei geparst werden kann. Enthält jetzt ein Subdokument einen Verweis auf ein anderes Kapitel, so erscheint dieser beim Parsen des Subdokuments als inkonsistenter Verweis.

Netzwerk-Dokumente

In der Praxis verwendet man daher häufig `CDATA`-Attribute statt `ID`- und `IDREF`-Attributen. Die Überprüfung der Konsistenz wird dann der Anwendung überlassen. Das ist in vielen Fällen auch das Sinnvollste, beispielsweise dann, wenn wie im WWW ein Dokumentenbestand über ein Netzwerk verteilt ist. Prüfung und Erhalt der Konsistenz würden dann die Verwendung von Netzwerkfunktionen erfordern, die von einem schlichten SGML-Parser natürlich nicht verlangt werden können.

Wenn die Anwendung darauf eingerichtet ist, kann durch Verwendung von Verweisen mit Voreinstellung `#CONREF` das Problem teilweise behoben werden. Der folgende Abschnitt behandelt daher die Voreinstellung `CONREF`.

8.3. Voreinstellung CONREF

Verweise mit `ID` und `IDREF` sind wie gesagt auf das aktuelle Dokument beschränkt. Eine (Not-)Lösung bietet die
Voreinstellung des `IDREF`-Attributs als `#CONREF`. Etwa so:

```
<!ELEMENT ref - O (#PCDATA) >
<!ATTLIST ref
   idref    IDREF #CONREF
   reftype (chapter|section|page) page >
```

Ein `ref`-Element kann dann in zwei Formen auftreten. Im
einen Fall ist das `idref`-Attribut von `ref` explizit angegeben:

```
wie in Übung 7 auf Seite <ref idref=ueb-7>
...
```

Hier wird das Inhaltsmodell von `ref` ignoriert, der Verweis
ist ein Verweis innerhalb des Dokuments. Anders, wenn für
`idref` kein Wert angegeben wurde:

```
wie in Übung 2-7 auf Seite <ref>ueb2-7</ref>
...
```

Die Anwendung muß den Seitenverweis aus dem Inhalt
von `ref` erschließen. Das geht natürlich nur, wenn die Anwendung entsprechende externe Listen führt.

Ein Element mit `#CONREF`-Attribut verhält sich so, als
besäße es zwei Deklarationen, deren jeweilige Gültigkeit
davon abhängt, ob der Wert des Attributes gesetzt ist oder
nicht. Bei gesetztem Attributwert gilt:

```
<!ELEMENT ref - O EMPTY >
<!ATTLIST ref
   idref    IDREF #REQUIRED ... >
```

Und bei fehlendem Attributwert gilt:

```
<!ELEMENT ref - O (#PCDATA) >
<!ATTLIST ref
   idref    IDREF #IMPLIED ... >
```

Es muß beachtet werden, daß der Wert des Attributs nicht
der Inhalt von `ref` ist[2]. Ein Element mit #CONREF-Attribut
kann auch strukturierten Inhalt haben. Etwa so:

```
<!ELEMENT ref       - O  (chapid, chapref) >
<!ELEMENT chapid  - O  EMPTY    >
<!ELEMENT chapref - O  EMPTY    >
<!ATTLIST chapid
  idref   NAME  #REQUIRED >
<!ATTLIST chapref
  idref   NAME  #REQUIRED >
<!ATTLIST ref
  idref   IDREF #CONREF
  reftype (chapter|section|page) page >
```

Ein entsprechender Verweis kann dann wie folgt aussehen:

```
wie in Übung 2-7 auf Seite <ref><chapid
idref=chap2><chapref idref=ueb7></ref> ...
```

Regeln für #CONREF-Attribute

Und schließlich gelten für #CONREF-Attribute folgende
Regeln:

- Nicht nur IDREF-Attribute, sondern alle Arten von
  Attributen außer ID-Attributen können die Voreinstellung #CONREF haben.
- Ein Element mit mindestens einem #CONREF-Attribut
  darf nicht EMPTY als Inhaltsmodell haben.
- Elemente mit #CONREF-Attributen müssen die Minimierung der Endemarkierung zulassen.

Die Mittel zur Darstellung von Verknüpfungen sind damit
bereitgestellt. Die restlichen Abschnitte dieses Kapitels behandeln anhand von Beispielen die verschiedenen Formen
von nichtlinearen Bestandteilen.

8.4. Indizes und Register

Es gibt eine ganze Reihe von Begriffen, die mehr oder minder dasselbe bezeichnen: Index, Register, Stichwortver-

---

2   Es wäre ja sonst bei einem Element mit mehreren #CONREF-Attributen
    nicht klar, welches Attribut welchen Wert erhält.

zeichnis, Schlagwortverzeichnis[3]. Es handelt sich dabei um (alphabetisch) sortierte Listen von Namen und Begriffen, zu denen jeweils ein oder mehrere Verweise einschlägige Stellen innerhalb eines umfangreichen Dokuments kennzeichnen. Register sind also Orientierungshilfen.

So selbstverständlich uns heute diese Hilfen sind, so erstaunlich ist es, daß es erst relativ spät üblich wurde, Dokumente auf diese Art zu erschließen. Bis in unser Jahrhundert hinein hatten wissenschaftliche Werke häufig kein Register. Wer in einem historischen Werk etwa Nachweise zu einer bestimmten Person suchte, mußte u. U. das gesamte Werk von Band 1 bis n durchlesen und exzerpieren. Das war sicherlich sehr lehrreich, und als Nebeneffekt entstanden Gelehrte von echtem Schrot und Korn, aber der Zeitaufwand war natürlich erheblich.

Bei manchen, durch das enthaltene Material besonders wertvollen Werken wurde in mühevoller Arbeit im nachhinein ein Index erstellt. So erfreulich es für den Leser ist, wenn ein vorhandener Index das schnelle Auffinden relevanter Information erlaubt, so ist die Erstellung beim Verfassen bzw. Erschließen eines Dokuments nach wie vor aufwendig und arbeitsintensiv.

Was für Möglichkeiten bestehen beim Erstellen eines Index? Man hat zunächst die Wahl zwischen den verschiedenen Formen der Indizierung

- Volltext-Indizierung
- halbautomatische Indizierung
- Indizierung im Text (inline-Indizierung)
- qualifizierte Indizierung (Person, Ort, ...)
- flache bzw. hierarchische Indizierung
- systematische Indizierung

Diese Formen sind teilweise mischbar und die Übergänge sind fließend.

Die Volltext-Indizierung erfaßt – wie der Name sagt – den gesamten Text. Alle im Text enthaltenen Worte werden

Historisches

Aufwand

Formen der Indizierung

Volltext-Indizierung

[3] Unter Außerachtlassung feiner Unterschiede soll hier synonym von Register bzw. Index die Rede sein. Insbesondere spricht man von Indizierung, wenn es um die Erstellung von Register bzw. Index geht. Vermutlich weil Registrierung etwas anderes bedeutet.

mit ihren Fundstellen in einer Liste gesammelt und sortiert. Da diese bei einer Volltext-Indizierung entstehenden Listen sehr umfangreich sind und eine Erstellung ohne Software-unterstützung extrem aufwendig ist, bleibt die Volltext-Indizierung praktisch der elektronischen Publikation vorbehalten. Eine Entsprechung in anderen Publikationsformen gibt es allenfalls noch im Bereich der Literaturwissenschaft, wo beispielsweise für bestimmte Autoren oder Werke ein Fundstellennachweis aller verwendeten Worte erstellt wird.

Typischerweise bietet die Volltextrecherche die Möglichkeit der Verwendung von Platzhaltern (*wildcards*) in Suchbegriffen und der Suche nach Teilwörtern. Beispielsweise könnte eine Suche mit dem Muster `a?t` Worte wie "Art" oder "Ast" finden, während `wild*` alle Worte findet, die mit "wild..." beginnen (also "Wild", "Wilderer", "Wildpflanze", "Wildwasser", ...).

Vorteile der Volltext-Indizierung

Die Volltext-Indizierung hat Vorteile und Nachteile. Der Vorteil ist, daß bei elektronischen Publikationen die Volltextrecherche gewissermaßen ein geschenkter Gaul ist, d. h. es ist meist keine zusätzliche Aufbereitung der betreffenden Dokumente notwendig, da die Präsentations-Software (z. B. das Hypertext-System) die entsprechenden Funktionen bereitstellt.

Nachteile der Volltext-Indizierung

Die Nachteile liegen in der mechanischen Form der Erstellung. Beispielsweise werden die im Text enthaltenen Worte mit ihren Beugungsformen erfaßt. Die Wörter "Haus" und "Häuser" würden also in der Liste getrennt erscheinen. Das ist kein sehr gravierender Nachteil. Schwerwiegender ist, daß keinerlei Differenzierung oder Gewichtung stattfindet. Es wird nicht unterschieden, ob eine Fundstelle wirklich relevante Information enthält, oder ob der gesuchte Begriff dort nur beiläufig oder als Teil eines Kompositums erscheint. Würde man beispielsweise im Text dieses Buches per Volltextrecherche die Definition von Element suchen, so würde fast jede Seite eine Fundstelle enthalten.

halbautomatische Indizierung

Die halbautomatische Indizierung ist eine Auswahl- und Normierungshilfe für die Indexerstellung. Ausgangspunkt sind zunächst wie beim Volltext-Index alle im Text enthaltenen Wörter. Diese werden eventuell zunächst normiert, d. h. Beugungsformen werden auf ihre Grundformen zurückgeführt. Aus der resultierenden Liste werden dann diejenigen Wörter ausgeschieden, die in einer Ausschlußliste enthalten sind. Diese Liste enthält häufige Wörter wie z. B. "der", "die", "das", "und", "denn" usw., die als Indexeinträge nicht in Frage kommen. Die Ausschlußliste kann auch umfangreicher sein und einen Basiswortschatz von einigen Tausend Wörtern abdecken. Schließlich kann der Ersteller des Index entscheiden, ob eine Fundstelle in den Index aufgenommen werden soll oder nicht.

Eine solche halbautomatische Indizierung ist eine Hilfe, hat aber die Tendenz, sehr viele Wörter vorzuschlagen, von denen dann nur ein Bruchteil in den Index aufgenommen wird. Außerdem muß der Bearbeiter dennoch häufig eingreifen, beispielsweise bei zusammengesetzten Begriffen wie "halbautomatische Indizierung", der ja nicht getrennt unter "halbautomatisch" und "Indizierung" aufgenommen werden soll.

Da die Volltext-Indizierung alle Worte des Textes erfaßt, sie also gewissermaßen "demokratisch" behandelt, erübrigt es sich, die einzelnen Worte besonders zu markieren. Normalerweise muß jedoch explizit eine Beziehung zwischen der Fundstelle und dem Indexeintrag hergestellt werden. In einem SGML-Dokument muß daher die Fundstelle markiert werden. Man deklariert beispielsweise ein Element idxent (für *index entry* = Indexeintrag):

Indizierung im Text

```
<!ELEMENT idxent - - (#PCDATA) >
```

das die Fundstelle markiert und dessen Inhalt der Indexeintrag ist:

```
... Der englische Philosoph und
Staatstheoretiker <idxent>Hobbes,
Thomas</idxent>Thomas Hobbes (1588-1679)
entwickelt eine Theorie rationeller
Erkenntnis in strikter Analogie zum Rechnen
bzw. Berechnen. ...
```

Der Index kann dann automatisch aus den im Dokument enthaltenen `idxent`-Elementen generiert werden. Das Anwendungsprogramm sammelt alle `idxent`-Elemente, faßt die Einträge und die Fundstellen zusammen und bereitet sie für die Suche auf. Im Fall einer Druckpublikation hieße das beispielsweise, alle Indexeinträge, deren Text `"Hobbes, Thomas"` ist, zusammenzufassen, mehrfach auftretende Seitenzahlen zu eliminieren und die Liste der Einträge schließlich alphabetisch zu sortieren.

Sortieren von Texten mit Sonderzeichen

Das Sortieren stellt dabei natürlich besondere Anforderungen, denn es muß auch Text sortiert werden, der beliebige über Entitäten definierte Sonderzeichen enthält. Beispiel:

```
König, Dénes bzw. König, Dénes.
```

Es genügt nicht, diese Sonderzeichen auf den lokalen Zeichensatz abzubilden und dann einfach entsprechend der Codierung dieses Zeichensatzes zu sortieren. Im ISO 8859 Zeichensatz (Latin 1) entspricht dem Umlaut-o der Code 246. Das "ö" würde beim Sortieren daher auf das "z" folgen. König würde also im Personenregister nach "Kronecker" und "Kummer" erscheinen.

Sortierhilfe mit Attribut

Man hat hier zwei Möglichkeiten: Entweder geht man davon aus, daß die SGML-Applikation die Sortierfolge kennt, oder man stellt eine Sortierhilfe in Form eines Attributs zur Verfügung. Beispielsweise so:

```
<!ATTLIST idxent
   sort CDATA #IMPLIED >
```

Der Inhalt des Attributs bestimmt dann die Position des Eintrags in der Sortierfolge. Das Attribut muß dabei nur dann angegeben werden, wenn die Applikation die Sortierfolge nicht kennt. Bei einem Eintrag ohne Sonderzeichen erübrigt sich daher die Angabe des Attributs.

Man kann die beiden Verfahren auch mischen. Beispielsweise kann für gebräuchliche Sonderzeichen[4], die im

---

[4] Beispielsweise die deutschen Umlaute.

Standardzeichensatz des lokalen Systems[5] enthalten sind,
die Sortierfolge für die Applikation über eine Tabelle definiert werden. Für exotischere Zeichen[6] kann die Sortierfolge
über das Attribut definiert werden:

```
...die sogenannte
<idxent>Notation, polnische</idxent>
polnische Notation wurde von dem polnischen
Logiker
<idxent sort="lukasiewicz,
jan">&Lstrok;ukasiewicz, Jan</idxent>
Jan &Lstrok;ukasiewicz eingef&uuml;hrt.
```

Spezielle Vorgaben der Sortierfolge können über Steuerzeichen im Attribut gehandhabt werden. Beispielsweise
kann das Problem auftreten, daß verschiedene Stichworte
auf die gleiche Zeichenkette abgebildet werden. Den Stichworten "Masse" und "Maße" wird beiden die Zeichenkette
"masse" zugeordnet. Man könnte in diesem Fall dem Attribut das Steuerzeichen "<" nachstellen, um anzudeuten,
daß "Masse" und "Maße" verschiedene Stichworte sind, und
daß "Maße" in der Sortierfolge vor "Masse" kommt[7]:

```
Die Grundlage des heute weltweit
verbreiteteten metrischen Systems für
Dimensionen und <idxent
sort="masse<">Ma&szlig;e</idxent>Ma&szlig;e
...
```

Die Behandlung der Sortierfolge in diesem Abschnitt war
sicherlich sehr ausführlich und stellenweise vielleicht etwas
haarspalterisch. Das ist zum einen dadurch gerechtfertigt,
daß diese Problemstellung nicht nur bei Registern, sondern
bei zu sortierenden Listen und Verzeichnissen aller Art
auftritt[8]. Außerdem ist die Sortierfolge ein schönes Beispiel,

---

5   Das wäre unter Windows die Zeichen von ISO Latin 1.

6   Beispielsweise das polnische L mit Querstrich (`Ł`).

7   Laut Duden.

8   Das Problem stellt sich in gleicher Form bei Literaturverzeichnissen.

wie diffizil die Dinge werden können, wenn man sich von der SGML-Theorie ab- und der Praxis zuwendet.

Relativ häufig ist der Text des Indexeintrags mit dem der Fundstelle identisch:

```
... der Gebrauch der
<idxent>Töpferscheibe</idxent>
Töpferscheibe zur Herstellung von Keramik
reicht im Vorderen Orient in
vorgeschichtliche Zeit zurück ...
```

Hier ist es praktischer ein spezielles Element idxtxt zu definieren, für das der Inhalt sowohl Indexeintrag als auch Teil des Textes ist:

```
... der Gebrauch der
<idxtxt>Töpferscheibe</idxtxt>
zur Herstellung von Keramik reicht im
Vorderen Orient in vorgeschichtliche Zeit
zurück ...
```

Soll die Fundstelle in der Ausgabe (beispielsweise durch Kursivdruck) hervorgehoben werden, so muß der Text der Fundstelle ebenfalls markiert werden. Man könnte beispielsweise idxtxt zum optionalen Bestandteil von idxent machen. Wenn idxtxt fehlt, wird implizit angenommen daß der Text von Indexeintrag und Fundstelle übereinstimmt:

```
<!ELEMENT idxent - - (#PCDATA, idxtxt?) >
<!ELEMENT idxtxt - O (#PCDATA) >
...
Der englische Philosoph und
Staatstheoretiker <idxent>Hobbes,
Thomas<idxtxt>Thomas Hobbes (1588-
1679)</idxent> entwickelt eine Theorie
rationeller Erkenntnis in strikter Analogie
zum Rechnen bzw. Berechnen. ...
```

Im Druck erscheint das dann beispielsweise als:

Der englische Philosoph und Staatstheoretiker *Thomas Hobbes (1588-1679)* entwickelt eine Theorie rationeller Erkenntnis in strikter Analogie zum Rechnen bzw. Berechnen. ...

Bei einer elektronischen Publikation könnte analog die Fundstelle farbig hervorgehoben werden.

Ein Problem ergibt sich bei relativ ausgedehnten Verweiszielen. Beispielsweise kann sich der für einen Begriff einschlägige Bereich über mehrere Seiten oder mehrere Absätze erstrecken. Es kann keine Lösung sein, den ganzen Bereich der Fundstelle als `idxtxt` zu markieren. Man müßte dann Elemente der hierarchischen Struktur wie Absätze, Unterabschnitte usw. durch Inklusion als Bestandteile von `idxtxt` zulassen, was innerhalb von `idxtxt` aber die Hierarchie auflösen würde.

Außerdem müßte es dann auch möglich sein, daß sich die Inhalte von Elementen überschneiden. SGML kennt aber nur hierarchische Strukturen, die folgende Markierung ist daher nicht zulässig:

```
...<a>...<b>...</a>...</b>...
```

Eine korrekte Lösung für diesen Fall und das allgemeine Problem, praktisch beliebige und sich potentiell überschneidende Bereiche in einem Dokument zu markieren, liegt in der Verwendung von `ID`- und `IDREF`-Attributen. Man definiert zwei Elemente `idxstart` und `idxstop`, die durch Bezeichner und Referenz als zusammengehörig gekennzeichnet sind:

Markierung von sich überschneidenden Bereichen

```
<!ELEMENT idxstart - - (#PCDATA) >
<!ATTLIST idxstart
   id    ID    #REQUIRED >
<!ELEMENT idxstop  - - EMPTY >
<!ATTLIST idxstop
   idref IDREF #REQUIRED >
```

Eine andere Lösung besteht darin, eine Fundstelle durch ein Attribut als ausgedehnt oder sehr ausgedehnt zu qualifizieren. Das entspricht dem in Druckwerken angewandten Verfahren, Seitenverweise durch Nachstellen von "f." bzw.

"ff." als über mehr als eine bzw. mehr als zwei Seiten ausgedehnt zu kennzeichnen.

Der Vorteil der ersten Lösung ist, daß bei der automatischen Erzeugung des Registers präzise Seitenangaben generiert werden können, statt "32 ff." erscheint dann der Seitenbereich "32-35" als Fundstelle.

qualifizierte Indizierung

Andererseits kann die Qualifizierung von Indexeinträgen durch geeignete Attribute unabhängig vom Problem der Kennzeichnung ausgedehnter Fundstellen sinnvoll sein. Beispielsweise können Indexeinträge nach ihrer Relevanz differenziert werden, d. h. das Attribut gibt an, ob der betreffende Gegenstand definiert (`def`), durch ein Beispiel erläutert (`beispiel`) oder nur eben erwähnt wird (`fundst`).

```
<!ATTLIST idxent
   typ (def | beispiel | fundst) fundst >
```

systematische Indizierung

Der systematischen Indizierung entspricht das Register im engeren Sinn. Alle in einem Dokument enthaltenen Fundstellen von Worten, die eine bestimmte Art von Gegenständen bezeichnen, werden in einem entsprechenden Register vollständig erfaßt. Beispiele sind Personenregister oder das Ortsregister. Die Betonung liegt hierbei auf der Vollständigkeit, d. h. es ist nicht mehr im Ermessen des Autors, eine Fundstelle in das Register aufzunehmen oder nicht.

Die Zuordnung eines Indexeintrags zu einer Gruppe (etwa Personen oder Orte) kann mit denselben Mitteln realisiert werden wie die Qualifizierung:

```
<!ATTLIST idxent
   art (person | ort | sach) sach >
```

flache und hierarchische Indizierung

Bei der flachen Indizierung ist der Index eine einfache Liste ohne Hierarchie, d. h. der Begriff "halbautomatische Indizierung" findet sich unter dem Buchstaben H, "flache Indizierung" steht unter F usw. Demgegenüber faßt die hierarchische Indizierung derart zusammengesetzte oder zusammengehörige Begriffe zusammen:

Indizierung
    flache

halbautomatische
hierarchische
inline-
systematische
Volltext-

Zu diesem Zweck muß der Indexeintrag natürlich gegliedert werden. Dazu soll die Markierung <idx> dienen:

```
... Bei der <idxent>flache<idx>Indizierung
<idxtxt>flachen Indizierung</idxent> ...
```

Man kann genausogut auch umgekehrt schachteln:

```
... Bei der <idxent>Indizierung<idx>flache
<idxtxt>flachen Indizierung</idxent> ...
```

Die Hauptsache ist, daß die Applikation, die den Index letzten Endes erzeugt, die Reihenfolge der Ebenen kennt. Es kann auch mehr als zwei Ebenen geben:

Indizierung
   ...
Volltext-
Software für

Im Dokument könnte die entsprechende Fundstelle folgendermaßen aussehen:

```
... Aus der Gruppe von
<idxent>Software f&uuml;r
<idx>Volltext-
<idx>Indizierung
<idxtxt>Produkten zur Erstellung von
Volltext-Indizes</idxent> ragt das Produkt
der Firma Schrott hervor. ...
```

Deklarieren kann man `idxent` und `idx` so, daß beliebig viele Ebenen möglich sind:

```
<!ELEMENT idxent - - (idx, idxtxt?) >
<!ELEMENT idx     O O (#PCDATA, idx?) >
```

Das ist aber aus praktischen und ästhetischen Gründen[9] meist nicht erwünscht, und man begnügt sich mit maximal drei Ebenen. Jeder Ebene entspricht dabei ein eigenes Element:

```
<!ELEMENT idxent - - (idx0, idxtxt?) >
<!ELEMENT idx0   O O (#PCDATA, idx1?) >
<!ELEMENT idx1   - O (#PCDATA, idx2?) >
<!ELEMENT idx2   - O (#PCDATA) >
<!ELEMENT idxtxt - O (#PCDATA) >
```

Das Beispiel nimmt dann folgende Form an:

```
... Aus der Gruppe von
<idxent>Software f&uuml;<idx1>Volltext-
<idx2>Indizierung<idxtxt>Produkten zur
Erstellung von Volltext-Indizes</idxent>
ragt das Produkt der Firma Schrott hervor.
...
```

Verweise im Index

Um das Auffinden der Fundstellen auch dann zu ermöglichen, wenn der Begriff "Volltextindizierung" nicht unter "Indizierung", sondern unter "Volltext..." gesucht wird, werden Querverweise im Index benötigt:

> inline-Indizierung
>   s. Indizierung
> Volltextindizierung
>   s. Indizierung

Damit diese erzeugt werden können, muß der alternative Begriff angegeben werden:

```
Die <idxent>Volltext-
<idx1>Indizierung<idxalt>Volltextindizierung
<idxtxt>
Volltextindizierung</idxent> erfaßt - wie
der Name sagt - den gesamten Text.
```

---

[9] Ein Index mit 5 Ebenen erreicht das genaue Gegenteil dessen, was ein Index geben soll, nämlich schnelle Übersicht. Abgesehen davon wird es bei mehr als drei Ebenen schwierig, den Index wie üblich mehrspaltig zu setzen.

In der Deklaration wird `idxalt` einfach als optionales Element für den alternativen Begriff eingeschoben:

```
<!ELEMENT idxent - -
   (idx0, idxalt?, idxtxt?) >
<!ELEMENT idxalt - O (#PCDATA) >
```

Wenn man diese Deklaration ergänzt, so daß Qualifizierung der Einträge und Markierung von Bereichen möglich werden, erhält man schließlich:

```
<!ELEMENT idxent - -
   (idx0, idxalt?, idxtxt?) >
<!ATTLIST idxent
   id   ID    #IMPLIED
   sort CDATA #IMPLIED
   typ  (person | ort | sach) sach
>
<!ELEMENT idx0   O O (#PCDATA, idx1?) >
<!ELEMENT idx1   - O (#PCDATA, idx2?) >
<!ELEMENT idx2   - O (#PCDATA) >
<!ELEMENT idxalt - O (#PCDATA) >
<!ELEMENT idxtxt - O (#PCDATA) >
<!ELEMENT idxend   O EMPTY >
<!ATTLIST idxend
   idref IDREF #REQUIRED >
```

Wie man sieht, ist aus einem ursprünglich recht einfachen Element eine komplexe Struktur mit Attributen geworden.

8.5. Glossare

Das Glossar erschließt die begriffliche Struktur eines Dokuments. Zu jedem im Dokument verwendeten oder für das Thema relevanten Begriff wird eine Definition gegeben. Man hat also eine (alphabetisch sortierte) Liste von Glossareinträgen (`eintrag`), wobei jeder Eintrag aus dem Begriff (`begriff`) und der Definition oder Erläuterung (`def`) besteht:

```
<!ELEMENT glossar   - - (eintrag+) >
<!ELEMENT eintrag   - O (begriff, def) >
<!ATTLIST eintrag
  id ID #IMPLIED >
<!ELEMENT begriff   - O (#PCDATA) >
<!ELEMENT def       - O (#PCDATA) >
```

Verweisungen auf
Glossareinträge

Das Element eintrag kann durch ein optionales ID-Attribut gekennzeichnet werden, um Verweisungen auf Glossareinträge zu ermöglichen. Diese werden meist durch Hervorhebung der betreffenden Begriffe im Text realisiert. In einer elektronischen Publikation kann diesem Verweis durch Anklicken des Begriffes direkt gefolgt werden. In einer Druckpublikation zeigt die verwendete Form der Hervorhebung (z. B. "→ *Kohärenz*") an, daß zu dem Begriff ein Glossareintrag existiert.

Abkürzungs-
verzeichnis

Als spezielle Form des Glossars kann das Abkürzungsverzeichnis betrachtet werden. Es faßt die im Dokument verwendeten Abkürzungen zusammen, gibt ihre Auflösung an und enthält eventuell noch eine Erläuterung oder Definition.

8.6. Verzeichnisse

Titel

Verzeichnisse sind wie der Index Hilfen beim Erschließen des Dokuments. Verzeichnisse fassen den Inhalt der Titel einer bestimmten Art von Bestandteilen zusammen und verknüpfen diese Einträge mit dem zugehörigen Bestandteil. Solche Bestandteile können Gliederungselemente, Abbildungen oder sonstige betitelte Bestandteile sein. Der Titel ist Voraussetzung für das Erstellen von Verzeichnissen, er muß aber beim betreffenden Bestandteil nicht unbedingt erscheinen. Man kann für Abbildungen, Programmbeispiele und ähnliche Elemente Titel angeben, die nur im jeweiligen Verzeichnis erscheinen.

automatische
Generierung

Da die zum Erstellen eines Verzeichnisses benötigte Information meist im Dokument schon enthalten ist, kann das Erzeugen von Verzeichnissen im allgemeinen automatisch erfolgen. Es werden beispielsweise beim Generieren des Inhaltsverzeichnisses alle Gliederungsüberschriften gewissermaßen aus dem Dokument herausgefiltert, bei gedruckten Dokumenten werden die zugehörigen Seitenzahlen gespeichert, und das so erzeugte Inhaltsverzeichnis wird in einer separaten Datei abgelegt, um bei der Ausgabe (eventuell als Subdokument mit eigener Inhaltsverzeichnis-DTD) eingebunden zu werden.

Das beschriebene Verfahren zeigt an, daß Verzeichnisse meist Sache der SGML-Anwendung, bzw. des Formatierprogramms sind. Der Bearbeiter des Dokuments hat damit kaum zu tun, weshalb diese automatisch erzeugten Verzeichnisse hier nicht weiter behandelt werden sollen.

8.7. Literaturverweise

Anders als Inhaltsverzeichnisse werden Literaturverzeichnisse meist nicht automatisch erstellt. Vielmehr werden die Angaben zu verwendeter oder relevanter Literatur erfaßt und in einem Literaturverzeichnis gesammelt, auf das dann aus dem Dokument heraus verwiesen wird.

Man könnte natürlich – wie es früher üblich war – Literaturverweise auch direkt in den Text einfügen und sie dort entsprechend markieren. Etwa wie folgt:

```
Siehe dazu auch <lit>A. Koyré, Nicolas
Copernic - Des Révolutions des Orbes
Célestes (Paris 1934), S.18</lit>.
```

Das ist aber wenig befriedigend und zwar aus folgenden Gründen:

- Die Literaturangabe ist nicht strukturiert, d. h. die einzelnen Teile (Autor, Titel usw.) sind nicht markiert.
- Wird mehrfach auf dasselbe Werk verwiesen, so muß entweder jedesmal eine u. U. recht umfangreiche, vollständige Angabe eingefügt werden oder in verkürzter Form mit Bezug auf eine vollständige Angabe zitiert werden (etwa: `siehe Koyré, a.a.O., S.112`). Beides ist unbefriedigend.

- Insbesondere machen solche verkürzten Angaben bei einer Umstellung des Textes eine umständliche und aufwendige Überprüfung notwendig.
- Schließlich ist es übersichtlicher, die in einem Dokument verwendete Literatur gesondert in einem Literaturverzeichnis zusammenzufassen.

Man wird daher die Struktur einer Literaturangabe durch entsprechende Elemente darstellen, jeder Literaturangabe einen Bezeichner als ID-Attribut zuordnen und entweder durch einen allgemeinen Verweis mit reftype=lit oder ein spezielles Literaturverweis-Element auf die Literaturangabe verweisen. Das könnte etwa so aussehen:

```
<!ELEMENT litent - O
   (verf+, titel, utitel?, ort?, verlag?,
jahr?) >
<!ATTLIST litent
   id ID #REQUIRED >
<!ELEMENT verf    O O (#PCDATA) >
<!ATTLIST verf
   typ (autor | hrsg | bearb) autor >
<!ELEMENT (titel | utitel | ort | verlag |
jahr)
                - O (#PCDATA) >
```

Da die Anforderungen und Konventionen betreffend Literaturverzeichnisse sehr unterschiedlich sind, kann das natürlich nur ein Beispiel sein. Es wurden für die Verfasserangabe mehrere Verfasser zugelassen, die durch ein typ-Attribut als Autor, Herausgeber oder Bearbeiter qualifiziert werden. Der Titel kann durch einen optionalen Untertitel ergänzt werden.

Aufgabe der Anwendung ist es bei dieser Strukturierung, die Literaturangaben nach Verfasser bzw. nach ID zu sortieren, Verweise auf Literaturangaben auf ihre Konsistenz zu prüfen und gegebenenfalls mehrere Werke desselben Verfassers zu einem Eintrag zusammenzuziehen.

Der Eintrag im Literaturverzeichnis für obiges Beispiel erschiene dann als:

```
...
<litent id=Koy34>
<verf>Koyré, A.
<titel>Nicolas Copernic
<utitel>Des Révolutions des Orbes Célestes.
<ort>Paris
<jahr>1934
```

Und der Verweis hätte die Form:

```
Siehe dazu auch <ref reftyp=lit
idref=Koy34>, S.18.
```

beziehungsweise:

```
Siehe dazu auch <litref
idref=Koy34>S.18</litref>.
```

Die zweite Variante erscheint besser, da hier die sachlich zum Verweis gehörige Seitenangabe Teil des Verweis-Elements ist.

8.8. Fußnoten

Fußnoten, Marginalien und Annotationen unterscheiden sich in Erscheinung und Funktion, nicht jedoch in ihrer Behandlung. Allen ist gemeinsam, daß ein Bezug geschaffen wird von einer Position innerhalb der hierarchischen Struktur zu einem relativ autonomen Bestandteil. Dieser Bezug ist einfach, d. h. es gibt genau eine Stelle im Text, von der aus auf eine Fußnote Bezug genommen wird, es gibt genau einen Absatz, dem eine Marginalie zugeordnet wird usw. Es ist daher möglich und üblich, diese Bestandteile einfach an der betreffenden Stelle einzufügen.

Fußnoten beispielsweise können in einen Fließtext an der Stelle eingefügt werden, an der im formatierten Text die Fußnotenmarkierung erscheint:

```
In beiden Systemen bildete die Erde wieder
den Mittelpunkt der Welt, nur kreisten die
fünf Planeten jetzt um die Sonne und mit
```

```
dieser um die Erde<fn>Die beiden Systeme
unterschieden sich nur darin, daß Ursus die
tägliche Umdrehung der Erde zuschrieb, Tycho
hingegen den Fixsternen, und daß die
Marsbahn verschieden angenommen wurde.</fn>.
Damit erwies sich das Ganze ...
```

liefert beispielsweise:

> In beiden Systemen bildete die Erde wieder den Mittelpunkt
> der Welt, nur kreisten die fünf Planeten jetzt um die Sonne
> und mit dieser um die Erde[1]. Damit erwies sich das Ganze ...
>
> [1] Die beiden Systeme unterschieden sich nur darin, daß Ursus die
> tägliche Umdrehung der Erde zuschrieb, Tycho hingegen den Fix-
> sternen, und daß die Marsbahn verschieden angenommen wurde.

Die zur Markierung der Fußnoten verwendete Zeichenfolge
kann durch ein Attribut festgelegt werden:

```
<!ATTLIST fn style (number|dagger|star)
number >
```

Dabei würde `number` durchnumerierten Fußnoten, `dagger`
der Zeichenfolge †, ‡, ..., und `star` der Zeichenfolge *, **,
***, ... entsprechen.

8.9. Zusammenfassung

Nichtlineare Bestandteile können sowohl nach Funktion als
auch nach formalen Kriterien unterschieden werden. Es gibt
unter anderem:

- Verzeichnis
- Literaturverzeichnis
- Index
- Glossar
- Fußnote
- Marginalie
- Annotation
- Verweis

Formal lassen sich diese unterscheiden nach:

- Richtung (bidirektional oder unidirektional)
- Kardinalität (1:1-, 1:n- oder m:n-Verknüpfung)
- Art des Übergangs (ergänzend oder ersetzend)
- Art der verknüpften Elemente
- Inter-, Extra- und Intra-Verknüpfung

Gerichtete Verknüpfungen werden in SGML durch Elemente mit ID- und IDREF-Attributen dargestellt. Dabei wird das Ziel des Verweises durch ein ID-Attribut identifiziert und das verweisende Element (der Anker) kennzeichnet das Ziel durch ein entsprechendes IDREF-Attribut.

Eine Verknüpfung wird als inkonsistent bezeichnet, wenn das Ziel des Verweises nicht existiert. Die Darstellung von Verknüpfungen durch ID-/IDREF-Paare und Prüfung der Konsistenz durch einen SGML-Parser ist auf Verknüpfungen innerhalb eines Dokuments (Inter-Verknüpfungen) beschränkt.

Die Darstellung von Verknüpfungen zwischen Dokumenten kann mit Hilfe von #CONREF-Attributen erfolgen. Auflösung und Prüfung der Konsistenz ist dann Sache der jeweiligen Anwendung.

8.10. Übungen

1. Welche der folgenden Deklarationen ist inkorrekt, und
    wenn ja, warum?

```
a)  <!ATTLIST   e1
        id          ID      #IMPLIED
        altid       ID      #IMPLIED >

b)  <!ELEMENT    e2 - O EMPTY >
    <!ATTLIST    e2
        id          ID      #IMPLIED
        qual        NAME    #CONREF >

c)  <!ELEMENT    e3 - O (#PCDATA) >
    <!ATTLIST    e3
        name        NAME    #CONREF >

d)  <!ELEMENT    e4 - O (#PCDATA) >
    <!ATTLIST    e4
        pathnames NAMES #IMPLIED
        name        ID      #CONREF >

e)  <!ELEMENT    e5 - - EMPTY >
    <!ATTLIST    e5
        idref       IDREF   default >

f)  <!ELEMENT    e6 - - (#PCDATA) >
    <!ATTLIST
        idrefs      IDREFS #CONREF >

g)  <!ELEMENT    e6 - O EMPTY >
    <!ATTLIST
        dest        IDREF #IMPLIED
        altdest     IDREF #IMPLIED >
```

2. Welche der folgenden Elementinstanzen ist fehlerhaft,
    und wenn ja, warum?

a)
```
<!ELEMENT    e1 - O (#PCDATA) >
<!ATTLIST    e1
  name        NAME    #CONREF >
...
<e1 name=chap1>Kapitel 1</e1>
```

b)
```
<!ELEMENT    e2 - - (#PCDATA) >
<!ATTLIST    e2
   id         ID      #IMPLIED >
...
<e2 id=chap9.sect7>Kapitel 9,
Abschnitt 7
</e2>
```

c)
```
<!ELEMENT    e3 - O (#PCDATA)
<!ATTLIST    e3
  name         IDREF  #CONREF >
...
<e3></e3>
```

3. Warum mußte bei der Festlegung der Sortierfolge
    durch ein Attribut mit Steuerzeichen (`<idxent
    sort="masse<">`) der Wert von sort in Anführungs-
    zeichen stehen?

Daten und Notationen

An dieser Stelle angelangt, sind die der Strukturbeschreibung dienenden Teile von SGML im wesentlichen behandelt. Lücken gibt es allerdings noch, wenn es um Beschreibung und Qualifizierung der in einem Dokument enthalten Daten geht.

Aufgabe dieses Kapitels ist es daher, die Instrumente kennenzulernen, mit denen der Inhalt von Elementen und die in Entitäten enthaltenen Daten klassifiziert werden können.

9.1. Daten in Elementen

Für Elemente, die nur Daten enthalten, wurde bisher als Inhaltsmodell stets `(#PCDATA)` *(parsable character data)* angegeben. Etwa so:

```
<!ELEMENT p - - (#PCDATA) +(%floats;) >
```

Das heißt, daß sowohl inkludierte Elemente (`%floats;`) als auch Entitätsreferenzen im Inhalt von p vom Parser erkannt und entsprechend behandelt werden. Das ist häufig erwünscht, aber nicht immer.

Besteht der Inhalt eines Elements stets aus schlichtem Text, so soll auch nichts anderes zulässig sein. Telefonnummern sind ein Beispiel. Ein entsprechendes Element

CDATA-Elemente

`telnr` hat reinen Dateninhalt, also auch keine Struktur[1], wodurch sich ein Inhaltsmodell erübrigt. Man wird daher den Inhalt von `telnr` als CDATA *(character data)* deklarieren:

```
<!ELEMENT telnr - - CDATA
  -- Telefonnummer -- >
```

CDATA steht hier anstelle eines Inhaltsmodells. Würde die Deklaration des Inhalts (CDATA) lauten, so hieße das, daß der Inhalt von CDATA strukturiert ist und aus einem dem Parser nicht bekannten Element CDATA besteht.

Bei Elementen mit CDATA-Inhalt werden alle Daten zwischen Start- und Endemarkierung an die Applikation durchgereicht. Insbesondere erkennt der Parser im Inhalt eines CDATA-Elements keine Markierungen außer der Endemarkierung. Man kann also ein CDATA-Element zur Darstellung von Programmbeispielen verwenden, die eventuell auch in SGML-Markierungen verwendete Sonderzeichen enthalten:

```
<!ELEMENT dpe - - CDATA
  -- displayed program example -- >
...
Wir beginnen mit dem wohl bekanntesten C-
Programm:
<dpe>
main ()
{
    printf ("hello, world!\n");
}
</dpe>
```

Innerhalb von CDATA-Elementen werden aber nicht nur Markierungszeichen ignoriert, sondern auch Entitätsreferenzen werden nicht erkannt und nicht aufgelöst.

RCDATA-Elemente

Manchmal ist es jedoch wünschenswert, etwa die in Alphabeterweiterungen definierten Entitäten zur Verfügung zu haben. In einem sonst nicht weiter strukturierten Firmennamen können ja durchaus Umlaute und andere

---

[1] Außer man will die Telefonnummer weiter in nationale und internationale Vorwahl und eventuell Anschluß strukturieren.

akzentuierte Zeichen enthalten sein. Man deklariert dann den Inhalt des Elements als RCDATA *(replaceable character data)*:

```
<!ELEMENT firma - - RCDATA
  -- Firmenname -- >
```

Die Entitätsreferenzen im Firmennamen

```
<firma>M&uuml;ller &amp; S&ouml;hne GmbH
&amp; Co. KG</firma> ...
```

werden dann korrekt aufgelöst, und im formatierten Text erscheint:

Müller & Söhne GmbH & Co. KG

Schließlich muß noch angemerkt werden, daß der Inhalt von CDATA- und RCDATA-Elementen nicht ganz beliebig ist. Wie bei CDATA-Entitäten darf der Inhalt nur aus Zeichen bestehen, die im SGML-Dokument zulässig sind.

Außerdem können auch nicht beliebige Entitäten innerhalb eines RCDATA-Elements referenziert werden. Nur Text-Entitäten, CDATA- und SDATA-Entitäten sind zulässig.

Weiter oben wurde gesagt, daß ein Parser bei CDATA-Elementen (und genauso bei RCDATA-Elementen) nur die Endemarkierungen erkennt. Das bedarf der Präzisierung: Der Parser erkennt die Zeichenkette "</" (ETAGO in der abstrakten Syntax), die am Beginn von Endemarkierungen steht. Folgt dieser dann eine als Bezeichner zulässige Zeichenkette oder ein >-Zeichen (also eine leere Endemarkierung), dann endet der Inhalt des Elements an dieser Stelle. Ansonsten wird "</" ignoriert. Die resultierende Endemarkierung muß dann an der betreffenden Stelle zulässig sein. Das hat aber zur Folge, daß CDATA-Elemente anders als CDATA-Entitäten zur Darstellung von SGML-Beispielen wenig taugen, da etwa in folgendem Beispiel der Parser einen Fehler meldet:

```
<dpe>
Das ist <ul>unterstrichener</ul> Text
</dpe>
```

Einschränkungen bei
RCDATA-Elementen

Ende von CDATA- und
RCDATA-Elementen

Der Parser sieht `"</"` gefolgt von `ul` und schließt deshalb `dpe` an dieser Stelle. Da das Element `ul` nicht definiert oder eine `ul`-Endemarkierung an dieser Stelle nicht zulässig ist, wird eine Fehlermeldung erzeugt.

9.2. Notationen

Die bisher angegebenen Beispiele waren Elemente, bei denen es genügte, den Inhalt als CDATA oder RCDATA zu qualifizieren, da außer der Expandierung von Entitäten in RCDATA-Elementen die Daten keiner besonderen Behandlung unterzogen werden mußten.

Formeln

Anders bei der Wiedergabe von Formeln. Da SGML keine Format-, sondern eine Strukturbeschreibungssprache ist, definiert SGML auch keine Formelnotation. Man greift zur Wiedergabe von Formeln deshalb sowohl auf andere Standards und Quasi-Standards, als auch auf konkrete, zur Wiedergabe von Formeln entwickelte DTDs zurück.

TeX

Im wissenschaftlich-technischen Bereich ist die Formelnotation des Satzprogramms TeX sehr verbreitet. Die Formel

$$\cos(x) = \sqrt{1 - \sin^2(x)}$$

erscheint in TeX so:

```
\cos(x) = \sqrt{1 - \sin^2(x)}
```

Man könnte für Formeln jetzt ein Element `formel` mit CDATA-Inhalt definieren

```
<!ELEMENT formel - - CDATA >
```

und die Formel durch

```
<formel>\cos(x) = \sqrt{1 -
\sin^2(x)}</formel>
```

wiedergeben. Die Qualifizierung als CDATA genügt aber offensichtlich nicht, da die Darstellung eine für TeX-Formeln spezifische Aufbereitung erfordert (etwa den Aufruf eines Hilfsprogramms, das die Formel in eine Rasterbild-

Datei umsetzt, die dann wie eine Abbildung behandelt wird).

Um eine korrekte Weiterverarbeitung zu gewährleisten, muß der Applikation aber bekanntgemacht werden, daß es sich beim Inhalt des Elements um eine TeX-Formel handelt, d. h. der Inhalt muß zusätzlich qualifiziert werden. Dazu verwendet man ein entsprechendes Attribut:

```
<!ATTLIST formel typ (tex|eqn)  tex  >
```

das dann jeweils angibt, um was für eine Formelnotation es sich handelt:

```
<formel typ=tex>
\cos(x) = \sqrt{1 - \sin^2(x)}
</formel>
```


Damit ist dem Parser allerdings noch nicht bekannt, daß es sich bei dem Attribut um eine Notation handelt. Um das zu erreichen, deklariert man tex und eqn als Namen von Notationen:

NOTATION-
Deklarationen

```
<!NOTATION tex PUBLIC
   "-//LOCAL//NOTATION TeX Formula//EN" >
<!NOTATION eqn PUBLIC
   "-//LOCAL//NOTATION EQN Formula//EN" >
```

und gibt als Attributtyp NOTATION an:

```
<!ATTLIST formel
   typ NOTATION (tex|eqn) tex >
```

Eine Notation ist in SGML ein benanntes, auf Daten anzuwendendes Verfahren, das sowohl ein Verfahren zur Interpretation, als auch ein Verfahren zur Aufbereitung der Daten sein kann. Meist ist beides kombiniert. Die Syntax einer Notationsdeklaration ist:

```
<!NOTATION
Notationsname
PUBLIC
PUBLIC-Bezeichner
System-Bezeichner ? >
```

oder

```
<!NOTATION
Notationsname
SYSTEM
System-Bezeichner >
```

PUBLIC-Bezeichner

Ein PUBLIC-Bezeichner kann wie oben nach dem Muster

```
"-//LOCAL//NOTATION Beschreibung//EN"
```

gebildet werden. Genauere Informationen zum Aufbau von PUBLIC-Bezeichnern finden sich in Abschnitt 10.2 .

System-Bezeichner

Der System-Bezeichner kann eine beliebige Zeichenkette sein, die von der verarbeitenden Applikation interpretiert wird. Häufig wird die kombinierte Form von PUBLIC-Bezeichner mit optionalem System-Bezeichner verwendet. Der PUBLIC-Bezeichner kennzeichnet dabei die Notation als solche, während der System-Bezeichner der Name eines Hilfsprogramms zur Aufbereitung der Daten ist. Die Notationsdeklaration von tex könnte also auch so aussehen:

```
<!NOTATION tex PUBLIC
   "-//LOCAL//NOTATION TeX Formula//EN"
   "c:\sgml\auxil\tex2bmp.exe" >
```

Die Daten mit tex-Notation werden in die Eingabe von tex2bmp geleitet, die Ausgabe des Programms ist eine Rasterdatei, die in die Darstellung des Dokuments eingefügt wird.

vorformatierter Text

Am Anfang dieses Abschnitts wurde gesagt, daß für die bisher behandelten Beispiele die Beschreibung als CDATA-Elemente ausreicht. Für das dpe-Beispiel auf Seite 172 gilt das nur eingeschränkt. Behandelt ein Ausgabeprogramm den Inhalt als ganz "normale" Daten, so wird das Resultat vermutlich wie folgt aussehen:

Wir beginnen mit dem wohl bekanntesten C-Programm:
main { printf ("hello, world!\n"); }

Das Präsentationsprogramm hat Zeilentrenner und Tabulatoren als Zwischenraum behandelt und das Beispiel als normalen Fließtext dargestellt. Das ist natürlich nicht erwünscht. Offenbar soll der Inhalt von dpe zwar nicht besonders interpretiert oder konvertiert werden, aber doch speziell behandelt. Ein Programmbeispiel ist eine spezielle Form von vorformatiertem Text, in dem Zeilentrenner nicht ignoriert, Tabulatoren expandiert[2] und eine geeignete Schrift verwendet werden soll. Man definiert dafür eine Notation `preform`:

```
<!NOTATION preform PUBLIC
  "-//LOCAL//NOTATION Preformatted Text//EN"
>
```

Voraussetzung ist natürlich immer noch, daß die SGML-Anwendung den `PUBLIC`-Bezeichner kennt und korrekt interpretieren kann.

In Programmbeispielen, aber auch in Tabellen, wird es jedoch nicht genügen, die Tabulatoren "irgendwie" zu expandieren. Die Ausgabe wird nur dann korrekt sein, wenn die Tabulatoren in genau denselben Spalten gesetzt sind wie bei dem Editor, mit dessen Hilfe der vorformatierte Text erstellt wurde.

Expandieren von Tabulatoren

Es wäre daher sinnvoll, die `preform`-Notation in Hinblick auf die zu setzenden Tabulatoren qualifizieren zu können. Das geschieht durch sogenannte Daten-Attribute. Die Deklaration von Daten-Attributen hat dieselbe Form wie die Deklaration von Element-Attributen, nur daß der Name der Notation durch ein vorangestelltes `"#NOTATION"` gekennzeichnet wird:

Daten-Attribute

```
<!ATTLIST #NOTATION preform
  tabs NUMBERS "8 16 24 32 40 48 56 64" >
```

Die hier angegebene Voreinstellung entspricht der verbreiteten 8spaltigen-Tabulatorsetzung. Die Spaltenzählung beginnt dabei mit 0.

Für die Deklaration von Daten-Attributen gibt es einige Einschränkungen, die eigentlich selbstverständlich sind. Daten-Attribute können nicht `ENTITY`, `ENTITIES`, `ID`, `IDREF`, `IDREFS` oder `NOTATION` als Wertdeklaration haben, und die Voreinstellungen `CURRENT` und `CONREF` sind nicht zulässig.

Regeln für Daten-Attribute

---

2 Als Expandieren von Tabulatoren bezeichnet man die Umsetzung des Tabulatorzeichens in den entsprechenden Leerraum.

9.3. NOTATION-Attribute

Wir erinnern uns wieder an das Beispiel des Elements `fig` für Abbildungen:

```
<!ELEMENT fig - O EMPTY >
<!ATTLIST fig
    fmt   (cgm|wmf|hpgl) cgm
    file CDATA #REQUIRED >
```

Hier stehen die Werte des Attributs `fmt` eigentlich für Notationen. Durch ein NOTATION-Attribut können die im `fig`-Element enthaltenen Daten entsprechend einer Notation zugeordnet werden. Da das NOTATION-Attribut den Inhalt des Elements qualifiziert, kann für ein Element nur ein NOTATION-Attribut deklariert werden. Die Änderung der Attributliste in

```
<!ATTLIST fig
    fmt   NOTATION (cgm|wmf|hpgl) cgm
    file CDATA #REQUIRED >
```

führt allerdings zu einer Fehlermeldung.

Das liegt daran, daß davon ausgegangen wird, daß `fmt` die im Inhalt von `fig` verwendete Notation beschreibt. Das ist bei einem Element mit Inhalt EMPTY sinnlos.

Man kann dem abhelfen, indem man den Inhalt von `fig` als CDATA und `file` statt als REQUIRED als CONREF deklariert.

```
<!ELEMENT fig - O CDATA >
<!ATTLIST fig
    fmt   NOTATION (cgm|wmf|hpgl) cgm
    file ENTITY #CONREF >
```

Das erlaubt außerdem, beispielsweise Befehle der Plottersprache HP-GL direkt einzufügen:

```
<fig fmt=hpgl>DF;IN;PU 20,20;...</fig>
```

Im Fall von HP-GL funktioniert das gut und ebenso beim CGM-Format (*Computer Graphics Metafile*), sofern die ASCII-Kodierung verwendet wird. Bei WMF-Dateien (*Windows*

Metafile) wird es im allgemeinen nicht funktionieren, da WMF ein Binärformat ist und eine WMF-Datei im SGML-Dokument nicht zulässige Zeichen enthalten wird.

Es wäre daher vernünftig, für alle Abbildungsformate, deren Beschreibungssprache Text ist, ein spezielles Element (etwa `figdesc` für *figure description*) zu definieren:

```
<!ELEMENT figdesc - O CDATA >
<!ATTLIST figdesc
   fmt  NOTATION (ps|cgm-a|hpgl) ps
   file CDATA #CONREF >
```

Dabei würde `ps` für PostScript-Daten und `cgm-a` für die ASCII-Kodierung des CGM-Formats stehen.

9.4. Einbinden von Binärdaten

Zum Einbinden von Binärdaten (oder in der SGML-Ausdrucksweise: *non-SGML data*) wählt man einen anderen Weg. Man verbindet die Entität direkt mit der Notation, indem man den Notationsnamen in die Entitätsdeklaration aufnimmt. Die Deklaration für eine Entität mit Rasterdaten im TIFF-Format (*Tagged Image File Format*) sieht dann so aus:

Daten-Entitäten

```
<!ENTITY img2.2
   SYSTEM "c:\images\img2_2.tif" NDATA tif >
```

Dazu muß `tif` als Notationsname deklariert worden sein:

```
<!NOTATION tif PUBLIC
   "-//LOCAL//NOTATION TIFF Image//EN" >
```

oder

```
<!NOTATION tif SYSTEM "TIFF Image" >
```

Man hat in `img2.2` eine Entität mit deklarierter Notation zur Verfügung, die an beliebiger Stelle referenziert werden kann:

```
... die folgende Abbildung&img2.2; zeigt die
typische Mimik eines wütenden Pavians ...
```

179

Eine externe Daten-Entität muß nicht als NDATA deklariert werden. Alternativen sind SDATA und CDATA. Eine Spezifikation als SDATA-Entität besagt, daß die in der Entität enthaltenen Daten nicht notwendig im Dokument zulässig, aber von der lokalen Applikation interpretierbar sind. Demgegenüber gibt es bei NDATA-Entitäten keinerlei Einschränkungen für die enthaltenen Daten. Eine NDATA-Entität kann also auch Bitmuster enthalten, die in der lokalen Umgebung als Dateiende interpretiert werden.

CDATA-Entitäten enthalten in SGML-Dokumenten zulässige Zeichen, sind jedoch keine Textentitäten. Eine Textentität liegt dann vor, wenn die Deklaration der Notation wie bisher weggelassen wird:

```
<!ENTITY chap2 SYSTEM "c:\book\chap2.doc" >
```

Der Inhalt dieser Datei wird einfach eingebunden und könnte genausogut Teil des Dokuments sein. Eine CDATA-Entität wird "durchgereicht", ohne daß ihr Inhalt vom Parser untersucht wird.

Die Verbindung einer Entität mit einer Notation ist nur bei externen Daten-Entitäten möglich und dort zwingend. Die Syntax der externen Entitätsdeklaration lautet also:

```
<!ENTITY
Entitätsnamen
( ( SYSTEM
    System-Bezeichner ) |
  ( PUBLIC
    PUBLIC-Bezeichner
    System-Bezeichner ? ) )
( ( CDATA | SDATA | NDATA )
  Notationsname ) ?
>
```

9.5. ENTITY-Attribute

Das Verfahren, externe Daten-Entitäten an beliebiger Stelle einzubinden, ist wenig befriedigend. Eigentlich soll ja, etwa bei einer in einer Datei enthaltenen Abbildung das Format und die Datei möglichst eng an ein Element gekoppelt sein.

Wir kommen wieder auf das Beispiel des Elements `fig`
zur Darstellung von Abbildungen zurück. Ausgangspunkt
war folgende Form:

```
<!ELEMENT fig - O EMPTY >
<!ATTLIST fig
  fmt  (cgm|wmf|hpgl) cgm
  file CDATA #REQUIRED >
```

Das Attribut `file`, das die Datei mit den Daten der Abbildung bezeichnet, wurde hier als CDATA deklariert. Der Wert
des Attributs besteht aber nicht aus beliebigen Daten, sondern bezeichnet eine Datei, oder in der Sichtweise von
SGML: eine Entität.

Es ist daher besser, dieses Attribut auch als Entität zu
deklarieren:

```
<!ELEMENT fig - O EMPTY >
<!ATTLIST fig
  fmt        (cgm|wmf|hpgl) cgm
  file       ENTITY #REQUIRED >
```

Werte des Attributs `file` können dann nur Namen von
Entitäten sein (oder im Fall von als ENTITIES deklarierten
Attributen durch Leerraum getrennte Listen solcher Na-
men). Also:

```
<!ENTITY fig1.2 SYSTEM
"c:\figures\fig1_2.cgm" NDATA cgm >
...
<fig file=fig1.2>
```

Wenn der Wert von `file` eine externe Daten-Entität ist, die
ohnehin mit einer Notation verbunden ist, so erscheint das
`fmt`-Attribut überflüssig. Andererseits kann `file` eine be-
liebige Entität als Wert haben, also auch eine Text-Entität.
Oder die Entität kann ein für Abbildungen unzulässiges
Format haben. Es kann daher durchaus Sinn machen, das
`fmt`-Attribut beizubehalten, jetzt aber wie gehabt als Nota-
tion zu deklarieren:

```
<!ELEMENT fig - O CDATA >
<!ATTLIST fig
```

```
fmt      NOTATION (cgm|wmf|hpgl) cgm
file     ENTITY #CONREF >
```

Deklarationen sind Teil des Prologs. Man kann ENTITY-Deklarationen mit den Dateinamen also nicht in der Dokumentinstanz unterbringen. Das erscheint vielleicht ein bißchen umständlich, erhöht aber eigentlich die Übersicht. Typischerweise sind solche Deklarationen Teil des DTD-Subsets:

```
<!DOCTYPE book [
...
<!-- Abbildungen -->
...
<!ENTITY fig1.1 SYSTEM
  "c:\figures\fig1_1.cgm" >
<!ENTITY fig1.2 SYSTEM
  "c:\figures\fig1_2.cgm" >
...
] >
<book>
...
Wie man in Abbildung 1.2<fig file=fig1.2>
sieht,
...
</book>
```

Was sind jetzt die Vorteile der Verwendung von externen Entitäten und ENTITY-Attributen gegenüber der direkten Angabe des Dateinamens in einem CDATA-Attribut file? Um nur einige anzuführen:

- Ein SGML-Parser kann prüfen, ob das in der ENTITY-Deklaration bezeichnete Objekt (sprich: die Datei) existiert.
- Es wird eine Beziehung geschaffen zwischen dem SGML-Dokument und der Datei. So können bei einer Übertragung die zugehörigen Abbildungen mit übertragen werden.
- Gleichartige Objekte (hier: Abbildungen) werden an einer Stelle im DTD-Subset zusammengefaßt. Man sieht

sofort, welche Objekte zum Dokument gehören und wo die zugehörigen Dateien abgelegt sind.

- Die Änderung eines Pfades beispielsweise braucht nur an einer Stelle ausgeführt zu werden. Ansonsten müßten, wenn auf ein Objekt mehrfach Bezug genommen wird, alle entsprechenden Stellen gefunden werden und die Änderung dort ausgeführt werden.

Manchmal ist es auch praktisch, daß der Inhalt einer Entität sowohl Datei als auch Ersetzungstext sein kann:


```
<!ENTITY fig2.3 SYSTEM
"c:\cgmabb\fig2_3.cgm" >
<!ENTITY fig2.4 "[Abb. 2.4: Rueckfront PC]"
>
```

Abbildungen, die noch nicht verfügbar sind, bekommen statt eines Dateinamens einen Ersetzungstext.

Die Bezugnahme auf eine Entität durch ein Attribut ist natürlich nicht nur bei Abbildungen nützlich, sondern kann auch auf andere Objekte angewandt werden. Beispielsweise kann vorformatierter Text, längere Programmbeispiele etwa, auf diese Weise eingebunden werden.

Der Vorteil gegenüber dem direkten Einfügen liegt darin, daß Änderungen der Datei automatisch übernommen werden und man weiterhin separate, zum Beispiel durch einen Compiler verifizierbare Dateien hat. Andernfalls kann nämlich folgendes geschehen: Ein Programmbeispiel wird direkt in den Text eingefügt. Nachträglich wird jedoch ein Fehler im Programm gefunden und in der Quelldatei auch berichtigt. Dieselbe Änderung auch an dem im Dokument eingefügten Text auszuführen wird jedoch vergessen.

Im Beispiel der Deklaration der `preform`-Notation auf Seite 177 wurde zur Festlegung der Tabulatorsetzung ein Daten-Attribut `tabs` deklariert. In der Entitätsdeklaration eines Programmbeispiels kann dann gegebenenfalls eine andere Tabulatorsetzung spezifiziert werden:


```
<!ENTITY prog7 SYSTEM "c:\examplex\prog7.c"
   CDATA preform
   [ tabs="4 8 12 16 20 24 28 32 36 40" ] >
```

Die Spezifikation von Daten-Attributen unterliegt dabei genau denselben Regeln wie die Spezifikation von Element-Attributen. Wie bei Element-Attributen kann auf die Angabe des Attributnamens verzichtet werden, wenn die Wertdeklaration des Attributs eine Namensliste ist.

Gebrauch von Daten-Attributen

Bei der Verwendung von Daten-Attributen muß allgemein darauf geachtet werden, daß ein Daten-Attribut die Notation qualifizieren soll, und nicht Eigenschaften einer Entität oder des zu einem ENTITY-Attribut gehörigen Elements beschreiben soll. Ein Daten-Attribut wird dann sinnvoll verwendet, wenn sein Wert für ein die Notation interpretierendes Hilfsprogramm von Bedeutung sein könnte.

Programmaufrufe

Ein weiteres Beispiel für Verwendung von ENTITY-Attributen sind Programmaufrufe, wie sie etwa in einem Multimedia-Dokument als Reaktion auf das Anklicken eines Knopfes ausgeführt werden können. Im letzten Kapitel erschien bereits als Beispiel das prog-Element:

```
<!ELEMENT prog - O EMPTY >
<!ATTLIST prog
   command CDATA #REQUIRED >
```

Die Kommandozeile war Wert des command-Attributs und enthielt nicht nur den Pfadnamen des ausführbaren Programms, sondern auch alle Programmargumente sowie Angaben über Ein- und Ausgabeumleitung. Verwendet man ENTITY-Attribute, so muß genauer differenziert werden:

```
<!ELEMENT prog - O EMPTY >
<!ATTLIST prog
   path    ENTITY #REQUIRED
   input   ENTITY #IMPLIED
   output  ENTITY #IMPLIED
   init    ENTITY #IMPLIED
   args    CDATA  #IMPLIED
>
```

Dabei wäre path der Pfad des ausführbaren Programms, input wäre die Eingabedatei (Voreinstellung ist die Standardeingabe), output die Ausgabedatei (Voreinstellung ist

die Standardausgabe), `init` ist eine Initialisierungsdatei
(Voreinstellung: keine) und `args` sind die Kommandozei-
lenargumente.

Animationen und andere Multimedia-Elemente benötigen ähnliche Attribute wie der Programmaufruf. Hier wird
jedoch für eine bestimmte Art von Daten – etwa Videosequenzen im MPEG-Format – stets dasselbe Programm zur
Darstellung verwendet. Man verwendet daher ein fixiertes
ENTITY-Attribut:

```
<!ENTITY dsp.mpeg SYSTEM
  "c:\bin\viewer\dspmpeg.exe" > ...
<!ELEMENT video - O EMPTY >
<!ATTLIST video
  player ENTITY #FIXED dsp.mpeg
  ...
>
```

Animationen und
andere Multimedia-
Elemente

185

9.6. Zusammenfassung

Der Inhalt von nicht strukturierten Elementen kann als CDATA oder RCDATA deklariert werden. Die beiden Varianten unterscheiden sich dadurch, daß in RCDATA-Elementen Entitätsreferenzen erkannt und aufgelöst werden, während in CDATA-Elementen nur die Endemarkierung erkannt wird.

Zur Qualifizierung von Daten und Bestimmung ihrer Behandlungsweise werden Notationen verwendet. Die Syntax einer Notationsdeklaration ist:

```
<!NOTATION
Notationsname
(( PUBLIC
   PUBLIC-Bezeichner
   System-Bezeichner ? ) |
 ( SYSTEM
   System-Bezeichner ))
>
```

Notationen können Attribute besitzen, die dann als Daten-Attribute bezeichnet werden. Die Deklaration einer Liste von Daten-Attributen hat die Syntax:

```
<!ATTLIST
#NOTATION
Notationsname
( Attributname
  Wertdeklaration
  Voreinstellung )+
>
```

Eine externe Entität kann als CDATA-, SDATA- oder NDATA-Entität deklariert werden. In diesem Fall muß in der Deklaration eine Notation angegeben werden. Außerdem können Wertspezifikationen der für die Notation definierten Daten-Attribute enthalten sein:

```
<!ENTITY
Entitätsnamen
( ( SYSTEM
    System-Bezeichner ) |
  ( PUBLIC
    PUBLIC-Bezeichner
    System-Bezeichner ? ) )
( CDATA | SDATA | NDATA )
Notationsname
( [
    ( (Attributname = ) ? Attributwert ) *
  ] ) ?
>
```

Der Inhalt von Elementen kann entweder durch ein
NOTATION-Attribut mit einer Notation versehen werden,
oder es können ENTITY- oder ENTITIES-Attribute deklariert sein, deren Wert Entitäten sind.

9.7. Übungen

1. Welche der folgenden Deklarationen sind inkorrekt, und wenn ja, warum?

   a.)
   ```
   <!ELEMENT e1 - O CDATA >
   ```

   b.)
   ```
   <!ELEMENT e2 - - (#CDATA | elem) >
   ```

   c.)
   ```
   <!ELEMENT e3 - - RCDATA (%floats) >
   ```

   d.)
   ```
   <!ELEMENT e4 - O CDATA >
   <!ATTLIST e4
      fmt       NOTATION #REQUIRED >
   ```

   e.)
   ```
   <!ELEMENT e5 - O EMPTY >
   <!ATTLIST e5
      fmt       NOTATION (f1|f2) #REQUIRED
   >
   ```

   f)
   ```
   <!ELEMENT e6 - O CDATA >
   <!ATTLIST e6
      fmt       NOTATION (f1|f2) #IMPLIED
      altfmt    NOTATION (a1|a2) #IMPLIED
   >
   ```

   g.)
   ```
   <!ELEMENT e7 O - CDATA >
   ```

   h.)
   ```
   <!ENTITY  e8 SYSTEM "ent6.dat" SDATA
   >
   ```

   i.)
   ```
   <!ELEMENT e9 - - SDATA >
   ```

   j.)
   ```
   <!ELEMENT e10 - O EMPTY >
   <!ATTLIST e10
      data      ENTITY #CONREF >
   ```

2. Warum kann CDATA und RCDATA nicht wie PCDATA in Inhaltsmodellen verwendet werden, d. h. warum macht ein Inhaltsmodell

   ```
   (#CDATA)
   ```

   keinen Sinn?

3. Statt durch eine Notation kann die Struktur von Formeln auch durch eine DTD erfaßt werden. Schreiben Sie eine DTD für einfache arithmetische Ausdrücke mit den arithmetischen Operatoren (`<add>`, `<sub>`, `<mult>`, `<div>`), Klammerung (`<left>` und `<right>`) und Gleichungen (`<eq>`).
   Hinweis: Die Operatoren sollten EMPTY-Elemente sein. Verwenden Sie zur Beschreibung der Ausdrucksstruktur Hilfselemente für Summe, Produkt und atomaren Ausdruck. Atomare Ausdrücke sind entweder geklammerte Ausdrücke oder Daten.

4. Wie kann das Problem in dem dpe-Beispiel auf Seite 173 behoben werden? Das Beispiel lautete:

```
<dpe>
Das ist <ul>unterstrichener</ul> Text
</dpe>
```

Die SGML-Deklaration

Dieses Kapitel behandelt eine relativ esoterische Provinz von SGML. Selten wird es für den Anwender erforderlich sein, die SGML-Deklaration zu interpretieren oder zu modifizieren. Es verhält sich dabei so ähnlich wie bei Programmen: Auch wenn die Oberfläche noch so benutzerfreundlich ist, bleibt Interpretation und Modifikation von Initialisierungs- und Konfigurationsdateien eine Wissenschaft für sich.

Die betreffenden Informationen werden als Insider-Wissen behandelt und in der Benutzerdokumentation entweder völlig übergangen oder nur gestreift. Wenn es dann dennoch einmal nötig wird, das Verhalten der Software aus den Konfigurationsdaten heraus zu verstehen oder die Konfiguration zu ändern, beginnt ein – oft genug ergebnisloses – Manualewälzen, das schließlich in einen Anruf bei der Hotline mündet. Für analoge Situationen ausreichende Information zu geben ist der Zweck dieses Kapitels.

Außerdem werden in diesem Kapitel im Zusammenhang mit der SGML-Deklaration einige bisher nicht oder nur am Rande behandelte Aspekte von SGML zumindest kurz angesprochen. Dazu gehören insbesondere PUBLIC-Bezeichner und die Spezifikation von Zeichensätzen.

Wer davon ausgeht, mit der SGML-Deklaration nie etwas zu tun zu haben, kann dieses Kapitel gefahrlos überspringen.

Schließlich noch folgende Warnung an den Leser: Ich hoffe, bis zu dieser Stelle, den Eindruck vermittelt zu haben, daß SGML gar nicht so schwer zu verstehen und anzuwenden ist. Es kann sein, daß dieser Eindruck beim Lesen dieses Kapitels verloren geht.

10.1. Aufbau der SGML-Deklaration

Um dem Einstieg ins Thema "SGML-Deklaration" gleich die richtige formale Schärfe zu geben, beginnt dieser Abschnitt mit der Syntaxbeschreibung der SGML-Deklaration:

```
<!SGML Version
CHARSET Zeichensatz-Spezifikation+
CAPACITY Kapazitäts-Spezifikation
SCOPE Syntax-Bereichs-Spezifikation
SYNTAX Syntax-Spezifikation
FEATURES Merkmal-Spezifikation
APPINFO Anwendungs-Information
>
```

Die `Version` ist eine Zeichenkette, die angibt, welche Version des Standards dem Dokument zugrundeliegt. Bis auf weiteres steht hier also `"ISO 8879:1986"`. Die Bestandteile der SGML-Deklaration werden durch Zwischenraum und/oder Zeilentrennzeichen separiert, in die auch Kommentare eingebettet sein können.

Im einfachsten und dabei immer noch abschreckend wirkenden Fall sieht die SGML-Deklaration so aus:

```
<!SGML   "ISO 8879:1986"
CHARSET
   BASESET
      "ISO 646-1983//CHARSET International
      Reference Version (IRV)//ESC 2/5 4/0"
   DESCSET
            0   9    UNUSED
            9   2    9
           11   2    UNUSED
           13   1    13
           14  18    UNUSED
```

```
   32 95    32
  127  1    UNUSED
CAPACITY
  PUBLIC
    "ISO 8879:1986//CAPACITY Reference//EN"
SCOPE
  DOCUMENT
SYNTAX
  PUBLIC
    "ISO 8879:1986//SYNTAX Reference//EN"
FEATURES
  MINIMIZE
    DATATAG   NO OMITTAG   YES RANK       NO
    SHORTTAG YES
  LINK
    SIMPLE    NO IMPLICIT  NO EXPLICIT  NO
  OTHER
    CONCUR    NO SUBDOC    NO FORMAL    NO
APPINFO
  NONE
>
```

10.2. PUBLIC-Bezeichner

In der Beispieldeklaration des letzten Abschnitts erschienen
eine Reihe von (fett markierten) PUBLIC-Bezeichnern, wie
sie schon in anderem Zusammenhang bei der Deklaration
von Entitäten aufgetreten sind. Es ist daher an der Zeit, den
Aufbau von PUBLIC-Bezeichnern im einzelnen zu untersuchen[1].

Zunächst ist ein PUBLIC-Bezeichner ein Minimal-Literal, d. h. eine Kette von Zeichen aus einem minimalen Zeichensatz. Minimal heißt hier „nur die allerwichtigsten Zeichen", und das sind - natürlich - Buchstaben und Ziffern,

Minimal-Zeichensatz

---

[1] Genauer: der *formalen* PUBLIC-Bezeichner (*formal public identifier*).
Siehe dazu die Beschreibung des Merkmals FORMAL in Abschnitt 6.

Zeilenanfangs- und Zeilenende-Zeichen, sowie die folgenden Zeichen:

```
" ' ( ) + , - . / = ?
```

Schon das Tabulatorzeichen gehört nicht mehr zum Minimal-Zeichensatz. Durch diese Beschränkung auf das Allernötigste ist es möglich, diesen Minimal-Zeichensatz praktisch in jeder Umgebung und für jeden Systemzeichensatz problemlos umzusetzen.

Minimal-Literale

Minimal-Literale werden darüber hinaus normalisiert: das Zeilenanfangszeichen wird ignoriert und eine Folge von Zeilenende- und/oder Zwischenraumzeichen durch ein einzelnes Zwischenraumzeichen ersetzt, außer am Anfang oder am Ende des Literals, wo eine solche Folge eliminiert wird.

Diese Normalisierung garantiert, daß die Erkennung eines PUBLIC-Bezeichners unabhängig von Formatierung, Einrückung und Zeilenumbruch funktioniert

Syntax

Die Syntax für formale PUBLIC-Bezeichner lautet wie folgt:

```
( +// | -// )?
Besitzerkennung
//
Textklasse
Zwischenraum
( -// )?
Textbeschreibung
//
( Sprachkennung | Zeichensatzkennung )
( // Darstellungskennung )?
```

Wie man sieht, werden die einzelnen Teile des PUBLIC-Bezeichners durch doppelte Schrägstriche voneinander getrennt. Der Zwischenraum, der sonst in Syntaxbeschreibungen zwischen Syntaxelementen implizit angenommen wird, ist hier explizit ausgewiesen und nicht beliebig. Die einzelnen Syntaxelemente müssen also unmittelbar aneinander anschließen.

Der erste Teil des Bezeichners ist die *Besitzer-kennung* (*owner identifier*), die – wie der Name sagt – den Besitzer benennt. Besitzer einer Entität ist der Urheber ihres Inhalts bzw. derjenige der den Inhalt der Entität kontrolliert. Bei registrierten Besitzern[2] wird der Kennung die Zeichenfolge `"+//"` vorangestellt, bei nicht registrierten Besitzern erscheint statt dem Plus- ein Minuszeichen. Die dritte Alternative ist eine ISO-Kennung, die durch `"ISO"` eingeleitet wird. Im folgenden Beispiel ist die Besitzerkennung `ISO 646-1983`[3], es handelt sich also um eine ISO-Kennung:

```
ISO 646-1983//CHARSET International
Reference Version (IRV)//ESC 2/5 4/0
```

Für Verlage dürfte die Möglichkeit interessant sein, ISBN-Nummern als registrierte Besitzerkennung zu verwenden. Man kann dabei die Verlagskennung oder die komplette ISBN-Nummer eines publizierten Textes verwenden. Für eine in diesem Buch enthaltene Beispiel-DTD könnte also der PUBLIC-Bezeichner

```
+//ISBN 3-540-57534-0//DTD
SGML fuer die Praxis Beispiel 7.5//EN
```

gewählt werden.

Die *Textklasse* (*public text class*) ist ein standardisierter Name, der den Inhalt des betreffenden Textes bezeichnet

Besitzerkennung

Textklasse

---

[2] Die Registrierung von Besitzerkennungen wird durch "ISO/IEC 9070 Information Technology - SGML Support Facilities - Registration Procedures for Public Text Owner Identifiers, 2nd edition, 15 April 1991" standardisiert und geregelt. Die mit der Registrierung beauftragte Behörde ist ANSI.

[3] Früher wurde die Kennung des Standards von der Jahreszahl durch einen Bindestrich getrennt. Auch wenn die meisten SGML-Systeme Doppelpunkt und Bindestrich akzeptieren, ist der Bindestrich eigentlich nicht korrekt. In diesem Fall handelt es sich allerdings um einen älteren Bezeichner, der entsprechend der ursprünglichen Konvention einen Bindestrich enthält. Es ist ein albernes kleines Zeichen, das jedoch Ärger machen kann (wenn PUBLIC-Bezeichner nicht erkannt werden) und einige Unsicherheit verursacht: Sogar das *SGML Handbook* zitiert auf Seite 476 den PUBLIC-Bezeichner der Referenz-Syntax mit Doppelpunkt und auf der übernächsten Seite in Abbildung 8 mit Bindestrich.

(im letzten Beispiel war das DTD). Die untenstehende Liste enthält die im Standard definierten Textklassen:

CAPACITY	Kapazitäts-Spezifikation[4]
CHARSET	Zeichensatz[5]
DOCUMENT	SGML-Dokument
DTD	SGML-DTD
ELEMENTS	Elementdeklarationen
ENTITIES	Entitätsdeklarationen
LPD	Link-Prozeß-Definition
NONSGML	non-SGML-Daten
NOTATION	Notation
SHORTREF	Kurzreferenzen
SUBDOC	SGML-Subdokument
SYNTAX	Syntax-Spezifikation
TEXT	Text-Entität

Eine dem Zwischenraum folgende Zeichenkette -//, der sogenannte *unavailable text indicator*, zeigt an, daß der dem PUBLIC-Bezeichner entsprechende Inhalt nicht öffentlich verfügbar ist (so widersprüchlich das klingen mag).

Textbeschreibung

Die `Textbeschreibung` *(public text description)* ist im Fall des Zeichensatz-Bezeichners

```
International Reference Version (IRV).
```

Sie ist in diesem Fall festgelegt, da es sich um eine ISO Publikation handelt. Dann nämlich ist die Textbeschreibung der letzte Teil des Titels der Publikation. Ansonsten macht der Standard keine Vorgaben für die Textbeschreibung.

Sprachkennung

Der letzte obligatorisch vorhandene Teil eines PUBLIC-Bezeichners ist entweder eine aus zwei Großbuchstaben bestehende `Sprachkennung` *(public text language)* entsprechend ISO 639, also EN für Englisch wie im Fall des Bezeichners für die Kapazitäts-Spezifikation:

```
ISO 8879:1986//CAPACITY Reference//EN
```

---

[4] Siehe Abschnitt 10.4.

[5] Siehe Abschnitt 10.4.

oder, wenn die Textklasse CHARSET ist, eine *Zeichensatzkennung* entsprechend ISO 2022 (im Beispiel ESC
2/5 4/0).

Der letzte Teil des PUBLIC-Bezeichners ist die *Darstellungskennung*. Sie ist optional und kennzeichnet die
Darstellungsversion (*display version*) eines Textes, dessen
Inhalt systemabhängig ist[6]. Meist wird es sich um die Darstellungsversion einer standardisierten Alphabeterweiterung handeln, die den lokalen Gegebenheiten entsprechende Ersetzungstexte definiert. Der folgende Bezeichner
identifiziert eine standardisierte Alphabeterweiterung, die
beispielsweise Entitätsdeklarationen für die deutschen Umlaute enthält:

Darstellungskennung

```
ISO 8879-1986//ENTITIES Added Latin 1//EN
```

Das Problem ist, daß die für das Umlaut-a stehende Entität
auml dort als "[auml   ]" definiert ist. Um einen analogen
Satz von Entitätsdeklarationen zu finden, der für auml die
in der jeweiligen Umgebung adäquate Definition enthält,
kann eine SGML-Applikation die Darstellungskennung
heranziehen. Das könnte dann so aussehen:

```
ISO 8879 1986//ENTITIES
Added Latin 1//EN//ISO8859-1
```

Damit wäre angezeigt, daß eine Version verwendet werden
soll, der die Kodierung nach ISO 8859-1 zugrundeliegt.
Dementsprechend wird dann auml als "å" definiert
sein.

Man kann die Darstellungskennung auch dazu verwenden, einen Pfadnamen für die der Darstellungsversion
entsprechende PUBLIC-Entität zu erzeugen. Wenn etwa der
Dateiname ISOlat1.ent und das Verzeichnis für Entitäten und ihre Darstellungsversionen /sgml/entities ist,
wäre der zu bildende Pfad

```
/sgml/entities/ISO8859-1/ISOlat1.ent
```

---

[6] Wenn die Textklasse CAPACITY, CHARSET, NOTATION oder SYNTAX ist,
kann der PUBLIC-Bezeichner keine Darstellungs-Kennung tragen. Sie
würde in diesen Fällen natürlich auch keinen Sinn machen.

Um schließlich einem Mißverständnis vorzubeugen: die Verwendung von PUBLIC-Bezeichnern dient zwar der Vereinheitlichung, PUBLIC-Bezeichner sind aber im allgemeinen weder standardisiert noch normiert. Ausnahmen bilden die im SGML-Standard definierten PUBLIC-Bezeichner und ihr Inhalt, sowie die Bezeichner mit ISO-Kennungen.

Auch bei registrierten Besitzern ist lediglich die Besitzerkennung eindeutig. Eindeutigkeit der PUBLIC-Bezeichner und Inhalt der entsprechenden Texte liegt in der alleinigen Verantwortung der Besitzer.

Umgekehrt ist niemand daran gehindert, für den Haus- oder Firmengebrauch eigene PUBLIC-Bezeichner zu verwenden. Hier gilt: Erlaubt ist, was verstanden wird.

10.3. Spezifikation von Zeichensätzen

Die Spezifikation von Zeichensätzen in der SGML-Deklaration wurde schon in Abschnitt 6.3 grob beschrieben. Sie soll hier noch einmal präzisiert werden.

Im Beispiel auf Seite 192 hatte die Zeichensatz-Spezifikation die Form

```
BASESET
  "ISO 646-1983//CHARSET International
  Reference Version (IRV)//ESC 2/5 4/0"
DESCSET
      0   9    UNUSED
      9   2    9
     11   2    UNUSED
     13   1    13
     14  18    UNUSED
     32  95    32
    127   1    UNUSED
```

Die allgemeine Form einer Zeichensatz-Spezifikation ist:

BASESET
PUBLIC-Bezeichner
DESCSET
(*Dokument-Code*
   Zahl
   (*Zeichen-Code* |
      Minimal-Literal |
      UNUSED)
) +

Dabei muß der PUBLIC-Bezeichner die Textklasse CHARSET haben, und der betreffende Zeichensatz (in diesem Fall ISO 646) muß dem System bekannt sein. Dies schafft die Basis, auf der Zeichen durch ihre Codes dem System bekannt sind. Das System kennt zum Beispiel jetzt den Code 60 für das Zeichen "<", da das in ISO 646 der Code des Kleiner-Zeichens ist.

Man darf diese Codes nicht mit den Zeichencodes verwechseln, aus denen das Dokument besteht. Diese Codes erscheinen in der ersten Spalte der auf DESCSET folgenden Tabelle. Wäre beispielsweise im Dokument der dem Zeichen "<" entsprechende Code 75 (wie im EBCDIC-Zeichensatz), dann müßte durch die Tabelle 75 auf 60 abgebildet werden.

Die einfachste Form der DESCSET-Tabelle beschreibt eine Eins-zu-Eins Abbildung:

DESCSET-Tabelle

```
DESCSET
  0 128 0
```

Die Tabelle legt fest, daß die 128 Dokument-Codes ab Code 0 eins-zu-eins den Codes 0 bis 128 von ISO 646 entsprechen. Im vorliegenden Fall werden keine Codes vertauscht, sondern lediglich einige Dokument-Codes als UNUSED markiert. Alle Kontrollzeichen (Codes 0 bis 31) außer 9 (TAB), 10 (LF) und 13 (CR) und das DEL-Zeichen (Code 127) werden als UNUSED markiert. Wäre das nicht geschehen, hätte der Parser einen Fehler gemeldet, da die in der Syntax-Spezifikation unter SHUNCHAR aufgeführten Dokument-Codes als UNUSED markiert sein müssen.

Wohlgemerkt, die Tabelle wirkt sich nicht auf den Inhalt des Dokuments in der Form aus, daß die Zeilen

```
40 1 60
60 1 40
```

eine Vertauschung von öffnender spitzer (Code 60 in ISO 646) und runder Klammer (Code 40) in der Ausgabe bewirken würden. Vielmehr werden die Rollen der betreffenden Dokument-Codes vertauscht, und am Anfang einer Startmarkierung müßte der Code 40 statt des Codes 60 stehen.

Die DESCSET-Tabelle wies die Dokument-Codes 0 bis 127 den entsprechenden Zeichen von ISO 646 zu. Angenommen, das Dokument enthält jetzt Codes aus dem Bereich 128 bis 255, so könnte man versucht sein, der DESCSET-Tabelle einfach die Zeile

```
128 128 128
```

anzufügen und damit die betreffenden Codes zur Benutzung freizugeben. Das ist aber falsch, auch wenn der Parser die Deklaration akzeptiert. Es ist falsch, weil ISO 646 nur die Codes 0 bis 127 definiert[7]. Für eine korrekte Spezifikation wird ein dem System bekannter Zeichensatz benötigt, auf den die Codes 128 bis 255 abgebildet werden können[8]. Die meisten Systeme kennen ISO Latin 1 und einen entsprechenden Bezeichner. Entspricht der Zeichensatz des Dokuments diesem Zeichensatz (was beispielsweise bei Windows-Dokumenten der Fall ist), wird durch eine weitere Zeichensatz-Spezifikation die Zuordnung definiert:

```
CHARSET
   BASESET
      "ISO 646-1983//CHARSET International
       Reference Version (IRV)//ESC 2/5 4/0"
   DESCSET
         0   9     UNUSED
         9   2     9
```

<hr>

[7]   Zumindest gilt das für die 7-Bit-Version von ISO 646.

[8]   Die einer SGML-Anwendung bekannten Zeichensätze mit den betreffenden PUBLIC-Bezeichnern können der Dokumentation einer SGML-Anwendung entnommen werden (bzw.: sollten entnommen werden können). Insbesondere erscheinen die System-Zeichensätze als Teil der Systemdeklaration (siehe Abschnitt 10.8).

```
    11   2    UNUSED
    13   1    13
    14  18    UNUSED
    32  95    32
   127   1    UNUSED
BASESET
   "ISO Registration Number 100//CHARSET
    ECMA-94 Right Part of Latin Alphabet
    Nr. 1//ESC 2/13 4/1"
DESCSET
   128  32   UNUSED
   160  96   160
```

Durch die fett markierte zusätzliche Zeichensatz-Spezifikation wird der Zeichensatz von ISO Latin 1 in Gebrauch genommen. Die Dokument-Codes, die den dort nicht definierten Zeichen-Codes 128 bis 159 entsprechen, werden als
UNUSED markiert und die Codes 160 bis 255 eins-zu-eins
abgebildet[9].

Ein weiteres Beispiel: Angenommen, das Dokument
verwendet den 8-Bit-IBM-PC-Zeichensatz, aber nur die ISO
646 entsprechenden Zeichen mit Ausnahme von Code 21,
der dort für das Paragraphen-Zeichen steht. Wieder ist man
versucht, Code 21 einfach zuzulassen, also

```
    14  18    UNUSED
```

durch

```
    14   7    UNUSED
    21   1    21
    22  10    UNUSED
```

zu ersetzen. Das ist aber falsch, weil Code 21 in ISO 646
nicht das Paragraphen-Zeichen, sondern das Kontrollzeichen NAK ist. Eine korrekte Deklaration könnte statt eines
Zeichen-Codes eine deskriptive Zeichenkette verwenden,
also:

---

[9] Der Code 255 ist in ISO Latin 1 definiert (er steht für das Zeichen ÿ),
     daher muß der Eintrag von Code 255 im SHUNCHAR-Teil der Syntax ge-
     löscht werden.

```
14  7    UNUSED
21  1    "Paragraph"
22 10    UNUSED
```

Bezüglich des Inhalts der Zeichenkette macht der Standard keine Vorgaben. Um zu einem systematischen Benennungsverfahren zu kommen, könnte man standardisierte Namen wie die im Unicode-Standard definierten Zeichennamen[10] verwenden:

```
21  1    "SECTION SIGN"
```

oder proprietäre Namen wie die von Adobe verwendeten Zeichennamen:

```
21  1    "section"
```

Besser noch ist es, den Dokument-Code 21 in einen bekannten Zeichensatz abzubilden, der das Zeichen "§" enthält. Das ist bei ISO Latin 1 der Fall, wo das Paragraphen-Zeichen den Code 167 hat. Daher folgende CHARSET-Deklaration:

```
CHARSET
  BASESET
    "ISO 646-1983//CHARSET International
     Reference Version (IRV)//ESC 2/5 4/0"
  DESCSET
      0  9    UNUSED
      9  2    9
     11  2    UNUSED
     13  1    13
     14  6    UNUSED
     22 11    UNUSED
     32 95    32
    127  1    UNUSED
  BASESET
    "ISO Registration Number 100//CHARSET
```

---

[10] Die Benennung des Paragraphen-Zeichens im Englischen ist etwas verwirrend, da das Zeichen "§" dort *section sign* heißt (und der Paragraph eines Gesetzes dementsprechend auch als *section* bezeichnet wird). Das *paragraph sign* genannte Zeichen jedoch wird als Markierung eines Absatzendes verwendet und sieht folgendermaßen aus: "¶".

```
ECMA-94 Right Part of Latin Alphabet
Nr. 1//ESC 2/13 4/1"
DESCSET
    21  1   167
   128 39   UNUSED
   168 88   UNUSED
```

10.4. Kapazität

Ein Aspekt der Portabilität von SGML-Dokumenten sind die für die Verarbeitung eines Dokuments erforderlichen Ressourcen. Diese sind, insofern sie sich etwa auf Haupt- und Stapelspeicherbedarf beziehen, natürlich von System zu System verschieden. Um hier zu einer gewissen vereinheitlichten Schätzung zu gelangen, definiert der SGML-Standard sogenannte Kapazitätspunkte.

Diese Schätzung ist zwar vereinheitlicht, aber grob. Kapazitätspunkte können in zweierlei Hinsicht von Interesse sein. Zum einen können manche SGML-Anwendungen eine Aufstellung der von einem Dokument verbrauchten Kapazitätspunkte ausgeben, zum anderen kann eine Kapazitätsüberschreitung auftreten, und dann müssen zur Ermittlung der Ursache die einzelnen Kapazitätswerte überprüft werden.

In der SGML-Deklaration auf Seite 192 hatte die Kapazitäts-Spezifikation die Form

```
CAPACITY
   PUBLIC
     "ISO 8879:1986//CAPACITY Reference//EN"
```

Das heißt, daß ein Dokument mit dieser SGML-Deklaration die vom Standard für die einzelnen Kapazitätswerte vorgegebenen Grenzen nicht überschreitet.

Die folgende Tabelle gibt eine Aufstellung der im Standard definierten Kapazitätswerte:

Name	F	Beschreibung
TOTALCAP		Gesamtsumme der Kapazitätspunkte
ENTCAP	1	definierte Entitäten
ENTCHCAP	N	Zeichen im Ersetzungstext für Entitäten
ELEMCAP	N	Elemente
GRPCAP	N	Bestandteile von Inhaltsmodellen
EXGRPCAP	N	Exklusions- oder Inklusionsgruppen
EXNMCAP	N	Namen in Exklusions- oder Inklusions-gruppen
ATTCAP	N	Attribute
ATTCHCAP	1	Gesamtlänge der voreingestellten Attribut-werte
AVGRPCAP	N	Namen in der Namensliste von Attribut-deklarationen
NOTCAP	N	Notationen
NOTCHCAP	1	Zeichen in Notations-Namen
IDCAP	N	ID-Attribute
IDREFCAP	N	IDREF-Attribute
MAPCAP	N	Kurzreferenzen
LKSETCAP	N	Link-Deklarationen
LKNMCAP	N	Elemente in Link-Deklarationen

Der Wert in der Spalte F bezeichnet einen Faktor, mit dem die betreffende Zahl zu multiplizieren ist. Dieser Faktor ist entweder 1 oder N, wobei N für die NAMELEN-Quantität steht. Die Vorgabe des Standards für NAMELEN ist 8. Daher sind, wenn die Syntax nichts anderes festlegt, die betreffenden Zahlen mit 8 zu multiplizieren.

Angenommen, eine SGML-Anwendung gibt für ein Dokument als Wert von ATTCAP 72 aus, und NAMELEN ist 8, dann sind in der DTD 9 Attribute deklariert.

Als Obergrenze gibt der Standard für alle Kapazitäts-werte 35000 vor, d. h. man kann mit der oben angegebenen Spezifikation DTDs mit bis zu 4375 Elementen, Bestand-teilen von Inhaltsmodellen usw. bauen.

Das erscheint zunächst als ausreichend, diese Grenzen
können aber in zwei Fällen relativ schnell überschritten
werden.

Der erste Fall tritt auf, wenn (was durchaus üblich ist)
die Syntax einen höheren Wert für NAMELEN festlegt. Angenommen, NAMELEN wird auf 64 gesetzt, und die DTD ist
von mittlerer Komplexität und hat Inhaltsmodelle mit insgesamt 500 Bestandteilen in 150 Elementen. Das ergibt einen GRPCAP-Wert von 32 000 Punkten (500 × 64 = 32000)
und einen ELEMCAP-Wert von 9600 Punkten (150 × 64 =
9600). So entsteht ein TOTALCAP-Wert von mindestens
41600 Punkten und damit eine klare Überschreitung der
Kapazitätsgrenze. Man wird daher in der Kapazitäts-Spezifikation für TOTALCAP und sicherheitshalber für GRPCAP
ebenfalls einen höheren Wert angeben:

```
CAPACITY
   SGMLREF
   TOTALCAP 60000
   GRPCAP   60000
```

Es fällt auf, daß die meisten Kapazitätswerte sich auf die
DTD beziehen (insofern mißt die Kapazität eher die Kom-
plexität der DTD als die Komplexität des Dokuments). Die
Ausnahme wird von IDCAP und IDREFCAP gebildet.

Der zweite Fall ergibt sich dann, wenn ein umfangrei-
ches Dokument zahlreiche durch ID- und IDREF-Attribute
realisierte Verweise enthält, und eventuell NAMELEN zusätzlich größer als 8 ist. In diesem Fall müssen TOTALCAP,
IDCAP und IDREFCAP „hochgesetzt" werden.

Die allgemeine Form der Kapazitäts-Spezifikation ist:

```
CAPACITY
SGMLREF
( Kapazitätswert Zahl )+
```

10.5. Syntax-Spezifikation

Der SGML-Standard wurde daraufhin angelegt, eine größt-
mögliche Flexibilität in der Darstellung von Dokumenten zu

Abstrakte und
konkrete Syntax

erlauben. Die Zeichensatz-Spezifikation gibt diese Flexibilität auf der Ebene des verwendeten Zeichensatzes. Damit aber nicht genug. Durch die Syntax-Spezifikation kann festgelegt werden, daß eine Entitätsdeklaration statt durch `<!ENTITY` durch `[:Entität` eingeleitet wird. Das wäre natürlich eine extreme Abweichung, dient aber dazu, sich klarzumachen, daß bisher eigentlich nur eine spezielle Form von SGML behandelt wurde.

Die Sprachbeschreibung des Standards legt nämlich keineswegs fest, daß eine Entitätsdeklaration mit der Zeichenfolge "<!" zu beginnen hat. Der Standard verwendet dort vielmehr die Bezeichnungen der *abstrakten Syntax* und sagt, daß eine Entitätsdeklaration mit MDO eingeleitet wird. Die Bezeichnung MDO steht für *markup declaration open*, also ein abstraktes Zeichen, das Deklarationen einleitet, und dem in der konkreten Syntax die Zeichenfolge "<!" entspricht.

reference concrete
syntax

Wie gesagt, die bisher behandelte SGML-Syntax ist nur eine spezielle Syntax aus einer unendlichen Vielzahl von Möglichkeiten. Diese spezielle Syntax ist allerdings dadurch hervorgehoben, daß es die im Standard definierte konkrete Syntax ist[11]. Sie wird als *reference concrete syntax* oder auf deutsch als Referenz-Syntax bezeichnet. Die Beispieldeklaration auf Seite 192 enthält als Syntax-Spezifikation die Zeilen

```
SYNTAX
   PUBLIC
      "ISO 8879:1986//SYNTAX Reference//EN"
```

Hier wird durch den PUBLIC-Bezeichner Bezug auf die Referenz-Syntax genommen. Die Syntax-Spezifikation besagt in diesem Fall einfach, daß im Dokument die Referenz-Syntax verwendet wird.

Bereichs-Spezifikation

Der Syntax-Spezifikation ging im Beispiel die Bereichs-Spezifikation SCOPE DOCUMENT voraus. Das zeigt an, daß die deklarierte konkrete Syntax im ganzen Dokument

---

[11] Außerdem ist die *reference concrete syntax* stets die in der SGML-Deklaration verwendete Syntax, genauso wie ISO 646 stets der in der SGML-Deklaration verwendete Zeichensatz ist.

(außer der SGML-Deklaration) gültig ist. Wird statt dessen SCOPE INSTANCE spezifiziert, so gilt die deklarierte Syntax nur in der Dokument-Instanz, während für die DTD die Referenz-Syntax gilt.

Die der Referenz-Syntax entsprechende ausführliche Syntax-Spezifikation hat folgende Form:


```
SYNTAX
  SHUNCHAR
    CONTROLS
     0  1  2  3  4  5  6  7  8  9
    10 11 12 13 14 15 16 17 18 19
    20 21 22 23 24 25 26 27 28 29
    30 31
    127 255
  BASESET
    "ISO 646-1983//CHARSET International
     Reference Version (IRV)//ESC 2/5 4/0"
  DESCSET
    0 128 0
  FUNCTION
    RE          13
    RS          10
    SPACE       32
    TAB SEPCHAR  9
  NAMING
    LCNMSTRT  ""
    UCNMSTRT  ""
    LCNMCHAR  "-."
    UCNMCHAR  "-."
    NAMECASE
       GENERAL YES
       ENTITY   NO
  DELIM
     GENERAL  SGMLREF
     SHORTREF SGMLREF
  NAMES SGMLREF
  QUANTITY SGMLREF
```

Die fett markierten Teile beschreiben die Syntax auf der Ebene der Zeichen und Zeichenklassen. Die allgemeine Form einer nicht durch einen PUBLIC-Bezeichner festgelegten Syntax-Spezifikation ist:

SYNTAX
SHUNCHAR-Spezifikation
Syntax-Zeichensatz-Spezifikation
Funktionszeichen-Spezifikation
NAMING-Spezifikation
NAMES-Spezifikation
QUANTITY-Spezifikation

Der Rest des Abschnitts behandelt die einzelnen Teile der Syntax-Spezifikation in der Reihenfolge ihres Auftretens.

SHUNCHAR

Zweck der SHUNCHAR-Spezifikation ist es, vom System verwendete Kontrollcodes zu bezeichnen. In einem Dokument enthaltene Kontrollcodes könnten die Verarbeitung stören, beispielsweise dann, wenn der betreffende Code als Markierung des Dateiendes dient. Derartige Codes, die nicht für Funktionszeichen stehen, müssen in der Dokument-Zeichensatz-Deklaration als UNUSED gekennzeichnet sein[12].

Die SHUNCHAR-Spezifikation hat entweder die Form einer Liste zu meidender Codes wie oben, also allgemein

SHUNCHAR
CONTROLS
Kontrollcode+

oder es werden keine Kontrollcodes angegeben. In diesem Fall hat die SHUNCHAR-Spezifikation die Form

SHUNCHAR NONE

Das funktioniert natürlich nur dann, wenn das betreffende System tatsächlich keine Kontrollcodes verwendet[13].

Syntax-Zeichensatz

Weiter enthält die Syntax-Spezifikation eine Zeichensatz-Deklaration, die syntaktisch völlig der Spezifikation

---

[12] Die Umkehrung gilt nicht: Als UNUSED gekennzeichnete Zeichencodes brauchen keine Kontrollcodes zu sein.

[13] Der PD-Parser betrachtet zum Beispiel die Codes 0, 8 und 26 bis 31 als Kontrollcodes.

des Dokument-Zeichensatzes entspricht, die in Abschnitt 4
behandelt wurde. Die Bedeutung ist allerdings eine ganz
andere. Der Syntax-Zeichensatz ist nämlich der Zeichensatz, auf den sich die Deklarationen der Syntax-Spezifikation beziehen. Da es kaum Sinn macht, hier einen anderen
Zeichensatz zu verwenden als den Dokument-Zeichensatz
(also meist ISO 646), wird die Deklaration des Dokument-
Zeichensatzes mit einer eins-zu-eins Abbildung wiederholt:

```
BASESET
    "ISO 646-1983//CHARSET International
      Reference Version (IRV)//ESC 2/5 4/0"
  DESCSET
    0 128 0
```

Die Deklaration der Funktionszeichen ordnet den vom Parser erkannten Funktionszeichen die entsprechenden Codes
zu. Die Syntax der Funktionszeichen-Deklaration ist:

Zeichenklassen und
Funktionszeichen

```
FUNCTION
RE Zeichencode
RS Zeichencode
SPACE Zeichencode
( Zeichenname Funktion Zeichencode )*
```

Dabei ist RE das Zeilenendezeichen (*record end*), RS ist das
Zeilenanfangszeichen (*record start*), und SPACE ist das Zwischenraumzeichen. Außer diesen drei obligatorischen Funktionszeichen können mit Angabe der jeweiligen Funktion
noch weitere Funktionszeichen deklariert werden. Die Referenz-Syntax deklariert als solches nur das Tabulatorzeichen
TAB mit der Funktion SEPCHAR.

Die in der Funktionszeichen-Spezifikation deklarierten
Zeichennamen sind gleichzeitig die in Funktionszeichen-
Referenzen verwendeten Namen. Man kann also beispielsweise das Zeichen FF (*form feed*) mit Code 12 als Seitenvor-
schubzeichen definieren:

Funktionszeichen-
Referenzen

```
FF FUNCHAR 12
```

Es ist allerdings zu beachten, daß Funktionszeichen im Dokumentzeichensatz definiert sein müssen (in der Referenz-
Syntax ist Code 12 UNUSED).

Als Funktion kann angegeben werden:

Funktion	Beschreibung
FUNCHAR	Funktionszeichen ohne SGML-Signifikanz
SEPCHAR	Separatorzeichen
MSOCHAR	Anfangszeichen für Scan-Unterdrückung *(markup scan out character)*
MSICHAR	Endezeichen für Scan-Unterdrückung *(markup scan in character)*
MSSCHAR	Scan-Unterdrückung für das folgende Zeichen *(markup scan suppress character)*

Scan-Unterdrückung

Solange die sogenannte Scan-Unterdrückung aktiv ist, wird ein SGML-Parser keinerlei Markierungen erkennen. Zweck der Scan-Unterdrückung ist es, die Verwendung von Zeichensätzen zu ermöglichen, die Escape-Zeichen[14] enthalten.

Escape-Zeichen

Ein im Zeichenstrom erscheinendes Escape-Zeichen bewirkt, daß für die nachfolgenden Codes eine andere Zuordnung gilt und sie also anderen Zeichen entsprechen. Escape-Zeichen (oder allgemeiner: Escape-Sequenzen) ändern also die Interpretation der nachfolgenden Codes. Ignoriert ein Parser diesen Wechsel, wird er fälschlicherweise Markierungen erkennen, wo keine sind. Um das zu vermeiden, werden die betreffenden Zeichen als *scan in-*, *scan out-* oder *scan suppress-*Zeichen deklariert. Die Verwendung von Escape-Sequenzen wird insbesondere durch ISO 2022 standardisiert.

Man kann auch Escape-Zeichen definieren, um Teile des Dokuments, in denen keine Markierungen erkannt werden sollen, zu maskieren. Man muß allerdings beachten, daß Escape-Zeichen, die im Inhalt von Elementen erscheinen, Teil des Inhalts sind, sie werden also von einer SGML-Anwendung nicht ausgefiltert. Leider läßt der PD-Parser keine von der Referenz-Syntax abweichende Funktionszeichen-Spezifikation zu.

NAMING

Die auf die Funktionszeichen-Spezifikation folgende NAMING-Spezifikation legt fest, welche Zeichen in Namen

---

[14] Nicht zu verwechseln mit dem ASCII-Kontrollzeichen ESCAPE mit dem Code 27.

verwendet werden können. Grundsätzlich können Buchstaben am Anfang von Namen, Buchstaben und Ziffern im
Inneren von Namen erscheinen. Den entsprechenden Zeichenklassen LCNMSTRT *(lowercase name start character)*,
UCNMSTRT *(uppercase name start character)*, LCNMCHAR *(lower
case name character)* und UCNMCHAR *(uppercase name character)*
können durch entsprechende Deklaration weitere Zeichen
zugeordnet werden. Die Referenzsyntax läßt lediglich
Punkt und Bindestrich im Inneren von Namen zu. Will jemand beispielsweise auf den Unterstrich als Bestandteil von
Namen keinesfalls verzichten, so kann durch die Deklaration

```
LCNMSTRT  "_"
UCNMSTRT  "_"
LCNMCHAR  "-."
UCNMCHAR  "-."
```

der Unterstrich zum in Namen an beliebiger Stelle zulässigen Zeichen gemacht werden. Durch eine solche Abweichung von der Referenz-Syntax wird natürlich die Portabilität beeinträchtigt, da nicht jede SGML-Anwendung abweichende Deklarationen unterstützt. Der PD-Parser beispielsweise akzeptiert nur die der Referenz-Syntax entsprechende NAMING-Spezifikation.

Unproblematisch ist es dagegen, die Signifikanz von
Groß- und Kleinschreibung abweichend vom Standard zu
deklarieren. Das geschieht durch die NAMECASE-Spezifika-
tion, deren Syntax

```
NAMECASE
GENERAL  ( YES | NO )
ENTITY   ( YES | NO )
```

NAMECASE

ist. YES bedeutet, daß Kleinbuchstaben durch die entsprechenden Großbuchstaben ersetzt werden, NO bedeutet, daß
das nicht geschieht (daß also Groß- und Kleinschreibung
signifikant ist). Unterschieden wird dabei noch nach Enti-
tätsnamen und -referenzen bzw. allen anderen Namen. Die
Referenz-Syntax legt YES für GENERAL und NO für ENTITY
fest, die Groß- und Kleinschreibung ist demnach für Enti-

täten signifikant, nicht aber für andere Namen[15]. Es ist allgemein eine gute Idee, auch für GENERAL den Wert NO zu setzen. Auf diese Weise wird eine einheitliche Schreibung von Namen in SGML-Dokumenten sichergestellt. Andernfalls könnten Absätze vom einen Autor mit <PAR> und vom anderen Autor mit <par> markiert werden. Bei einer späteren Umstellung auf GENERAL NO würden diese Inkonsistenzen dann plötzlich zu Problemen führen.

DELIM

Die DELIM-Spezifikation definiert die speziellen Zeichenketten, die als Begrenzungen von Deklarationen und Markierungen erkannt werden. In der abstrakten Syntax werden diese Begrenzungen (*delimiter*) durch Namen (z. B. MDO für *markup declaration open*) gekennzeichnet, denen in der konkreten Syntax eine Zeichenkette (z. B. "<!" in der konkreten Referenz-Syntax) entspricht.

Die folgende Tabelle führt alle Namen der abstrakten Syntax alphabetisch geordnet mit ihren Entsprechungen in der konkreten Referenz-Syntax und der ausgeschriebenen Bezeichnung auf:

abstrakte Syntax	konkrete Syntax	Bezeichnung
AND	&	*and connector*
COM	--	*comment start or end*
CRO	&#	*character reference open*
DSC	]	*declaration subset close*
DSO	[	*declaration subset open*
DTGC	]	*data tag group close*
DTGO	[	*data tag group open*
ERO	&	*entity reference open*
ETAGO	</	*end tag open*
LIT	"	*literal start or end*
LITA	'	*literal start or end (alternative)*
MDC	>	*markup declaration close*
MDO	<!	*markup declaration open*

---

[15] Das ist für Entitäten schon deshalb notwendig, weil die Standard-Alphabeterweiterungen Namen definieren, die sich nur durch Groß- und Kleinschreibung unterscheiden. Beispiel: `auml` und `Auml`.

MINUS	–	*exclusion*
MSC	]]	*marked section close*
NET	/	*null end-tag*
OPT	?	*optional occurence indicator*
OR	|	*or connector*
PERO	%	*parameter entity reference open*
PIC	>	*processing instruction close*
PIO	<?	*processing instruction open*
PLUS	+	*required and repeatable indicator; inclusion*
REFC	;	*reference close*
REP	*	*optional and repeatable indicator*
RNI	#	*reserved name indicator*
SEQ	,	*sequence connector*
STAGO	<	*start-tag open*
TAGC	>	*tag close*
VI	=	*value indicator*

Die DELIM-Spezifikation hat die Syntax

```
DELIM
GENERAL
SGMLREF
( abstrakter-Name
  Zeichenkette ) *
SHORTREF
( SGMLREF | NONE )
( Zeichenkette ) *
```

Die erste Teil (GENERAL) der DELIM-Spezifikation erlaubt
es, die Begrenzungs-Zeichenketten zu ändern. Um beispielsweise Markierungs-Deklarationen statt durch "<!"
mit "[:" einzuleiten, müßte die DELIM-Spezifikation

```
DELIM
  GENERAL
    SGMLREF
    MDO "[:"
```

lauten. Daß dergleichen zu empfehlen ist, möchte ich be-
zweifeln.

Im zweiten Teil (SHORTREF) wird festgelegt, welche Zeichenketten als Kurzreferenzen verwendet werden können. Siehe dazu Abschnitt 11.1 .

NAMES

So wie es die DELIM-Spezifikation erlaubt, die vom Parser erkannten Begrenzungs-Zeichenketten zu ändern, so erlaubt es die NAMES-Spezifikation, Kennworte wie DOC-TYPE, ELEMENT usw. zu ändern. Die Syntax der NAMES-Spezifikation ist:

NAMES
SGMLREF
(*Referenz-Kennwort Dokument-Kennwort*) *

Anstelle des in der konkreten Referenz-Syntax definierten *Referenz-Kennworts* wird im Dokument das angegebene *Dokument-Kennwort* verwendet. Dabei muß das *Dokument-Kennwort* ein gültiger Name sein. Man könnte die NAMES-Spezifikation verwenden, um eine lokalisierte Version von SGML zu erstellen, also die englischen Bezeichnungen durch die nationalen Äquivalente zu ersetzen (LEER statt EMPTY usw.). Auch in einer solchen Modifikation liegt meines Erachtens wenig Weisheit, da die gesamte Literatur über SGML und die Dokumentation von SGML-Anwendungen sich auf die in der konkreten Referenz-Syntax verwendeten Namen beziehen. Da außerdem diese Namen in der Dokumentinstanz nicht erscheinen, wird der naive Benutzer nicht mit ihnen zu tun haben.

QUANTITY

Wie alles auf der Welt, so hat auch eine SGML-Anwendung ihre Grenzen. Diese Grenzen müssen von Dokumenten eingehalten werden. Es wäre aber lästig, wenn beispielsweise in einem großen Dokument mit vielen Megabyte die SGML-Anwendung erst nach einer halben Stunde meldet, daß das Dokument nicht verarbeitet werden kann. Die QUANTITY-Spezifikation dient dazu, einer SGML-Anwendung die Möglichkeit zu geben, von vornherein anhand der SGML-Deklaration festzustellen, ob ein Dokument verarbeitet werden kann, bzw. sich entsprechend einzurichten. Hat etwa die Quantität NAMELEN den Wert 16 statt der Voreinstellung 8, so kann eine SGML-Anwendung für die Speicherung von Namen von vornherein Speicherbereiche entsprechender Länge bereitstellen.

Die QUANTITY-Spezifikation hat folgende Syntax:

```
QUANTITY
SGMLREF
( QUANTITY-Name QUANTITY-Wert ) *
```

Die folgende Tabelle führt die im Standard definierten QUANTITY-Namen auf. Die angegebenen Werte sind die der Referenz-Syntax entsprechenden Voreinstellungen. Sie gelten dann, wenn die QUANTITY-Spezifikation lediglich

```
QUANTITY SGMLREF
```

lautet.

Name	Wert	Beschreibung
ATTCNT	40	Namen in der Namensliste einer Attribut-Deklaration
ATTSPLEN	960	Normalisierte Länge der Attributspezifikationen in einer Startmarkierung
BSEQLEN	960	Länge einer Folge von Zwischenraumzeichen in einer Kurzreferenz
DTAGLEN	16	Länge einer Datenmarkierung
DTEMPLEN	16	Länge eines Datenmarkierungsmusters
ENTLVL	16	Schachtelungstiefe für eingebundene Entitäten
GRPCNT	32	Bestandteile der Gruppe eines Inhaltsmodells
GRPGTCNT	96	Bestandteile eines Inhaltsmodells
GRPLVL	16	Schachtelungstiefe für Gruppen in Inhaltsmodellen[16]
LITLEN	240	Länge eines Literals oder Attributwertes

---

[16] Das Inhaltsmodel `(a, (b, c), d, e)` besteht zum Beispiel aus zwei Gruppen. Die äußere Gruppe hat drei Bestandteile, die innere zwei. Das ganze Inhaltsmodell hat 5 Bestandteile auf zwei Ebenen.

NAMELEN	8	Länge von Namen und ähnlichen Objekten
NORMSEP	2	Parameter bei der Berechnung der normalisierten Länge eines Attributwertes
PILEN	240	Länge einer Verarbeitungsanweisung (*processing instruction*)
TAGLEN	960	Länge einer Startmarkierung (ohne Begrenzungszeichen)
TAGLVL	24	Schachtelungtiefe für Elemente

Die Voreinstellungen des Standards sind mit zwei Ausnahmen im allgemeinen ausreichend und müssen daher nicht geändert werden. Diese beiden Ausnahmen sind NAMELEN und LITLEN. Es wird meist wünschenswert sein, für Elemente und Attribute längere Namen zuzulassen. Will man beispielsweise Namen mit maximal 32 Zeichen zulassen, so lautet die entsprechende QUANTITY-Spezifikation:

```
QUANTITY
   SGMLREF
   NAMELEN 32
```

Der Fall, daß der Wert von LITLEN zu klein ist, tritt beispielsweise dann auf, wenn überlange interne CDATA-Entitäten verwendet werden. Ein solcher Fall wurde in Abschnitt 6.7 auf Seite 105 behandelt.

10.6. Merkmale

Ähnlich wie die QUANTITY-Spezifikation dient die Merkmal-Spezifikation dazu, einer SGML-Anwendung vorab Informationen über die für die Verarbeitung des Dokuments gestellten Anforderungen zu geben. Im Fall der QUANTITY-Spezifikation waren das quantitative Anforderungen. Bei der Merkmal-Spezifikation geht es um qualitative Anforderungen, also Fähigkeiten, welche die SGML-Anwendung für die Verarbeitung des Dokuments besitzen muß.

Es verhält sich nämlich so, daß eine ganze Reihe von Verfahrensweisen und Sprachkonstrukten, die bisher so behandelt wurden, als gehörten sie selbstverständlich zum Umfang von SGML und müßten von jeder SGML-Anwendung beherrscht werden, eigentlich optional sind. Dazu gehören etwa die Verfahren zur Minimierung von Markierungen. In der Praxis ist diese Sichtweise auch angemessen, da einige optionale Merkmale von praktisch jeder existierenden SGML-Anwendung beherrscht werden. Es gibt aber außer diesen andere Merkmale, die selten verwendet werden und auch nur von einigen wenigen SGML-Systemen unterstützt werden.

Die Merkmal-Spezifikation wird durch das Kennwort FEATURES eingeleitet. Die allgemeine Form der Merkmal-Spezifikation ist:

```
FEATURES
MINIMIZE
DATATAG ( YES | NO )
OMITTAG ( YES | NO )
RANK (YES | NO )
SHORTTAG ( YES | NO )
LINK
SIMPLE ( ( YES Zahl ) | NO )
IMPLICIT ( YES | NO )
EXPLICIT ( ( YES Zahl ) | NO )
OTHER
CONCUR ( YES | NO )
SUBDOC ( ( YES Zahl ) | NO )
FORMAL ( YES | NO )
```

Die Merkmale sind in drei Gruppen (MINIMIZE, LINK und OTHER) eingeteilt, deren erste sich auf die Möglichkeiten der Minimierung beziehende Merkmale zusammenfaßt. Die beiden wichtigsten dieser Merkmale sind SHORTTAG und OMITTAG. Beide werden auch von den meisten SGML-Anwendungen unterstützt.

In Dokumenten mit dem Merkmal SHORTTAG können Markierungen auf folgende Weise minimiert werden:

- Der Wert eines Attributes muß nur angegeben werden, wenn die Voreinstellung #REQUIRED ist, oder bei Voreinstellung #CURRENT beim ersten Auftreten des betreffenden Elements.

- Bei Attributen, die als Namenslisten deklariert sind, genügt die Angabe des Wertes.

- Bei Attributwerten, die nur in Namen zulässige Zeichen enthalten, müssen keine Anführungszeichen angegeben werden.

- Startmarkierungen und Endemarkierungen können leer (<> bzw. </>) oder nicht geschlossen sein (<a<b oder </a<b).

- Markierungen können reduziert sein (<a/*inhalt*/).

OMITTAG Das Merkmal OMITTAG zeigt an, daß im Dokument Start- und Endemarkierungen weggelassen werden können, wenn ihr Vorhandensein von der DTD gefordert wird. Erscheint hier NO als Wert, so kann in der Deklaration von Elementen auf die Angaben zur Minimierbarkeit von Start- und Endemarkierung verzichtet werden.

RANK Die durch das Merkmal RANK angezeigte Form der Minimierung wird selten gebraucht und wurde bisher auch nicht behandelt. Falls dieses Merkmal unterstützt wird, können die Namen von Elementen zweiteilig sein. Sie bestehen dann aus einem Stamm und einem Suffix, das meist der Gliederungsebene eines Elements der hierarchischen Struktur entspricht. Das sieht etwa so aus:

```
<!ELEMENT a 1 - - (#PCDATA) >
<!ELEMENT a 2 - - (#PCDATA) >
<!ELEMENT a 3 - - (#PCDATA) >
```

In diesem Beispiel ist a der Stamm und 1, 2 bzw. 3 das Suffix. Ein SGML-Parser wird jetzt dort, wo in der Dokumentinstanz in einer Startmarkierung nur der Name des Stamms erscheint, das zuletzt verwendete Suffix ergänzen. Das heißt,

```
<a1>...</a>...<a2>...</a>...<a>...</a>
```

ist äquivalent zu:

```
<a1>...</a1>...<a2>...</a2>...<a2>...</a2>
```

Dadurch scheint noch nicht viel gewonnen zu sein. Interessanter wird es dann, wenn die Deklarationen mehrerer Elemente einer Gliederungsebene zusammengefaßt werden, beispielsweise so:

```
<!ELEMENT (a|b|c) 1 - -    (#PCDATA)  >
<!ELEMENT (a|b|c) 2 - -    (#PCDATA)  >
<!ELEMENT (a|b|c) 3 - -    (#PCDATA)  >
```

Eine solche Deklaration faßt die in der Namensgruppe (a|b|c) aufgeführten Elemente zu einer sogenannten RANK-Gruppe (*rank group*) zusammen. Das bei der Instanz des Elements einer RANK-Gruppe zu ergänzende Suffix ist dann das Suffix des zuletzt verwendeten Elements der RANK-Gruppe. Demnach wäre im Beispiel

```
<a1>...</a><b>...</b><c2>...</c><a>...</a>
```

äquivalent zu

```
<a1>...</a1><b1>...</b1><c2>...</c2>
<a2>...</a2>.
```

Man hat so die Möglichkeit, durch Änderung des Suffix einer einzelnen Elementinstanz für ganze Bereiche des Dokuments die Gliederungsebene zu verändern. Wenn also `titel` und `absatz` zwei Elemente einer solchen RANK-Gruppe sind, wird das Ändern des Suffix von `titel` sich auf alle folgenden Absätze auswirken.

Der Haken dabei ist, daß die Zusammenfassung in einer Deklaration bedingt, daß alle Elemente dasselbe Inhaltsmodell haben. Das wird in der Praxis eher selten der Fall sein. Außerdem kann man gegen den Gebrauch dieses Minimierungsverfahrens ähnliche Einwände wie gegen den Gebrauch der Voreinstellung `#CURRENT` erheben: Für den Leser ist nicht ohne weiteres klar, welches Suffix das jeweils aktuelle ist.

Das letzte Minimierungsmerkmal ist DATATAG. Dieses Minimierungsverfahren ermöglicht es, bestimmten Zeichenketten die Rolle von Endemarkierungen zuzuweisen, wobei die Zeichenkette weiterhin zum Inhalt gehört. Das wird anhand eines Beispiels klarer. Angenommen, man will die

DATATAG

Struktur eines Satzes beschreiben, der aus Worten besteht und von einem Punkt abgeschlossen wird. Die Worte wiederum werden von Zwischenräumen getrennt. Die Deklarationen für die entsprechenden Elemente satz und wort könnten folgendermaßen aussehen:

```
<!ELEMENT text - - (satz+) >
<!ELEMENT satz - - ((wort, #PCDATA)+)
<!ELEMENT wort - - (#PCDATA) >
```

Eine solche Deklaration hat zwei Nachteile: Zum einen legt #PCDATA keineswegs fest, daß es sich bei den Daten um Zwischenraum respektive einen Punkt handeln muß, zum anderen werden die Daten unter einer Unmenge von Start- und Endemarkierungen fast verschwinden, da ein Satz dann so aussieht:

```
<satz><wort>Am</wort> <wort>Anfang</wort>
<wort>war</wort> <wort>das</wort>
<wort>Wort</wort>.</satz>
```

Wenn nun der Zwischenraum die Rolle von </wort>, der Punkt die Rolle von </satz> und außerdem die Start- und Endemarkierungen minimierbar sind, kann auf diese Markierungen sämtlich verzichtet werden. Dazu muß die Deklaration folgendermaßen modifiziert werden:

```
<!ELEMENT text O O ([satz, "."]+) >
<!ELEMENT satz O O ([wort, " "]+) >
<!ELEMENT wort O O (#PCDATA) >
```

Die fett markierten Datenmarkierungsgruppen (*data tag groups*) legen fest, daß im Inhaltsmodell von text ein auf satz folgender Punkt eine </satz>-Markierung impliziert und im Inhalt von satz ein auf wort folgender Zwischenraum eine </wort>-Markierung impliziert.

Soll jetzt außerdem ein Wort auch durch ein Komma abgeschlossen werden können, kann man als Alternativmuster "," angeben. Und wenn Worte nicht nur durch ein einzelnes Zwischenraumzeichen, sondern durch beliebig viele getrennt sein können, kann als Wiederholungsmuster

" " angegeben werden. Die Deklaration von wort sieht dann so aus:

```
<!ELEMENT satz O O
  ([wort, (" " | ","), " "]+) >
```

Die Syntax einer Datenmarkierungsgruppe ist:

```
[
Elementname ,
( Muster |
  ( ( Muster ( | Alternativmuster) + ) ) )
( , Wiederholungsmuster )?
]
```

Die LINK-Merkmale SIMPLE, IMPLICIT und EXPLICIT beziehen sich auf das in Abschnitt 0.0 behandelte Verfahren zur Verknüpfung von Formatvorlagen (*style sheets*) mit Elementen mit Hilfe sogenannter LINK-Attribute. In der Referenz-Syntax ist keines der drei Merkmale aktiv, was bedeutet, daß keine LINK-Attribute verwendet werden können.

Außer den sich auf Minimierung und den Gebrauch von LINK-Attributen beziehenden Merkmalen, gibt es drei weitere ·Merkmale CONCUR, SUBDOC und FORMAL, deren Spezifikation mit OTHER eingeleitet wird.

Das Merkmal CONCUR zeigt den Gebrauch konkurrenter, d. h. gleichzeitig im selben Dokument existierender Dokumentstrukturen an. Viele SGML-Anwendungen (u. a. der PD-Parser) unterstützen dieses Merkmal nicht, daher soll nur kurz darauf eingegangen werden.

Der Zweck von konkurrenten Strukturen ist die Wiedergabe verschiedener Sichtweisen ein und desselben Dokuments. Meist entsprechen diese unterschiedlichen Sichtweisen verschiedenen Stufen in der Bearbeitung und Aufbereitung eines Dokuments. Beispielsweise sieht ein Autor ein Dokument mit anderen Augen als ein Setzer. Für den Autor sind Überschriften und Absätzen unterschiedliche Elemente, für den Setzer sind beides Absätze mit unterschiedlichen Attributen. Umgekehrt sind für den Setzer den Textfluß betreffende Unterschiede signifikant, die für den Autor ohne besondere Bedeutung sind.

Im Dokument wird dem durch unterschiedliche DTDs Rechnung getragen. Markierungen und Referenzen werden ihren jeweiligen DTDs durch Angabe des betreffenden Namens in der Markierung zugeordnet. Das sieht für ein Dokument mit zwei DTDs text und layout etwa so aus:

```
<(text)htitel>
<(layout)block size=14pt number>Einleitung
<(text)absatz>
<(layout)block size=10pt indent="0,75cm">
Dem gewöhnlichen Sterblichen wird der Inhalt
des vorliegenden Werkes gleichgültig sein.
Dennoch ...
```

Ein solches Verfahren ist dann nützlich, wenn SGML tatsächlich Ausgabeformat ist. Das wird aber kaum je der Fall sein. Im allgemeinen wird vielmehr in den letzten Produktionsschritten von SGML in ein Ausgabeformat konvertiert, wobei die Formatierung für das Dokument aufgrund der inhärenten Struktur erzeugt wird. Zum Einbringen von Layout-Informationen eignet sich die in Abschnitt 11.2 behandelte Verwendung von LINK-Attributen besser, vorausgesetzt, daß LINK-Attribute zur Verfügung stehen.

SUBDOC   Das Merkmal SUBDOC zeigt den Gebrauch von Subdokumenten an. Subdokumente können wiederum Subdokumente enthalten. Ist der Wert YES, so wird durch die auf YES folgende Zahl festgelegt, wie viele Subdokumente gleichzeitig offen sein können.

FORMAL   Das letzte Merkmal FORMAL legt fest, ob PUBLIC-Bezeichner formale PUBLIC-Bezeichner sein müssen, also dem in Abschnitt 2 beschriebenem Aufbau entsprechen müssen. Der Wert von FORMAL ist gewöhnlich YES. Andernfalls sind beliebige Minimal-Literale als PUBLIC-Bezeichner zulässig.

10.7. Anwendungsspezifische Informationen

Der letzte Teil der SGML-Deklarationen enthält anwendungsspezifische Information. Er wird eingeleitet durch APPINFO, gefolgt von einem beliebigen Minimal-Literal oder von NONE, wenn keine anwendungsspezifische Information vorhanden ist. Meist ist letzteres der Fall, da Parser diesen Teil der Deklaration gewöhnlich ignorieren und es außerdem hinreichend viele Möglichkeiten gibt, für eine Anwendung bestimmte Information in einem Dokument unterzubringen.

10.8. Systemdeklaration

Die SGML-Deklaration legt fest, welche Anforderungen die Verarbeitung eines Dokuments stellt. Insofern beantwortet die SGML-Deklaration die Frage, ob ein konkretes Dokument auf einem konkreten System verarbeitet werden kann, nur zum Teil. Unklar bleibt, ob das verarbeitende System die verwendeten Merkmale und Spezifikationen unterstützt.

Aufgabe der Systemdeklaration ist es, für eine SGML-Anwendung in standardisierter Weise festzulegen, welche Merkmale, Modifikationen der konkreten Syntax und Dienste unterstützt werden und über welche Kapazitäten die Anwendung verfügt.

Syntaktisch ist die Systemdeklaration der SGML-Deklaration weitgehend analog, wie man an folgendem Beispiel der Systemdeklaration des PD-Parsers sieht:

```
SYSTEM "ISO 8879:1986"
CHARSET
   BASESET
     "ISO 646-1983//CHARSET International
      Reference Version (IRV)//ESC 2/5 4/0"
   DESCSET
     0 128 0
CAPACITY
   PUBLIC
     "ISO 8879:1986//CAPACITY Reference//EN"
FEATURES
   MINIMIZE
        DATATAG NO   OMITTAG  YES   RANK      NO
```

```
    SHORTTAG YES
  LINK
    SIMPLE  NO  IMPLICIT NO    EXPLICIT NO
  OTHER
    CONCUR  NO  SUBDOC   YES 1 FORMAL   YES
SCOPE
  DOCUMENT
SYNTAX
  PUBLIC
    "ISO 8879:1986//SYNTAX Reference//EN"
SYNTAX
  PUBLIC
    "ISO 8879:1986//SYNTAX Core//EN"
VALIDATE
  GENERAL   YES
  MODEL     YES
  EXCLUDE   YES
  CAPACITY  YES
  NONSGML   YES
  SGML      YES
  FORMAL    YES
SDIF
  PACK      NO
  UNPACK    NO
```

Zeichensatz und
Kapazität

Die syntaktisch gleichen Teile unterscheiden sich jedoch semantisch. Die Zeichensatz-Spezifikation beschreibt hier nicht den in einem Dokument verwendeten Zeichensatz, sondern den Systemzeichensatz. Die Kapazitäts-Spezifikation legt die Kapazitätsgrenzen für Dokumente fest, die von der Anwendung verarbeitet werden können. Die Merkmals-Spezifikation beschreibt nicht verwendete, sondern unterstützte Merkmale.

Merkmale in der
Systemdeklaration

Wie man dem Beispiel entnehmen kann, unterstützt der PD-Parser die Minimierung von Markierungsteilen (SHORTTAG) und das Implizieren von Start- und Endemarkierungen (OMITTAG), nicht jedoch Datenmarkierungen (DATATAG) und gliederungsbezogene Minimierungen (RANK). LINK-Prozesse werden nicht unterstützt, ebenso werden konkurrente Strukturen nicht unterstützt. Unterstützt werden Subdokumente mit einer maximalen Schachtelungstiefe von 1 (Subdokumente können also selbst keine Subdokumente enthalten), und `PUBLIC`-Bezeichner können als formale Bezeichner interpretiert werden (`FORMAL`).

Die Bereichs-Spezifikation `SCOPE DOCUMENT` legt nicht den Gültigkeitsbereich einer definierten konkreten Syntax fest, sondern besagt, daß eine abweichende Syntax für die Dokumentinstanz nicht unterstützt wird.

   Bereichs-Spezifikation

Darauf folgt für jede von der Anwendung unterstützte konkrete Syntax eine Syntax-Spezifikation entsprechend der Spezifikation in der SGML-Deklaration. Im Beispiel war das die Referenz-Syntax, sowie die durch den Bezeichner

   Syntax-Spezifikation

```
"ISO 8879:1986//SYNTAX Core//EN"
```

definierte Syntax.

Diese Syntax heißt *core concrete syntax* und unterscheidet sich von der ebenfalls angegebenen *reference concrete syntax* nur dadurch, daß die *core concrete syntax* `SHORTREF NONE` anstelle von `SHORTREF SGMLREF` spezifiziert. In der *core concrete syntax* gibt es also keine Kurzreferenzen. Eine der hier angegebenen Syntax-Spezifikationen muß der Referenz-Syntax entsprechen, wenn die Anwendung Kurzreferenzen unterstützt, bzw. der *core concrete syntax*, falls nicht.

   core concrete syntax

Darüber hinaus kann jeder Syntax-Spezifikation noch eine Beschreibung zulässiger Modifikationen folgen.

Die nächste Spezifikation mit dem Kennwort `VALIDATE` hat keine Entsprechung in der SGML-Deklaration. Sie legt fest, inwieweit die Anwendung SGML-Dokumente validiert, d. h. auf ihre Korrektheit überprüfen kann. Es ist ja vom Standard her nicht selbstverständlich, daß eine SGML-Anwendung Fehler erkennt und meldet. Das einzige, was im Prinzip vom Standard gefordert wird, ist daß korrekte SGML-Dokumente korrekt verarbeitet werden.

   Validierung

Die Fähigkeiten der SGML-Anwendung in dieser Hinsicht werden durch die in folgender Tabelle beschriebenen Spezifikationen erfaßt:

   Validierungs-
   Spezifikation

GENERAL	Fehlerhafte Markierungen werden gefunden und gemeldet.
MODEL	Mehrdeutige Inhaltsmodelle werden erkannt und gemeldet.
EXCLUDE	Exklusionen von nicht optionalen Elementen werden gemeldet.
CAPACITY	Kapazitätsüberschreitungen werden gemeldet.
NONSGML	Im Dokument enthaltene Zeichen, die nicht zum Dokumentzeichensatz gehören, werden gemeldet.
SGML	Fehler in der SGML-Deklaration werden erkannt und gemeldet.
FORMAL	Nicht korrekte formale PUBLIC-Bezeichner werden gemeldet.

Der PD-Parser bietet seiner Systemdeklaration entsprechend eine vollständige Validierung der von ihm verarbeiteter Dokumente.

SDIF-Support

Der letzte Teil der Systemdeklaration kennzeichnet die Unterstützung von *ISO 9069 SGML Document Interchange Format (SDIF)* durch die Anwendung. Die Möglichkeit, Dateien zwischen verschiedenen Computersystemen zu übertragen, löst ja das Problem der Übertragung von SGML-Dokumenten nicht ganz. Insofern ein SGML-Dokument durch die Verwendung externer Entitäten auf Inhalte außerhalb der das Dokument enthaltenden Datei Bezug nehmen kann, ist die Übertragung der Dokumentdatei nicht ausreichend. SDIF beschreibt ein Verfahren, wie ein Dokument mit allen referenzierten Inhalten in eine einzelne Datei zusammengefaßt werden kann (PACK). Diese Datei kann übertragen und auf einem anderen System wieder entsprechend der ursprünglichen Organisation zerlegt werden (UNPACK). Entsprechend der Spezifikation im Beispiel unterstützt der PD-Parser weder das Einpacken noch das Auspacken entsprechend SDIF.

10.9. Zusammenfassung

Die SGML-Deklaration definiert die Eigenschaften eines Dokuments in vielfältiger Weise:

* Die *Zeichensatz-Spezifikation* definiert den im Dokument verwendeten Zeichensatz und seine Abbildung auf den Systemzeichensatz.

* Die *Kapazitäts-Spezifikation* definiert die für die Verarbeitung des Dokuments notwendigen Ressourcen dem Umfang nach.

* Die *Syntax-Spezifikation* beschreibt die Elemente der konkreten Syntax auf (im wesentlichen) lexikalischer Ebene. Dazu gehören Deklaration von Zeichenklassen, Funktionszeichen, Kennworten und Begrenzungs-Zeichenketten (*delimiters*), sowie die Beschränkungen der Größe oder Komplexität von Syntaxelementen.

* Die *Bereichs-Spezifikation* legt den Gültigkeitsbereich der in der SGML-Deklaration beschriebenen konkreten Syntax fest.

* Die *Merkmals-Spezifikation* definiert den Gebrauch optionaler SGML-Merkmale.

Die Syntax der SGML Deklaration ist:

```
<!SGML Version
CHARSET Zeichensatz-Spezifikation+
CAPACITY Kapazitäts-Spezifikation
SCOPE Syntax-Bereichs-Spezifikation
SYNTAX Syntax-Spezifikation
FEATURES Merkmal-Spezifikation
APPINFO Anwendungs-Information
>
```

Dabei hat die Syntax-Deklaration die folgende Form:

```
SYNTAX
SHUNCHAR-Spezifikation
Syntax-Zeichensatz-Spezifikation
Funktionszeichen-Spezifikation
NAMING-Spezifikation
NAMES-Spezifikation
QUANTITY-Spezifikation
```

Ausgangspunkt ist gewöhnlich die konkrete Referenz-Syntax. Die Syntax-Deklaration beschreibt dann im wesentlichen die Abweichungen der konkreten Syntax von der Referenz-Syntax.

Der SGML-Deklaration, die das Dokument beschreibt, steht die System-Deklaration gegenüber, die in analoger Weise Eigenschaften und Fähigkeiten der SGML-Anwendung definiert.

10.10. Übungen

1. In der BASESET-Deklaration wird folgende Form des
   PUBLIC-Bezeichners für den ISO 646-Zeichensatz ver-
   wendet. Der Parser meldet einen unbekannten PUBLIC-
   Bezeichner an dieser Stelle. Warum?

   ```
   "ISO 646-1983//
   CHARSET International Reference Version
   (IRV)//
   ESC 2/5 4/0"
   ```

   Hinweis: Man erinnere sich an die Regeln für die
   Normierung von Minimal-Literalen.

2. Ergänzen Sie die Zeichensatz-Spezifikation durch den
   Zeichensatz von ISO Latin 1 und definieren Sie im
   DESCSET-Teil die deutschen Sonderzeichen (Umlaute
   und ß) als im Dokument zulässig. Alle anderen Codes
   im Bereich 128 bis 255 sollen als UNUSED gekennzeichnet werden.

3. Modifizieren Sie die SGML-Deklaration so, daß Namen
   32 Zeichen enthalten können. Passen Sie die Kapazi-
   tätsdeklaration für Dokumente mit maximal 2000 ID-
   und 3000 IDREF-Attributen an.

Randgebiete

Das vorliegende Kapitel hat einige Randgebiete von SGML zum Gegenstand, nämlich Kurzreferenzen, LINK-Attribute und markierte Bereiche.

Es ist bei Randgebieten häufig so, daß sie selten betreten werden. Das gilt – aus jeweils verschiedenen Gründen – auch für die hier behandelten Gebiete. Der Gebrauch von Kurzreferenzen wird von den meisten SGML-Editoren nicht unterstützt, LINK-Attribute sind ein zwar potentiell nützliches, aber selten unterstütztes optionales Feature von SGML, und der Gebrauch von markierten Bereichen empfiehlt sich nur in sehr wenigen Anwendungssituationen.

Daher kann dieses Kapitel von denjenigen Lesern, die sich auf den üblicherweise verwendeten Umfang von SGML beschränken wollen, gefahrlos übersprungen werden.

11.1 Kurzreferenzen

Die Kurzreferenz kann eigentlich als Form der Minimierung betrachtet werden. Ob Kurzreferenzen verwendet werden oder nicht, wird jedoch nicht in der Merkmal-Spezifikation festgelegt, sondern in der DELIM-Spezifikation. Ist dort SHORTREF NONE eingetragen, so können im Dokument keine Kurzreferenzen verwendet werden. Doch zunächst: Was sind Kurzreferenzen?

Kurz gesagt, die Verwendung von Kurzreferenzen erlaubt es, bestimmten Zeichenketten Entitäten zuzuordnen.

In der Ausgabe eines SGML-Parsers erscheint statt der Zeichenkette der Ersetzungstext der zugeordneten Entität.

Der Ersetzungstext einer solchen Entität kann natürlich auch eine Markierung sein. Angenommen, man verwendet ein Element q zur Markierung von Zitaten und will jetzt statt einer Start- und Endemarkierung geschweifte Klammern verwenden. Zunächst werden zwei Entitäten startq und endq benötigt:

```
<!ENTITY startq  "<q>"   >
<!ENTITY endq    "</q>" >
```

Bei Entitäten, deren Ersetzungstext eine Start- oder Endemarkierung ist, ist es üblich, eine spezielle Form der Deklaration zu verwenden. Das sieht so aus:

```
<!ENTITY startq STARTTAG "q" >
<!ENTITY endq   ENDTAG   "q" >
```

geklammerter Text

Man bezeichnet diese Form von Ersetzungstext als geklammerten Text (*bracketed text*). Für diese Entitäten wird eine Kurzreferenz-Abbildung (*short reference map*) qmap deklariert:

```
<!SHORTREF qmap
  "{" startq
  "}" endq >
```

USEMAP-Deklaration

Diese Abbildung soll jedoch nicht immer durchgeführt werden, sondern nur in den Elementen, in denen Zitate erscheinen können, also etwa in Absätzen:

```
<!ELEMENT p - - (#PCDATA) +(q) >
```

Durch eine USEMAP-Deklaration wird dann festgelegt, daß im Inhalt von p die Abbildung qmap aktiv sein soll:

```
<!USEMAP qmap p >
```

Anschließend können die geschweiften Klammern in Absätzen anstelle der q-Markierungen verwendet werden, also etwa so:

```
{In vino veritas}, wie der Römer sagt...
```

Angenehmer wäre es natürlich, wenn statt der geschweiften Klammern die normalen Anführungszeichen verwendet werden könnten. Diese Bequemlichkeit erfordert aber zusätzlichen Aufwand in Form von zwei Kurzreferenz-Abbildungen, da jetzt im Beispiel

```
"In vino veritas", wie der Römer sagt...
```

das erste Anführungszeichen auf `startq` und das zweite Anführungszeichen auf `endq` abgebildet werden muß:

```
<!SHORTREF pmap '"' startq >
<!SHORTREF qmap '"' endq   >
<!USEMAP pmap p >
<!USEMAP qmap q >
```

Will man jetzt ein einfaches Anführungszeichen in den Text einfügen, steht man jedoch vor einem Problem. Ein verbreitetes Verfahren ist es, für solche Zwecke ein spezielles Zeichen zu definieren, das dem darauf folgenden Zeichen seine spezielle Bedeutung nimmt. Häufig wird der rückwärtsgerichtete Schrägstrich `"\"` (*backslash*) als Escape-Zeichen verwendet. Die Deklaration

Escape-Zeichen

```
<!ENTITY dq '"' -- double quote -- >
<!SHORTREF pmap
  '\"' dq
  '"'  startq >
```

führt jedoch nicht zum gewünschten Ergebnis.

Zunächst einmal moniert der Parser die Zeichenkette `'\"'` als unzulässig. Das liegt daran, daß nicht jede Zeichenkette als *short reference delimiter* zulässig ist. Wenn in der SGML-Deklaration SHORTREF SGMLREF eingetragen ist, dann können nur die folgenden Zeichen bzw. Zeichenketten als *short reference delimiter* verwendet werden:

short reference
delimiter

```
" # % ' ( ) * + , - -- : ; = [ ] ^ { | } ~
```

Außerdem sind eine Reihe von aus Funktionszeichen bestehenden Zeichenketten zulässig, die als spezielles Symbol den Buchstaben B enthalten können. B steht hier für ein Folge von einem oder mehreren Zwischenraumzeichen, d.

B-Folgen

h. B ist ein Folge aus mindestens einem Zwischenraumzeichen, BB enthält mindestens zwei, BBB mindestens drei,
usw. Die in der Referenz-Syntax zulässigen Zeichenketten
sind:

`&#TAB;`	Tabulatorzeichen
`&#RE;`	Zeilenendezeichen
`&#RS;`	Zeilenanfangszeichen
`&#RS;B`	Zwischenraumzeichen am Zeilenanfang
`&#RS;&#RE;`	Leerzeile
`&#RS;B&#RE;`	Zeile mit Zwischenraumzeichen
`B&#RE;`	Zwischenraumzeichen am Zeilenende
`&#SPACE;`	Zwischenraumzeichen
`BB`	mindestens zwei Zwischenraumzeichen

Werden weitere *short reference delimiter* benötigt, so muß die
SGML-Deklaration modifiziert werden, und zwar müssen
im SHORTREF-Teil der DELIM-Spezifikation die zusätzlichen
Zeichenketten aufgeführt werden:

```
SHORTREF SGMLREF '\"'
```

Doch auch mit dieser modifizierten SGML-Deklaration
wird der gewünschte Effekt nicht erzielt. Der Text

```
das Anführungszeichen \" hat den Code 34
```

wird zu

```
das Anführungszeichen <q> hat den Code 34
```

expandiert. Das liegt daran, daß `"\""` zwar durch `&dq;`
und die Referenz durch ein einzelnes Anführungszeichen
ersetzt wird, auf dieses wird aber wieder die Abbildung
pmap angewandt und man erhält schließlich `"<q>"`.

Um Abhilfe zu schaffen, könnte man im Text durch
eine spezielle USEMAP-Deklaration die Abbildung vorübergehend deaktivieren, das Anführungszeichen setzen, und
die Abbildung anschließend wieder aktivieren. Eine
USEMAP-Deklaration kann nämlich nicht nur in der DTD,
sondern auch in der Instanz auftreten und hat dann die
Form


```
<!USEMAP ( Abbildungsname | #EMPTY ) >
```

Die spezielle Form `<!USEMAP #EMPTY>` deaktiviert die augenblicklich aktive Abbildung. Im Text sähe das so aus:

`#EMPTY`

```
das Anführungszeichen
<!USEMAP #EMPTY>"<!USEMAP pmap>
hat den Code 34
```

Das ist aber nicht elegant. Bleibt man dabei, \" als Escape-Zeichenfolge zu verwenden und deklariert dq als

```
<!ENTITY dq
   '<!USEMAP #EMPTY>"<!USEMAP pmap>' >
```

so hat man den gewünschten Effekt. Mit einer Ausnahme: Innerhalb eines Zitates funktioniert der Escape-Mechanismus nicht. Das liegt daran, daß dort nicht die Abbildung pmap, sondern die Abbildung qmap gilt. Man muß also auch für qmap die Escape-Sequenz definieren:

```
<!ENTITY startq STARTTAG "q" >
<!ENTITY endq    ENDTAG    "q" >
<!ENTITY dqp
   '<!USEMAP #EMPTY>"<!USEMAP pmap>' >
<!ENTITY dqq
   '<!USEMAP #EMPTY>"<!USEMAP qmap>' >
<!SHORTREF pmap
   '"'   startq
   '\"'  dqp >
<!SHORTREF qmap
   '"'   endq
   '\"'  dqq >
<!USEMAP pmap p >
<!USEMAP qmap q >
```

Nach diesen nichttrivialen Vorbereitungen funktioniert die Umsetzung des folgenden Textes endlich wie gewünscht:

```
Und das ANSI-Kommitee sprach:
"Das Anführungszeichen \" werde durch den
Code 34 dargestellt."
Und sah, daß es gut war.
```

Was die Bewertung der Minimierung mit Hilfe von Kurzreferenzen angeht, so stehen auf der Pro-Seite die erheblichen Vereinfachungen bei der Eingabe, die durch Kurzreferenzen möglich werden. Auf der Kontra-Seite steht, daß

1. Transparenz auch ein Nachteil sein kann (man sieht dem Anführungszeichen nicht an, ob es ein ganz normales Anführungszeichen ist oder eine Kurzreferenz), daß
2. der Aufwand bei der Deklaration von Kurzreferenzen erheblich sein kann, und daß
3. SGML-Editoren die Verwendung von Kurzreferenzen häufig nicht unterstützen.

Nachzutragen ist noch die Syntax von SHORTREF- und USEMAP-Deklaration:

```
<!SHORTREF
Abbildungsname
( Zeichenkette Entitätsname ) +
>
```

und

```
<!USEMAP
( ( Abbildungsname
      ( Elementname |
        Elementnamensgruppe )? ) |
   #EMPTY )
>
```

11.2 LINK-Attribute

Die Verwendung von LINK-Attributen stellt den von SGML sanktionierten Weg dar, Elemente eines Dokuments mit Formatierungsanweisungen zu versehen. Das geschieht auf der Grundlage sogenannter LINK-Prozeß-Definitionen (*link process definitions*) – abgekürzt LPD – im Prolog des Dokuments. Man kann sich eine LPD als Formatvorlage vorstellen, die verschiedene sogenannte LINK-Attribute definiert, deren Werte die Formatierungsanweisungen enthalten. Außerdem werden in der LPD eine Reihe von Stilen (*link sets*) definiert, die den LINK-Attributen ihre jeweils unterschiedlichen Werte zuweisen, und es wird definiert, wann welcher Stil aktiv ist.

Den drei Merkmalen SIMPLE, IMPLICIT und EXPLICIT in der Merkmals-Spezifikation entsprechen verschiedene Arten von LPDs, nämliche *einfache*, *implizite* und *explizite* LPDs.

Es soll zunächst nur die Verwendung einer impliziten LPD an einem Beispiel veranschaulicht werden. Zunächst als Grundlage eine einfache DTD für aus Absätzen (p), Listen (list) und Programmbeispielen (dpe) bestehende Texte:

Arten von LPDs

implizite LPD

```
<!DOCTYPE text [
<!ELEMENT text - - (p | list | dpe)+ >
<!ELEMENT p       O O (#PCDATA) -(p|dpe) >
<!ATTLIST p id ID #IMPLIED >
<!ELEMENT list - - (lp+) >
<!ELEMENT lp    - O (#PCDATA) +(p|dpe) >
<!ELEMENT dpe   - O (#PCDATA) -(p|dpe) >
]>
```

Den Elementen mit Dateninhalt (p, lp und dpe) soll jetzt durch zwei LINK-Attribute ein Absatzformat zugewiesen werden, und zwar soll indent den Einzug des Absatzes und indent1 soll den Einzug der ersten Zeile festlegen. In der Praxis wird natürlich zur Definition eines Absatzformates eine Vielzahl von Attributen notwendig sein, hier soll jedoch nur ein Beispiel gegeben werden. Die komplette LPD sieht folgendermaßen aus:

```
<!LINKTYPE textfmt text #IMPLIED [
<!ATTLIST (p|lp|dpe)
   indent    CDATA "0pt"
   indent1   CDATA "0pt"
>
<!LINK #INITIAL
      p    [ indent="0pt"  indent1="10pt" ]
      lp   [ indent="10pt" indent1="0pt"  ]
```

dpe [indent="10pt" indent1="10pt"]>

```
]>
```

Syntax des Prologs

Daß die LPD formale Ähnlichlichkeit mit einer DTD hat[1], kann nicht überraschen, wenn man berücksichtigt, daß die LPD der DTD als Teil des Prologs gewissermaßen gleichgestellt ist. Die vollständige Syntax des Prologs lautet nämlich:

```
Basis-DTD
DTD *
LPD *
```

Vor, nach und zwischen den genannten Teilen des Prologs können noch Kommentardeklarationen,. Verarbeitungsanweisungen (*processing instructions*) oder Zwischenraumzeichen erscheinen.

LINKTYPE

Die LPD würde im Beispiel unmittelbar der Basis-DTD `text` folgen. Nach dem Kennwort `LINKTYPE` erscheint zunächst der Name der LPD (hier `textfmt`) und dann der Name der DTD, auf den sich der `LINK`-Prozeß bezieht. Daß `textfmt` implizit ist, wird durch das folgende Kennwort `#IMPLIED` (nicht `#IMPLICIT`!) kenntlich gemacht. Bei einer LPD vom Typ `EXPLICIT` würde hier der Name der Ziel-DTD stehen, und bei einer LPD vom Typ `SIMPLE` erscheint an Stelle von `textfmt` `#SIMPLE` gefolgt von `#IMPLIED`.

LPD-Subset

Die in eckige Klammern eingeschlossene Folge von Deklarationen bildet (analog zum DTD-Subset) das LPD-Subset. Ein LPD-Subset kann an bereits bekannten Arten von Deklaration Attribut- und Entitätsdeklarationen enthalten.

LINK-Attribut-
Deklarationen

Die Attributdeklarationen in LPDs unterscheiden sich nicht von Attributdeklarationen in DTDs, mit der Einschränkung, daß `ID`, `IDREF` oder `NOTATION` als deklarierter Wert und `#CURRENT` oder `#CONREF` als Voreinstellung nicht zulässig sind (was klar ist, da die entsprechenden Deklarationen im Kontext einer LPD keinen Sinn machen).

---

[1] Man beachte die eckigen Klammern, die wie beim DTD-Subset eine Folge von Deklarationen einschließen.

Der fett markierte Teil ist eine Stildeklaration (*link set declaration*) mit dem speziellen Namen #INITIAL. Dieser Stil ist gewissermaßen die Voreinstellung (und in unserem Beispiel global wirksam, da kein anderer Stil deklariert wurde).

Die Stildeklaration hat die allgemeine Form

```
<!LINK
( Stilname | #INITIAL )
Stilregel +
>
```

Eine LINK- oder Stilregel (*link rule*) ist bei einer impliziten LPD ein aus einem Elementnamen und einer Liste von LINK-Attributwert-Spezifikationen bestehendes Paar mit der Syntax

```
Elementname
[
( ( Attributname = ) ? Attributwert ) +
]
```

Die Spezifikation der Werte beider Attribute in der Stildeklaration von #INITIAL war redundant, da der Wert "0pt" bereits durch die Voreinstellung von indent und indent1 gesetzt ist. Es hätte statt dessen genügt, #INITIAL wie folgt zu deklarieren:

```
<!LINK #INITIAL
        p       [ indent1="10pt" ]
        lp      [ indent="10pt" ]
        dpe     [ indent="10pt" indent1="10pt" ]
>
```

Was ist die Wirkung einer solchen LPD? Man kann es sich so vorstellen, daß für eine SGML-Anwendung die Dokumentinstanz

```
<text>
<p>Absatz</p>
<list>
<lp>Listenpunkt1
<lp>Listenpunkt2
```

```
</list>
</text>
```

so erscheint, als wären die Attribute `indent` und `indent1` wie folgt gesetzt:

```
<text>
<p indent1="10pt" >Absatz</p>
<list>
<lp indent="10pt" >Listenpunkt1
<lp indent="10pt" >Listenpunkt2
</list>
</text>
```

Wohlgemerkt: `indent` und `indent1` sind keine Attribute von p oder lp. Es ist daher nicht möglich, ihre Werte in der Dokumentinstanz zu setzen. Der Inhalt der Dokumentinstanz erscheint der SGML-Anwendung nur aufgrund des LINK-Prozesses `textfmt` so.

explizite LPD   Im Fall einer expliziten LPD entspricht die Wirkung des LINK-Prozesses einer Konvertierung des Dokuments in ein SGML-Dokument mit einer anderen DTD. Als Beispiel soll eine explizite LPD dienen, wobei Struktur des Zieldokuments eine Folge von Absätzen mit entsprechenden Einzügen ist:

```
<!DOCTYPE text [
<!ELEMENT text - - (p | list | dpe)+ >
...
]>
<!DOCTYPE block [
<!ELEMENT block - O (#PCDATA) >
<!ATTLIST block
  indent   CDATA "0pt"
  indent1  CDATA "0pt"
>
]>
<!LINKTYPE textfmt text block [
<!LINK #INITIAL
      p    block [ indent="0pt"
                   indent1="10pt" ]
```

```
lp  block [ indent="10pt"
            indent1="0pt"   ]
dpe block [ indent="10pt"
            indent1="10pt" ]
>
]>
```

Das Resultat des LINK-Prozesses erscheint dann für die im Beispiel angegebene Dokumentinstanz als

```
<block indent1="10pt" >Absatz
<block indent="10pt" >Listenpunkt1
<block indent="10pt" >Listenpunkt2
```

Wieder ist zu betonen, daß es sich um ein "für die SGML-Anwendung erscheinen als" handelt. Man kann nicht annehmen, daß ein LINK-Merkmale unterstützender SGML-Parser eine Konvertierung des geparsten Dokuments ausführt.

Im Beispiel war text die Basis-DTD und gleichzeitig die Quell-DTD des LINK-Prozesses textfmt. Die Ziel-DTD war block. Man könnte jetzt einen weiteren LINK-Prozeß definieren, der block zur Quelle und xyz zum Ziel hat. Und so weiter. Im Prinzip lassen sich so beliebig lange Ketten verknüpfter DTDs bilden, die Länge dieser Ketten wird aber durch den in der SGML-Deklaration bzw. in der Systemdeklaration angegebenen Wert des Merkmals EXPLICIT beschränkt.

Verkettungen von LINK-Prozessen beeinträchtigen nicht die Einschränkung, daß zu jedem Zeitpunkt nur ein impliziter oder expliziter LINK-Prozeß aktiv sein kann. Dagegen können mehrere LINK-Prozesse vom Typ SIMPLE aktiv sein.

Bei der SIMPLE-LPD gibt es keine Stile und damit keine Verknüpfung von LINK-Attributwerten und Elementen. Die definierten LINK-Attribute sind dem Basis-Element einer DTD zugeordnet, und ihre Werte sind die in der Deklaration des LINK-Attributs definierte Voreinstellungen. Man kann einfache LPDs zusammen mit impliziten oder expliziten LPDs dazu verwenden, globale, verarbeitungs-

Ketten von LINK-Prozessen

einfache LPD

abhängige Attributwerte zu setzen. In folgendem Beispiel wird durch eine einfache LPD das Seitenformat für `text` definiert:

```
<!LINKTYPE pagefmt #SIMPLE #IMPLIED [
<!ATTLIST text
  pagelen CDATA "29.7cm"
  pagewid CDATA "21.0cm"
  margtop CDATA "3cm"
  margbot CDATA "3cm"
  marglft CDATA "2cm"
  margrgt CDATA "2cm"
>
]>
```

Spezifikation von LINK-Merkmalen

Gleichgültig, welcher Typ von LINK-Prozeß verwendet wird, Voraussetzung ist natürlich, daß das entsprechende LINK-Merkmal in der SGML-Deklaration als aktiv spezifiziert ist und dieses Merkmal auch von der SGML-Anwendung unterstützt wird. Die Syntax der LINK-Merkmals-Spezifikation ist

```
LINK
SIMPLE   ( ( YES Zahl ) | NO )
IMPLICIT ( YES | NO )
EXPLICIT ( ( YES Zahl ) | NO )
```

Die beim aktiven SIMPLE-Merkmal anzugebende Zahl muß größer oder gleich 1 sein und bezeichnet die maximale Zahl gleichzeitig aktiver einfacher LPDs. Der entsprechende Wert beim aktiven EXPLICIT-Merkmal bezeichnet die maximale Länge einer Kette verknüpfter LPDs.

Doch zurück zur Verwendung von LPDs und dem Beispiel der `text`-DTD mit impliziter LPD. Entsprechend der DTD sind `p`- und `dpe`-Elemente in Listenpunkten inkludiert. Die Dokumentinstanz

```
<text>
<list>
<lp>Listenpunkt
<p> Der Absatz innerhalb eines Listenpunktes
erscheint mit eingezogener erster Zeile.
```

```
</list>
</text>
```

ist also mit der DTD konform. Die resultierende Formatierung

- Listenpunkt
  Der Absatz innerhalb eines Listenpunktes erscheint mit eingezogener erster Zeile.

entspricht jedoch nicht dem gewünschten Erscheinungsbild, da der Einzug des Absatzes relativ zum Seitenrand, statt relativ zum Listeneinzug von 10 Punkt ist. Offenbar ist es erforderlich, für Absätze innerhalb von Listen einen speziellen Stil zu verwenden. Man definiert daher:

```
<!LINK listfmt
        p    [ indent="10pt" indent1="20pt" ]
        dpe  [ indent="20pt" indent1="20pt" ]
>
```

Jetzt muß nur noch dafür gesorgt werden, daß der Stil listfmt innerhalb der Liste auch verwendet wird. Das kann durch eine explizite USELINK-Deklaration in der Dokumentinstanz geschehen:

USELINK-Deklaration

```
<list>
<lp><!USELINK listfmt textfmt>
Listenpunkt
<p> Der Absatz innerhalb eines Listenpunktes
erscheint mit eingezogener erster Zeile.
...</list>
```

Die LINK-Attribute für ein p- oder dpe-Element innerhalb des Listenpunktes werden dann nicht entsprechend dem #INITIAL-Stil, sondern entsprechend listfmt behandelt. Das gilt allerdings nur für den aktuellen Listenpunkt, da die Wirkung einer USELINK-Deklaration bis zum Ende des aktuellen Elements reicht. Plaziert man die USELINK-Deklaration unmittelbar nach dem Startelement von list, so stellt man fest, daß der Einzug von Listenpunkten 0 Punkt ist. Das liegt daran, daß für lp in listfmt keine Attributwerte angegeben wurden und daher die Voreinstellung gilt.

Überhaupt ist es umständlich und unbequem, die Formatierung innerhalb von Listen explizit einstellen zu müssen. Die Dokumentinstanz sollte ja auch weiterhin möglichst frei von verarbeitungsabhängigen Markierungen sein.

Um das zu erreichen, wird die Stildeklaration von `#INITIAL` wie folgt modifiziert:


```
<!LINK #INITIAL
        p    [ indent="0pt"  indent1="10pt" ]
        lp #USELINK listfmt
             [ indent="10pt" indent1="0pt"  ]
        dpe  [ indent="10pt" indent1="10pt" ]
>
```

Die `USELINK`-Deklaration in der Stildeklaration hat den gleichen Effekt wie ein stets unmittelbar auf die Startmarkierung von `lp` folgende explizite `USELINK`-Deklaration. Die vollständige Syntax einer Stilregel ist:

```
Elementname
( #USELINK
  ( Stilname | #EMPTY ))?
( #POSTLINK
  (Stilname | #EMPTY | #RESTORE ))?
[ Attributwert-Spezifikation + ]
```

dabei bezeichnet `#EMPTY` die leere Stilregel, d. h. die Werte der `LINK`-Attribute entsprechen den Voreinstellungen. Die Wirkung der `POSTLINK`-Deklaration entspricht einer `USELINK`-Deklaration, die unmittelbar auf die Endemarkierung des betreffenden Elements folgt.

Die vollständige Syntax der expliziten `USELINK`-Deklaration ist dementsprechend:

```
<!USELINK
(Stilname | #EMPTY | #RESTORE )
LPD-Name
>
```

Steht dabei anstelle eines Stilnamens `#RESTORE`, so wird der zu Beginn des aktuellen Elements gesetzte Stil wiederhergestellt.

11.3 Markierte Bereiche

Dieser Abschnitt mit einer kurzen Darstellung der Verwendung markierter Bereiche (*marked sections*) beendet den Streifzug durch die Randgebiete von SGML.

Ein markierter Bereich ist Teil der Dokumentinstanz mit speziellem Status. Er wird durch eine Deklaration markiert, die den Status durch eines (oder mehrere) der folgenden Kennworte festlegt:

CDATA
: Der Bereich enthält Zeichen. Elementmarkierungen und Entitätsreferenzen werden nicht erkannt.

RCDATA
: Der Bereich enthält Zeichen und Entitätsreferenzen. Elementmarkierungen werden nicht erkannt.

IGNORE
: Der Inhalt des Bereichs wird ignoriert, d. h. er erscheint nicht in der Ausgabe und wird behandelt, als sei er nicht vorhanden.

INCLUDE
: Der Inhalt des Bereichs wird "normal" behandelt, d. h. so, als ob die Bereichsmarkierung nicht vorhanden wäre.

TEMP
: Der Bereich ist ein temporärer Teil des Dokuments[2].

Die Verwendung markierter Bereiche zeigt sich wie immer am besten im Beispiel. Man kann die Markierung eines Bereiches mit Status CDATA verwenden, um Programm- oder SGML-Beispiele zu maskieren:

```
Um das zu erreichen, wird die Deklaration
von #INITIAL wie folgt modifiziert:
<![ CDATA [
<!LINK #INITIAL
        p     [ indent="0pt"  indent1="10pt" ]
... ]]>
```

---

[2] Was immer das heißen mag. Der Standard definiert keine Semantik für solche "temporären" Bereiche.

Syntax

Die allgemeine Form der Deklaration eines markierten Bereiches ist

```
<![ Status-Kennwort + [ Zeichenfolge ]]>
```

Innerhalb der Zeichenfolge werden bei Bereichen mit Status CDATA außer "]]>" keine Begrenzungen, Markierungen oder Entitäts-Referenzen erkannt.

Das funktioniert zwar sehr ordentlich und weniger umständlich als bei den bisher vorgestellten Verfahren zur Einbettung von Programmbeispielen und ähnlichen Elementen, hat aber den gravierenden Nachteil, daß ein markierter Bereich kein Strukturelement ist.

IGNORE und
INCLUDE

Eine andere Anwendung markierter Bereiche ist das Aus- und Einblenden von Teilen des Dokuments mit Hilfe von IGNORE und INCLUDE. Angenommen, man hat ein zweisprachiges Dokument, z. B. englisch-deutsch, und will bequem beide Sprachversionen extrahieren können. Dann wird man für die deutsche Version den englischen Teilen den Status IGNORE und den deutschen Teilen den Status INCLUDE geben. Die entsprechenden Statuskennworte sollen aber nicht überall im Dokument ausgetauscht werden, sondern nur an einer Stelle. Man verwendet zu diesem Zweck Parameter-Entitäten:

```
<!DOCTYPE text [
<!ENTITY % gtext "IGNORE"  >
<!ENTITY % etext "INCLUDE" >
<!ELEMENT text - - (#PCDATA) >
]>
<text>
<![ %gtext; [deutscher Text]]>
<![ %etext; [english text]]>
</text>
```

Parameter-Entitäten
außerhalb des Prologs

Es erscheint verwunderlich, daß hier eine Parameter-Entität innerhalb der Dokumentinstanz referenziert wird, obwohl seinerzeit gesagt wurde, daß Parameter-Entitäten außerhalb des Prologs nicht referenziert werden können. Das muß offensichtlich präzisiert werden: Parameter-Entitäten können innerhalb von Deklarationen referenziert werden, und dazu gehören die Deklarationen markierter Bereiche. Dementsprechend können auch in den in der Dokumentinstanz erscheinenden USEMAP- und USELINK-Deklarationen Parameter-Entitäten referenziert werden.

Gegen die oben gezeigte Verwendung von IGNORE und INCLUDE lassen sich letzten Endes die gleichen Einwände erheben wie gegen die Verwendung des Status CDATA zum Maskieren von Programmtext: Englische und deutsche Textteile sollten Strukturelemente sein und als solche markiert werden, denn nur dann können beispielsweise entsprechende Teile einander zugeordnet werden. Die Übernahme oder das Ignorieren der respektiven Inhalte bleibt dann der das Dokument aufbereitenden Anwendung überlassen.

Wie man an der Syntax der Deklaration markierter Bereiche sieht, kann die Deklaration mehrere Status-Kennworte enthalten. Wenn das der Fall ist und der Status sonst widersprüchlich wäre, gilt folgende Priorität (in absteigender Folge): IGNORE CDATA RCDATA INCLUDE, d. h.

mehrere Status-
kennworte

```
<![ IGNORE INCLUDE [...]]>
```

ist äquivalent zu

```
<![ IGNORE [...]]>
```

11.4 Zusammenfassung

Die in diesem Kapitel dargestellten Randgebiete von SGML
sind Kurzreferenzen, LINK-Prozesse und markierte Bereiche:

- Kurzreferenzen sind bestimmte Zeichenketten, die als
  Referenz einer Entität fungieren. Die Zuordnung zwischen Zeichenkette und Entität wird durch Deklaration
  einer Kurzreferenz-Abbildung (SHORTREF-Deklaration)
  in der DTD definiert. Die DTD kann außerdem
  USEMAP-Deklarationen enthalten, die für bestimmte
  Elemente die Abbildung aktivieren. Die Abbildung
  kann aber auch explizit durch eine USEMAP-Deklaration
  in der Dokumentinstanz aktiviert werden.

- LINK-Prozesse dienen dazu, Elemente mit formatie-
  rungsbezogener Information zu verknüpfen. Ein LINK-
  Prozeß wird durch eine LINK-Prozeß-Definition (LPDs)
  im Prolog eines SGML-Dokuments beschrieben. Eine
  LPD definiert LINK-Attribute, deren Werte die Formatierungsinformation enthalten, sowie Stile, in denen
  den Elementen der betreffenden DTD bestimmte Attributwerte zugewiesen werden. Die Aktivierung von
  Stilen kann durch USELINK- oder POSTLINK-Anwei-
  sungen in der Stildeklaration definiert werden oder
  durch explizite USELINK-Anweisungen in der Dokumentinstanz.

  Es gibt drei Arten von LINK-Prozessen: einfache,
  implizite und explizite. *Einfache* LINK-Prozesse enthalten keine Stildeklarationen und definieren daher keine
  Verknüpfungen von Elementen mit Attributwerten. Die
  Voreinstellungen der Attribute sind globale Parameter.
  Beim *impliziten* LINK-Prozeß verhalten sich die LINK-
  Attribute wie Attribute der in den Stilregeln angegebenen Elemente. Beim *expliziten* LINK-Prozeß schließlich
  erscheinen die LINK-Attribute als Attribute von Elementen der in der LPD angegebenen Ziel-DTD.

- Markierte Bereiche charakterisieren Teile einer Dokumentinstanz durch eines oder mehrere der fünf Status-Kennworte CDATA, RCDATA, IGNORE, INCLUDE und TEMP. Der Effekt von CDATA und RCDATA ist etwa der, den ein Element mit so deklariertem Inhalt hätte (mit dem Unterschied, daß markierte Bereiche keine Strukturelemente sind). Bereiche mit Status IGNORE werden ignoriert, Bereiche mit Status INCLUDE werden wie nicht markierte Bereiche behandelt, und Bereiche mit Status TEMP sind nur vorübergehend Teil des Dokuments.

11.5. Übungen

1. Schreiben Sie eine DTD für einfache Tabellen mit den
    Elementen `tabelle`, `zeile`, und `spalte`. Definieren
    Sie eine Kurzreferenz-Abbildung derart, daß die Ta-
    belle

```
<tabelle>
<zeile><spalte>Name<spalte>Geschlecht
<zeile><spalte>Adam<spalte>männlich
<zeile><spalte>Eva<spalte>weiblich
</tabelle>
```

in der Form

```
[ Name  | Geschlecht
  Adam  | männlich
  Eva   | weiblich ]
```

notiert werden kann.

2. Der folgende Prolog eines SGML-Dokuments enthält
    fünf Fehler. Finden und markieren Sie diese.

```
<!DOCTYPE text [
<!ELEMENT text    - - (absatz | list)+ >
<!ELEMENT absatz - - (#PCDATA) >
<!ELEMENT list    - - (lpunkt+) >
<!ELEMENT lpunkt - - (#PCDATA) >
<!LINKTYPE stdfmt text #IMPLICIT >
<!ATTLIST (absatz | lpunkt)
   einzug  CDATA "0cm"
   einzug1 CDATA "0cm"
>
<!ATTLIST lpunkt
   marke (ast | bullet | hyphen) hyphen >
<!LINK absatz [ einzug1="1cm" hyphen ] >
<!LINK lpunkt [ einzug="1cm" ] >
]>
```

HTML

Das folgende Kapitel hat zwei Ziele. Das eine Ziel ist die Darstellung der Elemente einer nichttrivialen DTD (nämlich der DTD der *Hypertext Markup Language*, fortan abgekürzt als HTML). Das andere Ziel ist, am Beispiel des *World Wide Web* (fortan abgekürzt als WWW[1]) zu zeigen, welche Rolle SGML in den globalen Informationssystemen der Gegenwart und Zukunft spielt bzw. spielen kann.

HTML bietet sich als Beispiel an, da die DTD relativ einfach ist, und außerdem das WWW (und damit HTML) in den letzten Monaten in stetig zunehmendem Maß Gegenstand von Artikeln in der Fachpresse ist. Kein Wunder, da die sich mit WWW verbindenden Begriffe wie *Electronic Publishing, Hypertext, Online Publishing, Internet, Multimedia, Information Highway* usw. die *Buzzwords*[2] dieser Tage sind. Eine Behandlung der Elemente von HTML ist daher an sich von Interesse.

Soviel zu den Vorteilen. Die Wahl von HTML als zu behandelnder DTD hat den Nachteil, daß HTML kein "fertiger" Standard ist, sondern als Teil einer sehr dynamischen Entwicklung noch sehr im Fluß und in der Diskussion ist.

Ich möchte mich daher von vornherein entschuldigen, falls in einigen Details meine Informationen nicht dem letz-

---

[1] Ein relativ schlecht auszusprechendes Akronym, sowohl im Englischen ("Dabbelju-dabbelju-dabbelju"), als auch im Deutschen ("Weh! Weh! Weh!"). Meist spricht man einfach vom "Web".

[2] Man weiß nicht genau, was es ist, aber es ist toll und modern.

ten Stand entsprechen, aber die Entwicklung vollzieht sich zu schnell und an zu vielen Orten, als daß man definitive Aussagen über den Stand der diversen Arbeiten im Zusammenhang mit dem WWW und HTML machen könnte.

Trotz all dieser Einschränkungen: es besteht ein erhebliches Interesse an Informationen zu HTML, das durch verstreute Artikel in den Fachzeitschriften und verschiedene im Internet verstreute Standardisierungsvorschläge, Diskussionsbeiträge und HTML-Kurzeinführungen nur schlecht und außerdem nicht für jedermann befriedigt wird.

Das vorliegende Kapitel kann eine gründliche Behandlung von HTML und allem was damit zusammenhängt nicht ersetzen, dennoch denke ich, daß die hier zusammengestellten Informationen für diejenigen, die auf dem WWW publizieren wollen oder das erwägen, zumindest als Einstieg ausreichend sind.

12.1. Das World Wide Web

Was ist das WWW?

Das World Wide Web ist zunächst ein Dienst im Internet, dem gegenwärtig größten globalen Computernetzwerk. Es soll hier nicht auf das Internet und seine Dienste eingegangen werden (Informationen dazu finden sich in Anhang D), vielmehr soll das World Wide Web (fortan mit WWW abgekürzt) abstrakt und seiner Funktion nach beschrieben werden.

Problemstellung

Was also leistet das WWW? Man versteht die Funktion vielleicht am besten von der Problemstellung her. Ein Grundproblem bei der Nutzung des Internet ist, daß die im Prinzip verfügbaren Informationsmengen gewaltig sind, es aber schwierig sein kann, zu einer bestimmten Fragestellung relevante Informationen zu finden. Darüber hinaus gestaltet sich der Zugriff auf die Informationen je nach zugrundeliegendem Internet-Dienst unterschiedlich. Benötigt wird also ein Medium zur strukturierten Darstellung von Informationen, das beliebige Dienste und Objekte integrieren kann. Diesen Anforderungen entspricht der Gopher-Dienst, der diverse Objekte (unstrukturierte Texte, Dateien,

Verzeichnisse, Terminalsitzungen) in einer menüartigen
Struktur organisiert.

Das genügt jedoch noch nicht, da die Struktur von Gopher-Menüs zu unflexibel ist. Man wünschte sich vielmehr
die Darstellung von Informationen in Form gegliederter
Dokumente, in denen eingebettete Hypertext-Links auf
beliebige andere Dokumente, Objekte und Dienste verweisen können.

Darüber hinaus sollte ein weiteres Grundproblem des
Internet (zumindest teilweise) gelöst werden. Die gewünschte Austauschbarkeit der Dokumente zwang nämlich
stets dazu, den kleinsten gemeinsamen Nenner zu suchen,
d. h. sich unter Verwendung eines beschränkten Zeichensatzes auf unformatierte, unstrukturierte Textdateien zu
beschränken[3]. Da die Fähigkeiten der die Dokumente verarbeitenden Software und Hardware (z. B. der zur Darstellung verwendeten Terminals) sehr unterschiedlich waren,
mußte von minimalen Fähigkeiten ausgegangen werden.
Statt nun die Anforderungen an Software und Hardware
für die Inanspruchnahme eines neuen Dienstes zu definieren (was einen erheblichen Teil der Nutzer vom Zugang
ausgeschlossen hätte), standardisierte man die Dokumente.
Das heißt, man legte keine Formatierungen fest, sondern
beschrieb die Daten inhaltlich-strukturell und überließ es
der jeweiligen Hardware/Software-Umgebung, die Daten
so gut wie möglich zur Darstellung zu bringen. Und da
genau das die Idee von SGML ist, legte man dieser Standardisierung der Dokumente eine SGML-DTD zugrunde:
eben HTML.

So ist es möglich, auf einem textorientierten Terminal
Dokumente zur Darstellung zu bringen, die Formatierungen, Bilder, Sound- und Videoclips usw. enthalten: Es werden eben nur die Textbestandteile dargestellt. Eine Multi-
media-Workstation dagegen wird alle im Dokument enthaltenen Daten entsprechend ausgeben können.

---

[3] Das galt (und gilt) für elektronische Post (Email) und die Artikel in Diskussionsforen.

Wie funktioniert das WWW? Zugrundeliegend ist das sogenannte Client-Server-Prinzip. Clients und Server sind zwei unterschiedliche Teile einer Anwendung mit unterschiedlichen Fähigkeiten, die typischerweise auch auf verschiedenen Rechnern laufen und über einen Informationskanal (hier: das Internet) miteinander kommunizieren. Im Fall des WWW hat der Client im wesentlichen die Fähigkeit, HTML-Dokumente zu interpretieren und darzustellen. Man bezeichnet einen solchen Client auch als WWW-Browser, insofern er dem Benutzer als Anwendung zur Darstellung von und Navigation in Hypertexten erscheint. Der Client weiß aber nicht unbedingt etwas mit dem Inhalt der in das dargestellte Dokument eingebetteten Hypertext-Links anzufangen[4], die Interpretation der Hypertext-Links ist vielmehr Sache des Servers.

Der Client stellt Hypertext-Links mit einer bestimmten Form der Hervorhebung dar (also blau oder grün oder unterstrichen oder sonstwie). Aktiviert der Benutzer das Link (etwa durch Anklicken), so ermittelt der Client den für das Link zuständigen Server und schickt den Inhalt des Links an diesen Server. Der Server reagiert, indem er das betreffende Dokument ermittelt (oder erzeugt) und dieses an den Client zurückschickt, der es zur Darstellung bringt.

12.2. HTML

Was ist HTML? Die einfache Antwort wäre, daß HTML eine DTD für die Struktur von Dokumenten im WWW ist. Leider stimmt sie so nicht ganz, und zwar aus historischen Gründen. Zunächst entstand HTML nämlich als relativ informelle Spezifikation für die Auszeichnung von Dokumenten, wobei von Anfang an die SGML-Notation verwendet wurde. In der darauf folgenden sehr dynamischen Entwicklung des WWW waren jedoch bei vielen Beteiligten die Konzepte von SGML nicht ganz präsent, was dazu

4   Außer es handelt sich um Links auf lokale Objekte.

führte, daß die damals erstellten Dokumente keine einheitliche Struktur hatten.

Dem mußten natürlich auch die Anwendungen Rechnung tragen, das heißt, es hatte keinen Sinn, die Dokumente zu parsen oder sich darauf zu verlassen, daß die Dokumente eine bestimmte Struktur besitzen.

Ein WWW-Client benutzt daher die Markierungen gewissermaßen als Formatierungsanweisungen, die relativ unabhängig voneinander sind. Markierungen außerhalb des Kontexts oder unbekannte Markierungen werden dabei ignoriert.

Sehr bald versuchte man natürlich, wieder zu einer einheitlichen, in einer DTD fixierten Strukturbeschreibung zu kommen. Diese Vereinheitlichung ist aber bis heute noch nicht ganz gelungen, was daran liegt, daß es für einige involvierte Gruppen darum ging, den gegenwärtigen Zustand zu fixieren, während andere sich parallel zur Weiterentwicklung der Client-Software damit befaßten, die Darstellung neuer Objekte wie etwa Formeln und Tabellen zu integrieren.

Gegenwärtiger Stand ist etwa folgender: Es gab zunächst eine DTD, die noch schlicht HTML-DTD hieß. Sie beschrieb in etwa die Struktur der damals (ca. 1992/1993) im WWW ausgetauschten Dokumente und die damals von den WWW-Clients erkannten Elemente. `HTML`

Dieser DTD entspricht vom Umfang (nicht von den Details der Struktur her) in etwa der Level 0 der gegenwärtig von Tim Berners-Lee (CERN) und Dan Connolly (HaL) erarbeiteten Standardisierungsvorschlags für HTML 2.0. Level 1 fügt dem diverse Formen der Hervorhebung hinzu und Level 2 implementiert interaktive Formulare als Bestandteil von Dokumenten. `HTML 2.0`

Die oben erwähnten Arbeiten, die auf eine Bereicherung der mit HTML beschreibbaren Objekte abzielten, fokussierten sich auf das von David Ragget (HP Labs) entwickelte HTML+, das voraussichtlich in modifizierter Form als HTML 3.0 die Version 2.0 von Berners-Lee und Connolly erweitern wird. `HTML+ und HTML 3.0`

Angesichts dieser Situation ergibt sich für den prospektiven Autor von HTML-Dokumenten die Frage, welche DTD verwendet werden soll. Die Antwort lautet, daß im Prinzip jede der verfügbaren DTDs verwendet werden kann. Man darf allerdings nicht davon ausgehen, daß bei Verwendung der allerneuesten Version einer *Draft*-Version einer HTML4++-DTD, die man sich aus dem Internet gezogen hat, jeder WWW-Client die verwendeten Elemente auch entsprechend darstellt.

Man kann also entweder sich auf HTML 2.0 Level 0 oder 1 beschränken, und dann relativ sicher sein, daß die Markierungen umgesetzt werden, man kann HTML 2 Level 2 (mit Formularen) verwenden (die meisten gegenwärtig verwendeten WWW-Clients können Formulare darstellen), oder man kann von HTML+ bzw. einem der Derivate ausgehen und darauf hoffen, daß wenn nicht jetzt, dann doch in Zukunft die verwendeten HTML-Features von den WWW-Clients unterstützt werden. Das vorliegende Kapitel bleibt in der Mitte, insofern die beschriebene DTD HTML 2.0 Level 2 ist.

Keine gute Idee ist es, statt die Dokumente mit einem Parser in Bezug auf eine HTML-DTD zu validieren, sich an ihrer Darstellung durch einen WWW-Browser zu orientieren. Fehlerhafte HTML-Konstrukte werden nämlich von den verschiedenen WWW-Clients sehr unterschiedlich behandelt. Browser A kann eine den Intentionen des Autors entsprechende Darstellung zeigen, während Browser B nichts oder nur Formatierungssalat anzeigt.

12.3. Die Elemente von HTML

Es ist die Aufgabe von HTML, ein möglichst großes Spektrum von Dokumentstrukturen abbilden zu können, da die Dokumente, die über das WWW zugänglich gemacht werden, aus den verschiedensten Quellen stammen und daher sehr unterschiedliche Strukturen aufweisen.

Aus diesem Grund weist HTML relativ wenige spezialisierte Elemente auf und ist in den Vorgaben für die Struktur nicht sehr strikt.

Die Grobstruktur eines HTML-Dokuments ist sehr einfach. Das Basiselement heißt HTML und besteht aus einem Kopf, dem HEAD-Element und dem eigentlichen Text, der Inhalt des BODY-Elements ist. Dementsprechend die folgende Elementdeklaration:

Dokumentstruktur

```
<!ELEMENT HTML O O  (HEAD, BODY) >
```

Das HTML-Element hat nur ein einziges Attribut VERSION. Es ist vom Typ FIXED und definiert durch einen PUBLIC-Bezeichner die Version der betreffenden HTML-DTD:

```
<!ATTLIST HTML
   VERSION CDATA #FIXED
   "-//IETF//DTD HTML//EN//2.0"
>
```

Der Text eines Dokuments (also der Inhalt des BODY-Elements) ist meist in Absätze gegliedert. Absätze werden durch das Element P dargestellt. Der Inhalt eines P-Elements kann zunächst einmal schlichter Text sein, der durch die Entitäten aus ISOlat1 (also auml, uuml usw.) dargestellte Sonderzeichen enthalten kann.

Text

Ein Wort zum Gebrauch der Entitäten. Es ist eine gängige, aber im Grunde schlampige Praxis, den Strichpunkt am Ende der Entitätsreferenz wegzulassen[5]. Was SGML betrifft, ist das zulässig, es rächt sich jedoch bei den diversen WWW-Clients, insofern diese eben keine SGML-Anwendungen sind. Das Beispiel des Textes "ä X" an drei WWW-Browsern[6] (Cello, Mosaic und Netscape) liefert folgendes Ergebnis: Cello zeigt "X" an, Mosaic liefert "äX" und bei Netscape erscheint "ä X".

Entitäten

---

[5] Eine Praxis, die auch in der HTML 2.0-DTD mehrfach (aber nicht immer) geübt wird.

[6] Ein WWW-Browser ist eine Anwendung zur Darstellung von Dokumenten aus dem WWW.

Auch Referenzen von der Anwendung nicht bekannten Entitäten werden unterschiedlich behandelt. Cello zum Beispiel ignoriert die Referenz, während Mosaic und Netscape die Referenz anzeigen[7].

Was den Umfang der den WWW-Clients bekannten Entitäten anbelangt, so kann man sich eigentlich nur darauf verlassen, daß die Entitäten der Alphabeterweiterung ISO Latin 1 bekannt sind. Außerdem sollten die Entitäten `amp`, `gt`, `lt` und `quot` bekannt sein, die zur Vermeidung von Konflikten mit SGML-Markierungen benötigt werden[8].

Zeilenumbruch

Absätze werden automatisch umbrochen. Bei der Darstellung eines Absatzes wird automatisch Leerraum zwischen den Absätzen erzeugt. Die Zeilentrennzeichen im HTML-Dokument werden ignoriert. Um einen Zeilenwechsel in einem Absatz einzufügen, kann man das Element `BR` (wie *line break*) verwenden.

Hervorhebungen

Um Textbestandteile durch Hervorhebung genauer klassifizieren zu können, gibt es zwei Gruppen von Elementen. Die erste Gruppe ist inhaltlich orientiert, während die zweite Gruppe eine Schriftfamilie oder Schriftart vorgibt, die dann (sofern vorhanden) zur Darstellung verwendet wird. Die folgende Tabelle zeigt die Elemente der ersten Gruppe:

`CODE`   Kennzeichnet Programmcode und ähnlichen Text. Dargestellt wird dieses Element meist mit einer Courier-Schrift.

`CITE`   Kennzeichnet ein Zitat innerhalb des Textes. Zur Darstellung wird häufig eine Kursivschrift verwendet. Da einige Browser dieses Element aber ignorieren, sollte auf Anführungszeichen nicht verzichtet werden.

---

[7]   `"© Springer Verlag"` wird also in Cello zu `" Springer Verlag"` und in Mosaic zu `"© Springer Verlag"`. Netscape jedoch kennt die Entität und zeigt `"© Springer Verlag"` an.

[8]   Das ist aber nicht immer der Fall. Mosaic beispielsweise kennt `quot` nicht, mit der Folge, daß Mosaic Probleme mit Dokumenten hat, die Anführungszeichen in Attributen (die zugegebenermaßen selten vorkommen) enthalten.

EM   Kennzeichnet eine (schlichte) Hervorhebung. Zur Darstellung wird meist Kursivschrift verwendet.

KBD   Kennzeichnet Eingaben des Benutzers bei einem interaktiven Programm oder einer Terminalsitzung. Typischerweise wird eine fette Courier-Schrift verwendet.

Beispiel: `Datei überschreiben (J/N)? J`

würde durch

```
<code>Datei &uuml;berschreiben
(J/N)?</code> <kbd>J</kbd>
```

in HTML umgesetzt werden.

SAMP   Kennzeichnet Beispieltexte oder beliebige Zeichenketten.

STRONG Kennzeichnet eine starke, also besonders auffällige Hervorhebung. Meist wird zur Darstellung eine Fettschrift verwendet.

VAR   Kennzeichnet Variablen- oder Parameternamen. Zur Darstellung wird meist eine Kursivschrift verwendet.

Beispiel:

Kommando: `copy` *Dateien(en) Verzeichnis*

würde durch

```
Kommando: <code>copy</code>
<var>Dateien(en) Verzeichnis</var>
```

dargestellt werden.

Außer diesen den Inhalt kennzeichnenden Hervorhebungselementen gibt es noch sich auf die Schriftart beziehende Hervorhebungen, nämlich:

TT   Es wird eine Schreibmaschinenschrift (*teletype*) mit einheitlichem Zeichenabstand zur Darstellung verwendet, typischerweise Courier.

B   Die Darstellung erfolgt in Fettschrift (*bold*).

I   Die Darstellung erfolgt in Kursivschrift (*italics*).

Das folgende HTML-Fragment zeigt noch einmal die verschiedenen Formen der Hervorhebung:

```
<em>Hervorhebung</em><br>
<strong>starke Hervorhebung</strong><br>
<code>Quellcode</code><br>
<samp>Beispieltext</samp><br>
<kbd>Benutzereingabe</kbd><br>
<var>Variablennamen</var><br>
<cite>Name eines zitierten
Dokuments</cite><br>
<tt>Courier oder &auml;hnliche
Schriftart</tt><br>
<b>Fettschrift</b><br>
<i>Kursivschrift</i>
```

Die Darstellung des obigen Fragments könnte dann etwa folgendermaßen aussehen[9]:

> *Hervorhebung*
> **starke Hervorhebung**
> `Quellcode`
> `Beispieltext`
> **`Benutzereingabe`**
> *`Variablennamen`*
> *Name eines zitierten Dokuments*
> `Courier oder ähnliche Schriftart`
> **Fettschrift**
> *Kursivschrift*

Die beschriebenen Bestandteile können natürlich ineinander geschachtelt werden. Es ist allerdings nicht gesagt, daß in

---

[9] Die Betonung liegt auf könnte. Netscape beispielsweise stellt die Elemente CODE, SAMP und KBD einheitlich durch Courier-Schrift und VAR durch Kursivschrift dar. Und Cello stellt außer den die Schriftart spezifizierenden Elementen TT, I und B nur EM und STRONG durch spezielle Formatierung dar. Dabei wird TT (fälschlich) auf PRE abgebildet, erscheint also als Absatz mit vorformatiertem Text.

der Darstellung eine entsprechende Kombination der betreffende Stile verwendet wird, das heißt

```
<B><I>fett-kursive Schrift</I></B>
```

kann als

fett-kursive Schrift

dargestellt werden, aber auch als

fett-kursive Schrift.

Um die DTD leichter lesbar zu machen, werden die Parameter-Entitäten `font` und `phrase` definiert, in denen die Elemente der beiden Gruppen zusammengefaßt werden:

```
<!ENTITY % font    "TT | B | I" >
<!ENTITY % phrase "EM | STRONG | CODE | SAMP
                  | KBD | VAR | CIT" >
```

Ein wichtiger Bestandteil, der in Absätzen erscheinen kann, sind Bilder. Bilder werden durch `IMG`-Elemente dargestellt und sind typischerweise kleine Rasterbilder im GIF-Format[10]. Ein `IMG`-Element hat keinen Inhalt (ist also `EMPTY`), die zur Darstellung benötigten Informationen erscheinen als Werte von Attributen.

Bilder

```
<!ELEMENT IMG - O EMPTY>
<!ATTLIST IMG
        SRC    CDATA     #REQUIRED
        ALT    CDATA     #IMPLIED
        ALIGN (top|middle|bottom) #IMPLIED
        ISMAP (ISMAP) #IMPLIED
>
```

Die Freude darüber, Dokumente durch integrierte Bilder mit einem Hauch von Multimedia überziehen zu können,

Bilderrausch

---

[10] Das GIF-Format (_Graphics Interchange Format_) wurde 1987 von der Firma CompuServe als Protokoll zum Austausch von Grafikdaten definiert. Es ist speziell auf den effizienten Transfer von Bilddaten über relativ langsame Modemleitungen ausgelegt. Insbesondere ist es möglich, ein Bild inkrementell zu übertragen und anzuzeigen. Das heißt, das betreffende Bild erscheint zunächst in einer groben Rasterung und im weiteren Verlauf der Übertragung erscheinen die Details. Dieses Feature wird gegenwärtig nur vom Netscape-WWW-Browser genutzt.

hatte die Folge, daß kaum ein HTML-Dokument ohne Logos und (anklickbaren oder nicht anklickbaren) Bildchen zu finden ist. Da auch ein kleines Bild einige Kilobyte auf die Datenwaage bringt, werden häufig 80 - 90 Prozent der Übertragungszeit zur Übertragung der Bilder verwendet. Die meisten WWW-Browser erlauben es allerdings, die Übertragung von Bildern zu deaktivieren.

ALT-Attribut

An deren Stelle erscheint dann der im ALT-Attribut angegebene Text[11]. Wurde kein Wert für ALT angegeben, so wird eine Voreinstellung angezeigt (z. B. "[IMAGE]"). Der Wert von ALT wird auch von nicht-grafikfähigen Browsern (z. B. Lynx) verwendet. Für Level 0 sollte das ALT-Attribut stets angegeben werden (d. h. es müßte die Voreinstellung #REQUIRED haben).

SRC-Attribut

Der Wert von SRC bezeichnet die Quelle der Bilddaten. Angenommen, es handelt sich um eine GIF-Datei mit einem Firmenlogo im selben Verzeichnis wie das Dokument, so könnte das IMG-Element etwa so aussehen:

```
... <IMG SRC="logo.gif" ALT="[Logo Mueller
GmbH]" ALIGN=top>M&uuml;ller GmbH<br>...
```

Zu beachten ist auch noch, daß ALT ein CDATA-Attribut ist. Daher wurde oben statt "[Logo Müller GmbH]" anzugeben, der Umlaut ausgeschrieben.

ALIGN-Attribut

Das Attribut ALIGN legt fest, wie das Bild in Bezug auf den umgebenden Absatz auszurichten ist. Es wird allerdings nicht von allen WWW-Browsern ausgewertet, und wenn, dann ohne daß der Text das Bild "umfließt".

ISMAP-Attribut

Die Verwendung des Attributs ISMAP und die Einrichtung der entsprechenden Beschreibungsdateien kann hier nicht im einzelnen besprochen werden. Nur soviel zur Funktion: IMG-Elemente mit Attribut ISMAP erscheinen als Bestandteile eines Hypertext-Links. Das sieht typischerweise so aus:

```
<A HREF="/cgi-bin/imagemap/brdmap">
<IMG SRC="brdmap.gif" ISMAP></A>
```


11 Meistens jedenfalls. Mosaic zeigt eine grafische Markierung.

Springender Punkt und Unterschied zu einem gewöhnlichen IMG-Link ist die Existenz einer *Image Map*-Datei auf dem Server, die durch geometrische Objekte (Rechteck, Kreis oder Polygon) bezeichneten Teilen des Bildes URLs zuordnet. Man kann also etwa folgendes machen: Man hat ein Bild einer Maschine (etwa eines Kfz-Motors) und möchte Information zu den einzelnen Teilen durch Anklikken der entsprechenden Teile des Bildes geben. Zu diesem Zweck wird eine *Map*-Datei erstellt, die die einzelnen Bestandteile durch entsprechende Polygone beschreibt, und den Polygonen die einschlägigen URLs zuordnet. Beim Anklicken wird dann die Position des angeklickten Punktes dem Server übermittelt, der aufgrund der *Map*-Datei prüft, ob der Punkt im Innern eines geometrischen Objekts liegt. Wenn ja, wird die zum entsprechenden URL gehörige Seite dargestellt.

Außer IMG-Elemente kann ein Absatz auch noch Hypertext-Links enthalten, die in HTML durch A-Elemente dargestellt werden. Von diesen soll ausführlich in Abschn. 5 die Rede sein. Insgesamt ergibt sich also unter Verwendung einer Parameter-Entität text die folgende Deklaration für das Element P:

```
<!ENTITY % text
  "#PCDATA | A | IMG | BR | %font; |
  %phrase" >
<!ELEMENT P - O (%text;)+ >
```

So weit, so gut. Die bisher bereitgestellten Elemente erlauben es, einen in Absätze gegliederten Text mit hervorgehobenen Phrasen und integriertem Bildmaterial auszuzeichnen. Gliederungselemente bzw. Elemente für Überschriften fehlen bislang. Um die Gliederung eines Textes darzustellen gibt es im Prinzip zwei Methoden, und zwar eine strikte und eine laxe. Bei der strikten Gliederung wird durch die DTD sichergestellt, daß die Gliederungsebenen korrekt ineinandergeschachtelt sind. Das sieht mit drei Gliederungsebenen DIV1, DIV2 und DIV3 und entsprechenden Überschriften-Elementen H1, H2 und H3 etwa wie folgt aus:

Gliederung

```
<!ELEMENT DIV1 - O
  (H1, (DIV2+ | (%text;)+)) >
<!ELEMENT DIV2 - O
  (H2, (DIV3+ | (%text;)+)) >
<!ELEMENT DIV3 - O
  (H3, (%text;)+) >
<!ELEMENT (H1|H2|H3) (%text;)+ >
```

HTML+ fordert diese strikte Form der Gliederung. Im Gegensatz dazu deklariert die HTML 2.0-DTD nur Überschriften-Elemente für sechs Gliederungsebenen, die beliebig zwischen Absätzen eingefügt werden können. Man hat hier also eine sehr laxe Form der Gliederung. Die betreffenden Deklarationen lauten:

```
<!ENTITY % heading
  "H1 | H2 | H3 | H4 | H5 | H6" >
<!ELEMENT (%heading;) - - (%text;)+ >
```

Die Darstellung der Überschrift bleibt der Anwendung überlassen bzw. kann vom Benutzer definiert werden. Eine Darstellung des folgenden HTML-Fragments

```
<h1>Ebene 1</h1>
<h2>Ebene 2</h2>
<h3>Ebene 3</h3>
<h4>Ebene 4</h4>
<h5>Ebene 5</h5>
<h6>Ebene 6</h6>
<p>Ein Absatz.
```

könnte so aussehen:

Ebene 1

Ebene 2

Ebene 3

Ebene 4

<u>**Ebene 5**</u>

Ebene 6

Ein Absatz.

Außer durch Überschriften kann der Text auch noch durch horizontale Linien gegliedert werden. Das entsprechende Element heißt HR (*horizontal rule*):

Absatztrenner

```
<!ELEMENT HR - O EMPTY >
```

12.4. Listen

Ein weiteres elementares Mittel der Strukturierung von Dokumentinhalten ist die Gliederung durch Listen. Es gibt in HTML fünf Arten von Listen, nämlich geordnete und ungeordnete Listen, Definitionslisten, DIR-Liste und MENU-Liste.

Außer der Definitionsliste, die eine glossarartige Struktur hat, sind die Listen eine Folge von Listenpunkten. Das betreffende Element heißt LI (*list item*). Ein Listenpunkt kann praktisch alles enthalten. Seine Deklaration ist:

Listenpunkte

```
<!ENTITY % list
  "UL | OL | DL | DIR | MENU" >
<!ELEMENT LI - O
  (%text; | P | %list; | %floats;)*
>
```

Das heißt, ein Listenpunkt kann nicht nur Text enthalten, sondern auch in Absätze gegliedert sein, selbst Listen enthalten (die dann mit entsprechender Einrückung dargestellt werden) und schließlich weitere Elemente enthalten, die hier als Parameterentität floats erscheinen und den Absätzen gleichgestellt sind.

Die geordnete Liste wird durch das Element OL (*ordered list*) dargestellt. Zu jedem Listenpunkt wird eine (automatisch erzeugte) Nummer angezeigt. Das Beispiel

geordnete Liste

```
<ol>
<li>Punkt 1
<li>Punkt 2
```

```
<ol>
<li>Unterpunkt 1 von Punkt 2
<li>Unterpunkt 2 von Punkt 2
</ol>
</ol>
```

könnte folgendermaßen dargestellt werden:

I. Punkt 1

II. Punkt 2

   A. Unterpunkt von Punkt 1

   B. Unterpunkt von Punkt 2

Allerdings verwendet nur der Cello-Browser verschiedene Numerierungsformen für ineinandergeschachtelte Listen.

ungeordnete Liste Ein analoges Beispiel mit ungeordneten Listen, die durch UL-Elemente (*unordered list*) dargestellt werden:

```
<ul>
<li>Ein Punkt
<li>Noch ein Punkt
<ul>
<li>Ein Unterpunkt zum zweiten Punkt
<li>Noch ein Unterpunkt zum zweiten Punkt
</ul>
</ul>
```

Dieses Beispiel könnte wie folgt angezeigt werden:

- Ein Punkt
- Noch ein Punkt
  - Ein Unterpunkt zum zweiten Punkt
  - Noch ein Unterpunkt zum zweiten Punkt

Die Deklaration von OL und UL lautet:

```
<!ELEMENT (OL | UL) - - (LI)+ >
```

Definitionsliste Die Definitionsliste DL (*definition list*) besteht nicht aus Listenpunkten, sondern hat eine glossarähnliche Struktur. Man hat jeweils den Namen des beschriebenen Gegenstands DT (*definition term*), gefolgt von der Beschreibung DD (*definition list definition*). Die Deklaration lautet:

```
<!ELEMENT DL - - (DT | DD)+ >
<!ELEMENT DT - O (%text;)+ >
<!ELEMENT DD - O
   (%text; | P | %list; | %float;)+ >
```

Vergleicht man die Deklaration von DD und LI, so sieht
man, daß beide identisch sind. Ein DD-Element kann also
praktisch beliebige Bestandteile enthalten. Demgegenüber
stimmt die Struktur von DT mit der eines Absatzes (P-Ele-
ment) überein. Außerdem fällt auf, daß die deklarierte
Struktur von DL laxer ist, als oben beschrieben, insofern DL
eine beliebige Folge von DT- und DD-Elementen enthalten
kann[12]. Das rührt daher, daß DL-Elemente nicht nur für
Definitionslisten im engeren Sinn verwendet werden, sondern immer dann, wenn eine Darstellung als Folge von
eingerückten und nicht eingerückten Absätzen benötigt
wird (so werden DL-Elemente nämlich üblicherweise dargestellt). Ein Beispiel: Die Liste

```
<DL>
<DT>Gegenstand 1
<DD>Beschreibung von Gegenstand 1
<DT>Gegenstand 2
<DD>Beschreibung von Gegenstand 2
</DL>
```

kann dargestellt werden als:

Gegenstand 1
        Beschreibung von Gegenstand 1
Gegenstand 2
        Beschreibung von Gegenstand 2

Eine DIR-Liste besteht üblicherweise aus relativ vielen relativ kurzen Punkten, die in der Darstellung eventuell in Spalten angeordnet werden könnten, etwa in Form einer Tabelle, wobei Spaltenbreite und Spaltenzahl automatisch zu
bestimmen wären. Dies wird allerdings von keinem der
bisher genannten WWW-Browser unterstützt.

DIR-Liste

---

[12] Für die oben beschriebene Struktur müßte das Inhaltsmodell (DT, DD)+
lauten.

MENU-Liste

Eine MENU-Liste schließlich besteht typischerweise aus einer Folge von Einträgen, wobei jedem Eintrag eine Zeile entspricht. Die Darstellung ähnelt der einer ungeordneten Liste, ist jedoch kompakter.

Die Deklaration von DIR und MENU lautet:

```
<!ELEMENT (DIR | MENU) - - (LI)+
  -(P | %list; | %floats; ) >
```

Die Exklusion bewirkt, daß Listenpunkte in DIR- und MENU-Listen nur Text enthalten können, d. h. als ob LI durch

```
<!ELEMENT LI - O (%text;)+ >
```

deklariert worden wäre. DIR und MENU sind Elemente der ursprünglichen HTML-DTD (Version 1). In HTML 2.0 sind sie obsolet und sollten daher nicht mehr verwendet werden.

COMPACT-Attribut

Alle Listenelemente haben ein Attribut COMPACT. Es zeigt an, das die betreffende Liste in kompakter Form (also mit verminderten oder keinen Abständen zwischen den einzelnen Listenpunkten) angezeigt werden soll:

```
<!ATTLIST (%list;)
  COMPACT (COMPACT) #IMPLIED >
```

12.5. Hypertext-Links

Ein wesentliches Merkmal der Dokumente im WWW sind die eingebetteten Verweise oder Hypertext-Links auf beliebige Dokumente, Objekte und Ressourcen. Quelle und Ziel eines Links werden in HTML durch das Element A (*Anchor*) dargestellt:

```
<!ELEMENT A - - (%text;) -(A) >
```

Folgende Attribute sind deklariert:

```
<!ATTLIST A
  HREF    CDATA #IMPLIED
  NAME    ID    #IMPLIED
  REL     NAME  #IMPLIED
  REV     NAME  #IMPLIED
```

```
URN      CDATA #IMPLIED
TITLE    CDATA #IMPLIED
METHODS NAMES #IMPLIED >
```

Von diesen Attributen brauchen zunächst nur HREF und NAME zu interessieren, durch die Link-Quellen (A-Elemente mit HREF-Attribut) und Link-Ziele (A-Elemente mit NAME-Attribut) gekennzeichnet sind[13]. Dargestellt wird der Inhalt einer Link-Quelle in einer eindeutig von anderen Formen der Hervorhebung unterscheidbarer Weise. Meist wird dazu eine farbige Schrift verwendet. Wie man sieht, können Links selbst keine Links enthalten, da sonst die hervorgehobene Darstellung eines Links im Link schwierig wäre.

Will man beispielsweise auf einen bestimmten Abschnitt eines Dokuments verweisen, so muß zunächst das Link-Ziel markiert werden. Etwa folgendermaßen:

```
<H2><A NAME="db.auto">Datenbanken in der
Automobilindustrie</A></H2>
```

Verweist man (innerhalb des betreffenden Dokuments) auf das so definierte Link-Ziel, so wird dem Bezeichner db.auto[14] das Zeichen # vorangestellt, wodurch das Link als lokaler Verweis gekennzeichnet wird:

lokale Verweise

```
Siehe dazu auch den Abschnitt<A
HREF="#db.auto">Datenbanken in der
Automobilindustrie</A>...
```

Will man statt auf ein Ziel innerhalb des lokalen Dokuments auf ein anderes Dokument verweisen, so wird der Pfad des Zieldokuments angegeben, gegebenenfalls ergänzt durch die Fragment-ID des Zieles im betreffenden Dokument. Man sieht das am Beispiel eines Inhaltsverzeichnisses, bei

externe Verweise

---

[13] Daß für Link-Quelle und -Ziel dasselbe Element verwendet wurde, war eine vermutlich etwas unglückliche Entscheidung. Sonst wäre es nämlich möglich gewesen, HREF für Link-Quellen und NAME für Link-Ziele REQUIRED zu machen. Auch sonst stiftet die Doppelfunktion Verwirrung und Probleme. Link-Ziele könnten beispielsweise auch EMPTY oder ineinander geschachtelt sein.

[14] Diese Bezeichner für Link-Ziele in einem HTML-Dokument werden auch Fragment-IDs genannt.

dem die einzelnen Kapitel in separaten Dateien abgespeichert sind:

```
<H1><A NAME="Inhalt">Inhaltsverzeichnis
</A></H1>
<DL COMPACT>
<DT><A HREF="kap1.htm">Kapitel 1</A>
<DD>Einleitung
<DL COMPACT>
<DT><A HREF="kap1.htm#1.1">Abschnitt 1.1</A>
<DD>Grundbegriffe
...</DL></DL>...
```

Die so bezeichneten Dokumente müssen sich jedoch im gleichen Verzeichnis befinden wie das Dokument, die das Inhaltsverzeichnis enthält. Um auf beliebige im Netzwerk vorhandene Objekte verweisen zu können, muß man für die Verweise die im nächsten Abschnitt behandelte allgemeine Form des *Uniform Ressource Locators* – abgekürzt: URL – verwenden.

12.6. URIs, URLs und URNs

Was sich zunächst wie die Namen Schweizer Kantone anhört, sind Abkürzungen für Bezeichner von Ressourcen und Objekten im World Wide Web. Dabei steht URI für *Uniform Resource Identifier*, URL für *Uniform Resource Locator* und URN für *Uniform Resource Name*.

Ressourcen und Objekte

Von Ressourcen statt von Objekten spricht man, da ein URI sich beispielsweise auf einen Datenbankzugriff beziehen kann (das Resultat der Datenbankabfrage kann dann wieder als Objekt gesehen werden).

Man braucht sich über die Unterscheidung von URI, URL und URN keine großen Gedanken zu machen. Es ist ziemlich einfach: URI ist der Oberbegriff, ein Bezeichner in einer Verweisung in einem HTML-Dokument wird also stets ein URI sein. In der Praxis wird es auch ein URL sein, da URNs Gegenstand einer noch offenen Diskussion sind. Ein URL ist dadurch gekennzeichnet, daß er implizit eine

Zugriffsmethode enthält. Im einfachsten Fall ist das die Bezeichnung eines Rechners und der Pfadname eines HTML-
Dokuments auf diesem Rechner.

Damit ergibt sich aber ein Problem, das in der Praxis
mittlerweile relativ häufig auftritt: obsolete Verweise.
Ändert sich nämlich der Name des Rechners oder wird auf
dem Rechner die Verzeichnisstruktur geändert, so müßten
konsequenterweise alle Dokumente, die auf das betreffende
Dokument verweisen, entsprechend modifiziert werden.

Die URNs sollen diesem Problem abhelfen. Im Gegensatz zu einem URL soll ein URN unabhängig von dem
letztlich das Dokument (oder das Objekt) bereitstellenden
Zugriffsverfahren sein.

Ein Kennzeichen von URNs ist demnach ihre Persistenz: ganz egal, wohin ein Dokument wandert, der URN
wird sich nicht ändern.

Das zweite Kennzeichen ist die Eindeutigkeit: Während
auf ein und dasselbe Dokument durchaus an mehreren
Stellen zugegriffen werden kann (beispielsweise eine auf
mehreren FTP-Servern verfügbare Datei) und es demnach
zu diesem Dokument auch mehrere URLs gibt, wird es zu
allen "Examplaren" des Dokuments nur einen URN geben.
Das entspricht etwa der ISBN[15] bei Büchern. In der Tat
wird ISBN und ISSN[16] eines der ersten für URNs verfügbaren Bezeichnungsschemata sein.

Wie die Funktion der URNs realisiert werden soll
(insbesondere wie aus einem URN ein URL gewonnen werden soll) ist gegenwärtig noch nicht ganz klar. Auch die
Details des formalen Aufbaus sind noch in der Diskussion[17]. Einem Papier von Chris Weider zufolge wird der
Aufbau dreiteilig sein, und zwar entsprechend der Syntax

obsolete Verweise

URN

Persistenz

Eindeutigkeit

---

[15] *International Standard Book Number*

[16] *International Standard Serial Number.* Das Äquivalent einer ISBN bei
      Periodika.

[17] Der URL, der auf dem WWW-Server von CERN auf ein Dokument zum
      aktuellen Stand der URN-Diskussion verweist, ist ironischerweise leider
      obsolet.

URN: *Schema*:*Name*

Dabei bezeichnet *Schema* das zur Namensgebung verwendete Schema. Außer `ISBN` und `ISSN` kann hier auch `IANA` (*Internet Assigned Number Authority*) erscheinen. Der Name kann dann eine beliebige Zeichenkette sein, die (zumindest zum Teil) von der mit der Namensgebung betrauten Institution zugeteilt wird.

Soviel zu den *Unified Ressource Names*. Die wesentlich wichtigere Art von Bezeichnern sind die *Uniform Ressource Locators* oder URLs, da die Werte des Attributs `HREF` des Link-Elements `A` sowie des Attributs `SRC` des Bildelements `IMG` URLs sind.

Wie weiter oben schon gesagt, sind die URLs dadurch gekennzeichnet, daß die zum Zugriff auf das bezeichnete Objekt benötigte Information im Bezeichner enthalten ist. Man sieht das am besten am Beispiel eines typischen URLs:

```
http://info.cern.ch/
```

Der erste Teil des URL bis zum Doppelpunkt bezeichnet das Schema, nach dem der Rest des URL zu interpretieren ist. Im Beispiel ist das `http`. Bei dem betreffenden Objekt handelt es sich also um ein HTML-Dokument. Für den Zugriff wird das *Hypertext Transfer Protocol* (abgekürzt HTTP) verwendet.

Die folgende Tabelle listet die Präfixe für die einzelnen Dienste[18] bzw. Protokolle auf und soll hier nur einen Eindruck von Umfang und Zahl der vom WWW integrierten Dienste geben:

`ftp`	*File Transfer Protocol*
`http`	*Hypertext Transfer Protocol*
`gopher`	*Gopher Protocol*
`mailto`	*Email*-Adresse
`news`	*USENET News*
`nntp`	*USENET News* (über NNTP)
`telnet`	Terminalsitzung via *Telnet*
`wais`	*Wide Area Information Service*
`file`	lokales Dokument

[18] Informationen zu diesen Diensten finden sich in Anhang D.

Der dem Doppelpunkt folgende schemaspezifische Teil des URL beginnt mit zwei Schrägstrichen, die anzeigen, daß eine Spezifikation für einen Zugriff über das Internet folgt. Diese IP-Spezifikation[19] beginnt nach dem zweiten Schrägstrich und erstreckt sich bis zum nächsten Schrägstrich oder bis zum Ende des URL. In diesem Fall lautet sie `info.cern.ch` und bezeichnet einen bestimmten Rechner (im Sprachgebrauch des Internet: einen *Host*), nämlich den WWW-Server des CERN. Diese Rechnernamen sind leichter les- und merkbar als IP-Adressen[20].

IP-Adressen

Der dritte Teil des URL besteht im Beispiel nur aus einem Schrägstrich. In diesem Fall wird die sogenannte *Startseite* geladen. Die Startseite enthält meist Informationen über

Startseite

- die Firma oder Organisation, die den Server unterhält,
- Art und Umfang der auf dem Server verfügbaren Informationen,
- Links zu den jeweiligen Themenbereichen und
- Links auf andere (externe) Server und Informationsquellen.

Häufig ist auch der Betreuer des Servers mit einem Email-Link angegeben, an den man sich mit Fragen, Problemen und Anregungen wenden kann. Die Startseite dient also zur Orientierung und als Einstiegspunkt, wenn nur der Name des Servers bekannt ist.

Bewegt man sich von der Startseite durch Selektieren der relevanten Links weiter, so erscheint in dem (meist vom Client angezeigten) URL der jeweiligen Seite ein Pfad. Beispielsweise lautet der URL der Seite mit den URL-Spezifikationen auf dem CERN-Server

```
http://info.cern.ch/hypertext/WWW/Addressing
/Addressing.html
```

---

[19] IP steht für *Internet Protocol*.

[20] Die IP-Addresse des CERN-Servers lautet 128.141.202.119 und könnte anstelle des Namens verwendet werden. Der URL würde dann lauten: `http://128.141.202.119/`.

Indem man diesen URL angibt, kann man auch direkt zu dieser Seite gehen, ohne den Umweg über die Startseite machen zu müssen.

Abfrageteil

Gelegentlich enthält ein URL noch einen vierten Teil, dann nämlich, wenn der Server nicht einfach ein Dokument senden, sondern eine Abfrage (etwa in einer Datenbank) ausführen soll. Als Beispiel kann hier ein WWW-Server der Universität Passau dienen, über den auf ein Deutsch-Englisches Wörterbuch zugegriffen werden kann. Um zum Beispiel die englische Entsprechung des Wortes "Abbau" zu finden, wird folgender URL erzeugt:

```
http://www.fmi.uni-passau.de/htbin/lt/
lt2html?l=German+-%3E+English&s=Abbau
```

Dabei ist der auf das Fragezeichen folgende fett markierte Teil der Abfrageteil des URL.

URL-Kodierung

Der Abfrageteil erscheint schlecht lesbar, das jedoch eine Folge der URL-Kodierung ist. Um nämlich URLs sicher im Netzwerk übertragen zu können, ist es nötig, die im URL verwendeten Zeichen auf ein Minimum zu beschränken. Das sind im wesentlichen Buchstaben und Ziffern, sowie die speziellen, die einzelnen Teile des URL markierenden Zeichen wie Doppelpunkt und Schrägstrich. Alle anderen Zeichen werden über ihren ASCII-Code dargestellt, der durch zwei hexadezimalen Ziffern wiedergegeben wird, denen ein Prozentzeichen vorangestellt ist. Außerdem werden Leerzeichen in URLs durch Pluszeichen ersetzt. Die Dekodierung des Abfrageteils im Beispiel liefert dann:

```
l=German -> English&s=Abbau
```

Das bedeutet, daß eine Übersetzung vom Deutschen ins Englische gesucht wird, und daß das zu übersetzende Wort "Abbau" ist.

Allgemein besteht ein Abfrageteil aus einer durch das Zeichen & separierten Folge von Wertepaaren der Form:

```
Attribut = Wert
```

Die Syntax eines HTTP-URL insgesamt ist (soweit bisher bekannt) also:

```
http:// Host / [ Pfad [ ? Abfrage ]] [ #
Fragment-ID ]
```

Diese Syntax gilt in ähnlicher Form für alle sich auf einen bestimmten Host beziehenden Dienste. Ein FTP-URL hat beispielsweise die Form

```
ftp:// Host / [ Pfad ]
```

Er unterscheidet sich von einem HTTP-URL also nur durch das Fehlen von Abfrageteil und Fragment-ID. Es gibt jedoch einige Formen des URL, die einer anderen (eigenen) Syntax folgen[21]. Das sind insbesondere Mail- und News-URL. Beide sind einfach. Der Mail-URL hat die Form

```
mailto: Email-Adresse
```

Das Aktivieren eines Mail-URLs bewirkt normalerweise den Start eines Mailing-Programms mit der im URL angegebenen Adresse. Der News-URL hat die Form

```
news: News-Gruppe
```

Um zum Beispiel auf die News-Gruppe für SGML und alles was damit zusammenhängt zu verweisen, kann der URL `news:comp.text.sgml` verwendet werden.

relative URLs

Soweit erscheinen die URLs recht lang und recht kompliziert. Man fragt sich unwillkürlich, ob man beim Erstellen eines HTML-Dokuments laufend URLs mit meterlangen Pfadnamen eingeben muß. Betrachtet man jedoch die Werte der HREF-Attribute in Abschn. 5 (die ja auch URLs sind oder sein sollen), so sieht man, daß diese überhaupt keine Pfadnamen enthalten.

Es handelt sich um *relative* oder *partielle* URLs. Ein solcher liegt vor, wenn der URL keine Schemabezeichnung enthält. In diesem Fall wird das Schema des aktuellen Dokuments (also des Dokuments, das den Verweis enthält). Der schemenspezifische Teil wird teilweise (oder auch ganz) übernommen. Wir nehmen jetzt an, das der URL des aktuellen Dokuments `schema://host/x/y/z` sei. Ein relativer URL wird dann wie folgt komplettiert:

---

[21] Das liegt daran, daß der schemaspezifische Teil des URL in seinem Aufbau sich an den Konventionen des jeweiligen Dienstes orientiert.

- Besteht der URL nur aus der Fragment-ID, so besteht der komplettierte URL aus dem aktuellen URL mit der angefügten Fragment-ID, d. h. aus `#marke` wird `schema://host/x/y/z#marke`.

- Ist das erste Zeichen des URL kein Schrägstrich, so wird der Teil des aktuellen URLs nach dem letzten Schrägstrich durch den partiellen URL ersetzt. Aus `datei` wird so `schema://host/x/y/datei`.

- Steht am Anfang des URL genau ein Schrägstrich, so wird der auf den Hostnamen folgende Teil durch den partiellen URL ersetzt, aus `/datei` wird also `schema://host/datei`.

- Beginnt der URL mit zwei Schrägstrichen, so wird nur das Schema des aktuellen URLs übernommen. Der relative URL `//neuhost/dir1/dir2/datei` wird demnach zu `schema://neuhost/dir1/dir2/datei` komplettiert.

Schließlich werden noch Sequenzen der Form `xyz/..` bzw. `/.` eliminiert.

lokale Dokumente

Eine letzte Frage betrifft den Gebrauch der WWW-Software unabhängig von einer Netzwerkanbindung. Da ein WWW-Browser unter anderem eine sehr leistungsfähige Software zur Darstellung von Hypertext in Form von HTML-Dokumenten ist, taucht ganz natürlich der Wunsch auf, diesen als Hypertext-Browser "zweckzuentfremden". Oder es besteht der Wunsch, sich eine eigene Startseite auf dem lokalen Rechner aufzubauen. In beiden Fällen wird ein URL gebraucht, der nicht auf eine über das Internet zugängliches Objekt, sondern auf eine lokale Datei verweist. Das geschieht mit Hilfe eines URL dessen Schema `file` ist. Die Syntax entspricht der eines FTP-URLs[22], man hat also

file:// [**localhost**] / *Pfad*

Der spezielle Hostname `localhost` dient dazu, den URL als Bezug auf das lokale Dateisystem zu kennzeichnen. Als

---

[22] In der Tat wird von den meisten Browsern `file` als Synonym von `ftp` interpretiert.

Beispiel soll ein URL für eine Startseite auf der Festplatte eines PC dienen:

```
file://localhost/c:/htmldocs/start.htm
```

Man beachte die Schrägstriche anstelle des bei MS-DOS-Pfadnamen üblichen umgekehrten Schrägstrichs und Behandlung der Laufwerksbezeichnung als Verzeichnisnamen.

12.7. Dokumentstruktur

In diesem Abschnitt sollen die bisher noch nicht behandelten HTML-Elemente vorgestellt werden.

Dazu gehören insbesondere die Bestandteile des HEAD-Elements. Die Deklaration des HEAD-Elements ist:

```
<!ELEMENT HEAD O O
   (TITLE & ISINDEX? & BASE? & META* & LINK*)
>
```

HEAD

Wie man sieht, ist die Reihenfolge der Bestandteile beliebig.

Der Inhalt des Elements TITLE ist nicht, wie man meinen könnte, ein im Text der Darstellung erscheinender Titel, sondern gibt die Überschrift an, die typischerweise im Kopfteil des Fensters eines WWW-Browsers angezeigt wird.

TITLE

Das ISINDEX-Element zeigt an, daß eine Suche im betreffenden Dokument möglich ist. Es ist nicht nur als Teil des Kopfes zulässig, sondern auch überall da, wo Absätze zulässig sind. Die Darstellung ist unterschiedlich. Während der Cello-Browser das Element ignoriert, erscheint bei Mosaic am unteren Fensterrand ein Eingabefeld für Suchbegriffe. Netscape schließlich fügt das Eingabefeld an der Stelle im Dokument ein, an der sich das ISINDEX-Element befindet. ISINDEX ist ein leeres Element ohne weitere Qualifizierung:

ISINDEX

```
<!ELEMENT ISINDEX - O EMPTY >
```

BASE   Das optionale Element BASE definiert über ein HREF-Attribut den URI, der zur Auflösung relativer Links innerhalb des betreffenden Dokuments verwendet wird. Es ist vor allem dann nützlich, wenn beim Erstellen eines Dokuments Links auf Dateien im gleichen Verzeichnis angelegt wurden. Wird das Dokument oder Teile des Dokuments in einem anderen Verzeichnis abgelegt, so kann durch Verwendung von BASE vermieden werden, alle ändern zu müssen. Die Deklaration von BASE ist:

```
<!ELEMENT BASE - O EMPTY >
<!ATTLIST BASE
   HREF CDATA #REQUIRED >
```

LINK   Das LINK-Element ist wie folgt deklariert:

```
<!ELEMENT LINK - O EMPTY >
<!ATTLIST LINK
   HREF      CDATA #REQUIRED
   REL       NAME  #IMPLIED
   REV       NAME  #IMPLIED
   URN       CDATA #IMPLIED
   TITLE     CDATA #IMPLIED
   METHODS   NAMES #IMPLIED
>
```

Vergleicht man die Attributliste von LINK mit der von A, so sieht man, daß sie mit der des Ankerelements übereinstimmt. Die Funktion der Attribute ist auch dieselbe wie beim A-Element, nur daß hier kein Hypertext-Link, sondern eine Beziehung zwischen dem aktuellen Dokument und den durch das HREF-Attribut bezeichneten Objekten ausgedrückt wird.

META   Das optionale Element META dürfte noch sehr inmitten des Diskussionsflusses treiben. Seine Funktion soll das Einbinden von Metainformation (wie z. B. Lebensdauer, Schlagwortliste oder Email-Adresse des Autors) sein, indem diese (in Form eines Attributs CONTENT) mit einem HTTP-*Response Header* (der durch das Attribut HTTP-

EQUIV spezifiziert wird) verknüpft wird. Eine genauere (oder verständlichere) Beschreibung würde in die Tiefen des HTTP-Protokolls führen und unterbleibt daher.

Die im BODY-Element auftretenden Bestandteile sind zum großen Teil schon bekannt:

BODY

```
<!ELEMENT BODY O O
   (%heading; | P | %list; | %floats; | HR |
   ADDRESS )>
```

Die hier auftretende Parameter-Entität floats ist als

```
<!ENTITY % floats
   "PRE | BLOCKQUOTE | FORM | ISINDEX" >
```

definiert. Die darin aufgeführten Elemente dienen der Darstellung von vorformatiertem Text (PRE), zitiertem Text (BLOCKQUOTE) und interaktiven Formularen (FORM), die im nächsten Abschnitt behandelt werden.

Das Element PRE ist als

PRE

```
<!ELEMENT PRE - - (%text;)+ >
<!ATTLIST PRE
   WIDTH NUMBER #IMPLIED >
```

Der Inhalt eines PRE-Elements ist also Fließtext und kann auch Hervorhebungen, Verweisungen etc. enthalten. Anders als sonst wird der Inhalt nicht automatisch umbrochen, sondern mit einer Courier-ähnlichen Schrift (alle Zeichen haben also dieselbe Breite) und unter Beibehaltung der Zeilenwechsel dargestellt.

Verwendet wird das PRE-Element unter anderem dazu, Tabellen und ähnliche Bestandteile eines Dokuments darzustellen (da HTML 2 keine Tabellen vorsieht). Tabulatorzeichen werden dabei expandiert. Man sollte jedoch auf ihre Verwendung besser verzichten, da die Umsetzung nicht einheitlich bei allen WWW-Browsern ist.

Eine andere Funktion ist die Darstellung von Programmcode und ähnlichem, z. B. von SGML. Hier muß allerdings darauf geachtet werden, die in SGML-Markierungen verwendeten Zeichen entsprechend zu maskieren.

Soll etwa die Syntax einer Attributlisten-Deklaration dargestellt werden, so zeigt

```
<PRE><!ATTLIST <I>Elementname</I>
  <I>Attributnamedeklaration(en)</I> ></PRE>
```

nicht das gewünschte Resultat, sondern etwa folgendes:
```
Elementname
```
Attributdeklaration(en).
Das liegt daran, daß der WWW-Browser `<!ATTLIST ...>`
für die Startmarkierung eines von ihm nicht interpretierten
HTML-Elements hält und daher ignoriert. Das Problem
wird durch Ersetzung von "<" und ">" durch Entitätsreferenzen behoben:

```
<PRE>&lt;!ATTLIST <I>Elementname</I>
  <I>Attributnamedeklaration(en)</I>
&gt;</PRE>
```

Schließlich ist noch zu beachten, daß bei der Darstellung
von PRE-Elementen am Anfang und am Ende wie bei Absätzen Zeilenzwischenraum eingefügt wird. Hätte man im
Beispiel Zeilenwechsel nach der Start- und vor der Endemarkierung, so würde zusätzlich vor und nach dem vor-
formatierten Text eine Leerzeile erscheinen, da Zeilenwechsel innerhalb von PRE berücksichtigt werden. Die Abstände
zum vorhergehenden und folgenden Text würden dadurch
unerwünscht groß werden.

WIDTH Das Attribut WIDTH legt die maximale Zeichenzahl pro
Zeile fest. Es wird aber bislang kaum unterstützt.

BLOCKQUOTE Das Element BLOCKQUOTE dient zunächst dazu, zitier-
ten Text darzustellen. Allgemeiner hat es die Funktion,
ganze Passagen eines Dokuments vom Rest in der einen
oder anderen Form abzuheben, sei es durch Einrückung, sei
es durch Verwendung einer anderen (etwa kursiven)
Schrift. Das Inhaltsmodell stimmt mit dem von BODY überein:

```
<!ELEMENT BLOCKQUOTE - -
  (%heading; | P | %list; | %floats; | HR |
  ADDRESS )>
```

Das letzte in diesem Abschnitt behandelte Element ist ADDRESS. Meist erscheint es auch am Ende eines Dokuments und hat als Inhalt die Anschrift des Autors oder benennt einen Kontakt (etwa eine Email-Addresse), mit dem man sich bei Fragen oder Problemen in Verbindung setzen kann. Typischerweise sieht das (unter Verwendung eines Mail-Links) so aus:

ADDRESS

```
<ADDRESS>
<P>For questions and suggestions
contact:<BR>
<P>James Clark<BR>
Email: <A HREF="mailto:jjc@jclark.com">
jjc@jclark.com</A>
</ADDRESS>
```

Schließlich noch eine Warnung, Kommentare betreffend. Was SGML betrifft, so kann ein HTML-Dokument selbstverständlich Kommentardeklarationen enthalten, deren Inhalt vom Parser ignoriert wird. Man ist daher versucht Kommentardeklarationen zu verwenden, wenn Teile eines Dokuments, nicht gelöscht, aber (vorübergehend) nicht angezeigt werden sollen. Der Netscape-Browser behandelt Kommentardeklarationen auch korrekt. Cello und Mosaic jedoch geraten in Verwirrung, wenn der Inhalt der Kommentardeklaration SGML-Markierungen enthält. Man sollte daher Kommentardeklarationen nur für reine Kommentare verwenden.

Kommentare

12.8. Formulare

Was fehlt noch? Ganz allgemein kann man sagen, daß ein interaktives Element fehlt. Die angezeigten Inhalte werden bislang allein durch die Auswahl von WWW-Server und Seiten bestimmt. Um diese Einbahnstraße in beide Richtungen zu öffnen, müssen im Prinzip beliebig strukturierte Informationen vom Client an den Server übertragen werden können.

Genau das leisten die interaktiven Formulare in HTML. Formulare sind zwar ein Merkmal von HTML 2.0 Level 2 und werden nicht von allen WWW-Clients unterstützt[23], aber die durch Formulare sich eröffnenden Möglichkeiten sind zu faszinierend, als daß ich mir ihre Behandlung hier ersparen könnte.

Vor allem für kommerzielle Anbieter eröffnen sich viele interessante Perspektiven:

- *Online Shopping:* Der Server enthält einen elektronischen Versandkatalog. Über Formulare kann der Benutzer sich autorisieren, Anschrift, gewünschte Zahlungsweise und zu liefernde Artikel angeben.

- Insbesondere für den Vertrieb von Software und elektronischen Büchern eröffnen sich neue Möglichkeiten. Die Bestellung erfolgt wie oben beschrieben. Bei erfolgter Zahlung wird das betreffende Produkt zum Download freigegeben. Das ist speziell auch für Distribution von Updates interessant, bei der dann die Autorisierung des Benutzers genügt.

- Support kann wesentlich effizienter gestaltet werden. Der Kunde kann die sonst regelmäßig zu erfragenden Angaben (Kundennummer, Gerätetyp, Software-Version und ähnliches) über ein Formular zusammen mit der Problembeschreibung eingeben. Die Antwort erfolgt über Email oder Rückruf.

- Formulare können zur Eingabe von Suchbefehlen in Online-Datenbanken verwendet werden. Die Autorisierung bzw. bei erstmaliger Benutzung die Anmeldung kann ebenfalls über Formulare erfolgen.

FORM   Zur Sache. Zunächst die Deklaration des Formularelements FORM:

```
<!ELEMENT FORM - -
    (%heading; | P | %list; | %floats; |
    HR | ADDRESS)*
    -(FORM)
```

---

[23] Der Cello-Browser unterstützt keine Formulare. Mosaic und Netscape unterstützen Formulare, wobei die Darstellung in Netscape besser ist.

```
+(INPUT|SELECT|TEXTAREA)
>
```

Vergleicht man diese Deklaration mit der von BODY, so sieht man, das die Inhaltsmodelle übereinstimmen, ein FORM-Element kann also alles enthalten, was auch sonst innerhalb des Texts eines Dokuments erscheinen kann. Es wird lediglich FORM exkludiert (Formulare können also keine Formulare enthalten), und die drei nur in Formularen zulässigen Elemente INPUT, SELECT und TEXTAREA werden inkludiert. Für diese Eingabeelemente einen Rahmen zu bilden und die eingegebenen Daten zu einer Gruppe zusammenzufassen, ist die Funktion von FORM. Der Inhalt des FORM-Elements erscheint daher in der Darstellung nicht vom übrigen Text abgehoben.

Die Attributliste von FORM hat folgende Deklaration: FORM-Attribute

```
<!ATTLIST FORM
  ACTION CDATA #IMPLIED
  METHOD (GET | POST) GET
  ENCTYPE CDATA
    "application/x-www-form-urlencoded"
>
```

Das wichtigste Attribut ist ACTION, da durch dessen Wert   ACTION
das Skript bzw. Programm bestimmt wird, das die im ausgefüllten Formular enthaltenen Daten letzten Endes verarbeitet. Der Wert von ACTION ist ein URL.

Das Attribut METHOD bezeichnet die für den Transfer   METHOD
der Daten zum Server anzuwendende HTTP-Methode. Die Voreinstellung laut DTD ist zwar GET, die POST-Methode ist aber vorzuziehen. Das Attribut ENCTYPE schließlich braucht (im allgemeinen) nicht angegeben zu werden[24].

Leider können die mit ACTION und METHOD zusammenhängenden Details hier nicht behandelt werden, da

---

[24] Es ist ohnehin nur dann von Bedeutung, wenn METHOD den Wert POST hat, und in diesem Fall ist die Voreinstellung der (gegenwärtig) einzige mögliche Wert.

dafür HTTP, CGI[25], Installation und Konfiguration von WWW-Servern und weitere damit zusammenhängende Themen und Standards behandelt werden müßten. Das sprengt den Rahmen dieses Kapitels. Es ist auch für den Autor von HTML-Dokumenten nicht unbedingt nötig, diese Details zu kennen, da die Skripts zur Verarbeitung der in einem Formular enthaltenen Informationen meist von demjenigen erstellt und eingerichtet werden, der für Installation und Betreuung des betreffenden Servers verantwortlich ist. Man wird sich also hier ohnehin an den lokalen "WWW-Wizard" wenden müssen.

Um dennoch einen Eindruck von der Funktion der HTML-Formulare zu geben, wird in den Beispielen METHOD=GET ohne Angabe von ACTION verwendet. In diesem Fall wird als URL für ACTION der URL des aktuellen Dokuments verwendet, dem die Eingabedaten im Format einer Abfrage angefügt sind. Da bei einer Beispielseite Abfragen nicht interpretiert werden, wird einfach die Seite noch einmal geladen. Die Eingabedaten lassen sich dann aus dem aktuellen URL ablesen, der von den meisten Browsern in einem Extrafenster angezeigt wird.

INPUT

Das wichtigste Eingabeelement ist INPUT. Im Prinzip ist INPUT eine Art Container für verschiedene Formen von Eingabeelementen, deren Typ und Eigenschaften über Attribute festgelegt werden. Doch zunächst die Deklaration des Elements und seiner Attributliste:

```
<!ELEMENT INPUT - O EMPTY>
<!ATTLIST INPUT
    TYPE (TEXT | PASSWORD | CHECKBOX |
          RADIO | SUBMIT | RESET |
          IMAGE | HIDDEN ) TEXT
    NAME CDATA #IMPLIED
    VALUE CDATA #IMPLIED
    SRC CDATA #IMPLIED
```

---

[25] CGI steht für *Common Gateway Interface* und ist die Schnittstelle zwischen informationserzeugenden und -verarbeitenden (externen) Programmen und einem Informations-Server (in diesem Fall einem HTTP-Server).

```
CHECKED (CHECKED) #IMPLIED
SIZE CDATA #IMPLIED
MAXLENGTH NUMBER #IMPLIED
ALIGN (top|middle|bottom) #IMPLIED
>
```

Das Attribut TYPE legt, wie gesagt, den Typ des Eingabeelements fest. Von diesem Typ hängt es ab, welche der übrigen Attribute benötigt werden und wie sie interpretiert werden. Stets anzugeben ist allerdings NAME, durch dessen Wert das Eingabeelement identifiziert wird (auch die Eingabeelemente SELECT und TEXTAREA haben ein NAME-Attribut mit gleicher Funktion).

TEXT

Die einfachste Form des Eingabeelements ist ein Textfeld. Dem entspricht der Wert TYPE=TEXT (was auch die Voreinstellung für TYPE ist). Soll das Formular etwa ein Eingabefeld für einen Benutzernamen sein, so kann folgendes Formular verwendet werden:

```
<FORM METHOD=GET>
<P>Benutzername: <INPUT NAME="USER"
TYPE=TEXT SIZE=8 MAXLENGTH=8
VALUE="anonymous">
</FORM>
```

Dargestellt wird das Textfeld als Eingabefenster, in dem eine Textzeile eingegeben und editiert werden kann. Die Breite des Feldes wird dabei durch den Wert von SIZE bestimmt. MAXLENGTH gibt die Zahl der Zeichen ein, die maximal eingegeben werden können. Wird MAXLENGTH nicht angegeben, so können beliebig viele Zeichen eingegeben werden. Der Inhalt des Eingabefensters wird gegebenenfalls entsprechend verschoben. Das Attribut VALUE legt den anfänglichen Inhalt des Eingabefensters fest[26]. Wird VALUE nicht angegeben, so ist das Eingabefenster anfangs leer.

---

[26] **Achtung:** Laut Deklaration ist VALUE ein CDATA-Attribut, d. h. Entitätsreferenzen werden nicht aufgelöst. Man kann also keine Voreinstellungen mit Umlauten anzeigen lassen. Der Netscape-Browser läßt in dieser Hinsicht Gnade walten und setzt die Entitätsreferenzen dennoch um.

Leider ist das Beispiel in der gezeigten Form noch ohne Funktion, da eine Möglichkeit zur Bestätigung der Eingabe und zum Absenden der eingegebenen Daten fehlt.

SUBMIT und RESET

Zu diesem Zweck wird man ein INPUT-Element vom Typ SUBMIT in das Formular einfügen. Dargestellt wird dieses Element als Schalter, dessen Aufschrift durch den Wert des VALUE-Attributs festgelegt wird[27]:

```
<FORM>
<P>Benutzername: <INPUT NAME="USER" SIZE=8
MAXLENGTH=8 VALUE="anonymous"><BR>
Pa&szlig;wort: <INPUT NAME="PW" SIZE=8
MAXLENGTH=8>
<INPUT TYPE=SUBMIT VALUE="Login">
</FORM>
```

Ein weiterer Schaltertyp, nämlich RESET, dient dazu, den Inhalt des Formulars zurückzusetzen. Alle Eingaben werden dann gelöscht und die Eingabelemente entsprechend ihrem VALUE-Attribut auf ihre Voreinstellungen zurückgesetzt.

PASSWORD

Das obige Beispiel krankt natürlich daran, daß bei der Eingabe das Paßwort angezeigt wird. Um das zu vermeiden, kann statt dem Typ TEXT der Typ PASSWORD gewählt werden. PASSWORD-Eingabefelder verhalten sich genauso wie Textfelder, nur daß statt der eingegebenen Zeichen ein Sternchen (*) oder ein anderes Platzhalterzeichen angezeigt wird. Man hätte also:

```
Pa&szlig;wort: <INPUT TYPE=PASSWORD
NAME="PW" SIZE=8 MAXLENGTH=8>
```

Angenommen, man hat als Benutzernamen root und als Paßwort geheim eingegeben und klickt jetzt den SUBMIT-

---

[27] Wenn kein Wert angegeben wird, erscheint als Aufschrift des Knopfes eine Voreinstellung, die vom jeweiligen Client abhängt (z. B. "Submit query").

Schalter an. Daraufhin wird ein URL mit folgendem Abfrageteil an den Server des aktuellen Dokuments geschickt[28]:

```
?USER=root&PW=geheim
```

Wem es bedenklich erscheint, daß hier ein Paßwort ohne Verschlüsselung über das Netzwerk geschickt wird, hat völlig recht. Die Behandlung der Mechanismen zur geschützten Übertragung sensibler Daten und zur Authentifizierung von Benutzern würde hier allerdings zu weit führen. Sei es genug, daß sie verfügbar sind. Die Entwicklung ist zwar noch nicht abgeschlossen, aber für die von kommerziellen Anwendungen gestellten Anforderungen sind die vorhandenen Implementationen ausreichend.

Als Eingabeelemente vom booleschen Typ (als von der Art "an/aus", "Ja/Nein", "Eigenschaft vorhanden/nicht vorhanden" usw.) stehen die Typen CHECKBOX und RADIO zur Verfügung. Dabei wird RADIO für Eigenschaften verwendet, die sich gegenseitig ausschließen, während CHECKBOX für Eigenschaften verwendet wird, die voneinander unabhängig sind.

Eingabeelemente vom booleschen Typ

Will man zum Beispiel eine Eingabe zu Geschlecht und Altersgruppe, so verwendet man – da man i. a. weder mehreren Geschlechtern noch mehreren Altersgruppen angehören kann – INPUT-Elemente vom Typ RADIO, die über identische NAME-Attribute als Mitglieder einer Gruppe gekennzeichnet werden:

RADIO

```
Geschlecht:<BR>
<INPUT RADIO NAME=SEX VALUE=M>
m&auml;nnlich<BR>
<INPUT RADIO NAME=SEX VALUE=W>
weiblich
<P>Altersgruppe:<BR>
<INPUT RADIO NAME=AGE VALUE=1> &lt; 20<BR>
<INPUT RADIO NAME=AGE VALUE=2> 21 - 40<BR>
```

---

[28] "INPUT-Element vom Typ SUBMIT aktivieren und URL mit Inhalt des Formulars an den Server schicken" soll jetzt kurz als SUBMIT-Operation oder SUBMIT bezeichnet werden.

```
<INPUT RADIO NAME=AGE VALUE=3> 41 - 60<BR>
<INPUT RADIO NAME=AGE VALUE=4> &gt; 60<BR>
```

Selektiert man eines der Eingabeelemente, so werden alle anderen Elemente der betreffenden Gruppe (SEX oder AGE) deselektiert. Entsprechend dem Beispiel ist zu Anfang keines der Elemente selektiert. Will man sexistischerweise als Voreinstellung für das Geschlecht "männlich" wählen, so kann dazu das Attribut CHECKED verwendet werden:

```
<INPUT RADIO NAME=SEX VALUE=M CHECKED>
m&auml;nnlich<BR>
```

Das Attribut VALUE gibt den für ein selektiertes Element zu liefernden Wert an, d. h., wenn als Geschlecht "weiblich" und als Altersgruppe "21-40" selektiert ist, erscheinen bei einem SUBMIT des Formulars folgende Wertepaare in der Eingabe:

```
...&SEX=W&AGE=2&...
```

CHECKBOX INPUT-Elemente vom Typ CHECKBOX können genauso wie die vom Typ RADIO durch identische Namen zu einer Gruppe zusammengefaßt werden (in diesem Fall erscheinen mehrere Wertepaare mit identischem Namen in der Eingabe). Angenommen, es geht darum, gewünschte Sonderausstattungen für ein Auto zu erfassen:

```
Sonderausstattungen:<BR>
<INPUT CHECKBOX NAME=SA VALUE=MET>
Metallic-Lackierung<BR>
<INPUT CHECKBOX NAME=SA VALUE=ABS>
Anti-Blockier-System (ABS)<BR>
<INPUT CHECKBOX NAME=SA VALUE=SL>
Servolenkung<BR>
<INPUT CHECKBOX NAME=SA VALUE=KA>
Klimaanlage<BR>
<INPUT CHECKBOX NAME=SA VALUE=SD>
Schiebedach<BR>
```

Die Auswahl aller Merkmale außer der Klimaanlage würde beim SUBMIT in folgende Wertepaare kodiert:

```
...&SA=MET&SA=ABS&SA=SL&SA=SD&...
```

Die Verwendung gleicher Namen hat den Vorteil, daß verwandte Attribute zu Gruppen zusammengefaßt werden. Man kann aber auch (anders als beim Typ RADIO) auf die Angabe des VALUE-Attributs verzichten. Die Voreinstellung für VALUE ist "on". Das Beispiel würde dann so aussehen

```
Sonderausstattungen:<BR>
<INPUT CHECKBOX NAME=MET>
Metallic-Lackierung<BR>
<INPUT CHECKBOX NAME=ABS>
Anti-Blockier-System (ABS)<BR>...
```

und das entsprechende Resultat beim SUBMIT wäre

```
...&MET=on&ABS=on&SL=on&SD=on&...
```

Das Attribute CHECKED macht wie bei Elementen vom RADIO-Typ "selektiert" zur Voreinstellung für das betreffende Element.

Als Darstellung der INPUT-Elemente vom Typ RADIO und CHECKBOX dient der für die jeweilige Oberfläche übliche Standard für die entsprechende Funktion[29].

INPUT-Elemente vom Typ IMAGE haben einiges mit IMG-Links gemeinsam, mit denen sie in der Darstellung übereinstimmen. Die beiden INPUT-Attribute SRC und ALIGN beispielsweise haben bei diesem Typ dieselbe Funktion wie bei IMG-Elementen und sind auch nur beim Typ IMAGE zulässig. Zusätzlich haben Typ-IMAGE-Elemente noch die Funktion von SUBMIT-Schaltern, beim Anklicken wird die Eingabe an den Server geschickt, wobei die Eingabe des Typ-IMAGE-Elements durch zwei Wertepaare dargestellt wird, welche die Koordinaten des angeklickten Punktes enthalten. Die Koordinaten werden in Pixeln ausgedrückt und beziehen sich auf die linke obere Ecke des Bildes. Ein Anwendung wäre beispielsweise eine Deutschlandkarte, auf der die Filialen oder Niederlassungen einer

---

[29] Das ist sowohl unter Windows als auch unter Motif ein Kreis (mit Punkt im Zentrum bei selektiertem Element) für RADIO und ein Kästchen (mit Kreuz bei selektierten Elementen) bei CHECKBOX.

Firma markiert sind. Beim Anklicken einer Markierung werden dann Informationen zur betreffenden Filiale angezeigt. Aussehen würde das im HTML-Dokument etwa so:

```
<INPUT IMAGE NAME="brdmap" SRC="brdmap.gif">
```

Beim Anklicken eines Punktes der Karte mit den Bildkoordinaten (202,110) würden dann als Eingabe für das `brdmap`-Element folgende Werte erscheinen:

```
...&brdmap.x=202&brdmap.y=110&...
```

Der Unterschied zur Verwendung von `IMG`-Elementen mit Attribut `ISMAP` ist, daß die Handhabung zunächst einfacher ist, insofern kein *Image Map*-Datei erstellt werden muß, es aber jetzt völlig dem Server überlassen ist, wie die Koordinaten interpretiert werden. Im Beispiel ist es relativ einfach, den geometrischen Abstand zu den einzelnen Filialen zu berechnen und die Daten der Filiale mit dem kleinsten Abstand anzuzeigen. Ebenfalls einfach ist es, eine für alle Punkte des Bildes gleichartige Operation auszuführen (z. B. eine vergrößerte Darstellung der Umgebung des selektierten Punktes). Wenn aber die selektierbaren Teile des Bildes komplexe und unregelmäßige Form haben, ist es einfacher mit `IMG`-Elementen und *Image Map*-Dateien zu arbeiten.

HIDDEN   Hat ein Eingabeelement als Typ `HIDDEN`, so wird es nicht dargestellt, der Wert des `VALUE`-Attributs wird aber beim `SUBMIT` übergeben. Wozu dient ein unsichtbares Eingabeelement? Wenn man berücksichtigt, daß das aktuelle Dokument durchaus selbst Resultat einer Abfrage oder Teil eines Dialogs mit mehreren Eingabeformularen sein kann, so wird klar, daß ein `HIDDEN`-Element zur Speicherung von Zustandsinformation (etwa dem Resultat vorausgegangener Eingaben) dienen kann[30].

---

[30] Das HTTP-Protokoll ist zustandslos, d. h. es besteht keine permanente Verbindung zu einem Server, vielmehr wird für jede Transaktion (also für jede Seite und jeden `SUBMIT`) eine Verbindung aufgebaut und nach Ausführung wieder abgebaut. Der Server hat also keine "Erinnerung" an zuvor gesendete Seiten oder Formulareingaben. Der Wert eines Elements vom `HIDDEN`-Typ kann zur Speicherung solcher Information dienen.

Das SELECT-Element erlaubt eine Auswahl aus mehreren Alternativen, die in Form von OPTION-Elementen den Inhalt von SELECT bilden:

SELECT

```
<!ELEMENT SELECT - - (OPTION+) >
<!ATTLIST SELECT
      NAME CDATA #REQUIRED
      SIZE NUMBER #IMPLIED
      MULTIPLE (MULTIPLE) #IMPLIED
>
<!ELEMENT OPTION - O (#PCDATA)>
<!ATTLIST OPTION
      SELECTED (SELECTED) #IMPLIED
      VALUE CDATA #IMPLIED
>
```

Das Attribut SIZE von SELECT gibt die Zahl der anzuzeigenden Alternativen an. MULTIPLE zeigt an, daß mehrere Selektionen zulässig sind. Das VALUE-Attribut von OPTION gibt den Wert an, der geliefert wird, wenn die betreffende Alternative selektiert ist. Fehlt das VALUE-Attribut, so wird der Inhalt von OPTION als Wert geliefert. Das SELECTED-Attribut kennzeichnet beim Laden (oder nach RESET) selektierte OPTION-Elemente. Dargestellt werden SELECT-Elemente typischerweise durch Listenfelder bzw. die unter MS-Windows als Combobox bezeichneten Eingabeelemente.

Soll zum Beispiel ein Betriebssystem aus einer Liste mit Namen von Betriebssystemen selektiert werden, kann dazu folgendes SELECT-Element verwendet werden:

```
<P>Welches Betriebssystem verwenden Sie?
<SELECT>
<OPTION>MS-DOS
<OPTION>MS-Windows
<OPTION>Windows NT
<OPTION>OS/2
<OPTION VALUE="Solaris">Unix (Solaris)
<OPTION VALUE="SunOS">Unix (SunOS)
<OPTION VALUE="Linux">Unix (Linux)
```

```
<OPTION>Unix
<OPTION VALUE="Mac">Apple MacIntosh System 7
</SELECT>
```

Der Vorteil des SELECT-Elements gegenüber mehreren INPUT-Elementen vom Typ CHECKBOX oder RADIO wird aus dem Beispiel klar. Ein SELECT-Element benötigt wesentlich weniger Platz als eine entsprechende Gruppe von INPUT-Elementen[31].

TEXTAREA

Das TEXTAREA-Element stellt eine Erweiterung des INPUT-Elements vom Typ TEXT dar. Während bei letzterem nur eine Zeile eingegeben werden kann, dient TEXTAREA zur Eingabe von mehrzeiligen Texten. Die Deklaration lautet:

```
<!ELEMENT TEXTAREA - - (#PCDATA)>
<!ATTLIST TEXTAREA
      NAME CDATA #REQUIRED
      ROWS NUMBER #REQUIRED
      COLS NUMBER #REQUIRED
>
```

Dabei geben die Attribute ROWS und COLS die gewünschte Zahl von Zeilen respektive Spalten an. Die Darstellung ist je nach Browser unterschiedlich. Bei Mosaic z. B. ist die Zeilenzahl und die -breite fest, d. h. man kann in einer Zeile nur die von COLS angegebene Zahl von Zeichen eingeben. Bei Netscape dagegen definieren ROWS und COLS die Dimension eines Textfeldes mit Schiebebalken, so daß Zeilenzahl und -breite der Eingabe beliebig sind.

---

[31] **Achtung:** Der Mosaic-Browser (*Mosaic for Windows 2.0 Alpha 5*) zeigt Zeilenendezeichen in OPTION-Elementen als schwarze Kästchen an, d. h. bei obigem Beispiel würde hinter jedem Betriebssystem ein schwarzer Klecks folgen und außerdem eine leere Option am Anfang erscheinen. Man kann das vermeiden, indem man die OPTION-Elemente unmittelbar aufeinander folgen läßt. Also:

```
<SELECT><OPTION>MS-DOS<OPTION>MS-Windows...
```

12.9. HTML-Etikette

Gesetzt den Fall, man ist jetzt soweit. Man hat einen HTML-Editor, man hat sich mit HTML vertraut gemacht, und die Probleme der Installation eines WWW-Servers sind auch auf die eine oder andere Weise gelöst. Man kann also (technisch gesehen) anfangen, im WWW elektronisch zu publizieren. Was aber ist sonst noch zu beachten?

Der Rest des Abschnitts ist ein Versuch, positive und negative Erfahrungen mit einer relativ großen Zahl von WWW-Servern und -Seiten in die Form einer kleinen HTML-Etikette zu bringen:

- Man sollte sich nicht darauf verlassen, daß alle WWW-Browser eine Seite genauso anzeigen wie es der eigene Lieblings-Browser tut. Auch um sich selbst vor ärgerlichen Überraschungen zu schützen, sollte man solange bis man mit den Eigenheiten der diversen Produkte vertraut ist, die produzierten Seiten von mehreren Browsern anzeigen lassen und dabei prüfen, ob die Darstellung mit der Intention übereinstimmt.

- Man sollte den Umfang der Seiten möglichst klein halten. Das vermindert die Übertragungszeiten und das Übertragungsvolumen und ermöglicht eine schnellere Orientierung. Eine Seite sollte alles in allem nicht wesentlich größer als 10 kB sein.

- Wo auf umfangreiche Objekte verwiesen wird (zum Beispiel auf Bildmaterial, Videos, Sounddateien), ist es freundlich und schont das Netzwerk, wenn bei einem Verweis ein Hinweis auf den Umfang des referenzierten Objekts erscheint. Bei FTP-Links[32] ist es besser, auf das Verzeichnis als auf die Datei zu verweisen.

- Es ist in Ordnung, auf andere Server oder Seiten auf anderen Servern zu verweisen. Es ist meist keine gute Idee, auf Linkziele in den einzelnen Dokumente zu verweisen, da solche Links schnell obsolet werden können.

---

[32] Also einem Link, das einen FTP-Dateitransfer startet oder ein Verzeichnis auf einem FTP-Server anzeigt.

- Es ist nicht in Ordnung, kommentarlos ganze Seiten oder Hierarchien zu kopieren und in die eigene Hierarchie zu integrieren.
- Wenn man Verweise auf andere Server oder Seiten auf anderen Servern oder allgemein nicht von einem selbst verwaltete Objekte aufnimmt, sollte man hin und wieder kontrollieren, ob die Links noch aktuell sind.
- Man sollte keinen allzu intensiven Gebrauch von Bildern und Bildchen machen. Vor allem bei relativ langsamen Modemleitungen wird die Freude über ein bildschirmfüllendes Portrait des Autors stark gemindert durch eine minutenlange Übertragung der betreffenden Seite.
- Falls man die Fülle der Bilder nicht mindern kann oder will, ist es eventuell angezeigt, auf der Startseite einen Hinweis zu plazieren, daß dieser Teil des WWW mit Bildern gespickt ist, so daß deren Darstellung gegebenenfalls deaktiviert werden kann.
- Ein anderes Verfahren besteht darin, statt einem großen Bild ein Link auf dieses in Form eines skalierten Inline-Bildes zu verwenden. Angenommen man hat ein 640 × 480 Pixel großes GIF-Bild vom Sonnenuntergang auf Maui. Das macht bei 256 Farben 307 kB und im GIF-Format zum Beispiel 90 kB. Man skaliert jetzt das Bild um den Faktor 10 auf 64 × 48 Pixel in 16 Farben (das macht jetzt nur noch 2,2 kB) und verwendet folgende HTML-Formulierung:

```
<A HREF="maui640_480.gif">
<IMG SRC="maui64_48.gif" ALIGN=TOP></A>
Sonnenuntergang auf Maui (ca. 90 kB).
```

Insgesamt kann gar nicht genug betont werden, wie wichtig es ist, HTML-Dokumente so abzufassen, daß nur die Daten übertragen werden, die den Benutzer wirklich interessieren. Diejenigen, die behaupten, daß eine WWW-Sitzung, bei der nicht 200 MB über die Leitung gingen, keinen Spaß gemacht haben kann, sind vermutlich Teilnehmer mit kostenlosem Internet-Zugang (z. B. Studenten).

Indem immer mehr schlichte Privatpersonen am Internet teilnehmen, steigt gleichzeitig die Zahl derer, die für jedes

Megabyte zahlen müssen, und die sich dementsprechend ärgern, wenn auf jeder Seite ein überdimensioniertes Logo erscheint, oder wenn das unschuldige Anklicken eines Links die Übertragung von 200 kB Text startet (bei einem Volumenpreis von 20 DM pro Megabyte kostet das zur Zeit 4 DM).

SGML-Anwendungen

In diesem Kapitel sollen die verschiedenen Arten von SGML-Applikationen anhand von Beispielen vorgestellt und beschrieben werden. Es kann und soll keine Gesamtübersicht der existierenden SGML-Software gegeben werden. Vielmehr wurden aus jeder Gruppe analoger Anwendungen einige Vertreter ausgewählt. Die Kriterien der Auswahl sind notwendigerweise subjektiv, in Betracht genommen wurden jedoch insbesondere folgende Merkmale:

- Verbreitung
- Marktpotential
- Preis
- spezielle Eigenschaften und Fähigkeiten eines Produkts, die kein anderes Produkt aufweist.

Ein Hinweis noch: Da Preise schnell obsolet werden, wurde auf ihre Angabe verzichtet. Aktuelle Preise müssen daher beim Anbieter bzw. Distributor des betreffenden Produkts erfragt werden. Auch was aktuelle und verbindliche Produktinformationen anbelangt, muß auf die Anbieter verwiesen werden.

Abgesehen davon ist eine meist relativ aktuelle Zusammenstellung über SGML-Software und ihre Anbieter unter dem Namen *"The Whirlwind Guide to SGML Tools"* über FTP in `ftp.ifi.uio.no:/pub/sgml` verfügbar. Die Liste wird von Steve Pepper (`pepper@falch.no`) gepflegt.

13.1. Eingabe, Bearbeitung und Ausgabe

Es gibt im wesentlichen drei Arten von SGML-Anwendungen. Diese entsprechen den drei Grundfunktionen Erzeugen, Bearbeiten und Ausgeben. Als vierte Gruppe können SGML-Datenbanken betrachtet werden.

Erzeugung von SGML-Dokumenten

Bei der Erzeugung von SGML-Dokumenten werden häufig in einem anderen Format vorliegende Daten in SGML-Dokumente umgewandelt. Aus diesem Grund gehören insbesondere die hierzu verwendbaren Konvertierungsprogramme in diese Gruppe. Die Konvertierung von einem beliebigen Format nach SGML bezeichnet man auch als Aufwärtskonvertierung (*Up-Translation*).

Validierung

Als *Validierung* bezeichnet man die Überprüfung der Übereinstimmung einer SGML-Dokumentinstanz mit der entsprechenden DTD durch einen *SGML-Parser*. Man kann die Validierung als Teil der Erzeugung eines SGML-Dokuments sehen (da eigentlich erst ein validiertes Dokument ein SGML-Dokument ist) oder als Teil der Bearbeitung. Daher erscheinen validierende Anwendungen oder Module (also integrierte SGML-Parser) sowohl als Teil von Konvertierungswerkzeugen, als auch als Teil von SGML-Editoren.

Bearbeitung von SGML-Dokumenten

Die Bearbeitung kann im einfachsten Fall mit einem normalen Editor erfolgen, da SGML-Dokumente ja meist im Standardzeichensatz des lokalen Systems vorliegen. Anschließend wird das Dokument mit einem Parser auf seine Konsistenz überprüft.

SGML-Editoren

Dieser primitiven Form der Bearbeitung eindeutig überlegen ist der Einsatz eines SGML-Editors. SGML-Editoren können die Erstellung und Bearbeitung von SGML-Dokumenten in vielfältiger Weise unterstützen:

- Der Editor erlaubt das Einfügen und Entfernen von Markierung nur dann, wenn es die DTD zuläßt.

- Dabei werden an der aktuellen Position einfügbare Elemente über eine Liste ausgewählt, die nur an dieser Stelle zulässige Elemente enthält.

- Wenn ein Element eingefügt wird, wird gleich ein Strukturrahmen erzeugt, d. h. Markup entsprechend dem Inhaltsmodell des betreffenden Elements.

- Elemente, die nicht entfernt werden können, sind entsprechend markiert oder der Löschversuch scheitert.

- Bearbeitung im WYSIWYG- oder Pseudo-WYSIWYG-Modus mit wahlweise sichtbaren oder unsichtbaren Markierungen. Die Elemente werden bei unsichtbaren Markierungen durch Zuweisung von Absatzformaten und Textattributen in einem sogenannten *Style-Sheet* kenntlich gemacht.

  Beispielsweise wird ein `<ht1>`-Element (Überschrift für Gliederungsebene 1) als zentrierter, in 15 Punkt Times gesetzter Absatz mit einem Anfangs- und Endabstand von jeweils 10 Punkten kenntlich gemacht.

Zum Bereich der Bearbeitung von SGML-Dokumenten gehören auch Konvertierungsprogramme, die SGML nach SGML konvertieren. Man bezeichnet das als Kreuzkonvertierung *(Cross-Translation)*.

Ein einfaches Beispiel für eine Kreuzkonvertierung ist die Auflösung von Minimierungen, d. h. überall dort, wo im Eingabedokument eine Markierung weggelassen wurde, wird sie im Ausgabedokument eingefügt.

Ein anderer Fall ist die Anpassung der Dokumentinstanz an eine veränderte DTD. Das wird dann nötig, wenn aufgrund neuer Anforderungen die DTD modifiziert wurde, und die bestehenden Dokumente mit der neuen DTD nicht mehr übereinstimmen.

Als letztes Beispiel der Kreuzkonvertierung kann das häufig angewandte Verfahren der Zerlegung einer Konvertierung nach SGML in zwei oder noch mehr Schritte angeführt werden. Zunächst wird dabei eine Aufwärtskonvertierung mit einer relativ primitiven DTD ausgeführt. Das so erzeugte SGML-Dokument wird dann durch einen oder mehrere Kreuzkonvertierungs-Schritte in das Dokument mit der eigentlichen Ziel-DTD überführt.

Die Ausgabe von SGML-Dokumenten impliziert ebenfalls eine Konvertierung in ein Ausgabeformat (z. B. PostScript). Die Konvertierung von SGML in ein Zielformat

Kreuzkonvertierungen

Auflösung von Minimierungen

Anpassung der Dokumentinstanz

Mehrstufige Aufwärts-Konvertierungen

Ausgabe von SGML-Dokumenten

wird auch als Abwärtskonvertierung[1] (*Down-Translation*) bezeichnet. Ein Beispiel einer solchen Abwärtskonvertierung liefert der *Public-Domain*-Parser SGMLS (siehe Abschnitt 2), der Inhalt und Struktur der Dokumentinstanz in einem leicht weiterzuverarbeitenden, zeilenorientierten Format ausgibt.

Browser
Spezielle Anwendungen im Bereich der Ausgabe von SGML-Dokumenten (bzw. von in entsprechende Formate konvertierten SGML-Dokumenten) sind Display-Programme zur Darstellung von elektronischen (Hypertext-)Dokumenten, sogenannte *Browser*. Jede elektronische Publikation beinhaltet in der einen oder anderen Form einen solchen Browser. Typischerweise hat ein solcher Browser die Fähigkeit, Verweisen im Text zu folgen, relevante Stellen anhand von Stichwort zu finden (Volltextsuche), und bietet darüber hinaus meist noch eine ganze Reihe weiterer Navigationshilfen. Da Dokumente für die Darstellung durch den Browser in das jeweils vom Browser verwendete/erkannte Format überführt werden müssen, ist hier bei der elektronischen Publikation von SGML-Dokumente wiederum eine Konvertierung notwendig[2].

SGML-Datenbanken
Es wurde oben gesagt, daß jede elektronische Publikation einen Browser beinhaltet. Das ist dann nicht notwendig der Fall, wenn der Inhalt der Publikation beispielsweise tabellarisches Material ist, das dann meist aus einer Datenbank stammt. Doch auch hier kann SGML eine Rolle spielen, dann nämlich, wenn auf der einen Seite ein starres Tabellenschema den darzustellenden Inhalten nicht adäquat wäre, wenn aber auch die Aufbereitung als mit einem der gängigen Produkte für elektronische Publikationen bei-

---

[1] Spätestens hier kann sich eine gewisse Voreingenommenheit der Terminologie zugunsten von SGML nicht verleugnen.

[2] Wem die Vielzahl der bei der Verarbeitung von SGML auftretenden Konvertierungen bedenklich erscheint, sei beruhigt: Nur die Konvertierung (aus einem Textverarbeitungsformat oder aus Satzdaten) nach SGML ist aufwendig, weil häufig nicht vollständig zu automatisieren. Konvertierungen von SGML nach SGML oder in ein anderes Format sind unproblematisch, da sie in aller Regel automatisch erfolgen können.

spielsweise von den Möglichkeiten der Recherche her nicht
ausreicht.

Man braucht kurz gesagt die Offenheit und Flexibilität
eines SGML-Dokuments verbunden mit den mächtigen
Suchfunktionen einer Datenbank. Das Resultat ist eine
SGML-Datenbank. SGML-Datenbanken sind spezielle Da-
tenbanken, die SGML-Dokumente enthalten und auf die
Dokumentstruktur bezogene Abfragen unterstützen.

Eine letzte Gruppe mit bislang nur wenigen Produkten
bilden Werkzeuge (also unterstützende Software) zum
Analysieren, Erstellen und Modifizieren von DTDs. Dieser
Bereich war bisher nur wenig entwickelt, obwohl sowohl
beim Lesen wie auch beim Erstellen umfangreicher DTDs
die Übersicht leicht verlorengeht.

DTD-Tools

13.2. Parser

Die erste Gruppe von SGML-Applikationen, die behandelt
werden soll, sind die Parser. Die Bedeutung von *"to parse"*
ist "grammatisch zerlegen" oder allgemeiner "analysieren".
Ein SGML-Parser ist dementsprechend eine SGML-Anwendung (beziehungsweise Teil einer SGML-Anwendung), die

- SGML-Deklaration und DTD liest und analysiert (und
  dabei beide auf ihre grammatische Korrektheit hin untersucht),
- die Dokumentinstanz entsprechend der enthaltenen
  Markierungen zerlegt und
- die resultierende Struktur auf Übereinstimmung mit der
  DTD prüft.

Oder kurz: ein SGML-Parser ist eine Software zur Validierung von SGML-Dokumenten.

Die meisten SGML-Applikationen enthalten einen integrierten Parser zur Validierung der bearbeiteten Dokumente. Die in diesem Abschnitt behandelten Parser sind
jedoch eigenständige Programme (*stand alone parser*). Ein
solcher Parser wird im allgemeinen nicht nur das Dokument validieren, sondern die Elementstruktur und -inhalte
der Dokumentinstanz auch in geeigneter Form ausgeben.

Die einer Dokumentinstanz entsprechende Strukturinformation wird auch als *Element Structure Information Set* (*ESIS*) bezeichnet.

ARC-SGML und Derivate

ARC-SGML ist ein von Charles Goldfarb entwickelter SGML-Parser. Dieser Parser wurde im Juli 1991 zunächst anonym über die *SGML User Group* verfügbar gemacht. Das Material beinhaltete den C-Quellcode eines SGML-Parsers sowie unter MS-DOS ausführbare Programme. Die uneingeschränkten und unbefristeten Nutzungsrechte wurden vom Autor der *SGML User Group* übertragen und sind in der *Public Domain*. Das heißt, daß die betreffende Software von jedermann genutzt, modifiziert und weitergegeben werden kann. Die kommerzielle Nutzung und Weitergabe gegen Entgelt ist dabei normalerweise ausgeschlossen. Im Fall von *ARC-SGML* (und seinen Derivaten) steht es jedoch jedermann frei, die Software in eigene Anwendungen zu integrieren und diese zu verkaufen.

ARC-SGML hat in der Folge weite Verbreitung gefunden, insbesondere nachdem die Quellen auf einer ganzen Reihe von Rechnern über FTP[3] verfügbar gemacht wurden.

SGMLS

Darüber hinaus wurden einige Adaptionen und Portierungen durchgeführt. Dazu gehört eine Unix-Portierung von James Clark, sowie die ebenfalls von James Clark entwickelte MS-DOS-Version *SGMLS*, die auf der beiliegenden Diskette enthalten ist. Die *SGMLS*-Version von *ARC-SGML* ist gegenwärtig der wohl am weitesten verbreitete (und stabilste) SGML-Parser. Dieser Parser wird ausführlich in Anhang C behandelt, daher soll hier nicht weiter davon die Rede sein.

ARC-SGML auf MacIntosh

Eine Portierung von *ARC-SGML* auf Apple MacIntosh wurde von Wally Wedel durchgeführt, wird aber nicht weiter gepflegt.

SP

James Clark, der Autor von *SGMLS* machte kürzlich[4] Binärversion und Quellen einer Alpha-Version des von ihm entwickelten SGML-Parsers *SP* verfügbar. Daß es sich um

---

3 Zu FTP und allgemein den Bezugsquellen von sowohl Public-Domain-Software als auch kommerzieller Software siehe Anhang D.

4 D. h. Ende November 1994.

eine Alpha-Version handelt, ist sicherlich ein Nachteil, jedoch ein vorübergehender. Interessant sind die Merkmale des Parsers:

- Er wurde komplett in C++ geschrieben.
- Alle Arten von Link-Prozessen werden unterstützt, wobei Ketten nur Länge 1 haben können.
- Es gibt keine Einschränkungen bezüglich der konkreten Syntax (im Gegensatz zu *SGMLS*).
- Die Mechanismen des Entity Managers zur Abbildung von `PUBLIC`- und `SYSTEM`-Bezeichnern auf Datenobjekte sind flexibel und mächtig.
- Es werden umfangreiche (16-Bit-)Zeichensätze unterstützt (unter anderem Unicode).

Ähnlich wie *YASP* (siehe unten) bildet *SP* zunächst nur eine Sammlung von Funktionen und eine Schnittstelle[5]. Als Beispielanwendung liegt aber ein zu SGMLS kompatibler Parser namens *NSGMLS* der Distribution bei.

Die Binärdateien einer MSDOS-Version sind auf dem FTP-Server `ftp.jclark.com` im Verzeichnis `/pub/sp/msdos` verfügbar. Die Quellen liegen als GNU-Zip-komprimierte TAR-Archive im Verzeichnis `/pub/msdos`.

Als letzter Parser aus der *Public Domain* sei der *Amsterdam SGML Parser* (*ASP*) erwähnt. *ASP* ist nicht von *ARC-SGML* abgeleitet, sondern wurde mit Hilfe eines Parser-Generators realisiert. Ein Parser-Generator ist ein Programm, das aus der Syntaxbeschreibung einer Sprache einen entsprechenden Parser erzeugt. Bekanntester Vertreter der Gattung ist der im Unix-Bereich vielfach verwendete Parser-Generator *yacc*. Im Fall von *ASP* wurde *LLgen* verwendet.

Meist setzen Parser-Generatoren voraus, daß die beschriebene Sprache zu einer bestimmte Kriterien entsprechenden Gruppe formaler Sprachen gehört. Im Fall von *Llgen* sind das die sogenannten LL(1)-Sprachen. Nun ist SGML keine LL(1)-Sprache, sondern gehört aufgrund von

Amsterdam Parser

SGML als formale Sprache

---

[5] Die Schnittstelle ist gegenwärtig nicht dokumentiert, sollte aber aus den Header-Dateien und den beiliegenden Beispielanwendung einigermaßen klar werden.

in der SGML-Gemeinde viel diskutierten Ungeschicklichkeiten in der Definition zu einer unter dem Gesichtspunkt des Compilerbaus nur schwer zu behandelnden Gruppe von Sprachen[6]. Konsequenz dieser Tatsache ist, daß die verfügbaren Werkzeuge zum Erstellen von Compilern und Parsern für SGML nicht oder nur schwer verwendbar sind. Auch im Fall des *ASP*-Parsers konnte nur mit einigem zusätzlichen Aufwand *LLgen* eingesetzt werden.

Die Quellen von *ASP* sind auf diversen FTP-Servern verfügbar. Soweit mir bekannt ist, wird der Parser jedoch nicht mehr weiterentwickelt und von den Autoren nicht mehr unterstützt.

YASP Kein Parser im oben genannten Sinn, sondern eher ein Baukasten für die Realisierung eines integrierten Parsers ist der *Yorktown Advanced SGML Parser*, abgekürzt *YASP*[7]. *YASP* wurde von Geoff Bartlett und Pierre Richard am *IBM T. J. Watson Research Center* entwickelt und über die *SGML User Group* als frei verfügbare Software verbreitet. Man hat also kein fertiges Programm, sondern eine Reihe von Modulen, mit denen die eigene Anwendung über Austausch von Nachrichten kommuniziert.

Mark-It Der *Mark-It-Parser* von SEMA Group unterscheidet sich von anderen SGML-Parsern vor allem durch die sehr weitgehende Unterstützung optionaler SGML-Merkmale (Subdokumente, LINK-Deklarationen, etc.). *Mark-It* enthält außerdem einen Modul zum Erkennen regulärer Ausdrücke in Eingabedateien, das die Konvertierung aus Fremdformaten nach SGML ermöglicht. Zur Konvertierung von SGML-Dokumenten in andere Formate verwendet *Mark-It*

---

[6] Springender Punkt ist der sogenannte *Look-ahead*, d. h. die Zahl von Symbolen, die bekannt sein müssen, um zu entscheiden, welches syntaktische Konstrukt vorliegt. Im Fall der LL(1)-Sprachen genügt das nächste Symbol, während bei SGML theoretisch beliebig viele Symbole bekannt sein müssen, um die korrekte Entscheidung zu treffen.

[7] Eine nicht ganz so nüchtern-selbstbewußte Auflösung des Akronyms ist *Yet Another SGML Parser*, was von den Autoren wohl auch so beabsichtigt war, und sich an die (offizielle) Auflösung von *yacc* als *yet another compiler-compiler* anlehnt.

LINK-Deklarationen mit einigen nicht zum Standard gehörigen Ergänzungen (Anweisungen in Kommentaren).

Mit zum *Mark-It*-Paket gehört ein SGML-Editor (*Write-It*), ein Konvertierungs-Tool mit integriertem Parser (*Parse-It*), ein DTD-Compiler für Write-It (*Compile-It*) und ein Lisp-Interpreter mit SGML-Support (*Lisp-It*).

Mark-It ist verfügbar für PC, Unix und diversen Mainframes.

13.3. Editoren

Auch in diesem Abschnitt sollen zunächst die in der *Public Domain* verfügbaren Produkte beschrieben werden. Zu dieser Gruppe gehören einige auf das Editieren von HTML-Dokumenten spezialisierte Editoren, die in Abschnitt 7 behandelt werden. Außer diesen gibt es keine wirklich vollwertigen SGML-Editoren in der Public Domain.

Es gibt jedoch ein SGML-Makropaket für den vor allem im Unix-Bereich verbreiteten, aber auch unter MS-DOS verfügbaren Editor *Emacs*. *Emacs* ist durch einen integrierten Lisp-Interpreter sehr weitgehend an spezielle Formen von Dokumenten anpaßbar. So gibt es Anpassungen für C-Programme, *TeX*-Dokumente usw.

Emacs

Eine solche Anpassung (in der Emacs-Terminologie: *Major Mode*) ist *PSGML*. Die jeweils aktuelle Version ist über FTP auf dem Server `ftp.lysator.liu.se` im Verzeichnis `/pub/sgml` erhältlich. *PSGML* ist kompatibel mit der populären *Emacs*-Version des GNU-Projekts (die standardmäßig Teil der Linux-Distribution ist).

PSGML

Zum Leistungsumfang von *PSGML* kann man sagen, daß das kontextabhängige Einfügen von Markierungen unterstützt wird und fehlerhafte Strukturen identifiziert werden. *PSGML* ist jedoch kein validierender SGML-Parser, d. h. ein von *PSGML* akzeptiertes Dokument ist nicht notwendigerweise korrekt. *PSGML* stellt die Struktur des Dokuments durch entsprechende Einrückung des Elemente dar. Attribute werden in eigenen Fenstern editiert, wobei Typ und Voreinstellung angezeigt werden.

Das klingt soweit ganz gut. Vor allem für diejenigen, die mit dem Emacs-Editor vertraut sind, wird die Verwendung von *PSGML* zur Erstellung und Bearbeitung von SGML-Dokumenten eine akzeptable Lösung sein. Alle anderen seien gewarnt: *Emacs* ist – gelinde gesagt – gewöhnungsbedürftig. Wer an Textverarbeitungssysteme mit benutzerfreundlicher graphischer Oberfläche gewöhnt ist, wird mit *Emacs* kaum glücklich werden.

Author/Editor

Was *Emacs/PSGML* nicht bietet, bietet als kommerzielles Produkt *Author/Editor* von SoftQuad. *Author/Editor* (oder kurz *A/E*) ist ein mittlerweile recht weit verbreiteter Editor für SGML-Dokumente mit integriertem Parser.

SGML-Markierungen können nicht direkt eingegeben werden, sondern werden über Selektion aus einer Liste der an der aktuellen Position zulässigen Elemente eingefügt. Dadurch wird gewährleistet, daß die Übereinstimmung von Dokument und DTD in keinem Augenblick verloren geht.

RulesBuilder

Der Editor selbst arbeitet nicht direkt mit beliebigen DTDs, sondern verwendet sogenannte *Rules-Files*. Diese müssen mit Hilfe eines separaten Produkts (*RulesBuilder*) aus einer DTD erzeugt werden.

Pseudo-WYSIWYG

A/E erlaubt es, die Darstellung von Elementen mit definierbaren Absatz- und Zeichenformaten zu verbinden. Man kann diese Form der Darstellung als Pseudo-WYSIWYG-Modus bezeichnen. An sich macht WYSIWYG für SGML-Dokumente keinen Sinn, da SGML als formatunabhängige Beschreibung eines Dokuments einem Dokument keine bestimmte Darstellung zuordnet. Die Zuordnung zwischen Elementen und Formatierungen dient hier jedoch der besseren Erfassung der Struktur. Man wird also Überschriften durch eine größere Schrift und entsprechende Abstände vorher und nachher hervorheben, oder bestimmte Elemente durch Signalfarben kennzeichnen.

Tabellen

Auch das Bearbeiten von Tabellen wird von *A/E* durch einen Pseudo-WYSIWYG-Modus unterstützt. Das ist recht nützlich, da durch die Vielzahl benötigter Markierungen Tabellen in SGML-Dokumenten meist recht unübersichtlich werden. Die Tabellen entsprechen dabei entweder einer SoftQuad-eigenen Tabellen-DTD oder der Tabellen-DTD der CALS-Spezifikation. Innerhalb gewisser Grenzen lassen sich diese DTDs modifizieren und an die eigenen Bedürfnisse anpassen. Man kann also für verschiedene Arten von Tabellen jeweils entsprechend angepaßte DTD-Fragmente verwenden.

A/E ist verfügbar für MS-Windows 3.1, MacIntosh, Sun OS (Open Look, Motif), Sun Solaris (Open Look), DEC Ultrix (Motif), Silicon Graphics (Motif), IBM RS/6000 AIX (Motif) und HP-9000 HP-UX (Motif).

Implementationen

Die ArborText-Produkte sind gekennzeichnet durch starke Ausrichtung an den Standards der CALS-Initiative. Insbesondere werden Formatspezifikationen nach FOSI (*Formatting Output Standard Instance*) unterstützt.

Adept-Serie

Die einschlägigen Produkte sind *ADEPT Editor*, *ADEPT Publisher* und *Document Architect*. *Document Architect* wird zur Kompilierung von DTDs benötigt, spielt also eine ähnliche Rolle wie *RulesBuilder* für SoftQuads *Author/Editor*. Außerdem beinhaltet *Document Architect* ein Tool zur DTD-Erstellung und einen FOSI-Editor.

ADEPT Editor und *ADEPT Publisher* sind SGML-Editoren. Während der ADEPT Editor auf die Bearbeitung von SGML-Dokument ausgerichtet ist, kann mit *ADEPT Publisher* auch Formatierung und Layout für die Ausgabe (mit PostScript) bearbeitet werden.

Die Bearbeitung von Tabellen und Formeln im WYSIWYG-Modus wird unterstützt. Was die Bearbeitung von Grafiken betrifft, können mit einem der Zusatzprogramme *IslandDraw* und *IslandPaint* auch Vektor- und Rastergrafiken nach CALS erstellt und bearbeitet werden.

ADEPT-Editor und *ADEPT-Publisher* sind auf diversen Unix-Systemen (Sun, HP 9000, IBM RS/6000, DEC und Silicon Graphics) verfügbar. Versionen für Windows NT und Windows 3.1 sind angekündigt.

Als letztes Produkt unter den SGML-Editoren soll noch *WriterStation* von Datalogics[8] genannt sein. Es ist ein in verschiedener Hinsicht bemerkenswertes Produkt. Zum einen ist *WriterStation* schon relativ lange auf dem Markt

WriterStation

---

[8] Datalogics wurde 1992 von Frame übernommen.

(nämlich seit 1985), zum zweiten ist es der einzige unter OS/2 verfügbare SGML-Editor[9], und zum dritten ist insbesondere die DOS-Version durch

- ihre sehr weitgehende Anpaßbarkeit von Eingabeformen und Formatierung[10],
- die Unterstützung von Kurzreferenzen und
- die Tatsache, daß eine textorientierte Oberfläche grundsätzliche schnellere Eingabe ermöglicht als eine grafikorientierte Oberfläche[11]

für das Erstellen von SGML-Dokumenten im professionellen Umfeld gut geeignet. Allerdings ist auch der Preis professionell.

13.4. Textverarbeitung und DTP

In diesem Abschnitt werden Textverarbeitungs- und DTP-Programme behandelt, die a priori keine SGML-Anwendungen sind, die Bearbeitung von SGML-Dokumenten jedoch in mehr oder minder großem Umfang unterstützen. Als Textverarbeitungsprogramme gehören hierher Microsoft *WinWord* und *Word Perfect* und aus dem Bereich DTP- bzw. Publishing-Software die Produkte von Interleaf und Frame.

Zunächst zu den Textverarbeitungsprogrammen, beginnend mit *Intellitag* für Word Perfect:

Intellitag

Intellitag ist kein Aufsatz, der aus *Word Perfect* einen SGML-Editor macht, vielmehr handelt es sich um ein sepa-

---

[9] Was OS/2 anbelangt, ist SGML-Software sehr dünn gesät. Meines Wissens sind außer *WriterStation* nur einige Produkte von Exoterica unter OS/2 verfügbar.

[10] Zu diesem Zweck stehen gleich drei "Sprachen" zur Verfügung, nämlich Spezifikation von mustergesteuerten Aktionen, FAL (*Formatting Action Language*) und ein Basic-Dialekt.

[11] Ein Problem bei der Verwendung etwa von *Author/Editor* für Datenerfassung mit SGML: Selbst wenn die relativ umständliche Markierung über Dialoge durch Definition entsprechender Makros umgangen wird, ist es für jemanden, der auch nur durchschnittlich schnell mit Zehnfingersystem schreibt, kein Problem, *A/E* deutlich zum "Hinterherhinken" zu bringen.

rates Produkt, mit dessen Hilfe *Word-Perfect*-Dateien mit SGML-Markierungen versehen werden können, ein (interaktives) Konvertierungswerkzeug also. Dabei besteht sowohl die Möglichkeit, Markierungen von Hand einzufügen, als auch automatisch aufgrund von *WP*-Formaten und Regel-Spezifikationen, Markierungen zuzuweisen. Bei der Auszeichnung von Hand kann die Auswahl auf die im jeweiligen Kontext zulässigen Elemente beschränkt werden. Mit Hilfe eines von WP entwickelten integrierten Parsers kann das Dokument anschließend validiert werden. Abgespeichert werden kann das Resultat als SGML-Dokument oder als sogenannte *hybride WP*-Datei. Der Befehl *Reveal Codes* zeigt in *WP* dann die SGML-Markierung als `[Unknown code]`. In der Unix-Version werden die Elementnamen angezeigt.

Wie David Harkness von Word Perfect auf einem Treffen des SGML-Forums in New York Anfang 1994 selbst konzedierte, kam der Antrieb zur Entwicklung von Intellitag ursprünglich von der US-Regierung. Dies ist in Zusammenhang zu sehen mit der Forderung nach Kompatibilität von Software-Produkten mit den Standards der CALS-Suite (wozu SGML gehört). Blank gesagt, Textverarbeitungssoftware, die keine SGML-Unterstützung bietet, wird über kurz oder lang von der US-Regierung und den untergeordneten Behörden nicht mehr gekauft werden. Diese Situation dürfte auch mit den in letzter Zeit verstärkten Bemühungen von Microsoft um SGML zu tun haben (siehe unten).

Insofern man also bei Word Perfect einer Forderung von außen nachkam, und sich außerdem die Unterstützung von SGML anfangs einfacher dachte, als sich bei der Realisierung dann zeigte, geriet das Produkt zu einer etwas halbherzigen Angelegenheit. Jedenfalls sind von Anwendern (teilweise bittere) Klagen zu hören. Das hat anscheinend mit kleinen Einschränkungen (etwa bei der Verwendung von SGML-Deklarationen, die von der Referenzsyntax abweichen) zu tun, die im konkreten Fall den Einsatz von *Intellitag* verhindern oder massiv erschweren. Unangenehm ist auch, daß *Word Perfect for Windows* die SGML-Markierungen aus den hybriden Dateien wieder entfernt. Eine (deutlich teurere) Alternative für Anwender von Word Perfect ist *FastTag* von Avalanche (s. S. 317).

Intellitag ist gegenwärtig verfügbar für Sun-OS und MS-DOS. Eine MS-Windows-Version ist angekündigt.

SGML Author for Word

Was über *SGML Author for Word* im folgenden gesagt wird, hat den Charakter einer Vorabinformation, da das Produkt erst für Ende 1994[12] angekündigt ist. Daß es überhaupt hier besprochen wird, liegt an dem großen Nutzerpotential, das *Microsoft Word* als das neben *Word Perfect* am weitesten verbreitete Textverarbeitungsprogramm ist.

Anders als *Intellitag* ist *SGML Author* tatsächlich ein Word *Add-On*, der aus *WinWord 6.0* einen SGML-Editor macht. Die Arbeitsweise weicht allerdings stark von der bei den etablierten SGML-Anwendungen gängigen ab.

Ausgangspunkt ist eine beliebige DTD. Aufgrund dieser DTD wird ein sogenanntes *Association File* erstellt, das den Elementen der DTD Zeichen- und Absatzformate von *WinWord* zuordnet. Zu diesem Zweck wird ein in *SGML Author* integriertes Werkzeug mit graphischer Oberfläche verwendet. Soweit entspricht das Vorgehen der Handhabung etwa bei den Produkten von ArborText.

Der Unterschied ergibt sich daraus, daß für den Bearbeiter eines Dokuments SGML nicht nur unsichtbar, sondern in gewisser Weise auch gar nicht vorhanden ist, d. h., die Bearbeitung unterscheidet sich nicht von der Bearbeitung eines beliebigen *WinWord*-Dokuments. Üblicherweise wird es für die Bearbeiter oder Autoren mehr oder minder präzise Richtlinien geben, die ihn aber zunächst nicht daran hindern, Zeichen- und Absatzformate in einer nicht mit der DTD übereinstimmenden Weise zu verwenden. Erst, wenn das Dokument als SGML-Instanz exportiert werden soll, prüft ein interner Parser die Konsistenz und modifiziert die Ausgabe so, daß sie mit der DTD übereinstimmt. Um eine Kontrolle über die erfolgten Änderungen zu gewinnen, wird gleichzeitig ein modifiziertes *WinWord*-Dokument erzeugt, das an den betreffenden Stellen Annotationen mit erläuterndem Text enthält.

---

[12] Laut letzter Information von Microsoft.

Eine Folge der Kopplung von Absatz- und Zeichenformaten mit SGML-Elementen ist, daß direkte Formatierungen beim Export verlorengehen. Autoren und Bearbeiter werden daher wesentlich konsequenter als bisher Formate verwenden müssen. Statt wie bisher einen hervorzuhebenden Text direkt als "fett" zu markieren, wird man also ein Zeichenformat `Hervorhebung` verwenden müssen. Aus den verfügbaren Informationen geht nicht hervor, ob bei Verwendung direkter Formatierungen eine Warnung im annotierten Dokument erzeugt wird. Wäre das nicht der Fall, besteht ein Problem. Elemente, die beispielsweise Hervorhebungen markieren sind praktisch immer optional. Ihr Fehlen wird daher von keinem Parser beanstandet werden, wodurch es zu einem Verlust von Informationen beim Export nach SGML kommen kann. Man darf wohl auch neugierig sein, welche Tücken die automatische Modifikation von Dokumenten durch den SGML-Parser in sich birgt.

Zur Darstellung und Umsetzung der diversen SGML-Spezifika folgendes:

- **Attribute:** werden durch `PRIVAT`-Felder dargestellt.
- **Entitäten:** Hier sind die Informationen etwas unklar. Es wird gesagt, daß Entitäten unterstützt werden, sofern sie in der DTD definiert und vom Benutzer korrekt eingefügt werden, was immer das heißen mag.
- **ID- und IDREF-Attribute:** werden auf Textmarken und Verweisungsfelder abgebildet.
- **Minimierung:** `SHORTTAG`, `OMMITTAG` und `SHORTREF` werden beim Import unterstützt. Der Export ist normalisiert (also frei von Minimierungen).
- **Zeichensätze:** Die Zeichen aus den ISO-Alphabeterweiterungen werden unterstützt. ANSI-Zeichen mit Codes oberhalb von 127 und Zeichen aus den Zeichensätzen für Zapf Dingbats, WingDings und Symbole werden durch Entitäten dargestellt.
- **Markierte Bereiche:** Werden beim Import berücksichtigt, können aber nicht als solche übernommen oder exportiert werden.

Was spezielle Dokumentbestandteile anbelangt, so wird für Tabellen eine den *WinWord*-Tabellen entsprechende Untermenge der CALS-DTD unterstützt. Formeln können beim Export entsprechend ISO/IEL TR 9573-11:1992E oder als Binärdateien (wie OLE-Objekte allgemein auch) repräsentiert werden. Grafiken können im CGM- oder WMF-Format exportiert werden.

Anders als Word Perfect hat Microsoft nicht versucht, eine völlig eigenständige Lösung zu entwickeln, vielmehr stützte man sich relativ stark auf das bei den bekannten Anbietern von SGML-Lösungen vorhandene Know-how. Zusammengearbeitet wurde insbesondere mit Avalanche und SoftQuad, was in einigen SGML Author ergänzenden Produkten dieser Firmen resultiert. Diese sind bei Avalanche *SureStyle*, ein Werkzeug zur Konvertierung von WinWord-Dateien nach SGML basierend auf den Absatz- und Zeichenformaten der WinWord-Datei, und bei Soft-Quad ein Produkt namens *SoftQuad Enactor for SGML Author*, mit dessen Hilfe spezielle, von SGML Author beim Export einer SGML-Instanz erzeugte, den Annotationen im modifizierten WinWord-Dokument entsprechende Kommentare bequem bearbeitet werden können.

TagWizard

Einen anderen Weg beschreitet der *TagWizard* von NICE Technologies. Für den Benutzer erscheint nach Installation eine neue Dokumentvorlage in der Liste der Dokumentvorlagen. Wird ein neues Dokument mit dieser Vorlage erstellt, so wird zunächst nach einer zugrundezulegenden DTD gefragt. Angegeben werden kann eine beliebige, als Textdatei vorliegende DTD (DTDs müssen also nicht erst in ein internes Format kompiliert werden). Anschließend kann das Dokument bearbeitet werden, wobei in der Fensterleiste einige neue Schalter und in den Menüs einige neue Kommandos erscheinen, die sich auf die Bearbeitung von SGML-Strukturen und den Aufruf in Form einer DLL implementierten Parsers beziehen. Die Eingabe von Markierungen funktioniert ähnlich wie bei *Author/Editor* über Selektion aus Listen mit im jeweiligen Kontext validen Elementen. Im Unterschied zu *A/E* jedoch erscheinen Markierungen mit ihren Attributen im Text und können dort auch editiert werden. Die Markierungen selbst sind in der gegenwärtigen Version als Felder realisiert. Man kann also auch *Word*-Makros oder *Word*-Basic Funktionen zum Einfügen, Löschen und Modifizieren von SGML-Markierungen verwenden.

Soweit die gute Nachricht. Die schlechte Nachricht ist, daß das Produkt zwar verfügbar ist, aber nur in einer sehr vorläufigen Version. Insbesondere sind einzelne Operationen für die Bearbeitung längerer Dokumente entschieden zu langsam, für die Erstellung relativ kurzer HTML-Dokumente jedoch ist *TagWizard* durchaus geeignet. Zum Zeitpunkt des Erscheinens des vorliegenden Buches soll nach Auskunft des Herstellers eine wesentlich verbesserte Version verfügbar sein.

Interleaf ist gegenwärtig wohl Marktführer im Bereich Technische Dokumentation. Seit einiger Zeit bietet Interleaf unter dem Namen *Interleaf 5 <SGML>* auch eine SGML-Lösung an.

Interleaf 5 <SGML>

In Verbindung mit dem *Interleaf 5 <SGML> Toolkit* können Interleaf-Anwendungen für beliebige DTDs erstellt werden. Beim Import von SGML-Dokumenten wird dabei entsprechend einer zu definierenden Tabelle SGML-Bestandteile auf Interleaf-Objekte abgebildet, indem jeweils Lisp-Funktionen zugeordnet werden (Interleaf ist Lisp basiert). Nach Aussagen von Anwendern kann der Entwicklungsaufwand für die Erstellung und Integration einer Umgebung zur Bearbeitung von SGML-Dokumenten mit Interleaf durchaus nennenswert sein.

Interleaf ist offensichtlich bestrebt, Position und Knowhow im SGML-Bereich zu verbessern. Das zeigt sich z. B. an der kürzlich erfolgten Übernahme von Avalanche, einem Anbieter von SGML-Konvertierungssoftware.

Frame ist nach Interleaf der wichtigste Anbieter für professionelle DTP-Lösungen. Ähnlich wie Interleaf bietet Frame parallel zum Standardprodukt *FrameMaker* die bedingt SGML-fähige Publishing-Software *FrameBuilder* an.

FrameBuilder

FrameBuilder ist ein DTP-System zur Erstellung hierarchisch gegliederter Texte. Es ist kein SGML-System im engeren Sinn, sondern beschreibt Dokumentarten über EDT-Dateien, die zusätzlich zum Strukturmodell Formatierungsanweisungen in Form von Absatzformaten enthalten.

313

Es können SGML-Dokumente exportiert und importiert werden. Zur Validierung wird ein externer (nicht im Produkt enthaltener) Parser eingesetzt.

Zur Anwendungsentwicklung und Integration von SGML-Dokumenten (insbesondere zur Realisierung von Import- und Exportfunktionen) wird das *SGML Toolkit* angeboten.

Die Bearbeitung beliebiger SGML-Dokumente mit Hilfe von *FrameBuilder* wird vor allem dadurch behindert, daß Attribute nicht unterstützt werden, und daß SGML-Entitäten nicht direkt umgesetzt werden können. Zwar können Dokumente eingebunden werden, diese können aber keine Dokumente enthalten. Das heißt, bei einem SGML-Dokument mit beliebig ineinander geschachtelten Entitäten müßten erst die Referenzen durch die referenzierten Objekte ersetzt werden.

13.5. Konverter

CoST
Das *Copenhagen SGML Tool* (*CoST*) ist eine Public-Domain-Software zur Konvertierung von SGML-Dokumenten nach SGML und in andere Formate. Es verwendet die Ausgabe des *SGMLS*-Parsers als Eingabe. Der Start und das Ende eines Elements wird umgesetzt in ein Ereignis, auf das mit Aufruf einer benutzerdefinierten Aktion für das betreffende Element reagiert wird.

CoST ist in *[incr tcl]* einer objektorientierten Erweiterung von *TCL* (*Tool Command Language*) implementiert. Auch die *CoST*-Programme müssen in *TCL* erstellt werden. Dabei werden die SGML-Elemente auf *TCL*-Objekte abgebildet. Typischerweise sieht das so aus:

```
element A {
    start {
            TCL-Anweisungen für <A>
    }
    end {
            TCL-Anweisungen für </A>
```

```
        }
}
```

Über spezielle *CoST*-Anweisungen wie `attrValue`, `parentGI, in, within` usw. können Informationen über Attributwerte und Struktur abgerufen werden. Die verfügbare Strukturinformation beinhaltet im wesentlichen den aktuellen Inhalt eines Stapels von Elementen. Bei einer Startmarkierung wird dabei das betreffende Elemente auf den Stapel gelegt (*PUSH*-Operation) und bei der entsprechenden Endemarkierung wieder vom Stapel genommen (*POP*-Operation). Es ist aber auch möglich, die Struktur der Dokumentinstanz ganz oder teilweise im Speicher zu halten.

Die Quellen sind auf diversen FTP-Servern (u.a. `sgml1.ex.ac.uk`) verfügbar. Von dort sind auch die Quellen für *TCL* und *[incr TCL]* erhältlich. Die Portierung auf einem beliebigen Unix-System sollte kaum Schwierigkeiten machen, vor allem, wenn *TCL* bereits verfügbar ist.

Das Produkt *Balise* der französischen Firma Berger-Levrault/AIS ist wie *CoST* ein Werkzeug zur Abwärtskonvertierung bzw. Kreuzkonvertierung von SGML-Dokumenten. Während *CoST* auf *TCL* basiert, implementiert *Balise* eine eigene, interpretierte Sprache. Genau genommen ist *Balise* nicht der Name des Produkts, sondern der Name der Sprache. *Balise* steht dabei für *Basic Application Language for Intensive SGML Exploitation*. Die Erscheinung eines *Balise*-Skripts erinnert in manchen Punkten an C++, was auch mit dem nach Aussagen des Anbieters objektorientierten Ansatz von *Balise* zu tun haben mag.

Besonderes Merkmal von *Balise* ist die Fähigkeit, auf beliebige Teile der hierarchischen Struktur zuzugreifen. Hier ergibt sich bei anderen Konvertierungswerkzeugen ein Problem, wenn zu einem aktuellen Element nur die in der Hierarchie übergeordneten Elemente verfügbar sind, das einer im wesentlichen sequentiellen Verarbeitung des Eingabedokuments entspricht.

Ein einfaches Beispiel für die hier entstehenden Probleme ist die Erzeugung von Indizes, Inhaltsverzeichnissen

Balise

Probleme der sequentiellen Verarbeitung

315

und ähnlichem. Um diese erzeugen zu können, muß der Inhalt des gesamten Dokuments verfügbar sein. Konventionell wird das Problem so gelöst, daß die einschlägigen Teile in eine separate Datei geschrieben werden, die dann in einem zweiten Durchlauf eingebunden wird. Geht es bei der Konvertierung auch um eine Ausgabeformatierung, so ändern sich durch das Einbinden etwa eines Inhaltsverzeichnisses die Seitenzahlen des Textes und damit wieder das Inhaltsverzeichnis. Das macht einen dritten Durchlauf notwendig, usw. Im Prinzip können beliebig viele Durchläufe notwendig sein, bis ein stabiler Punkt erreicht ist, den man daran erkennt, daß sich in zwei aufeinanderfolgenden Durchläufen das Inhaltsverzeichnis nicht ändert.

Es wird bei sequentielle Verarbeitung meist auch sehr schwierig, die Anordnung der Elemente grundlegend zu ändern. Ein Beispiel dafür ist die Umordnung von Tabellen von Zeilen auf Spalten, d. h. die Zeilen der Eingabetabelle werden zu Spalten der Ausgabetabelle. Bei sequentieller Verarbeitung muß dazu die gesamte Tabelle intern (oder extern) gespeichert werden. Und schließlich kann es ganz allgemein bei einer Konvertierung notwendig sein, beliebig viele der folgenden (und eventuell der vorhergehenden) Elemente zu kennen, bevor der Kontext (und damit das Resultat der Konvertierung) exakt bestimmt werden kann.

Einige Einschränkungen von *Balise* bezüglich der verarbeitbaren SGML-Dokumente rühren daher, daß als SGML-Parser *SGMLS* zugrundeliegt, d. h. *Balise* "erbt" die Einschränkungen von *SGMLS* (die zum Beispiel LINK-Prozesse betreffen).

Balise ist gegenwärtig unter MS-DOS, SunOS und Solaris, IBM/AIX, DEC Ultrix und VMS verfügbar. Der deutsche Distributor ist MID in Heidelberg.

OmniMark

OmniMark von Exoterica ist ein sehr vielseitiges Konvertierungswerkzeug zur Umwandlung beliebiger Eingabeformate nach SGML (Up-Translation), von SGML nach SGML (Cross-Translation) und von SGML in ein beliebiges Output-Format (Down-Translation).

Die Übersetzung wird durch Skripts gesteuert. Der Ansatz ist deskriptiv und regelbasiert. So werden beispielsweise ein Textmuster in der Eingabedatei und weitere Bedingungen mit einer bei Vorliegen des Musters und Zutreffen der Bedingungen auszuführenden Aktion gekoppelt. Als Muster werden dabei reguläre Ausdrücke im Kontext erkannt.

OmniMark enthält einen integrierten SGML-Parser, der es erlaubt, während der Übersetzung dauernd mit der DTD abzugleichen. Man kann bei Kreuz- und Abwärtskonvertierungen also festlegen, daß eine Aktion nur dann ausgeführt wird, wenn ein bestimmtes Muster erkannt und der Parser sich innerhalb eines vorgegebenen Elements befindet.

OmniMark ist verfügbar unter MS-DOS und Windows, sowie auf MacIntosh, Sun, Next, Silicon Graphics, IBM RS/6000, SCO Unix, RISC Ultrix, HP/UX, VAX VMS und weiteren Plattformen.

FastTag von Avalanche ist eine Konvertierungssoftware, der eine sogenannte *Visual Recognition Engine* (*VRE*) zugrundeliegt. Die *VRE* rekonstruiert die optische Erscheinung einer Seite und erkennt darin für bestimmte Strukturelemente (Überschriften, Tabellen usw.) charakteristische Merkmale[13]. Aufgrund dessen wird dann eine dem Zielformat entsprechende Datei erzeugt.

Damit unterscheidet sich *FastTag* grundlegend etwa von OmniMark. Es geht auch über die reine Konversion von und nach SGML hinaus, da beispielsweise eine OCR-Datei direkt nach Interleaf umgesetzt werden kann.

Andererseits ist *FastTag* nicht SGML-sensitiv, d. h. der erzeugte Markup wird nicht mit einer DTD abgeglichen (was *OmniMark* kann), und *FastTag* enthält auch keinen SGML-Parser. Außerdem ist *FastTag* ein reines Batch-Programm. Eine Interaktion in Zweifelsfällen ist nicht möglich.

[13] Man sollte sich das allerdings nicht zu raffiniert vorstellen. Textattribute wie Fett- und Kursivsatz werden beispielsweise nicht verarbeitet. Vielmehr wird Zeichenfolgen eine Position auf einer virtuellen Seite zugewiesen, wodurch dann geometrische Merkmale wie Ausrichtung, Einzug, Tabellenspalten usw. erkannt werden.

Eingabeformate sind ASCII, RTF, Word Perfect, DECWrite, Interleaf und andere. Außerdem werden auch OCR-Dateien verarbeitet.

Als Output-Formate werden SGML, RTF, FrameMaker, Ventura Publisher und Interleaf unterstützt. Voraussetzung ist dabei jeweils eine spezielle Bibliothek, die zusätzlich erworben werden muß. Diese Bibliotheken können auch mit SGML-Hammer (siehe unten) verwendet werden.

Darüber hinaus können aber auch benutzerdefinierte Ausgabeformate erzeugt werden. Die Steuerung erfolgt über Dateien mit Konvertierungsanweisungen.

FastTag ist verfügbar auf PC (DOS und Windows), Sun (Command Line und Motif), DEC (Ultrix und VAX VMS), IBM RS/6000 und Silicon Graphics.

SGML-Hammer

SGML-Hammer ist ein (Batch-)Programm zur Konvertierung von SGML-Dokumenten in andere Formate (auch SGML). Gesteuert wird das Programm über Dateien mit Konvertierungsanweisungen für den Inhalt der verschiedenen SGML-Elemente.

Es werden spezielle Bibliotheken für FrameMaker 3.0, Interleaf, Microsoft RTF und WordPerfect angeboten.

Verfügbar ist *SGML-Hammer* auf PC unter DOS und auf Sun.

13.6. SGML-Datenbanken

Da SGML bei der Aufbereitung von bisher in Datenbanken gehaltenen Textbeständen immer wichtiger wird, hört man in letzter Zeit immer öfter, daß dieses oder jenes Datenbankprodukt auch SGML unterstützt. Hier lohnt es sich, genau hinzusehen. Unter Umständen kann diese Unterstützung von SGML sich nämlich auf den Import von SGML-Dokumenten beschränken, in dem Sinn, daß nach Entfernung aller Markierungen das Dokument wie jeder andere "normale" Text gespeichert werden kann. Folgende drei Anforderungen an eine SGML-Datenbank könnte man formulieren:

- Eine SGML-Datenbank soll nicht nur die Daten, sondern auch die Struktur des Dokuments speichern und strukturbezogene Suchfunktionen unterstützten. Ein Beispiel: Suche nach einer Zeichenkette, aber nur in den Überschriften von `beispiel`-Elementen.

- Außerdem sollte eine SGML-Datenbank keine Einbahnstraße sein, man soll also nicht nur SGML-Dokumente in der Datenbank speichern können, sondern auch als Resultat einer Abfrage etwa SGML-Dokumente erhalten können.

- Und schließlich sollte (analog zu dem von einer relationalen Datenbank zu leistenden Schutz der Integritätsbedingungen) eine SGML-Datenbank gewährleisten, daß die Modifikation von Dokumenten oder ihren Bestandteilen in der Datenbank ihre Konsistenz mit der DTD nicht beeinträchtigt.

Obwohl diese Bedingungen einigermaßen selbstverständlich erscheinen, ist ihre Erfüllung nicht ganz einfach und daher auch nicht ohne weiteres vorauszusetzen.

SGML-Datenbanken sind neu. Sowohl auf der Seite von SGML als auch auf der Datenbankseite ist die Entwicklung noch im Gange. Der Anhang D führt einige Datenbankprodukte mit SGML-Unterstützung bzw. SGML-Produkte mit Datenbankeigenschaften auf. Die meisten dieser Produkte werden erst seit kurzer Zeit angeboten, oder es sind Versionen mit signifikant erweiterter Funktionalität angekündigt. Aus diesem Grund möchte ich auf eine Vorstellung im einzelnen oder gar eine Bewertung der Produkte an dieser Stelle verzichten.

13.7. HTML-Software

Wie in den anderen Abschnitten auch kann hier kein umfassender Überblick gegeben werden. Das gilt um so mehr, als die Zahl der Anwendungen für HTML und WWW etwa genauso schnell wächst wie die Zahl der WWW-Server[14].

---

[14] Das heißt exponentiell. Ich schätze die Verdoppelungsrate auf weniger als sechs Monate.

Die hier behandelten Anwendungen teilen sich in zwei Gruppen, nämlich die HTML-Editoren und die WWW-Browser.

HTML-Editoren

Ein HTML-Editor ist eine Software, die das Erstellen von HTML-Dokumenten in der einen oder anderen Form unterstützt. Das muß nicht heißen, daß es sich um einen SGML-Editor mit validierendem Parser handelt.

HTML Assistant

Der *HTML Assistant* ist ein einfacher Texteditor für MS-Windows mit Erweiterungen, die das Bearbeiten von HTML-Dokumenten vereinfachen. Das sieht so aus, daß für das Einfügen der Markierungen der gebräuchlichsten HTML-Elemente jeweils Knöpfe vorgesehen sind. Man hat also einen Knopf `<title>`, einen Knopf `<h1>`, usw. Darüber hinaus können auch eigene Knöpfe definiert werden.

Das Einfügen von URLs erfolgt über einen Dialog. Dabei können die bereits verwendeten URLs aus einer Liste selektiert und modifiziert werden. Diese Liste kann auch in einer Datei abgespeichert werden.

Ein recht praktisches Merkmal des Programms ist die Möglichkeit, das gerade bearbeitete Dokument mit dem *Cello*-Browser (siehe unten) zu testen. Das aktuelle Dokument wird *Cello* per DDE (*Dynamic Data Exchange*) übergeben, wo man die Formatierung und die Funktion der Hypertext-Links prüfen kann. Anschließend kommt man durch Anklicken eines Feldes wieder zurück in den *HTML Assistant*[15].

Der Verfasser ist Howard Harawitz (Email: `harawitz@fox.nstn.ns.ca`). Die jeweils aktuelle Version ist auf den meisten einschlägigen FTP-Servern verfügbar (siehe Anhang D).

---

[15] Es geht aber auch direkter (und zwar sowohl mit *HTML Assistant* als auch mit *HoTMetal* oder einem beliebigen anderen Editor). Man lädt (etwa in *Mosaic*) das betreffende Dokument durch direkte Angabe des URL und zeigt es so an. Anschließend kann man das Dokument modifizieren, abspeichern und über den Befehl `Reload` sich den neuen Stand anzeigen lassen.

Der HTML-Editor *HoTMetaL* von SoftQuad ist eine frei verfügbare[16], auf die zum Bearbeiten von HTML-Dokumenten nötigen Funktionen reduzierte Version des *Author/Editor*. Man kann *HoTMetaL* dazu verwenden, um Dokumente entsprechend einer HTML-DTD zu erstellen. Außerdem kann *HoTMetaL* dazu dienen, sich einen Eindruck von Funktionen und Leistungsfähigkeiten von *Author/Editor* zu verschaffen.

Eine gewisse Irritation entsteht allerdings dadurch, daß die DTD, die als *Rules File* vorliegt und daher nicht geändert werden kann, inhaltlich der DTD von HTML+ bzw. HTML 3.0 weitgehend entspricht, im Aufbau allerdings stark abweicht, so daß es sehr schwer zu beurteilen ist, wo die Abweichungen genau liegen. Außerdem werden durch die Verwendung einer relativ strikten DTD die meisten existierenden HTML-Dokumente Strukturfehler aufweisen. Das wäre nicht weiter schlimm, wenn *HoTMetaL* diese Fehler anzeigen und ihre Korrektur unterstützen würde. Relativ häufig wird aber nur der erste Fehler angezeigt und im übrigen gemeldet, daß das Dokument nicht geladen werden kann[17]. Auch das Laden alter Dokumente mit einer laxeren DTD, zu der ein Rules-File namens `legacy.rls` mitgeliefert wird, scheitert häufig.

Außerdem (aber das ist ein vermutlich längst korrigierter Fehler) war die beigefügte Textversion der DTD nicht korrekt.

Etwas unangenehm ist das Fehlen einer Online-Hilfe[18], vor allem da die als PostScript-Datei mitgelieferte Doku-

HoTMetaL

---

[16] Es gibt auch eine kommerzielle Version mit zusätzlichen Features. Das hier gesagte bezieht sich jedoch ausschließlich auf die Freeware-Version.

[17] In einem Kommentar der mitgelieferten DTD wird gesagt, daß es möglich sei, beliebige Dokumente mit "Rules checking off" zu laden. Ein anschließender Wechsel zu "Rules checking on" würde dann die Validierung starten. Ich kann das nicht bestätigen. "Rules checking off" erlaubt es, bei einem geöffneten Dokument beliebige Markierungen einzufügen, dazu muß das Dokument aber zuerst geöffnet werden können.

[18] Die kommerzielle Version enthält eine Online-Hilfe.

mentation zum Beispiel mit *GhostScript*[19] nicht ausgegeben werden kann[20].

WWW-Browser

Es hat nicht viel Sinn, die gegenwärtig verfügbaren WWW-Browser hier im einzelnen vorzustellen, da die Situation insgesamt und die Merkmale der existierenden Produkte sich gegenwärtig binnen weniger Monate erheblich ändern. Es sollen nur die drei im Kapitel über HTML berücksichtigten Browser – nämlich *Mosaic*, *Netscape* und *Cello* – noch einmal kurz vorgestellt werden.

NCSA Mosaic

Der *Mosaic*-Browser der NCSA[21] ist der zur Zeit wohl meistverbreitete WWW-Browser. Die gegenwärtig (Dezember 1994) verfügbaren Versionen sind relativ rasch aufeinanderfolgende Alpha-Releases zur Version 2.0. Die anfangs nicht sehr gute Stabilität hat sich gebessert und einige Lücken (insbesondere Drucken und Speichern von Dokumenten) sind geschlossen worden.

Standard-Features

Was über *Mosaic* zu sagen ist, zerfällt in zwei Teile: Den einen Teil bilden die Features, die *Mosaic* mit anderen WWW-Browsern gemeinsam hat (als einer der ersten und am weitesten verbreiteten Browser bildet *Mosaic* hier gewissermaßen die Vorgabe), den anderen Teil bilden die Features, die andere Browser nicht aufweisen. Zuerst zu den "Standard-Features":

Navigation

Jeder WWW-Browser wird mehr oder minder vielfältige Formen der Navigation (als der Bewegung von einem Dokument zum anderen) bieten, wobei eine Form natürlich selbstverständlich ist, nämlich einem dargestellten Hypertext-Link zu folgen. Üblich ist darüber hinaus folgendes:

- Sprung zur Startseite

---

[19] *GhostScript* ist ein Public-Domain PostScript-Interpreter. Er enthält Treiber sowohl für die Druckausgabe als auch für die Anzeige von PostScript-Dateien am Bildschirm und ist für eine große Zahl von Plattformen verfügbar.

[20] Die Ausgabe auf einem Apple LaserWriter oder einem anderen PostScript-Druckern ist jedoch möglich.

[21] Das NCSA ist das *National Center for Supercomputing Applications* an der *University of Illinois*.

- ·Sprung zur vorhergehenden Seite[22]
- Sprung zur nächsten Seite (also ein Rückgängigmachen des Sprungs zur vorhergehenden Seite)
- direkte Eingabe eines beliebigen URLs
- Selektion aus einer Liste der bisher angezeigten Dokumente (*History*-Liste)
- Selektion aus einer Liste von Dokumenten, deren URLs zuvor explizit gespeichert wurden (*Hotlist*).

Schließlich ist es noch möglich, eine schlichte Textsuche[23] im Dokument durchzuführen.

Eine weitere Gruppe von Merkmalen bildet Anzeige und Ausgabe. Hier ist selbstverständlich die Darstellung von Dokumenten entsprechend der Semantik der Elemente, mit denen sie ausgezeichnet wurden. Der Umbruch und die Anpassung an einer Änderung der Fenstergröße erfolgt dabei automatisch. Bei allen Browsern ist es möglich, die Anzeige von im Dokument integrierten Bildmaterial zu deaktivieren, um so die Übertragung zu beschleunigen.

Mosaic hat wie die anderen Browser ein SDI (*Single Document Interface*), es ist also nicht möglich, mehrere Dokumente gleichzeitig in verschiedenen Fenstern anzuzeigen und in diesen unabhängig zu navigieren. Die Anzeige ist überlagernd, beim Sprung zu einem neuen URL überlagert der Inhalt des Zieles also den Inhalt der Quelle.

Die Ausgabe der HTML-Quelle kann sowohl auf den Bildschirm als auch in eine Datei erfolgen. Das formatierte Dokument kann auch gedruckt werden. Es ist nicht möglich, eine Textversion in eine Datei auszugeben. Es ist auch nicht möglich, wie bei *Netscape*, aus dem Anzeigefenster Text in die Zwischenablage zu kopieren.

Der Benutzer kann bei *Mosaic* (wie bei *Cello*), die zur Darstellung einiger wichtiger HTML-Elemente verwendete Schriftart konfigurieren. Dazu gehören vor allem die für

Anzeige und Ausgabe

spezielle Merkmale von Mosaic

---

[22] Eigentlich sollte diese Funktion so realisiert sein, daß zur Position des letzten URLs gesprungen wird (die durchaus im aktuellen Dokument liegen kann). Statt dessen springt *Mosaic* (und auch *NetScape*) zum vorhergehenden Dokument.

[23] Also eine Suche nach einem Text ohne Verwendung von Mustern.

Überschriften und schlichten Text verwendeten Schriftarten.

Außerdem ist bei *Mosaic* die Organisation der *Hotlist* besonders komfortabel. Hat man nämlich, wie bei *Cello* und *Netscape* nur eine schlichte Liste, so wird man bald feststellen, daß diese mit zunehmender Länge sehr an Übersichtlichkeit verliert.

Mosaic hat dagegen zunächst einmal zwei Listen, eine allgemeine und eine persönliche. Diese Listen können untergliedert, beliebig angeordnet und hierarchisch organisiert werden. Man kann also beispielsweise alle mit SGML zusammenhängenden Sprungziele entweder in einer Gruppe zusammenfassen und diese Gruppe vom Rest der Liste separieren, oder man kann sie in einen Untermenüpunkt verlagern. Zur Organisation der Listen verwendet man einen in Form mehrerer Dialog implementierten Listen-/Menü-Editor.

Netscape

Netscape ist ein Derivat des *Mosaic*-Browsers und hat gegenüber diesem einige Vorzüge aufzuweisen. Dazu gehört insbesondere die Fähigkeit, GIF-Bilder inkrementell aufzubauen[24].

inkrementeller Bildaufbau

Beim Aufbau der Seite erscheint daher zunächst der Text, anschließend werden die darin enthaltenen Bilder in immer feinerer Auflösung geladen. Während noch Bilder aufgebaut werden, kann schon Verzweigungen zu anderen Seiten gefolgt werden. Man kann daher mit *Netscape* sich unter Umstände wesentlich schneller durch das Web bewegen als mit *Mosaic*.

Seiten-Caching

Ein weiterer Vorzug ist das *Seiten-Caching*, d. h. einmal geladene HTML-Dokumente werden automatisch auf der Festplatte in einem temporären Verzeichnis abgelegt. Links zu diesen bereits einmal abgerufenen Dokumenten erscheinen farbig hervorgehobene. Wird zu einem späteren Zeitpunkt[25] auf dasselbe Dokument zugegriffen, so erfolgt nur eine kurze Anfrage beim betreffenden Server. Hat sich das

---

[24] Vorausgesetzt, sie sind entsprechend abgelegt worden.

[25] Das kann auch bei einer anderen Sitzung einige Tage später sein.

Dokument nicht geändert, so wird statt über das Netz von
der Platte geladen, was den Zugriff natürlich erheblich beschleunigt.

Eine weitere Beschleunigung (und eine Schonung der
Netzbandbreiten) beinhaltet die Unterstützung von Proxy-
Servern durch Netscape und Mosaic. Aufgabe eines Proxy-
Servers[26] ist wie beim Seiten-Caching die Zwischenspei-
cherung bereits abgerufener Dokumente, nur das hier die
Dokumente nicht auf der lokalen Festplatte sondern auf
einem Netzrechner gespeichert werden. Der Vorteil ergibt
sich daraus, daß dieser Rechner im allgemein ein in der
Verbindungsstruktur[27] des Internet "naher" Rechner ist, zu
dem eine relativ schnelle Verbindung besteht.

Proxy-Server

Schließlich ist noch die Darstellung der Dokument bei
Netscape der von *Mosaic* in manchen Punkten überlegen,
und auch die Unterstützung der Usenet-News ist deutlich
überlegen.

Insbesondere werden Artikel nach *Threads*[28] geordnet,
und man hat wie in dedizierten News-Readern, die Möglichkeit Newsgroups zu bestellen und abzubestellen, einzelne Threads oder alle Artikel einer Newsgroup als gelesen
oder ungelesen zu markieren, Folgeartikel abzufassen usw.,
d. h. die Ansprüche eines durchschnittlichen Benutzer an
einen News-Reader werden von *Netscape* abgedeckt. All
diese Punkte scheinen es nahezulegen, *Netscape* als Browser
zu verwenden. *Netscape* hat jedoch (gegenwärtig) einen
Nachteil, nämlich daß als neues Produkt und Alpha-Release

News unter Netscape

---

[26] Es gibt auch Proxy-Server für andere Internet-Dienste wie FTP und
Gopher.

[27] Die Verbindungsstruktur eines Netzes wird auch als Topologie bezeichnet. Sind zwischen einem Netzrechner und dem lokalen Rechner nur
wenige zwischengeschaltete Rechner, so ist dieser Rechner bezogen auf
die Internet-Topologie ein "naher" Rechner. Nähe und Ferne im Internet
korreliert nur bedingt mit geographischer Nähe und Ferne, obwohl ein
Rechner in Deutschland natürlich näher liegt als ein Rechner in Neusee-
land.

[28] Ein *Thread* ist eine Folge von (meist sich aufeinander beziehenden und
einander zitierenden) News-Artikeln zu einem Thema.

noch nicht alle Kinderkrankheiten ausgemerzt sind. Womit man zum *Cello*-Browser kommt.

Cello

Der *Cello* Browser wurde von Thomas R. Bruce an der Juristischen Fakultät der *Cornell University* entwickelt und ist an und für sich veraltet. Formulare werden zum Beispiel nicht unterstützt, Hervorhebungen werden nur teilweise wiedergegeben[29], die Darstellung von FTP-Verzeichnissen und Gopher-Menüs enthält weniger Informationen als bei *Netscape* und *Mosaic*, das Lesen von Usenet-News ist weit weniger komfortabel als bei *Netscape*, usw.

Stabilität

Er hat allerdings einen Vorteil. Sowohl gegenüber *Netscape* als auch gegenüber *Mosaic* erweist er sich zumindest meiner Erfahrung nach als deutlich stabiler und weniger empfindlich gegenüber den vielfältigen Problemen, die im Zusammenhang mit Netzwerkzugriffen unter MS-Windows auftreten können. Treten solche Probleme in einer bestimmten Umgebung oder Konfiguration gehäuft auf, so ist es vielleicht keine schlechte Idee, den *Cello*-Browser als alternative Schnittstelle zum WWW verfügbar zu halten.

DDE

Eine weiteres interessantes Merkmal des *Cello*-Browsers ist die DDE-Schnittstelle. Sie erlaubt es, von anderen Applikationen aus *Cello* zur Darstellung von HTML-Dokumenten und WWW-Objekten zu verwenden. Beispielsweise kann durch folgendes Word-Makro die Startseite des CERN-WWW-Servers angezeigt werden:

```
Channel = DDEInitiate ("Cello", "URL")
DDEExecute Channel, "http://info.cern.ch/"
DDETerminate Channel
```

Lizensierung

Alle besprochenen und die meisten der verfügbaren WWW-Browser sind mehr oder minder "freie Software". Es gelten folgende Einschränkungen: Der *Cello*-Browser ist frei von jedermann verwendbar, also *Freeware*. Der *Mosaic*-Browser ist für den privaten und firmeninternen Gebrauch frei verwendbar. Die Weitergabe (außer der über FTP) und die anderweitige Verwendung/Vermarktung bedarf einer Li-

---

[29] Die von *Cello* ausgewerteten Elemente sind also etwa die von HTML 2.0 Level 0.

zenz von NCSA (auch der Quellcode kann lizensiert werden). *Netscape* schließlich ist als Testversion (0.9x) frei verfügbar. Eine kommerzielle Version ist nach einem der Software beiliegenden Vorbehalt lizenzpflichtig. Inwiefern und zu welchen Bedingungen ist noch unklar, es ist auch gut möglich, daß Version 1.0 und höher ebenfalls frei verfügbar sein wird (zu ähnlichen Bedingungen wie NCSA *Mosaic*).

Die genannten Browser wurden in ihren MS-Windows-Versionen getestet[30]. Die meisten Portierungen weist gegenwärtig *Mosaic* auf, da *Mosaic* auf den meisten der verbreiteten Unix-Systeme (darunter insbesondere Sun), auf Apple MacIntosh und Next verfügbar ist. *Netscape* ist meines Wissens zumindest in einer Version für Sun verfügbar. Vom *Cello*-Browser ist mir nur die Windows-Version bekannt.

Plattformen

Es gibt eine ganze Reihe weiterer WWW-Browser. Speziell für MS-Windows sind hier zu nennen *WinWeb 1.0* (EINet Windows Shareware), *AIR Mosaic, Enhanced Mosaic 1.0, GWHIS* (kommerzielles Produkt) und die WWW-Browser, die als Teil integrierter Anwendungen oder im Rahmen anderer Dienste und Pakete angeboten werden. Zu letzteren gehören der WWW-Viewer von OS/2 Warp 3, die als Teil des in MS-Windows 95 integrierten Internet-Zugangs (per Buschtrommel) angekündigte WWW-Schnittstelle, sowie die Pläne des kommerziellen Mailbox-Betreibers CompuServe, den Abonnenten einen Zugang zum WWW zu öffnen.

weitere Browser

Schließlich ist noch als WWW-Browser für textorientierte Oberflächen *Lynx* zu nennen. Von den Fähigkeiten her entspricht dieser Browser durchaus den oben besprochenen. Es gibt diesen frei verfügbaren Browser als ausführbares Programm sowohl für diverse Unix-System als auch in einer DOS-Version (*DosLynx*). Die DOS-Version erlaubt sogar durch Umschalten von Text- auf Grafikmodus die Darstellung von Bildern. Außerdem ist auch der Quellcode

Lynx

---

[30] Als solche benötigen sie die Windows-Implementation der Socket-Schnittstelle in Form einer DLL. Eine online auf einer großen Zahl von FTP-Servern und Mailboxen vorhandene Shareware-Implementation dieser Schnittstelle ist die Trumpet-Winsock-DLL.

erhältlich. Nachweise und entsprechende Links finden sich auf den einschlägigen Seiten des CERN-Servers.

13.8. DTD-Tools

Das Erstellen einer DTD ist eine nichttriviale Aufgabe. Insofern man SGML als einer Programmiersprache betrachten kann, wird sich der Entwickler Hilfsprogramme (die als Entwicklungswerkzeuge oder *Tools* bezeichnet werden) wünschen, die analog zu den bei der Softwareentwicklung verwendeten Tools die systematische Erstellung, Dokumentation und Analyse von DTDs unterstützen. Leider sah es in diesem Bereich lange Zeit etwas trübe aus. In den letzten beiden Jahren sind jedoch Werkzeuge auf den Markt gekommen, von denen *Near & Far* von MicroStar und der *DTD Viewer* von ZIFTech hier kurz vorgestellt werden sollen.

Near & Far

Das DTD-Tool *Near & Far* der kanadischen Softwarefirma Microstar ist (wesentlicher) Teil eines ambitionierten Versuchs, die Erstellung von DTDs, und allgemeiner: die Integration von SGML in die Dokumentverarbeitung einer Organisation auf ähnliche Füße zu stellen, wie es die CASE-Tools[31] im Bereich der Software-Erstellung tun. Dieser Ansatz läuft bei Microstar unter dem (als Warenzeichen von Microstar geschützten) Akronym *CADE* (*Computer Aided Document Engineering*)[32] und beinhaltet neben *Near & Far* die Komponente *CADE Groupware* (ein auf *Lotus Notes* basierendes Werkzeug zur Dokumentanalyse durch eine Gruppe von Teilnehmern nach dem Modell eines elektronischen Diskussionsforums), sowie einen Datenbank-Server, auf dem die Resultate der Dokumentanalyse gespeichert und verwaltet werden.

---

[31] CASE steht für *Computer Aided Software Engineering*.

[32] Es zeugt – je nach Standpunkt – von Raffinesse, Selbstbewußtsein oder Chuzpe, einen im Prinzip generischen weil den diversen CAx-Akronymen nachgebildeten Begriff als Warenzeichen zu schützen.

Zu *Near & Far* selbst: Es handelt sich um ein zunächst in einer MS-Windows-Version erschienenes und seit 1994 auch unter Unix verfügbares Werkzeug zur grafischen Darstellung und Bearbeitung von DTDs. Statt einer Textdatei mit der bekannten SGML-Notation erscheinen die Inhaltsmodelle, Exklusionen und Inklusionen als verschieden gefärbte und geformte Objekte, wobei die Konnektoren durch unterschiedlich geartete Verbindungen dargestellt werden. Diese Objekte und Verbindung können durch einfaches Anklicken verschoben, gelöscht, kopiert und modifiziert werden. Die grafische Umsetzung ist relativ anspruchsvoll (Darstellung der Objekte mit 3D-Effekten). Ein Nebeneffekt dieser aufwendigen Darstellung ist eventuell, daß *Near & Far* bei umfangreichen DTDs (z. B. der USAAP-DTD) relativ langsam wird.

Man kann sich allerdings fragen, ob hier das richtige Problem gelöst wurde. Die Schwierigkeit bei der Erstellung einer DTD liegt ja nicht in der Beherrschung der SGML-Notation, sondern darin, im Prozeß der Dokumentanalyse Klarheit der Struktur, Sauberkeit der Abstraktion, Wart- und Modifizierbarkeit und praktische Gesichtspunkte so gut wie möglich in Einklang zu bringen. Und die Schwierigkeiten rühren beim Modifizieren und Lesen einer DTD meist daher, daß bei komplexen DTDs leicht die Übersicht verloren geht und man nur schwer beurteilen kann, wie eine Modifikation einer DTD sich auf die Validität existierender Dokumente auswirkt.

Der *DTD Viewer* der kanadischen Firma ZIFTech dient – wie der Name sagt – nur der Darstellung und nicht der Bearbeitung einer DTD. Auch was die Darstellung selbst anbelangt, ist der *DTD Viewer* weniger ambitioniert als *Near & Far*. Wenn es darum geht, bei komplexen DTDs, bei denen es häufig durch Verteilung auf mehrere Dateien und/oder den reichlichen Gebrauch von Parameterentitäten schwierig ist, die Übersicht zu behalten oder zu gewinnen, bzw. zu beurteilen, welche Elemente nun wo zulässig sind, kann der *DTD Viewer* einige Hilfe geben.

ZIFTech DTD Viewer

Die Funktionsweise ist folgende: Eine DTD wird von einem SGML-Parser gelesen und aufbereitet. Dabei werden insbesondere Referenzen von Parameterentitäten aufgelöst. Als Resultat wird zunächst das Basiselement mit einer Liste der im Inhaltsmodell auftretenden Elemente in einem Dokumentfenster angezeigt. Das Inhaltsmodell wird dabei nicht grafisch umgesetzt, vielmehr werden Inhaltsmodell, Attributliste, Notationen und Kurzreferenzen in separaten Fenstern angezeigt. Durch Selektieren aus der Liste mit dem linken bzw. rechten Mausknopf können die Inhalte dieser Fenster für das jeweilige Element angezeigt werden, bzw. der Baum mit den im Inhaltsmodell des Elements enthaltenen Elementen expandiert werden (etwa so, wie beim Dateimanager unter Windows Verzeichnisbäume expandiert werden).

Schließlich können Elemente noch direkt aus einer Gesamtliste selektiert und angezeigt werden. In dieser Liste wird auch angezeigt, wo ein gegebenes Element in den Inhaltsmodellen anderer Elemente erscheint.

13.9. Zusammenfassung

SGML ist, wie schon in der Einleitung festgestellt, für die sich sehr dynamisch entwickelnde Welt der Computersoftware ein Standard von fast schon ehrwürdigem Alter. Was den in diesem Kapitel besprochenen Bereich der verfügbaren Anwendungen angeht, erweist sich das als ein erheblicher Vorteil.

Für die bei der Bearbeitung von SGML-Dokumenten abzudeckenden Grundfunktionen des Erzeugens, Erstellens, Modifizierens und der Ausgabe gibt es nicht nur auf einer Vielzahl von Plattformen verfügbare, ausgereifte Software, sondern es besteht auch die Möglichkeit, diese Grundfunktionen durch Public Domain-Software guter Qualität abzudecken.

Außerdem gibt das große Interesse und die vielfältigen Aktivitäten im WWW dem zugrundeliegenden Standard SGML neuen Antrieb. Es zeigt sich, daß in letzter Zeit vermehrt Hersteller außerhalb der SGML-Nischenkultur sich nicht nur interessieren, sondern auch engagieren, was sich in vermehrter Konkurrenz und – für den Anwender erfreulich – in erweitertem Angebot, sinkenden Preisen und steigender Qualität auswirken wird und schon auswirkt[33].

---

[33] Die Preise etablierter SGML-Produkte sind in letzter Zeit teilweise erheblich gesenkt worden.

Zeichensätze

Dieser Anhang enthält Tabellen einiger verbreiteter Zeichensätze. Die Zeichencodes werden sowohl dezimal (in der obersten Zeile bzw. der ersten Spalte) als auch hexadezimal angegeben (in der zweiten Zeile bzw. Spalte).

A.1 ASCII

Der ASCII-Zeichensatz ist der gegenwärtig am häufigsten verwendete Zeichensatz. ASCII steht für *American Standard Code for Information Interchange*. Er stimmt mit dem 7-Bit ISO 646-Zeichensatz bis auf die in der Fußnote erwähnten unterschiedlichen Währungssymbole überein.

		00	10	20	30	40	50	60	70
		0	16	32	48	64	80	96	112
00	0	NUL	DLE	SP	0	@	P	`	p
01	1	SOH	DC1	!	1	A	Q	a	q
02	2	STX	DC2	"	2	B	R	b	r
03	3	ETX	DC3	#	3	C	S	c	s
04	4	EOT	DC4	$[1]	4	D	T	d	t
05	5	ENQ	NAK	%	5	E	U	e	u
06	6	ACK	SYN	&	6	F	V	f	v
07	7	BEL	ETB	'	7	G	W	g	w
08	8	BS	CAN	(	8	H	X	h	x
09	9	HT	EM	)	9	I	Y	i	y
0A	10	LF	SUB	*	:	J	Z	j	z
0B	11	VT	ESC	+	;	K	[	k	{
0C	12	FF	FS	,	<	L	\	l	|
0D	13	CR	GS	-	=	M	]	m	}
0E	14	SO	RS	.	>	N	^	n	~
0F	15	SI	US	/	?	O	_	o	DEL

[1] Im ISO 646-Zeichensatz erscheint an dieser Stelle das generisches Währungssymbol ¤.

A.2 ISO Latin 1

ISO 8859 Latin 1 ist eine Codierung, die heute beispielsweise unter MS-Windows verwendet wird. Der Zeichenbestand enthält einige häufig verwendete Sonderzeichen und Symbole, sowie die wichtigsten in westeuropäischen Sprachen verwendeten akzentuierten Buchstaben.

		80	90	A0	B0	C0	D0	E0	F0
		128	144	160	176	192	208	224	240
00	0			NBS[2]	°	À	Ð	à	ð
01	1			¡	±	Á	Ñ	á	ñ
02	2			¢	²	Â	Ò	â	ò
03	3			£	³	Ã	Ó	ã	ó
04	4			¤	´	Ä	Ô	ä	ô
05	5			¥	µ	Å	Õ	å	õ
06	6			¦	¶	Æ	Ö	æ	ö
07	7			§	·	Ç	×	ç	÷
08	8			¨	¸	È	Ø	è	ø
09	9			©	¹	É	Ù	é	ù
0A	10			ª	º	Ê	Ú	ê	ú
0B	11			«	»	Ë	Û	ë	û
0C	12			¬	¼	Ì	Ü	ì	ü
0D	13			SH[3]	½	Í	Ý	í	ý
0E	14			®	¾	Î	Þ	î	þ
0F	15				¿	Ï	ß	ï	ÿ

[2] NBS ist der sogenannte *non breaking space*, also Leerraum für Wortverbindungen zwischen denen kein Zeilenumbruch stattfinden soll.

[3] Das Zeichen SH (*soft hyphen*) markiert eine mögliche Worttrennung beim Zeilenumbruch. Wird an dieser Stelle umgebrochen, erscheint SH als Trennstrich. Ansonsten ist SH unsichtbar.

A.3 EBCDIC

EBCDIC ist eine in der IBM-Welt immer noch verbreitete Codierung. EBCDIC steht für *Extended Binary Coded Decimal Interchange Code*. Der Name enthält als historisches Relikt noch *Binary Coded Decimal*, eine Bezeichnung für einen Code zur Darstellung von Dezimalzahlen auf einem binären Computer mit dezimalen arithmetischen Operationen. Es ist ein 8-Bit-Code, der Kleinbuchstaben und Zeichen in den oberen 128 Codes definiert.

		00	10	20	30	40	50	60	70
		0	16	32	48	64	80	96	112
00	0	NUL	DLE	DS		SP	&	−	ø
01	1	SOH	DC1	SOS		RSP	é	/	É
02	2	STX	DC2	FS	SYN	â	ê	Â	Ê
03	3	ETX	DC3	WUS	IR	ä	ë	Ä	Ë
04	4	SEL	RES	BYP	PP	à	è	À	È
05	5	HT	NL	LF	TRN	á	í	Á	Í
06	6	RNL	BS	ETB	NBS	ã	î	Ã	Î
07	7	DEL	POC	ESC	EOT	å	ï	Å	Ï
08	8	GE	CAN	SA	SBS	ç	ì	Ç	Ì
09	9	SPS	EM	SFE	IT	ñ	ß	Ñ	`
0A	10	RPT	UBS	SM	RFF	¢	!	¦	:
0B	11	VT	CU1	CSP	CU3	.	$	,	#
0C	12	FF	IFS	MFA	DC4	<	*	%	@
0D	13	CR	IGS	ENQ	NAK	(	)	_	'
0E	14	SO	IRS	ACK		+	;	>	=
0F	15	SI	ITB	BEL	SUB	|	¬	?	"

		80	90	A0	B0	C0	D0	E0	F0
		128	144	160	176	192	208	224	240
00	0	Ø	º	µ	^	{	}	\	0
01	1	a	j	~	£	A	J	÷	1
02	2	b	k	s	¥	B	K	S	2
03	3	c	l	t	·	C	L	T	3
04	4	d	m	u	©	D	M	U	4
05	5	e	n	v	§	E	N	V	5
06	6	f	o	w	¶	F	O	W	6
07	7	g	p	ẋ	¼	G	P	X	7
08	8	h	q	y	½	H	Q	Y	8
09	9	i	r	z	¾	I	R	Z	9
0A	10	«	ª	¡	[	—	¹	²	³
0B	11	»	º	¿	]	ô	û	Ô	Û
0C	12	ð	æ	Đ	⎯	ö	ü	Ö	Ü
0D	13	ý	،	Ý	¨	ò	ù	Ò	Ù
0E	14	þ	Æ	Þ	´	ó	ú	Ó	Ú
0F	15	±	¤	®	×	õ	ÿ	Õ	

Sonderzeichen

In Anhang D.4 des SGML-Standards sind eine Reihe von Alphabeterweiterungen definiert, die häufig verwendete Sonderzeichen enthalten. Da die Namen der in den Alphabeterweiterungen deklarierten Entitäten damit Teil des Standards sind, kann der Inhalt von Dokumenten sehr portabel gehalten werden, wenn man sich darauf beschränkt, außer den Zeichen des Minimalzeichensatzes nur die hier definierten Entitäten zu referenzieren.

Die folgenden Abschnitte geben einige Hinweise zum Einbinden der Alphabeterweiterungen, sowie tabellarische Übersichten der verschiedenen Gruppen von Entitäten.

Die Tabellen erfassen nicht alle in den Alphabeterweiterungen des Standards definierten Sonderzeichen, sondern beschränken sich auf die gebräuchlichsten[1]. Die auf der beiliegenden Diskette im Verzeichnis `entities` enthaltenen Dateien deklarieren den gesamten Zeichenbestand mit kurzen Kommentaren.

B.1 Bezeichner

Voraussetzung für den portablen Gebrauch eines Sonderzeichens ist zunächst das Einbinden der betreffenden Alphabeterweiterung. Es muß also eine externe Parameter-Entität deklariert werden, und die Parameter-Entität muß in der DTD referenziert werden.

---

[1] Der Standard definiert fast 1000 Sonderzeichen. Die Tabellen enthalten vor allem diejenigen, deren grafische Repräsentation verfügbar war.

Die den externen Entitäten entsprechenden Dateien werden meist zusammen mit SGML-Software geliefert und in einem `entities` oder ähnlich genannten Verzeichnis abgelegt. Die Deklaration der Entität kann außer dem `PUBLIC`-Bezeichner auch noch einen Systembezeichner mit dem Pfadnamen enthalten, mit dessen Hilfe der *Entity Manager* der SGML-Anwendung die Entität lokalisieren kann. Ansonsten wird das Verzeichnis und die zum Generieren eines Pfadnamens notwendige Information der SGML-Anwendung häufig durch den Wert einer Umgebungsvariablen vermittelt (so auch beim PD-Parser).

Die folgende Tabelle enthält die für die Entitäten gebräuchlichen Namen, den Textbeschreibungsteil des `PUBLIC`-Bezeichners sowie eine Beschreibung des Inhalts entsprechend dem Standard. Der vollständige `PUBLIC`-Bezeichner wird aus der Textbeschreibung nach dem Muster

```
ISO 8879-1986//ENTITIES Textbeschreibung//EN
```

gebildet. Um die Zeichen des griechischen Alphabets einzubinden, wäre also in der DTD

```
<!ENTITY % ISOgrk1
  "ISO 8879-1986//ENTITIES Greek
  Letters//EN" >
%ISOgrk1;
```

einzufügen.

Zu beachten ist schließlich, daß die vom Standard definierten Alphabeterweiterungen definitorisch sind, d. h. die Ersetzungstexte duplizieren den Namen der Zeichenentität in eckigen Klammern. Eine typische Deklaration lautet:

```
<!ENTITY ouml SDATA "[ouml  ]"
  --=small o, dieresis or umlaut mark -- >
```

Um zu erreichen, daß in einer konkreten Umgebung der dem Zeichen "ö" entsprechende Code eingefügt wird, muß eine entsprechende Darstellungsversion verfügbar sein, und diese muß im `PUBLIC`-Bezeichner auch spezifiziert werden.

Die folgende Tabelle führt alle im Anhang D.4 von ISO 8879 definierten *entity sets* mit dem gebräuchlichen Entitäts-

namen, dem Textbeschreibungsteil des `PUBLIC`-Bezeichners
und einer Beschreibung der enthaltenen Zeichen auf:

Name	Textbeschreibung
Inhalt	
`ISOamsa`	`Added Math Symbols: Arrow Relations`
Spezielle Symbole für gerichtete mathematische Relationen (Pfeilsymbole), also Doppelpfeile und ähnliches. Einfache Pfeile sind bereits in `ISOnum` enthalten.	
`ISOamsb`	`Added Math Symbols: Binary`
Symbole für mathematische (binäre) Operatoren (also $+$, $\times$, usw.).	
`ISOamsd`	`Added Math Symbols: Delimiters`
Mathematische Klammersymbole (z. B. $\lceil$, $\rfloor$, usw.)	
`ISOamsn`	`Added Math Symbols: Negated`
Negierte Formen der Symbole für mathematische Relationen (z. B. $\not\subset$, $\notin$, usw.).	
`ISOamso`	`Added Math Symbols: Ordinary`
Diverse mathematische Symbole, die keiner der anderen Gruppen von `Added Math Symbols` zuzuordnen sind.	
`ISOamsr`	`Added Math Symbols: Relations`
Symbole mathematischer Relationen (z. B. $\subset$, $\in$, usw.).	
`ISObox`	`Box and Line Drawing`
Blöcke und Liniensymbole, wie sie für den Formulardruck verwendet werden.	
`ISOcyr1`	`Russian Cyrillic`
Kyrillische Zeichen des russischen Alphabets	
`ISOcyr2`	`Non-Russian Cyrillic`
Kyrillische Zeichen aus anderen (slawischen) Sprachen	
`ISOdia`	`Diacritical Marks`
Diakritische Zeichen, also Akzente, die in Verbindung mit anderen Zeichen verwendet werden können.	
`ISOgrk1`	`Greek Letters`
Zeichen des griechischen Alphabetes.	
`ISOgrk2`	`Monotoniko Greek`
Akzentuierte Zeichen des neugriechischen Alphabets.	
`ISOgrk3`	`Greek Symbols`

Name	Textbeschreibung
Inhalt	
Zeichen des griechischen Alphabets, die als Symbole in technischen und mathematischen Texten verwendet werden.	
`ISOgrk4`	`Alternative Greek Symbols`
Entsprechen den Symbolen aus `ISOgrk3`, den Namen wird jedoch `"b."` vorangestellt (also `b.alpha` statt `alpha`). Die Darstellung soll in einem von anderen Stil als für die Symbole aus `ISOgrk3` erfolgen (üblicherweise fett).	
`ISOlat1`	`Added Latin 1`
Alphabetische Zeichen westeuropäischer Sprachen.	
`ISOlat2`	`Added Latin 2`
Weitere alphabetische Zeichen westeuropäischer Sprachen.	
`ISOnum`	`Numeric and Special Graphic`
Diverse Sonderzeichen, Währungssymbole, Einheiten, sowie die von SGML verwendeten Sonderzeichen.	
`ISOpub`	`Publishing`
Diverse hauptsächlich im Satzbereich verwendete spezielle Zeichen, u. a. differenzierte Zwischenräume, Anführungszeichen, Ligaturen und Brüche.	
`ISOtech`	`General Technical`
Diverse für technische Texte und Formeln verwendete Symbole und Sonderzeichen.	

B.2 ISOlat1

Die folgende Tabelle enthält alle Sonderzeichen aus der durch den `PUBLIC`-Bezeichner

`"ISO 8879-1986//ENTITIES Added Latin 1//EN"`

identifizierten Alphabeterweiterung. Der Zeichenbestand entspricht dem des Zeichensatzes ISO Latin 1, weshalb als Name der Entität normalerweise `ISOlat1` verwendet wird. Der Zeichenbestand enthält eine Auswahl der in den Alphabeten der wichtigen westeuropäischen Sprachen verwendeten Sonderzeichen. Die Tabelle ist alphabetisch nach Entitätsname sortiert.

Zeichen	Name	Beschreibung
á	aacute	a mit Akut-Akzent
Á	Aacute	A mit Akut-Akzent
â	acirc	a mit Zirkumflex-Akzent
Â	Acirc	A mit Zirkumflex-Akzent
à	agrave	a mit Gravis-Akzent
À	Agrave	A mit Gravis-Akzent
å	aring	a mit Ring-Akzent
Å	Aring	A mit Ring-Akzent
ã	atilde	a mit Tilde-Akzent
Ã	Atilde	A mit Tilde-Akzent
ä	auml	Umlaut-a
Ä	Auml	Umlaut-A
æ	aelig	ae-Ligatur
Æ	AElig	AE-Ligatur
ç	ccedil	c mit Cedille
Ç	Ccedil	C mit Cedille
é	eacute	e mit Akut-Akzent
É	Eacute	E mit Akut-Akzent
ê	ecirc	e mit Zirkumflex-Akzent
Ê	Ecirc	E mit Zirkumflex-Akzent
è	egrave	e mit Gravis-Akzent
È	Egrave	E mit Gravis-Akzent
ð	eth	kleines eth (isländisch)
Ð	ETH	großes Eth (isländisch)
ë	euml	Umlaut-e
Ë	Euml	Umlaut-E
í	iacut	i mit Akut-Akzent
Í	Iacut	I mit Akut-Akzent
î	icirc	i mit Zirkumflex-Akzent
Î	Icirc	I mit Zirkumflex-Akzent

Zeichen	Name	Beschreibung
ì	igrave	i mit Gravis-Akzent
Ì	Igrave	I mit Gravis-Akzent
ï	iuml	Umlaut-i
Ï	Iuml	Umlaut-I
ñ	ntilde	n mit Tilde-Akzent
Ñ	Ntilde	N mit Tilde-Akzent
ó	oacute	o mit Akut-Akzent
Ó	Oacute	O mit Akut-Akzent
ô	ocirc	o mit Zirkumflex-Akzent
Ô	Ocirc	O mit Zirkumflex-Akzent
ò	ograve	o mit Gravis-Akzent
Ò	Ograve	O mit Gravis-Akzent
ø	oslash	o mit Querstrich
Ø	Oslash	O mit Querstrich
õ	otilde	o mit Tilde-Akzent
Õ	Otilde	O mit Tilde-Akzent
ß	szlig	scharfes S (sz-Ligatur)
þ	thorn	kleines Thorn (isländisch)
Þ	THORN	großes Thorn (isländisch)
ú	uacute	u mit Akut-Akzent
Ú	Uacute	U mit Akut-Akzent
û	ucirc	u mit Zirkumflex-Akzent
Û	Ucirc	U mit Zirkumflex-Akzent
ù	ugrave	u mit Gravis-Akzent
Ù	Ugrave	U mit Gravis-Akzent
ü	uuml	Umlaut-u
Ü	Uuml	Umlaut-U
ý	yacute	y mit Akut-Akzent
Ý	Yacute	Y mit Akut-Akzent
ÿ	yuml	Umlaut-y

B.3 SGML-Zeichen

Die Alphabeterweiterung `ISOnum` enthält Entitätsdeklarationen für die in SGML-Markierungen verwendeten Sonderzeichen. Diese sind normalerweise direkt verfügbar, können dann aber Fehler bei der Verarbeitung hervorrufen. Daher sollten für diese Zeichen, falls sie im Inhalt von Elementen erscheinen, die in untenstehender Tabelle aufgeführten Entitäten referenziert werden.

Zeichen	Name	Beschreibung
&	amp	Und-Symbol (*ampersand*)
'	apos	Apostroph (einfaches Anführungszeichen)
*	ast	Stern (*asterisk*)
,	comma	Komma
=	eq	ist-gleich (*equals*)
!	excl	Ausrufezeichen (*exclamation mark*)
>	gt	rechte spitze Klammer, Größer-Zeichen (*greater than*)
–	hyphen	Bindestrich
(	lpar	linke Klammer (*left paranthesis*)
[	lsqb	linke eckige Klammer (*left square bracket*)
<	lt	linke spitze Klammer, Kleiner-Zeichen (*less than*)
#	num	Nummer
%	percnt	Prozent
.	period	Punkt
?	quest	Fragezeichen (*question mark*)
"	quot	Anführungszeichen (*quotation mark*)
)	rpar	rechte Klammer (*right paranthesis*)
]	rsqb	rechte eckige Klammer (*right square bracket*)
;	semi	Strichpunkt (*semicolon*)
/	sol	Schrägstrich (*solidus*)
|	verbar	senkrechte Strich (*vertical bar*)

B.4 Interpunktion

Die untenstehende Tabelle faßt die in den Alphabeterweiterungen `ISOnum`, `ISOdia` und `ISOpub` enthaltenen Trennzeichen, Satzzeichen, diakritischen Zeichen und Klammern zusammen.

Zeichen	Name	Alphabet	Beschreibung
´	acute	ISOdia	Akut-Akzent (diakr. Zeichen)
'	apos	ISOnum	Apostroph
¦	brvbar	ISOnum	unterbrochener senkrechter Strich *(broken vertical bar)*
^	circ	ISOdia	Zirkumflex-Akzent (diakr. Zeichen)
¸	cedil	ISOdia	Cedille-Akzent (diakr. Zeichen)
:	colon	ISOnum	Doppelpunkt
,	comma	ISOnum	Komma
¨	die	ISOdia	Diäresis-Akzent (diakr. Zeichen) *(dieresis)*
!	excl	ISOnum	Ausrufezeichen *(exclamation mark)*
`	grave	ISOdia	Gravis-Akzent (diakr. Zeichen)
…	hellip	ISOpub	Ellipse *(horizontal ellipsis)*
—	horbar	ISOnum	Gedankenstrich *(horizontal bar)*
-	hyphen	ISOnum	Bindestrich
¡	iexcl	ISOnum	umgedrehtes Ausrufezeichen *(inverted exclamation mark)*
¿	iquest	ISOnum	umgedrehtes Fragezeichen *(inverted question mark)*
«	laquo	ISOnum	Anführungszeichen links (franz.) *(left angle quotation mark)*
{	lcub	ISOnum	linke geschweifte Klammer *(left curly bracket)*

Zeichen	Name	Alphabet	Beschreibung
"	ldquo	ISOnum	doppeltes Anführungszeichen links oben (*left double quotation mark*)
_	lowbar	ISOnum	Unterstrich
(	lpar	ISOnum	linke Klammer (*left paranthesis*)
‹	lsaquo	ISOnum	einfaches Anführungszeichen links (franz.) (*single left angle quotation mark*)
[	lsqb	ISOnum	linke rechteckige Klammer (*left square bracket*)
‾	macr	ISOdia	Makron-Akzent (diakr. Zeichen)
	nbsp	ISOnum	erforderlicher Zwischenraum (kann nicht am Zeilenende erscheinen) (*no break space*)
.	period	ISOnum	Punkt (Satzende)
?	quest	ISOnum	Fragezeichen (*question mark*)
"	quot	ISOnum	Anführungszeichen (*quotation mark*)
»	raquo	ISOnum	Anführungszeichen rechts (franz.) (*right angle quotation mark*)
}	rcub	ISOnum	rechte geschweifte Klammer (*right curly bracket*)
"	rdquo	ISOnum	doppeltes Anführungszeichen rechts oben (*right double quotation mark*)
)	rpar	ISOnum	rechte Klammer (*right paranthesis*)
›	rsaquo	ISOnum	einfaches Anführungszeichen rechts (franz.) (*single right angle quotation mark*)
]	rsqb	ISOnum	rechte rechteckige Klammer (*right square bracket*)
;	semi	ISOnum	Strichpunkt, Semikolon

Zeichen	Name	Alphabet	Beschreibung
-	`shy`	`ISOnum`	bedingtes Trennzeichen (nur am Zeilenende sichtbar) (*soft hyphen*)
/	`sol`	`ISOnum`	Schrägstrich (*solidus*)
~	`tilde`	`ISOdia`	Tilde-Akzent (diakr. Zeichen)
"	`uml`	`ISOdia`	Umlaut-Akzent (diakr. Zeichen)
|	`verbar`	`ISOnum`	senkrechter Strich (*vertical bar*)

B.5 Sonstige Symbole

Die folgende Tabelle führt diverse, relativ häufig verwendete Zeichen und Symbole aus den Alphabeterweiterungen `ISOnum` und `ISOpub` auf. Unter anderem enthält sie Währungssymbole und für Einheiten verwendete Symbole.

Zeichen	Name	Alphabet	Beschreibung
\\	`bsol`	`ISOnum`	umgekehrter Schrägstrich (*backslash, reverse solidus*)
¢	`cent`	`ISOnum`	Cent (Währung)
@	`commat`	`ISOnum`	AT-Zeichen (*attention*)
©	`copy`	`ISOnum`	Copyright
¤	`curren`	`ISOnum`	allgemeines Währungssymbol
†	`dagger`	`ISOpub`	Dolch (Fußnotenzeichen) (*dagger*)
–	`dash`	`ISOpub`	Querstrich (im Unterschied zum Trenn- bzw. Bindestrich)
‡	`Dagger`	`ISOpub`	doppelter Dolch (Fußnotenzeichen) (*ddagger*)
°	`deg`	`ISOnum`	Grad (Temperatur, Winkelmessung) (*degree*)
$	`dollar`	`ISOnum`	Dollar (Währung)
½	`frac12`	`ISOpub`	Bruch
¼	`frac14`	`ISOpub`	Bruch
¾	`frac34`	`ISOpub`	Bruch

Zeichen	Name	Alphabet	Beschreibung
½	half	ISOnum	Bruch
$^c/_o$	incare	ISOpub	*in-care-of*-Zeichen
µ	micro	ISOnum	Mikro (in Einheiten)
·	middot	ISOnum	zentrierter Punkt (*middle dot*)
#	num	ISOnum	Nummer
Ω	ohm	ISOnum	Ohm (elektrischer Widerstand)
%	percnt	ISOnum	Prozent
£	pound	ISOnum	Pfund (Währung)
¶	para	ISOnum	Paragraph (*pilcrow*)
®	reg	ISOnum	geschütztes Warenzeichen (*registered sign*)
§	sect	ISOnum	Paragraph, Abschnitt (*section*)
™	trade	ISOnum	Handelsmarke (*trademark*)
¥	yen	ISOnum	Yen (Währung)

B.6 Mathematische Symbole

Die folgende Tabelle enthält einige gebräuchliche mathematische Operatoren, Relationen und Symbole aus ISOnum, ISOtech und den mathematischen Alphabeterweiterungen.

Zeichen	Name	Alphabet	Beschreibung
∩	cap	ISOtech	Durchschnitt (*cap*)
∪	cup	ISOtech	Vereinigung (*cup*)
=	eq	ISOnum	ist gleich (*equals*)
∃	exists	ISOtech	Existenzquantor
↓	darr	ISOnum	Pfeil nach unten (*down arrow*)
÷	divide	ISOnum	Division
∅	empty	ISOamso	leere Menge
∀	forall	ISOtech	Allquantor
≥	ge	ISOtech	größer oder gleich (*greater than or equal*)

Zeichen	Name	Alphabet	Beschreibung
>	gt	ISOnum	größer als (*greater than*)
∞	infty	ISOtech	unendlich-Zeichen (*infinity*)
∈	isin	ISOtech	ist-Element-von
←	larr	ISOnum	Pfeil nach links (*left arrow*)
≤	le	ISOtech	kleiner oder gleich (*less than or equal*)
<	lt	ISOnum	kleiner als (*less than*)
≠	ne	ISOtech	ungleich (*not equal*)
¬	not	ISOnum	Negation
∉	notin	ISOtech	nicht-Element-von
+	plus	ISOnum	Addition, Plus
±	plusmn	ISOnum	Plusminus
∏	prod	ISOamsb	Produktoperator
→	rarr	ISOnum	Pfeil nach rechts (*right arrow*)
\	setmn	ISOamsb	Mengendifferenz
⊂	sub	ISOtech	Untermenge von (*subset*)
∑	sum	ISOamsb	Summenoperator
⊃	sup	ISOtech	Obermenge von (*superset*)
×	times	ISOnum	Multiplikation
↑	uarr	ISOnum	Pfeil nach open (*up arrow*)

B.7 Griechisches Alphabet

Die untenstehende Tabelle listet die in ISOgrk1 und ISOgrk3 enthaltenen Buchstaben und Symbole auf. Die Entitäten von ISOgrk1 repräsentieren dabei die Zeichen der griechischen Schrift (diese Namen wären also für griechische Zitate zu verwenden), während ISOgrk3 dieselben Zeichen in ihrer Funktion als Symbole in mathematischen oder technischen Texten definiert, sofern die grafische Repräsentation vom entsprechenden Zeichen des lateinischen Alphabets abweicht (d. h. ISOgrk3 definiert keine Entität Alpha, da das große Alpha dem lateinischen Buchstaben "A" entspricht).

Zu einigen Symbolen von `ISOgrk3` existiert eine abweichende Form, wenn das Symbol als Name einer Variablen verwendet wird. Der Name des Zeichens erhält dann ein "v" am Ende.

Zeichen	Name	Alphabet	Beschreibung
α	agr	ISOgrk1	kleines Alpha
α	alpha	ISOgrk3	
A	Agr	ISOgrk1	großes Alpha
β	bgr	ISOgrk1	kleines Beta
β	beta	ISOgrk3	
B	Bgr	ISOgrk1	großes Beta
γ	ggr	ISOgrk1	kleines Gamma
γ	gamma	ISOgrk3	
Γ	Ggr	ISOgrk1	großes Gamma
Γ	Gamma	ISOgrk3	
δ	dgr	ISOgrk1	kleines Delta
δ	delta	ISOgrk3	
Δ	Dgr	ISOgrk1	großes Delta
Δ	Delta	ISOgrk3	
$\in$	egr	ISOgrk1	kleines Epsilon
$\in$	epsi	ISOgrk3	
ε	epsiv	ISOgrk3	kleines Epsilon (Variable)
E	Egr	ISOgrk1	großes Epsilon
ζ	zgr	ISOgrk1	kleines Zeta
ζ	zeta	ISOgrk3	
Z	Zgr	ISOgrk1	großes Zeta
η	eegr	ISOgrk1	kleines Eta
η	eta	ISOgrk3	
H	EEgr	ISOgrk1	großes Eta
θ	thgr	ISOgrk1	kleines Theta
θ	thetas	ISOgrk3	
ϑ	thetav	ISOgrk3	kleines Theta (Variable)
Θ	THgr	ISOgrk1	großes Theta
Θ	Theta	ISOgrk3	
ι	igr	ISOgrk1	kleines Iota

Zeichen	Name	Alphabet	Beschreibung
ι	iota	ISOgrk3	
I	Igr	ISOgrk1	großes Iota
κ	kgr	ISOgrk1	kleines Kappa
κ	kappa	ISOgrk3	kleines Kappa
K	Kgr	ISOgrk1	großes Kappa
λ	lgr	ISOgrk1	kleines Lambda
λ	lambda	ISOgrk3	
Λ	Lgr	ISOgrk1	großes Lambda
Λ	Lambda	ISOgrk3	
μ	mgr	ISOgrk1	kleines My
μ	mu	ISOgrk3	
M	Mgr	ISOgrk1	großes My
ν	ngr	ISOgrk1	kleines Ny
ν	nu	ISOgrk3	
N	Ngr	ISOgrk1	großes Ny
ξ	xgr	ISOgrk1	kleines Xi
ξ	xi	ISOgrk3	
Ξ	Xgr	ISOgrk1	großes Xi
Ξ	Xi	ISOgrk3	
o	ogr	ISOgrk1	kleines Omikron
O	Ogr	ISOgrk1	großes Omikron
π	pgr	ISOgrk1	kleines Pi
π	pi	ISOgrk3	
ϖ	piv	ISOgrk3	kleines Pi (Variable)
Π	Pgr	ISOgrk1	großes Pi
Π	Pi	ISOgrk3	
ρ	rgr	ISOgrk1	kleines Rho
ρ	rho	ISOgrk3	
P	Rgr	ISOgrk1	großes Rho
σ	sgr	ISOgrk1	kleines Sigma
σ	sigma	ISOgrk3	
ς	sigmav	ISOgrk3	kleines Sigma (Variable)
Σ	Sgr	ISOgrk1	großes Sigma
Σ	Sigma	ISOgrk3	

Zeichen	Name	Alphabet	Beschreibung
τ	tgr	ISOgrk1	kleines Tau
τ	tau	ISOgrk3	
T	Tgr	ISOgrk1	großes Tau
υ	ugr	ISOgrk1	kleines Ypsilon
υ	upsi	ISOgrk3	
Υ	Ugr	ISOgrk1	großes Ypsilon
Υ	Upsi	ISOgrk3	
φ	phgr	ISOgrk1	kleines Phi
φ	phis	ISOgrk3	
φ	phiv	ISOgrk3	kleines Phi (Variable)
Φ	PHgr	ISOgrk1	großes Phi
Φ	Phi	ISOgrk3	
χ	khgr	ISOgrk1	kleines Chi
χ	chi	ISOgrk3	
X	KHgr	ISOgrk1	großes Chi
ψ	psgr	ISOgrk1	kleines Psi
ψ	psi	ISOgrk3	
Ψ	PSgr	ISOgrk1	großes Psi
Ψ	Psi	ISOgrk3	
ω	ohgr	ISOgrk1	kleines Omega
ω	omega	ISOgrk3	
Ω	OHgr	ISOgrk1	großes Omega
Ω	Omega	ISOgrk3	

Parser-Manual

Dieses Kapitel beschreibt Aufruf und Funktionsweise des auf der beiliegenden Diskette befindlichen SGML-Parsers `sgmls`. Dieser Parser ist eine Anpassung und Weiterentwicklung des von Charles Goldfarb entwickelten Parsers ARCSGML durch James Clark. Beide Programme sind in der *Public Domain*, können also für nichtkommerzielle Zwecke unbeschränkt kopiert und weitergegeben werden.

C.1 Aufruf des Parsers

`Sgmls` ist ein Batch-Programm, d. h. ein Programm, das ohne Benutzerinteraktion seine Eingabe liest, verarbeitet und das Resultat in die Ausgabe schreibt.

Die Eingabe wird entweder durch Angabe von einem oder mehreren Dateinamen in der Kommandozeile spezifiziert. Fehlen diese, so wird aus der Standardeingabe gelesen. Inhalt der Eingabe ist ein SGML-Dokument. Angenommen, `test.sgm` enthalte ein SGML-Dokument, dann kann `sgmls` durch

```
sgmls test.sgm
```

oder durch

```
sgmls <test.sgm
```

aufgerufen werden. Das SGML-Dokument kann auch über mehrere Dateien verteilt sein. Angenommen, `sgml.dcl` enthalte die SGML-Deklaration, `book.dtd` eine DTD und `kapitel.sgm` die Dokumentinstanz, so wird der Aufruf

```
sgmls sgml.dcl book.dtd kapitel.sgm
```

das aus der Verkettung der drei Eingabedateien bestehende
SGML-Dokument parsen.

Die Verarbeitung besteht zum einen in der Validierung
des Dokuments, d. h. der Überprüfung der Korrektheit und
Konsistenz von Deklaration, DTD und Dokumentinstanz.
Werden in DTD oder Instanz Fehler gefunden, so schreibt
sgmls eine Fehlermeldung in die Standardausgabe (oder
die durch die Option -f bezeichnete Datei).

Zum anderen wird eine Ausgabe im ASCII Zeichensatz
erzeugt, die Struktur und Inhalt der Dokumentinstanz in
einfach verarbeitbarer Form wiedergibt.

C.2 Optionen

Außer den Eingabedateien kann die Kommandozeile noch
eine Reihe von Optionen enthalten. Die vollständige Syntax
des Aufrufs von sgmls ist:

```
sgmls [-deglprsuv] [-cdatei] [-fdatei] [-
    iname] datei(en)
```

Die Reihenfolge der Optionsargumente ist beliebig.

Die einzelnen Optionen werden zunächst ausführlich
besprochen. Am Ende des Abschnitts findet sich eine
Übersichtstabelle.

Option -cdatei   Bei Angabe der Option -cdatei wird eine Aufstellung
der für die Verarbeitung des Dokuments erforderlichen
Kapazitätspunkte in datei abgelegt. Für eine Beschreibung
des Berechnungsverfahrens für Kapazitätspunkte siehe Abschnitt 10.4. Die Aufstellung sieht beispielsweise so aus:

```
TOTALCAP 240
ENTCAP 16
ENTCHCAP 9
ELEMCAP 56
GRPCAP 88
EXGRPCAP 8
EXNMCAP 8
```

```
ATTCAP   16
ATTCHCAP  7
AVGRPCAP 24
NOTCAP    0
NOTCHCAP  0
IDCAP     8
IDREFCAP  0
MAPCAP    0
LKSETCAP  0
LKNMCAP   0
```

Für den, der es nicht so ganz genau wissen will, ist eigentlich nur TOTALCAP interessant. In diesem Fall sagt uns der Wert von TOTALCAP, daß es sich um ein sehr einfaches Dokument handelt. da der vom Standard vorgegebene Wert, der von jedem SGML-konformen System "verkraftet" werden muß, 35000 ist.

Das dieser Aufstellung zugrunde liegende Format entspricht RACT (*Reference Application for Capacity Testing*), die im ANSI-Standardisierungsvorschlag X3.190-199X *Conformance Testing for Standard Generalized Markup Language (SGML) Systems* vom Juli 1991 definiert ist.

Entsprechend dem Standard ist es zulässig, Entitäten mehrfach zu deklarieren. Manchmal ist es sogar notwendig. Will man beispielsweise eine Standard-Entität für das lokale Dokument anders definieren, so muß man sie im DTD-Subset deklarieren[1]. Wenn das nicht beabsichtigt ist, kann mit dieser Option geprüft werden, ob ein Entitätsname versehentlich mehrfach verwendet wurde. Die Angabe der Option bewirkt, daß bei mehrfacher Deklaration einer Entität eine Warnung ausgegeben wird.

Option -d

Fehlermeldungen enthalten stets den Namen der externen Entität (sprich: Datei), in welcher der Fehler aufgetreten ist. Bei komplexen Dokumenten mit vielen Entitäten und

Option -e

---

[1] Man erinnert sich: Gültig ist bei mehrfacher Deklaration einer Entität die erste Deklaration, und da das DTD-Subset vor der (externen) DTD gelesen wird, überlagert die Definition im Subset die Definition der externen DTD.

ineinander geschachtelten Dateien reicht das jedoch unter Umständen nicht aus.

Bei Verwendung der Option -e werden in einer Fehlermeldung alle aktuell offenen Entitäten angegeben. Angenommen, Datei `foo.sgm` deklariert eine Entität `xyz`, deren Ersetzungstext einen Fehler enthält und bindet in Zeile 712 eine Datei `foo1.sgm` ein, die wiederum in Zeile 58 `xyz` referenziert:

```
foo.sgm:
...
<!ENTITY xyz "<fehler>" >
...
<!ENTITY foo1 SYSTEM "foo1.sgm" >
...
Zeile 712: &foo1;
```

```
foo1.sgm:
...
Zeile 58: &x; &y; &z; &xyz;
...
```

Ohne die e-Option lautet die Fehlermeldung dann:

```
sgmls:
SGML error at foo1.sgm, line 58 at ";":
Undefined FEHLER start-tag GI ignored;
not used in DTD
```

Aus dieser Fehlermeldung ist weder ersichtlich, wann und wie `foo1.sgm` eingebunden wurde, noch, wo der Fehler eigentlich liegt. Um das herauszufinden, muß man zuerst auf die Vermutung kommen, daß der Fehler im Inhalt von `xyz` liegen könnte und dann die Deklaration von `xyz` suchen und finden. Bei Gebrauch der e-Option wird die Sache schon klarer:

```
sgmls:
In file included at foo.sgm, line 712:
SGML error at foo1.sgm,
line 58 at entity xyz, line 1 at ">":
```

```
Undefined FEHLER start-tag GI ignored;
not used in DTD
```

Die f-Option dient zum Umleiten von Fehlermeldungen in eine Datei. Fehlermeldungen werden normalerweise in die Standardfehlerausgabe[2] geschrieben. Bei Angabe der Option -f werden sie statt dessen in der durch *pfad* bezeichneten Datei abgelegt.

Option -f*pfad*

Die Option -g bewirkt, daß eine Fehlermeldung außer der Position des Fehlers die Liste der aktuell offenen Elemente enthält. Tritt beispielsweise ein Fehler im Inhalt von Element C auf, das in B enthalten ist, und B ist im Basiselement A enthalten, so erscheint in der Fehlermeldung bei Verwendung der g-Option die Zeile

Option -g

```
Element structure: A B C
```

Die Option -i dient dem Steuern des Einbindens von markierten Bereichen. Sie bewirkt, daß eine Deklaration einer Parameter-Entität *name* der Form

Option -i*name*

```
<!ENTITY % name "INCLUDE" >
```

am Anfang des DTD-Subsets simuliert wird. Man verwendet die Option um das Einbinden bzw. Ignorieren von markierten Bereichen zu steuern (siehe Abschnitt 11). Die Deklaration am Anfang des DTD-Subsets hat Vorrang vor einer Deklaration der entsprechenden Entität mit dem Ersetzungstext "IGNORE". Die i-Option kann in der Kommandozeilemehrfach verwendet werden.

Bei Angabe der Option -l werden in der Ausgabe bei Wechsel der externen Entität die Zeilennummer angezeigt. Beispielsweise wird, wenn eine Datei durch Referenz einer externen Entität eingebunden wird, das durch eine Ausgabezeile der Form

Option -l

```
Lzeilennummer pfad
```

angezeigt. Die Zeilennummer ist dabei die Zeile der externen Referenz und pfad ist der Name der entsprechenden Datei.

---

[2] Unter MS-DOS ist das der Bildschirm (CON-*Device*).

Option -p

Die Option –p wird man verwenden, wenn man lediglich den Prolog des Dokuments überprüfen will. Der Prolog besteht aus der SGML-Deklaration und der DTD. Der Parser terminiert in diesem Fall vor Beginn der Dokumentinstanz.

Diese Option sollte bei der Entwicklung einer DTD verwendet werden, da sonst eine fehlende Dokumentinstanz als Fehler gemeldet wird.

Option -r

Wird eine nicht definierte Entität referenziert, so ist das normalerweise ein Fehler. Ist aber eine DEFAULT-Entität definiert, so werden nicht definierte Entitäten auf diese abgebildet. Die Option -r bewirkt, daß eine solche Abbildung eine Warnung erzeugt.

Option -s

Die Option –s wirkt ähnlich der p-Option, es wird allerdings das gesamte Dokument überprüft. Sie ist nützlich, wenn man das Dokument nur validieren will und die Ausgabe nicht benötigt.

Option -u

Enthält die DTD keine Definition für ein Element *name*, das in der Dokumentinstanz erscheint, so wird ein Fehler gemeldet. Wird das Element aber nur innerhalb der DTD verwendet, ohne in der Dokumentinstanz zu erscheinen, so wird normalerweise keine Fehlermeldung erscheinen. Zum Beispiel läuft

```
<!DOCTYPE simple [
<!ELEMENT simple - - (a, b?) >
<!ELEMENT a      - - (#PCDATA) >
] >
<simple><a></a></simple>
```

ohne Fehlermeldung durch den Parser, obwohl das Inhaltsmodell von simple ein nicht deklariertes Element b enthält. Die Option –u bewirkt, daß in einem solchen Fall eine Warnung ausgegeben wird. In gleicher Weise wird kein Fehler gemeldet, wenn in der DTD einem Element durch eine USEMAP-Deklaration eine nicht definierte Kurzreferenzabbildung zugeordnet wird. Ein Fehler wird sonst nur dann gemeldet, wenn das Element in der Dokumentinstanz erscheint.

Die Option `-v` schließlich gibt die Versionsnummer von `sgmls` aus. Die Versionsnummer des auf der Diskette befindlichen Parsers ist 1.1.

Zur Übersicht beschreibt folgende Tabelle Funktion und Wirkung der einzelnen Optionen in alphabetischer Reihenfolge :

`-c`*datei*   Aufstellung über Kapazitätsbedarf des Dokuments in *datei* abspeichern.

`-d`   Erzeugt eine Warnung, wenn Entität(en) mehrfach deklariert wurden.

`-e`   In Fehlermeldungen alle offenen Entitäten anzeigen.

`-f`*datei*   Fehlermeldungen werden statt in die Standardfehlerausgabe in die durch *pfad* bezeichnete Datei geschrieben.

`-g`   Namen der offenen Elemente in Fehlermeldungen ausgeben.

`-i`*name*   Deklaration von Parameter-Entität *name* mit Ersetzungstext "`INCLUDE`" am Anfang des DTD-Subsets simulieren.

`-l`   Ausgabe mit Zeilennummern erzeugen.

`-p`   Nur den Prolog parsen. Impliziert `-s`.

`-r`   Warnung bei Referenzierung von nicht deklarierten Entitäten, die auf `#DEFAULT` abgebildet werden.

`-s`   Nur Fehler anzeigen, keine Ausgabe erzeugen.

`-u`   Warnung bei Verwendung von nicht definierten Elementen in der DTD und undefinierten Kurzreferenzen.

`-v`   Versionsnummer von `sgmls` anzeigen.

C.3 Ausgabe

Die Ausgabe des Parsers hat ein einfaches, zeilenorientiertes Format. Der gesamte Inhalt des geparsten Dokuments
mit Struktur und Attributen wird dabei als Folge von Zeilen
dargestellt. Das erste Zeichen jeder Zeile kennzeichnet den
Typ der Zeile. Dem Zeilentyp folgt eine durch Zwischenraum getrennte Argumentliste, wobei das erste Argument
unmittelbar auf das den Typ kennzeichnende Zeichen folgt.
Ist die Zahl der Argumente für einen Typ fest, dann kann
das letzte Argument Zwischenräume enthalten. Man sieht
das am besten an einem Beispiel:

```
<!DOCTYPE text [
<!ELEMENT text O O (#PCDATA) >
<!ATTLIST text
  attr CDATA #IMPLIED >
] >
<text attr=wert>
Das ist der Inhalt
von 'text'.
</text>
```

Die vom Parser für dieses Dokument erzeugte Ausgabe
sieht dann folgendermaßen aus:

```
AATTR CDATA wert
(TEXT
-Das ist der Inhalt\n von 'text'.
)TEXT
C
```

Wie man sieht, wurden für Attributwert, Start- und Endemarkierung von text und den Inhalt von text jeweils eine
Zeile ausgegeben. Dabei fällt auf, daß nur der Zeilensprung
nach dem Wort "Inhalt" in der Ausgabe als \n erscheint, die
Zeilensprünge am Anfang und am Ende jedoch nicht. Das
ist auch korrekt so, denn der SGML-Standard legt fest, daß
Leerraum, Tabulatoren und Zeilensprünge am Anfang und
am Ende von Dateninhalt zu ignorieren ist.

Sonder- und Funktionszeichen in der Ausgabe werden mit Hilfe eines vorangestellten umgekehrten Schrägstrichs (*backslash*) wie folgt dargestellt:

Sonderzeichen

\\   Das Zeichen \ selbst.

\n   Das Zeilenende-Zeichen (RE = *Record End*)

\| Begrenzungsmarkierung einer internen SDATA-Entität.

\ooo   Das Zeichen mit dem Code *ooo*, wobei der Code oktal ausgedrückt wird. Das Zeilen-anfangs-Zeichen (RS = *Record Start*) wird beispielsweise durch \012 dargestellt.

Man kann eine Ausgabezeile als Kommando für eine die Ausgabe verarbeitende Software betrachten. Die folgende Aufstellung zeigt die in der Ausgabe erscheinenden Kommandos in alphabetischer Ordnung.

Kommandos

#*Text*

Der im APPINFO-Teil der SGML-Deklaration erscheinende Text, sofern ein anderer als NONE angegeben wurde (siehe Abschnitt 10).

&*Entität*

Referenz einer externen Entität. Der Name wird durch ein vorausgehendes E–Kommando definiert

(*Name*

Startmarkierung des Elements *Name*.

)*Name*

Endemarkierung des Elements *Name*.

-*Daten*

Dateninhalt eines Elements.

?*Anweisung*

Verarbeitungsanweisung (*processing instruction*).

{*Entität*

Beginn einer Subdokument-Entität.

363

`}`*Entität*

Ende einer Subdokument-Entität.

`A`*Attribut* `CDATA` *Daten*

`CDATA`-Attribut mit Wert *Daten*.

`A`*Attribut* `ENTITY` *Entität(en)*

Attribut vom Typ `ENTITY` oder `ENTITIES`. Die Werte sind
durch vorangehende `I-`, `E-` oder `S`-Kommandos definiert.

`A`*Attribut* `IMPLIED`

Attribut mit impliziertem Wert (d. h. der Wert wurde nicht
angegeben).

`A`*Attribut* `NOTATION` *Notation*

`NOTATION`-Attribut mit Wert *Notation*. Der Wert wurde
durch ein vorausgehendes `N`-Kommando definiert.

`A`*Attribut* `TOKEN` *Wert(e)*

Attribut anderen Typs (also `NAME`, `NAMES`, usw.)

`C`

Erscheint am Ende der Ausgabe, wenn das Dokument korrekt war (*conforming SGML document*).

`D`*Entität* *Attribut* *Wert*

Analog zum `A`-Kommando, nur qualifiziert hier *Attribut*
den Inhalt einer Entität, es handelt sich also um ein `NOTA-`
`TION`-Attribut (siehe Abschnitt 9).

`E`*Entität* *Typ* *Notation*

Definiert eine externe Datenentität. Der Typ ist `CDATA`,
`NDATA` oder `SDATA`. Dem Kommando gehen `f`-Komman-
dos mit den erzeugten Dateinamen voraus, sowie ein `p`-
Kommando, wenn ein `PUBLIC`-Bezeichner deklariert wurde
und ein `s`-Kommando, wenn ein Systembezeichner deklariert wurde. Die Notation wurde durch ein `N`-Kommando
definiert. `NOTATION`-Attribute werden durch `D`-Komman-
dos spezifiziert. Die Ausgabe erfolgt nur, wenn die Entität
referenziert wird oder als Wert eines Attributs erscheint.

`f`*Dateiname*

Bezieht sich auf ein folgendes `E`- oder `S`-Kommando und gibt den einer externen Entität entsprechenden Dateinamen an. Falls der Systembezeichner einen Strichpunkt enthält, werden mehrere `f`-Kommandos ausgegeben.

`IEntität Typ Text`

Definiert eine interne Datenentität mit Ersetzungstext `Text`. Der Typ ist `CDATA` oder `SDATA`. Diese Zeile wird nur ausgegeben, wenn die Entität als Wert eines Attributs vom Typ `ENTITY` oder `ENTITIES` erscheint.

`LZeile` oder `LZeile Datei`

Ausgabe der Nummer der aktuellen Zeile. Bei Änderung der Eingabedatei wird auch deren Name ausgegeben. Erscheint nur bei Angabe der `l`-Option.

`NNotation`

Definiert eine Notation. Der in der Deklaration erscheinende Bezeichner der Notation wird durch ein vorausgehendes `p`- oder `s`-Kommando definiert. Die Definition wird nur ausgegeben, wenn die Notation in einem `E`- oder `A`-Kommando erscheint.

`pBezeichner`

Das Kommando bezieht sich auf das nächste `E`-, `S`- oder `N`-Kommando und gibt den zugehörigen `PUBLIC`-Bezeichner aus.

`SEntität`

Definiert eine Subdokument-Entität. Dem Kommando gehen `f`-Kommandos mit den erzeugten Dateinamen voraus, sowie ein `p`-Kommando, wenn ein `PUBLIC`-Bezeichner deklariert wurde und ein `s`-Kommando, wenn ein Systembezeichner deklariert wurde. Die Zeile erscheint nur, wenn die Entität referenziert wurde oder als Wert eines Attributs erschien.

`sBezeichner`

Das Kommando bezieht sich auf das nächste `E`-, `S`- oder `N`-Kommando und gibt den zugehörigen Systembezeichner aus.

C.4 Entitäten

Systembezeichner

Zur Lokalisierung von externen Entitäten verwendet `sgmls` zunächst den Systembezeichner, falls ein solcher vorhanden ist. Der Systembezeichner wird als Liste von durch Strichpunkt getrennten Dateinamen interpretiert. Bei mehreren so angegebenen Dateien ist der Inhalt der Entitäten der aneinandergefügte Inhalt der Dateien (ähnlich wie bei mehreren Dateinamen in der Kommandozeile).

Wenn kein Systembezeichner angegeben wurde, wird `sgmls` versuchen, mit Hilfe des `PUBLIC`-Bezeichners (so vorhanden) und anderer Informationen einen Dateinamen zu generieren.

SGML_PATH

Das dabei angewandte Verfahren ist relativ kompliziert. Grundlage des Ganzen ist der Wert der Umgebungsvariablen `SGML_PATH`. Man setzt sie am bequemsten durch einen Eintrag der Form

```
set SGML_PATH=Wert
```

in der Datei `autoexec.bat`.

Pfadmuster

Dieser Wert wird als eine durch Strichpunkt separierte Liste von Pfadmustern interpretiert. Ein Pfadmuster ist wiederum ein Pfadname, der spezielle, aus einem Prozentzeichen und einer Feldkennung bestehende Feldmarkierungen enthalten kann. Anstelle der Feldmarkierung wird bei der Pfadgenerierung ein durch die Feldkennung bezeichneter Ersetzungstext eingefügt. Pfadmuster mit Feldmarkierungen, für die der Ersetzungstext undefiniert ist, werden ignoriert.

Vor dem Einfügen in das Pfadmuster werden die Zeichen "+", ",", ".", "/", ":", "=", "?" und Zwischenraumzeichen im Ersetzungstext eliminiert. Von den durch das Einfügen erzeugten Pfadnamen wird der erste verwendet, dem eine existierende Datei entspricht, die zum Lesen geöffnet werden kann.

allgemeine Feld-
markierungen

Es gibt zwei Gruppen von Feldmarkierungen. Eine Gruppe umfaßt Feldmarkierungen, deren Ersetzungstexte Teile des `PUBLIC`-Bezeichners sind, falls einer definiert ist

(ansonsten ist der Ersetzungstext undefiniert). Die zweite
Gruppe umfaßt alle anderen Feldmarkierungen, nämlich:

	Ersetzungstext
%%	Prozentzeichen
%D	Name der Notation einer externen Daten-Entität. Sonst undefiniert.
%N	In der Deklaration der Entität, Notation oder DTD angegebener Name.
%P	PUBLIC-Bezeichner. Undefiniert, falls kein PUBLIC-Bezeichner angegeben wurde.
%S	Systembezeichner. Undefiniert, falls kein System-bezeichner angegeben wurde. Der Systembezeichner wird nicht transformiert.

Außerdem gibt es zwei vom Inhalt der Entität abhängige
Feldmarkierungen %X und %Y (die Einträge der Spalte DV
beziehen sich auf Bezeichner mit Darstellungskennung):

Inhalt	%X			%Y
	mit PUBLIC-Bezeichner		sonst	
	DV	sonst		
Text-Entität	vge	pge	gml	text
Subdokument-Entität	vns	pns	nsd	sgml
Daten-Entität				data
Parameter-Entität	vpe	ppe	spe	parm
DTD	vdt	pdt	dtd	dtd
LPD	vlp	plp	lpd	lpd

Die folgenden Feldmarkierungen werden durch Teile des
PUBLIC-Bezeichners ersetzt, wenn einer angegeben wurde.
Ansonsten ist der Ersetzungstext undefiniert. Genauere
Informationen zu den einzelnen Bestandteilen von formalen
PUBLIC-Bezeichnern finden sich in Abschnitt 10.

PUBLIC-Felder

	Ersetzungstext
%A	Leere Zeichenkette, wenn der Inhalt öffentlich verfügbar ist. Sonst undefiniert.
%C	Textklasse
%E	Zeichensatzkennung, wenn die Textklasse CHARSET ist, sonst undefiniert.
%I	Leere Zeichenkette bei ISO-Besitzerkennung, sonst undefiniert.
%L	Sprachkennung. Undefiniert, wenn die Textklasse CHARSET ist.
%O	Besitzerkennung ohne Prefix (also ohne "+//" bzw. "-//").
%R	Leere Zeichenkette, wenn der Besitzer ein registrierter Besitzer ist. Sonst undefiniert.
%T	Textbeschreibung
%U	Leere Zeichenkette, wenn der Besitzer kein registrierter Besitzer ist. Sonst undefiniert.
%V	Darstellungskennung. Undefiniert, falls keine angegeben wurde.

Wie ist der Wert von SGML_PATH nun zu   **Beispiele**
setzen. Zunächst einmal soll der Fall berücksichtigt werden,
daß ein Systembezeichner angegeben wurde:

```
set SGML_PATH="%S;.\%S;c:\sgml\inputs\%S"
```

wird alle Fälle abdecken, in denen ein mehr oder minder
vollständiger Pfad als Systembezeichner angegeben wurde.
Dabei wird zunächst nach einer Datei mit dem Systembezeichner als vollständigen Pfad (%S) gesucht, dann mit dem
Systembezeichner relativ zum aktuellen Verzeichnis (.\%S),
und schließlich relativ zu einem bestimmten Verzeichnis auf
Laufwerk c: (c:\sgml\inputs\%S).

Hat man eine Spezifikation ohne explizit angegebenen
Systembezeichner, was häufig bei extern abgelegten DTDs

der Fall ist, kann der Name der DTD herangezogen werden.
Mit den Pfadmustern

```
.\%N.%X;c:\sgml\%Y\%N.%X
```

wird im Fall, daß die DOCTYPE-Deklaration die Form

```
<!DOCTYPE text SYSTEM >
```

hat, zunächst im aktuellen Verzeichnis nach `text.dtd` und
dann nach `c:\sgml\dtd\text.dtd` gesucht.

Als nächstes sollen die mit PUBLIC-Bezeichner deklarierten Standard-Alphabeterweiterungen gefunden werden.
Da es sich um ISO-Kennungen handelt, wird man dem
Pfadmuster die Feldmarkierung `%I` voranstellen, was bewirkt, daß der Rest des Pfadmusters nur für ISO-Kennungen gilt. Angenommen, die betreffenden Dateien lägen im
Verzeichnis `c:\sgml\entities` und die Dateikennung
wäre `ent`. Dann wird mit dem Pfadmuster

```
%Ic:\sgml\%C\%N.ent
```

das die Feldmarkierung `%C` verwendet, deren Ersetzungstext die Textklasse von PUBLIC-Bezeichnern ist, zur Deklaration

```
<!ENTITY % ISOlat1
  "ISO 8879:1986//ENTITIES
   Added Latin 1//EN"
```

auch richtig die Datei `c:\sgml\entities\isolat1.ent`
gefunden.

Das letzte Beispiel sorgt dafür, daß firmenintern ver-
wendete Entitäten mit selbstdefinierten PUBLIC-Bezeich-
nern lokalisiert werden. Die entsprechenden Dateien sind in
Unterverzeichnissen von `c:\sgml\bse` abgelegt, wobei die
Namen der Unterverzeichnisse der Textklasse entsprechen.
Mit dem Pfadmuster

```
%Uc:\sgml\%O\%C\%T.%Y
```

wird zu dem PUBLIC-Bezeichner

```
-//BSE//DTD Gesetz//GE
```

die Datei `c:\sgml\bse\dtd\gesetz.dtd` gefunden.

C.5 SGML-Deklaration

Wenn keine SGML-Deklaration angegeben wird, so wird
vom Parser folgende SGML-Deklaration impliziert:

```
<!SGML "ISO 8879:1986"
CHARSET
   BASESET
     "ISO 646-1983//CHARSET International
      Reference Version (IRV)//ESC 2/5 4/0"
   DESCSET
        0   9 UNUSED
        9   2 9
       11   2 UNUSED
       13   1 13
       14  18 UNUSED
       32  95 32
      127   1 UNUSED
CAPACITY
   PUBLIC
     "ISO 8879:1986//CAPACITY Reference//EN"
SCOPE DOCUMENT
SYNTAX
   PUBLIC
     "ISO 8879:1986//SYNTAX Reference//EN"
FEATURES
   MINIMIZE
      DATATAG  NO
      OMITTAG  YES
      RANK     NO
      SHORTTAG YES
   LINK
      SIMPLE   NO
      IMPLICIT NO
      EXPLICIT NO
   OTHER
      CONCUR   NO
      SUBDOC   YES 99999999
      FORMAL   YES
APPINFO NONE
   >
```

Vergleicht man diese SGML-Deklaration mit der in Kapitel
10 auf Seite angegebenen, so sieht man, daß bis auf den

Merkmale SUBDOC und FORMAL beide Deklarationen übereinstimmen.

Für weitere Informationen zum Thema SGML-Deklaration wird auf Kapitel   SEQ Kapitel kap_sgml_dcl10
verwiesen.

C.6 Systemdeklaration

Die Systemdeklaration von sgmls wird als Beispiel in Abschnitt 10.8 ausführlich behandelt. Zu Einzelheiten und
Interpretation siehe dort.

Informationsquellen

Dieser Anhang enthält außer einer Auswahlbibliographie zu SGML Zusammenstellungen der Bezugsquellen von SGML-Informationen und -Software im USENET, sowie die Anbieter kommerzieller SGML-Software mit Anschrift und den angebotenen Produkten.

D.1. Bibliographie

Da die beiliegende Diskette eine umfangreiche Bibliographie zu SGML in Form eines SGML-Dokuments enthält, will ich mich hier auf besonders wichtige und/oder von mir verwendete Literatur beschränken.

Die wichtigste Literaturangabe in einem Buch über einen Standard ist natürlich der Standard selbst:

> *International Standard ISO 8879-1986. Information Processing, Text and Office Systems, Standard Generalized Markup Language (SGML) = Traitement de l'information, systemes bureautiques, langage standard généralisé de balisage (SGML).*
> 1. Aufl. International Organization for Standardization (ISO), Genf, Schweiz, 15. Oktober 1986.
> xi + 155 S.

Normalerweise wird man für definitive Auskünfte jedoch nicht den ISO-Text heranziehen, sondern das von Yuri Rubinsky herausgegebene und eingeleitete SGML-Handbuch von Charles Goldfarb:

Charles F. Goldfarb/ Yuri Rubinsky. *The SGML Handbook.*
Clarendon Press, Oxford 1990. xxiv + 663 S.
ISBN 0-19-853737-9

Das SGML-Handbuch ist gewissermaßen die Bibel, was SGML betrifft. Es enthält den vollständigen, mit Anmerkungen und Erläuterungen ergänzten Text des Standards. Außerdem sind in den ersten beiden Kapiteln einführende Texte sowie ein Überblick zur Struktur von SGML enthalten.

Obwohl die Anmerkungen und Erläuterungen vieles klären, was aus dem nackten Standard heraus nur schwer zu verstehen ist, bleibt das SGML-Handbuch natürlich in erster Linie ein Hilfsmittel zur Klärung von Detailfragen. Das heißt, daß Präzision der Formulierung Vorrang vor leichter Lesbarkeit hat.

Ein eher auf Anfänger (und Anwender) hin orientierter Text ist das vor kurzem in zweiter Auflage erschienene Buch von Eric van Herwijnen:

Eric van Herwijnen. *Practical SGML.*
2. Aufl. Kluwer Academic Publishers Group,
Norwell, MA, USA, und Dordrecht, Niederlande,
1994. xx + 288 S.
ISBN 0-7923-9434-8

Von Umfang und Zielrichtung her ähnelt es dem vorliegenden Buch, unterscheidet sich aber zum Beispiel durch eine stärkere Berücksichtigung verwandter Standards und Anwendungsbereiche wie etwa EDI (*Electronic Data Interchange*), einem für den Austausch von Dokumenten in der Wirtschaft wichtigen Standard. Außerdem enthält es zwei recht interessante Kapitel über die Verwendung von SGML zur Beschreibung von mathematischen Formeln und (objektorientierter) Graphik.

Vom selben Autor gibt es übrigens ein elektronisches Buch über SGML. Der Text basiert teilweise auf der ersten Auflage des obengenannten Buches, und die Behandlung der verschiedenen Aspekte von SGML ist nicht sehr ausführlich. Der Benutzer bekommt aber eine schnellen und interaktive Einführung in den Gebrauch von SGML. Vor allem dadurch, daß die Übungen mit Hilfe des beiliegenden Parsers `sgmls` sofort auf Korrektheit geprüft werden können, bietet das *SGML Tutorial* einen recht zeiteffizienten Einstieg in SGML:

> **Eric van Herwijnen.** *SGML Tutorial.*
> Electronic Book Technologies, Providence, RI, USA
> (Browser) und Kluwer Academic Publishers Group,
> Norwell, MA, USA, und Dordrecht, Niederlande
> (Text) 1992, 1993. 3,5 Zoll Diskette mit DynaText-
> Browser für MS-Windows.

Ein Buch, daß auf die Beziehungen zwischen SGML und anderen sich auf die Verarbeitung von Dokumenten beziehenden Standards das Hauptgewicht legt, ist von

> **Joan M. Smith.** *Standard generalized markup language
> and related standards – Document Description and
> Processing Languages.*
> The Ellis Horwood series in computers and their
> applications. Ellis Horwood, New York, NY, USA
> 1992. xviii + 151 S.
> ISBN 0-13-806506-3

Das Buch enthält eine kompakte Einführung zu SGML und behandelt hauptsächlich Fragen der Anwendung mit besonderer Berücksichtigung der Anwendung von SGML in Verbindung und/oder im Vergleich zu anderen Standards und Standardisierungsbemühungen. Es ist die Rede von DSSSL (*Document Style Semantics and Specification Language*), SPDL (*Standard Page Description Language*), ODA (*Office Document Architecture*), EDI (siehe oben), CALS und Hy-Time (*Hypermedia/Time Based Structuring Language*).

Wer sich insbesondere für den letztgenannten Standard und seine Anwendung interessiert, findet in dem neu erschienen Buch von DeRose und Durand umfassende und gut aufbereitete Informationen:

Steven J. DeRose/ David G. Durand. *Making Hypermedia Work – A User's Guide to HyTime.* Kluwer Academic Publishers Group, Norwell, MA, USA, und Dordrecht, Niederlande, 1994. xxii + 384 S.
ISBN 0-7923-9432-1

Wer es sich ungern leicht macht, kann natürlich auch den HyTime-Standard selbst heranziehen:

ISO/IEC 10744:1992. Information Technology –Hypermedia/Time Based Structuring Language (HyTime). Technologie de l'information – Langage de structuration temporelle/hypermédia (HyTime). 1. Aufl. International Organization for Standardization (ISO), Genf, Schweiz, 1. November 1992. xvi + 125 S.

Außerdem sei noch auf eine Neuerscheinung und ein angekündigtes Buch über SGML hingewiesen. Von Horst Szillat erschien im Herbst 1994

Horst Szillat. *SGML - Eine praktische Einführung.* Thompson Int. Publ., Bonn 1995. xvi + 226 S. ISBN 3-929821-75-3.

Das häufige Auftreten der Worte "Praxis" und "praktisch" in den Titeln von SGML-Büchern ist auffällig und wird wohl etwas zu bedeuten haben. Aber da sitze ich ja ebenfalls im Glashaus. Bei Springer wird Anfang 1995

Travis, Brain E./ Waldt, Dale C. *The SGML Implementation Handbook - A Blueprint for SGML Migration.* Springer Vlg. ISBN 3-540-57730-0

erscheinen.

Als letzten Text möchte ich noch das erste Buch über SGML anführen, das ich gelesen habe. Für jemanden, der noch nicht weiß, wie SGML "funktioniert", ist es relativ schwer verständlich. Andererseits aber macht vor allem die relativ ausführliche Behandlung der esoterischen Randbereiche von SGML das Buch von Martin Bryan zu einem auch heute noch nützlichen Werk:

Martin Bryan. *SGML – An Author's Guide to the
Standard Generalized Markup Language.*
Addison Wesley, Reading, MA, USA 1988. xvii +
364 S.
ISBN 0-201-17535-5

D.2. Organisationen und Kontakte

Die *International SGML Users Group* (SGMLUG) ist ein 1984   SGMLUG
von Joan M. Smith zur Unterstützung des Gebrauchs von
und zur Verbreitung von Informationen über SGML ge-
gründeter internationaler Zusammenschluß von SGML-An-
wendern. Die jährliche Hauptversammlung wird jeweils
zusammen mit der von der CGA (siehe unten) ausgerichte-
ten *International Markup Conference* abgehalten. Die Anschrift lautet:

> Stephen G. Downie
> SGML Users Group, Secretary
> c/o SoftQuad Inc.
> 56 Aberfoyle Crescent, Suite 810
> Toronto, Ontario, M8X 2W4, Kanada.

Eine weitere wichtige Organisation ist die eben erwähnte   CGA
Graphic Communications Association, abgekürzt CGA. An
sich eine Organisation der amerikanischen Druckindustrie,
hat die CGA die Entwicklung von SGML von Anfang an
begleitet und unterstützt. Die CGA ist auch Ausrichter der
meisten internationalen SGML-Konferenzen und Kongresse,
darunter dem für Europa wichtigstem, der jährlich an
wechselnden Orten stattfindenden *SGML Europe*. Die Anschrift der CGA ist:

> Graphic Communications Association
> 100 Dangerfield Road
> Alexandria, VA 22314-2888, USA.

Wie in anderen Bereichen auch gibt es für SGML einige   SIGs
sogenannte *Special Interest Groups* (SIGs). Im Gegensatz zu

Organisationen wie der CGA ist eine SIG ein eher lockerer
Zusammenschluß von Personen, Institutionen und Verbän-
den, die verbunden sind durch das gemeinsame Interesse
an einem bestimmten Thema, sich in unregelmäßigen Abständen treffen und gelegentlich Materialien und Arbeits-
berichte zu diesen Treffen herausgeben. Für den Bereich
SGML sind drei SIGs von Bedeutung:

EPSIG   EPSIG, die *Electronic Publishing Special Interest Group*
entstand aus der Zusammenarbeit von AAP (*Association of
American Publishers*) und des OCLC (*Online Computer Library
Center*). Ziel der Arbeit war die Entwicklung von DTDs und
deren Standardisierung. Resultat dieser Bemühung sind die
weitverbreiteten AAP-DTDs, die als *American National
Standard for Electronic Manuscript Preparation and Markup
(ANSI/NISO Z39.59-1988)* in den USA standardisiert worden sind. Die Anschrift ist:

> EPSIG (Electronic Publishing Special Interest
> Group)
> Attention: Betsy Kiser, EPSIG Manager, MC 278
> c/o OCLC
> 6565 Frantz Road
> Dublin, OH 43017-0702, USA.

DBSIG   DSIG oder DBSIG, die *SGML Database Special Interest Group*
befaßt sich mit der Speicherung von SGML-Dokumenten in
Datenbanken und dem Einsatz von SGML im *Database Publishing*. Kontaktiert werden kann die SIG unter:

> Mr. Hans Mabelis
> SGML DBSIG, Secretary
> c/o Matrices Software
> Westeinde 14
> 1017 ZP Amsterdam
> Niederlande

SIGHyper   Als letzte SIG ist SGML SIGHyper zu nennen, die *SGML
Users' Group Special Interest Group on Hypertext and Multimedia*. Der Name ist relativ allgemein gehalten, in der Tat
befaßt sich diese SIG jedoch ausschließlich mit der Verbreitung von Informationen über den HyTime-Standard. Kon-

taktiert kann SIGHyper sowohl über Stephen Newcomb,
der zusammen mit Charles Goldfarb sehr wesentlich an der
Entwicklung des HyTime-Standards beteiligt war und gegenwärtig eine der ersten *HyTime-Engines* entwickelt
(*HyMinder*), als auch über Erik Naggum, der weiter unten
noch als Betreuer des norwegischen FTP-Servers und als
Verfasser zahlreicher Beiträge zu SGML in den SGML-In-
ternet-Foren genannt wird. Die respektiven Anschriften
sind:

> Stephen R. Newcomb, Ph. D.
> c/o Techno Teacher, Inc.
> P.O. Box 23795
> Rochester, New York 14692-3795
> USA

und

> Erik Naggum
> c/o Naggum Software
> Box 1570 Vika
> 0118 Oslo
> Norwegen

Die *European Workgroup on SGML* (EWS) ist ein Zusammen-   EWS
schluß von Verlagen, Satzbetrieben und Vertretern des akademischen Bereichs mit dem Ziel, Standard-DTDs für wissenschaftliche Publikationen zu entwickeln, um sowohl den
Austausch von Dokumenten zwischen Wissenschaftlern als
auch die Publikation wissenschaftlicher Artikel zu erleich-
tern. Kontaktiert werden kann die EWS über:

> Angelika Binding
> c/o Springer Verlag GmbH & Co. KG
> Tiergartenstr. 17
> 69121 Heidelberg

Das *SGML Project* der *University of Exeter* wurde ursprüng-   SGML Project
lich als akademische Arbeitsgruppe zur Evaluierung von
SGML-Produkten für den akademischen Bereich in Großbritannien gegründet. Es hat sich mittlerweile zu einem
wichtigen Informationsdienst entwickelt, der sowohl eine

Mailing-Liste als auch einen wichtigen FTP-Server mit Informationen und Software zu SGML betreut, von denen weiter unten noch die Rede sein wird. Insofern es sich nicht um eine Organisation handelt, der man beitreten kann, sondern eher um eine akademische Institution, gehört das SGML Project nicht so ganz in diesen Abschnitt. Es ist aber ein guter Platz, um die Anschrift anzugeben, da das SGML Project nicht nur Informationen elektronisch verbreitet, sondern die Reports auch per Post versendet:

> Michael Popham
> The SGML Project
> C.D.O Computer Unit
> Laver Building
> North Park Road, University of Exeter
> Exeter EX4 4QE, United Kingdom

SGML Open

In den Abschnitt Organisationen gehört schließlich noch die SGML Open, eine Vereinigung von Anbietern von SGML-Produkten. Die Anschrift ist:

> SGML Open
> 910 Beaver Grade Road, #3008
> Coraopolis, Pennsylvania 15108 USA

Für den normalen SGML-Anwender mehr von Interesse ist der WWW-Server der SGML-Open. Gegenwärtig noch im Aufbau, wird er in absehbarer Zeit die SGML-Informationsquellen des Internet (von denen der nächste Abschnitt handelt) auch über WWW zugänglich machen. Der URL ist:
`http://www.sgmlopen.org`.

D.3. SGML im Internet

Internet-Dienste

Zunächst einige Informationen für diejenigen, die sich im Internet vorerst noch nicht auskennen: Das Internet[1] ist eine weltweites Computer-Netzwerk und als solches das ge-

---

[1] Eigentlich ist es besser (weil allgemeiner), vom Usenet zu sprechen. Das Internet ist nämlich der Bereich des Usenet, in dem Datentransfer über das Internet-Protokoll abgewickelt wird.

genwärtig größte. Ähnlich wie bei der Telekom, wo es ein
Telefonkabel aber verschiedene Dienste gibt, stellen sich
auch dem Nutzer des Internet verschiedene Dienste zur
Auswahl. Das sind insbesondere Mail, News und FTP, um
die wichtigsten zu nennen.

Mail und Mail-Listen

Die Mail (oder Email), dient dem Austausch (meist)
textorientierter Informationen zwischen einer genau be-
stimmbaren Gruppe von Teilnehmern. Man kann also einer
bestimmten Person einen elektronischen Brief schicken.
Man kann aber auch eine Nachricht an einen *Mail-Server*
senden, in der man sich in eine sogenannte *mailing list* ein-
schreibt. Der Mail-Server verschickt dann neu eingehende
Dokumente im Email-Rundumschlag an alle Mitglieder der
Liste (*subscriber*).

sgml@mailbase.ac.uk

Im Bereich SGML gibt es da zunächst die Liste `sgml`,
die über den Mail-Server `mailbase.ac.uk` bezogen werden kann. Alles was man tun muß, ist eine Nachricht mit
dem Inhalt

```
join sgml Vorname Nachname
```

an `mailbase@mailbase.ac.uk` schicken. Dieser Server
befindet sich in Großbritannien[2], und man kann über die
`sgml`-Liste insbesondere die vom *SGML Project* (siehe Abschnitt 2) an der *University of Exeter* verbreiteten Informationen erhalten.

Außerdem kann man sich von diesem Mail-Server auch
Dateien schicken lassen. Meist sind die bisherigen in der
betreffenden Liste erschienenen Beiträge in Sammeldateien
verfügbar. Es gibt aber auch anderes (meist textorientiertes)
Material.

SGML Newswire

Eine weitere interessante Liste für den an SGML Inter-
essierten ist *SGML Newswire,* der elektronische Informationsdienst von Avalanche, einem Anbieter von SGML-
Software. Man wird Mitglied, indem man eine Mail beliebigen Inhalts (aber vielleicht mit Name und Vorname) an
`sgmlinfo@avalanche.com` schickt.

---

2   Der Mailbase-Dienst ist Teil des JANET *Networked Information Services Project* (NISP) an der *University of Newcastle.*

Soviel zur elektronischen Post. Der zweite wichtige Dienst im Internet sind die als *Newsgroups* bekannten öffentlichen Diskussionsforen. Die Newsgroups sind nach Themen- und Interessenbereichen hierarchisch gegliedert. Die einzelne Newsgroup sammelt einschlägige Diskussionsbeiträge (*postings*). Sofern man zu diesem Dienst Zugang hat, kann man sich ohne besondere Anmeldung die aktuellen Beiträge anzeigen lassen und lesen, sowie eigene Beiträge plazieren oder zu einem anderen Beitrag Stellung nehmen (*follow up posting*). Es ist allerdings so, daß meist nur die Beiträge aus den letzten Tagen verfügbar sind[3]. Der Umfang hängt von dem lokalen News-Server ab.

Das Forum für unmittelbar mit SGML zusammenhängende Themen ist `comp.text.sgml`. Wenn der lokale News-Server behauptet, daß in diesem Forum keine Artikel verfügbar sind, so ist er auf dieses Forum nicht abonniert. Man muß dann entweder den Verwalter des News-Servers bitten, auch `comp.text.sgml` vorzuhalten, oder sich einen anderen News-Server suchen. Meist werden jedoch zumindest die Beiträge der letzten Tage verfügbar sein.

Für Beiträge, die HTML und das *World Wide Web* und damit mittelbar SGML betreffen, gibt es die drei Unterforen von `comp.infosystems.www`, nämlich:

Name	Gegenstand
`comp.infosystems.www.` `misc`	Beiträge allgemeinen Inhalts
`comp.infosystems.www.` `users`	Beiträge insbesondere über WWW-Clients und ihren Einsatz
`comp.infosystems.www.` `providers`	Beiträge über WWW-Server und HTTP

Der dritte wichtige Dienst im Internet ist FTP, was für *File Transfer Protocol* steht. Es geht also um die Übertragung

---

[3] Das ist notwendig, da der schiere Umfang der täglich plazierten Beiträge in den hunderten von Foren auch größere Festplatten binnen kurzer Zeit füllt, wenn die Beiträge nicht periodisch gelöscht werden. Man kann sich jedoch besonders interessante Artikel archivieren.

beliebiger Dateien über das Internet. Mit Hilfe von FTP kann man sich auf einem FTP-Server den Inhalt des Dateisystems anzeigen lassen und ausgewählte Dateien vom FTP-Server (*download*) oder zum FTP-Server (*upload*) übertragen.

Normalerweise erfordert dieser Dienst eine Zugangsberechtigung auf dem betreffenden Server. Glücklicherweise gestatten die meisten Server aber einen Zugang für jedermann: Wird bei der Anmeldung als Nutzername `anonymous` angegeben (und als Paßwort die eigene Email-Adresse), so erlaubt der Server den Zugriff mit reduzierten Rechten auf die öffentlich zugänglichen Dateien (meist im Verzeichnis `/pub`). Man spricht daher auch von Zugriff über *anonymous*-FTP.

Der wichtigste FTP-Server für SGML-Software ist der von Erik Naggum betreute Server `ftp.ifi.uio.no`. Auf diesem finden sich im Verzeichnis `/pub/SGML` die meisten frei verfügbaren SGML-Softwarepakete, sowie weitere Materialien (wie z. B. DTDs und *entity sets*) und Informationen (z. B. aus den diversen Standardisierungsgremien, sowie aus `comp.text.sgml`).

Interessant sind hier auch die gesammelten Dokumente aus dem elektronischen Informationsdienst *SGML Newswire* von Avalanche.

Auch das *SGML Project* der Universität Exeter unterhält einen FTP-Server. Bis vor kurzem war das `sgml1.ex.ac.uk`. Ab sofort sind die SGML-einschlägigen Dateien jeoch im Verzeichnis `/pub/sgml` des Servers `info.ex.ac.uk` zu finden.

Wer eine Quelle von SGML-Software in Deutschland sucht, findet auf dem Server `ftp.th-darmstadt.de` im Verzeichnis `/pub/text/sgml` einen großen Teil der über FTP verfügbaren SGML-Software gespiegelt, d. h. in regelmäßigen Abständen von den jeweils einschlägigen FTP-Servern geladen.

Dazu gehören (außer natürlich den beiden schon genannten Sammelstellen in Norwegen und in Großbritannien) insbesondere der Server `ftp.ora.com`, von dem die Materialien der DOCBOOK-DTD geladen werden können.

anonymes FTP

FTP-Server für SGML

SGML Project

SGML über FTP in Deutschland

weitere FTP-Server

DocBook-DTD

Die DocBook-DTD ist zur SGML-Aufbereitung von Software-Dokumentation und allgemein sich auf Informationsverarbeitung beziehenden Dokumenten. Die DTD ist aus einer Zusammenarbeit von HaL Computer Systems und dem Verlag O'Reilly hervorgegangen.

Davenport-Gruppe

Unterstützt wurde die Arbeit von der *Davenport*-Gruppe, einem Zusammenschluß von Erstellern von Software-Dokumentation. Materialien zu Aktivitäten der Davenport-Gruppe finden sich auf `ftp.ora.com` unter `/pub/davenport`. Zu diesen Aktivitäten gehören insbesondere Arbeitsgruppen zu DASH (*Davenport Advisory Standard on Hypermedia*), einer Anwendung von HyTime auf Dokumentation von Software, und CFCM (*Committee for Common Man*), ein Komitee, das sich um Entwicklung und Standardisierung einer DTD für Manualseiten im Unix-Stil bemüht.

OSF DTD

Aus den Bemühungen, Softwaredokumentation zu standardisieren und so etwa die Integration der Dokumentation verschiedener Hersteller in ein einheitliches Online-Hilfe System zu vereinfachen, rührt auch die DTD der *Open Software Foundation* (OSF) her. Ziel der OSF ist allgemein die Vereinheitlichung von Schnittstellen im Unix-Bereich, insbesondere der graphischen Oberfläche Motif. Materialien und Software zur OSF-DTD finden sich auf `grabbag.osf.org` im Verzeichnis `osfdtd`. Dieser FTP-Zugang funktioniert allerdings nicht über `anonymous`-FTP, sondern erfordert Benutzernamen (`osfdtd`) und Paßwort (`osf8879`)

D.4. Informationssuche im Internet

Ein Problem bleibt bei der Informationsbeschaffung im Internet, und zwar das größte, nämlich die Quelle der Information zu lokalisieren. Es gibt daher eine Reihe von Dienste, die eben dabei helfen. Sie sollen aber nur kurz gestreift werden, da es einerseits zu weit führen würde, sie im einzelnen zu behandeln, und es andererseits sehr von

Oberfläche und Umgebung abhängt, wie sich der konkrete Zugang gestaltet.

Der erste Dienst, der hier behandelt werden soll, ist `archie`. Wie die meisten anderen Dienste in diesem Abschnitt auch wird `archie` durch *Server* realisiert. Man kann sich das so vorstellen, das auf einigen Rechnern im Internet ein Programm läuft, das tagaus, tagein dasitzt und auf Anfragen aus dem Internet wartet. Kommt eine Anfrage herein, so wird das Programm aktiv, sucht oder erzeugt die gewünschte Antwort und sendet sie an den Urheber der Anfrage (den *Client*) zurück.

Server und Client

Im Fall von `archie` besteht die Anfrage aus einem Suchmuster für Pfadnamen. `archie` ist nämlich gewissermaßen eine Datenbank für FTP-Server und Pfadnamen auf diesen FTP-Servern. Jeder `archie`-Server liest periodisch die (öffentlich zugänglichen) Verzeichnisse einer relativ großen Anzahl von FTP-Servern, und legt Servernamen und Pfadnamen der dort verfügbaren Dateien in einer Datenbank ab. Wenn man jetzt eine mehr oder minder begründete Vermutung hat, unter welchem Namen ein gesuchtes Dokument oder einer gesuchte Datei abgelegt ist, oder wie ein entsprechendes Verzeichnis heißen könnte, so kann aufgrund dessen eine `archie`-Suche gestartet werden.

archie

Außer dem Suchmuster selbst kann bei einer `archie`-Anfrage noch festgelegt werden, ob das Muster als regulärer Ausdruck, als zu suchenden Teilzeichenkette oder als exakte Vorgabe zu interpretieren sein soll.

Nehmen wir an, wir suchen FTP-Server, auf denen der Public-Domain-Parser `sgmls` verfügbar ist. Wir suchen also nach Dateien, die `sgmls` als Teilzeichenkette enthalten, und der Server, den wir verwenden, ist der Server der TH Darmstadt `archie.th-darmstadt.de`. Dieser Server speichert natürlich schwerpunktmäßig die Inhalte deutscher FTP-Server in Deutschland und wird uns in seiner Antwort sicherlich den entsprechenden Pfad unter `ftp.th-darmstadt.de:/pub/text/sgml` anzeigen. Will man die Kreise der Suche etwas weiter ziehen und etwa nach `sgml` allgemein suchen, so kann man zum Beispiel bei `archie.doc.ic.ac.uk` (Schwerpunkt: FTP-Server an

Universitäten in England und den USA) anfragen, oder bei einem US-archie, etwa bei archie.internic.net (Schwerpunkt: FTP-Server in den USA und weltweit).

WAIS

Leider hilft archie nur weiter, sofern man erstens nach Dateien (meistens also nach Software) sucht, und zweitens deren Namen zumindest teilweise kennt. Sucht man beispielsweise nach Dokumenten oder News-Artikeln, die Informationen zu einem SGML-Produkt enthalten, kommt man mit archie nicht weiter. Hier kann ein WAIS-Server mit einschlägigen Informationen helfen. WAIS steht für Wide Area Information Server. Ein WAIS-Server ist nichts anderes als eine über das Internet (kostenlos) zugängliche Volltext-Datenbank. Für den Bereich SGML gibt es drei WAIS-Server, die alle über ifi.uio.no anzusprechen sind, nämlich SGML, comp.text.sgml und SIGHyper:

- **SGML:** enthält Nachweise zu diversen Dokumenten, die auch über ftp.ifi.uio.no verfügbar sind. Insbesondere kann auf die Diskussionsbeiträge aus dem Forum der TEI (*Text Encoding Initiative*) zugegriffen werden.

- **comp.text.sgml:** enthält Nachweise aus den gesammelten Beiträgen der comp.text.sgml-Newsgroup seit 1990.

- **SIGHyper:** enthält Nachweise aus Diskussionsforen und Materialien der HyTime-SIG.

Gopher

Der Gopher-Dienst soll nur kurz gestreift werden. Ein Gopher organisiert Informationen aus dem Internet als Folge von Menüs, jeweils mit Verzweigungen zu anderen Diensten. Man kann sich also von einem Hauptmenü ausgehend durch eine meist längere Folge von Untermenüs bewegen, bis man an einem Endpunkt mit eventuell interessanter Information landet. Dort kann man sich ein Textdokument anzeigen lassen, einen FTP-Transfer starten, oder man wird durch eine Terminalsitzung mit einem Rechner verbunden, der über weitere Informationen verfügt, beispielsweise dem Katalog einer Universitätsbibliothek oder eines Bibliotheksverbunds.

Zum *World Wide Web* muß an dieser Stelle nicht mehr viel gesagt werden, wie ich meine[4]. Von der Organisation her ähnelt er dem Gopher-Dienst, integriert aber die Anzeige von Texten und Bildern und bricht die strikt hierarchische Struktur durch die Möglichkeit der Verfolgung von Hypertext-Links auf. Das WWW ist ein neuer und sehr dynamisch wachsender Dienst[5]. Wie bei allen schnell wachsenden Dingen werden Informationen zum gegenwärtigen Zustand schnell obsolet. Insofern sind die untenstehenden Informationen vielleicht in wenigen Monaten schon nicht mehr zutreffend.

WWW

Als SGML-relevante WWW-Startpunkte sind zu nennen der WWW-Server der *SGML Open* mit dem URL `http://www.sgmlopen.org`. Am interessantesten dürfte jedoch die von Robin Clover aufgebaute *SGML Web Page* sein, die nicht nur Einstiegsinformationen zu SGML gibt, sondern auch eine Vielzahl von Online-Verweisen, Kontaktanschriften und anderen Informationen zu SGML und verwandten Standards, sowie eine SGML-Bibliographie enthält. Der URL der *SGML Web Page* ist

SGML im WWW

```
http://www.sil.org/sgml/sgml.html.
```

Informationen zu den Produkten von *SoftQuad* (unter anderem über den HTML-Editor *HoTMetaL*, sowie über den für Januar 1995 angekündigten SGML-Browser *Panorama*, der als Ergänzung von *NCSA Mosaic* den Zugriff auf SGML-Dokumente über das WWW ermöglichen soll) findet sich unter dem URL

```
http://www.sq.com/.
```

Aktuelle Informationen und Verweise insbesondere zu dem *SP*-Parser und zu DSSSL finden sich auf der WWW-Seite von James Clark (dem Autor des Public-Domain-Parsers `sgmls`) unter dem URL

---

4   Informationen bezüglich HTML und dem WWW finden sich in Kapitel 12.

5   Man hat berechnet, daß unter Beibehaltung der gegenwärtigen Wachstumsrate in wenigen Jahren jeder Mensch auf diesem Planeten einen eigenen WWW-Server unterhalten wird.

```
http://www.jclark.com/.
```

Ab Januar 1995 wird ein WWW-Server von BSE ansprech-
bar sein (der URL wird voraussichtlich

```
http://www.bse.de
```

sein). Meine persönliche WWW-Seite mit Verweisen auf
SGML- und HTML-relevante URLs kann durch

```
http://www.muc.de/~rieger/
```

aufgerufen werden.

HTML im WWW Selbstverständlich sind im WWW auch eine Vielzahl
von Informationen zum WWW selbst, zu HTML und verwandten Themen verfügbar. Das folgende stellt daher nur
eine kleine Auswahl dar.

Die Startseite schlechthin für alles, was mit dem WWW
zusammenhängt ist der CERN-WWW-Server mit dem URL

```
http://info.cern.ch/.
```

Der Yahoo-Server der *Stanford University* sammelt Verweise
auf (frei verfügbare) Software aus den verschiedensten Bereichen. Software für das WWW findet sich unter

```
http://akebono.stanford.edu/yahoo/Computers/
World_Wide_Web/.
```

Von Daniel W. Connolly zusammengestellte (und nicht zum
kleinsten Teil verfaßte) Materialien zum aktuellen Stand der
HTML-Spezifikation (inklusive der aktuellen Spezifikation
selbst) finden sich unter dem URL

```
http://www.hal.com/~connolly/html-spec/
index.html.
```

Interessant ist auch der von *UniPress Software* angebotene
Weblint-Dienst. *Weblint* ist ein von Neil Bowers entwickeltes
Perl-Programm zur Überprüfung von HTML-Dokumenten.
Die Validierung eines HTML-Dokuments kann selbstver-
ständlich auch durch einen SGML-Parser erfolgen, *Weblint*
ist jedoch duldsamer als ein SGML-Parser, darüber hinaus
werden auch die Idiosynkrasien einiger verbreiteter WWW-
Browser berücksichtigt. Eine Überprüfung erfolgt durch

Angabe des URLs des zu prüfenden HTML-Dokuments in einem HTML-Formular. Der URL von *Weblint* ist

```
http://www.unipress.com/weblint/.
```

Und schließlich ist noch zu nennen der WWW-Server von *Netscape Communications Corporation*, dem Anbieter des gleichnamigen WWW-Browsers. Außer Informationen zu *Netscape* und dem *Netscape*-Online-Manual bietet er eine Reihe von interessanten Informationen und Verweisen zu WWW, HTML, HTTP und Internet-Ressourcen allgemein.

D.5. Software in der Public Domain

Die folgende Tabelle definiert eine Reihe von Kürzeln, die
in diesem und im nächsten Abschnitt zur Klassifizierung
von SGML-Software verwendet werden.

Beschreibung	Kürzel
Dokumentanalyse u. -design	A
Browser u. Elektronische Publikationen	B
Datenbank	D
Editor	E
HyTime	H
Konvertierung	K
DTP u. Layout	L
Dokument-Management	M
Parser	P
Verschiedene	V

Die in untenstehender Tabelle aufgeführten SGML-Softwarepakete aus der Public Domain können von den in Abschnitt 3 angegebenen FTP-Servern geladen werden. Nicht
jeder Server hat alles, auf mindestens einem jedoch findet
sich die gesuchte Software. Ausführlichere Informationen
zu den meisten der angeführten Pakete finden sich in Kapitel 13.

Eine online auf `ftp.ifi.uio.no` verfügbare Zusammenstellung von SGML-Softwareprodukten ist der von
Steve Pepper erstellte *Whirlwind Guide to SGML Software*. Informationen aus dieser Liste wurden in diesem und dem
nächsten Abschnitt verwendet.

Name	Art
Amsterdam Parser	P
ARC-SGML	P
CoST: Copenhagen SGML Tool	K
CTI/Sema SGML Test Suite	V
DTD2HTML (Document analysis/design)	A
Integrated Chameleon Architecture	K
PSGML (emacs mode)	E

qwertz/FORMAT	K
Rainbow-makers	K
SGML2TeX	K
Sgmls	P
SP	P
YASP Yorktown Parser	P

D.6. Anbieter von SGML-Software

ActiveSystems 11 Holland Avenue, Suite 700 Ottawa, Ontario K1Y 4S1 Canada	ActiveSearch ActiveServer	D D
Tel.: +1 (613) 729-2043 Fax: +1 (613) 729-2874		
AIS Berger-Levrault 35, rue du Pont F-92200 Neuilly-sur-Seine France	Balise SGML/Search SGML/Store	K D D
Tel.: +33 (1) 46-40-84-00 Fax: +33 (1) 46-40-84-10		
Arbortext Inc. 1000 Victors Way, Suite 400 Ann Arbor, MI 48108 USA	ADEPT Editor ADEPT Publisher PowerPaste	E L K
Tel.: +1 (313) 996-3566 Fax: +1 (313) 996-3573		
Auto-Graphics, Inc. 3201 Temple Avenue Pomona, CA 91768 USA	Impact Search and Retrieval SGML Smart Editor	D E
Tel.: +1 (909) 595-7204 Fax: +1 (909) 595-3506 Email: lha@agaviion.agfx.com		

Avalanche Development Co. 947 Walnut Street Boulder, CO 80302 USA	Document Analyzer FastTAG SGML Hammer	A K K
Tel.: +1 (303) 449-5032 Fax: +1 (303) 449-3246 Email: sales@avalanche.com		
Bellcore 8 Corporate Place - Room 3A184 Piscataway, NJ 08854 USA	SuperBook System	B
Tel.: +1 (908) 699-5800 Fax: +1 (908) 336-2559 Email: ccl@bellcore.com		
British National Corpus Oxford University Computing Services 13 Banbury Road Oxford, OX2 6NN United Kingdom	SARA (SGML Aware Retrieval Application)	D
Tel.: +44 (865) 273280 Fax: +44 (865) 273275 Email: natcorp@vax.ox.ac.uk		
BSE Büro für Software-Entwicklung Frankfurter Ring 193a 80807 München	LEX2SGML	K
Tel.: 089/323 19 93 Fax: 089/323 19 93 Email: 100144.2221@COMPUSERVE.COM		
Corena A/S Askerveien 61 P.O.Box 470 N-1371 Asker Norwegen	Life*CDM	M

Tel.: +47-66 79 45 00 Fax: +47-66 79 45 90 Email: toralf@corena.no		
Datalogics, Inc. 441 West Huron Street Chicago, IL 60610 USA	DL Composer WriterStation	L E
Tel.: +1 (312) 266-3202		
Expert Software Systems Building „de Schelde" Moutstraat 100 B-9000 Gent Belgien	EASE (E2S Advanced SGML Editor)	E
Tel.: +32 91 21.03.83 Fax: +32 91 20.31.91 Email: e2s@e2s.be		
Electronic Book Technologies, Inc. One Richmond Square Providence, RI 02906 USA	DynaBase Publishing Environment DynaTag DynaText	M K B
Tel.: +1 (401) 421 9550 Fax: +1 (401) 421-9551		
Exoterica Corp. 1545 Carling Avenue, Suite 404 Ottawa, Ontario K1Z 8P9 Canada	OmniMark SGML Conformance Test Suite SGML Kernel	K V P
Tel.: +1 (613) 722-1700 Fax: +1 (613) 722-5706 Email: info@exoterica.com		
Frame Technology Corp. 1010 Rincon Circle San Jose, CA 95131 USA	FrameBuilder	L
Tel.: +1 (408) 433-3311		

Grif S.A. Immeuble „Le Florestan" 2, boulevard Vauban B.P. 266 F-78053 St. Quentin en Yvelines France	Grif SGML ActiveViews Grif SGML Editor Grif SGML Notes	B E E
Tel.: +33 (1) 30-12-14-30 Fax: +33 (1) 30-64-06-46		
HaL Software Systems, Inc. 3006A Longhorn Blvd., Suite 113 Austin, TX 78758 USA	OLIAS Browser	B
Tel.: +1 (512) 834-9962 Fax: +1 (512) 834-9963 Email: jps@hal.com		
IBM Corp. 400 Columbus Avenue Valhalla, NY 10595 USA	IBM SGML Translator	P
Tel.: +1 (914) 749-3409		
Information Dimensions Inc. 5080 Tuttle Crossing Blvd Dublin, OH 43017-3569 USA	Basis SGMLserver	D
Tel.: +1 (614) 761-8083 Fax: +1 (614) 761-7290		
InContext Corp. 2 St. Clair Ave. West, Suite 1701 Toronto M4V IL5 Canada	InContext	E
Tel.: +1 (416) 922-0087 Fax: +1 (416) 922-4282		

InfoDesign Corporation Waterpark Place 10 Bay Street, Suite 610 Toronto, Ontario M5J 2R8 Canada	WorkSMART	M
Tel.: +1 (416) 369-9125 Fax: +1 (416) 369-0042 Email: info@idc.com		
Interleaf, Inc. Prospect Place 9 Hillside Avenue Waltham, MA 02154 USA	Interleaf 5 SGML WorldView	L B
Tel.: +1 (617) 290-0710 Fax:: +1 (617) 290-4943		
Microstar Software Ltd. 34 Colonnade Rd N Nepean, Ontario K2E 7J6 Canada	CADE Groupware NEAR & FAR	A A
Tel.: +1 (613) 727-5696 Fax: +1 (613) 727-9491 Email: cade@msl.isis.org		
MID Information Logistics Group Ringstrasse 19 D-69115 Heidelberg BRD	i2c (ISO/CALS table conversion) SGML Editorial System SGML Exportfilter For FrameBuilder	K M K
Tel.: 06221/166091 Fax: 06221/23921 Email: post@mid-heidelberg.de		

NICE Technologies Chemin des Hutins Veraz F-01170 Gex France	AAP2ISO SGML Tag Wizard	K E
Tel.: +33 50-42-49-40 Fax: +33 50-42-49-40 Email: evh@altern.com		
Ntergaid, Inc. 60, Commerce Park Milford, CT 06460 USA	HyperWriter For SGML	B
Tel.: +1 (203) 783-1280 Fax: +1 (203) 882-0850 Email: 75160.3357@compuserve.com		
Open Text Corp. 180 King Street South, Suite 550 Waterloo, Ontario N2L 1P8 Canada	Lector PAT	B D
Tel.: +1 (519) 571-7111 Fax: +1 (519) 571-9092		
Oxford University Press Walton Street Oxford OX2 6DP UK	SGML Tagger	E
Tel.: +44 (865) 267979 Fax: +44 (865) 267990		
Passage Systems, Inc. 465 Fairchild Dr., Suite 201 Mt. View, CA 94043 USA	PassagePRO	M
Tel.: +1 (415) 390-0911		

Publishing Development AB Torpvagen 10 S-175 43 Jarfalla Schweden	SGML Companion	A
Tel.: +46 (8) 580-37579 Fax: +46 (8) 580-37579 Email: christian@pubdev.se		
Sema Group AG Building Place du Champ de Mars 5 Bte 40 B-1050 Bruxelles Belgien	Mark-It Write-It	P E
Tel.: +32 2 508 5323 Fax: +32 2 512 1499		
SoftQuad Inc. 56 Aberfoyle Crescent, Suite 810 Toronto, Ontario M8X 2W4 Canada	Author/Editor DTDocumenter HotMetal RulesBuilder SGML Enabler QuarkXTension SGML World Tour SoftQuad Explorer	E A E A L V B
Tel.: +1 (416) 239-4801 Fax: +1 (416) 239-7105		
Synex Information AB Kallforsv. 24 S-124 32 Bandhagen Schweden	SGML Darc	B
Email: haitto@nada.kth.se		

TechnoTeacher, Inc. P.O.Box 23795, Rochester, New York 14692-3795 USA	HyMinder MarkMinder	H P
Tel.: + 1 (716) 3890961 Fax: + 1 (716) 3890960 Email: hyminder@techno.com		
TetraSys 26 avenue de Tourville F-75 007 Paris France	EasyTag HyperTag	K B
Tel.: +33 (1) 45-56-99-22 Fax: +33 (1) 45-56-98-77		
Unifilt Co. P.O.Box 2528 Edison, NJ 08817 USA	TableTAG	K
Tel.: +1 (908) 225-2243 Fax: +1 (908) 225-2248		
WordPerfect Corp. 1555 N. Technology Way Orem, UT 84057 USA	Intellitag	E
Tel.: +1 (801) 228 5006		
XSoft 10200 Willow Creek Road San Diego, CA 92131 USA	CAPS	L
Tel.: +1 (619) 695 7700 Fax: +1 (619) 695 7710		
XyVision Inc. 101 Edgewater Drive Wakefield, MA 01880 USA	Parlance Document Manager	M
Tel.: +1 (617) 245-4100 Fax: +1 (617) 246-6209		

Zandar Corporation R.R.2 Box 962 (Hanley Lane) PO Box 467 Jericho, VT 05465 USA	TagWrite	K
Tel.:	+1 (802) 899-1058	
ZifTech Computer Systems, Inc. 120 Herchmer Crescent Kingston, Ontario K7M 2V9 Canada	DTD Viewer	A
Tel.:	+1 (613) 531-9226	
Fax:	+1 (613) 531-8003	
Email:	70444.126@compuserve.com	

Lösungen

D ie beiliegende Diskette enthält zu einigen Aufgaben
die Lösungen in Form einer entsprechenden Datei.
Diese Dateien (auf die bei der jeweiligen Aufgabe hingewiesen wird) befinden sich im Verzeichnis `ueb`.

E.1. Lösungen zu Kapitel 4

1. Beim Inhaltsmodell `(tel, (fax | email)?)` kann
   die Dokumentinstanz die Elementsequenzen
   ```
   tel
   tel fax und
   tel email
   ```
   enthalten. Außer diesen entsprechen dem Inhaltsmodell `(tel, (fax? & email?))` auch die Sequenzen
   ```
   tel fax email und
   tel email fax.
   ```

2. `(A, A, A*)`.

3. In der folgenden Tabelle zeigt die Spalte M jeweils
   Mehrdeutigkeit an, die Spalte Äq zeigt die Äquivalenz
   der Muster an. Die für die Mehrdeutigkeit verantwortlichen Teile der Muster sind fett markiert[1].

	M		M	Äq
`(A & B)`		`((A,B)	(B,A))`		✓

---

[1] Siehe auch die Datei `ueb4-3.sgm` auf der beiliegenden Diskette.

(A*)		(A, (A+)?)		✓
(A, **(B|C)**?, **(B|C)**?)	✓	(A,B?,C?)		2
(A, (B|C))		((**A**,B) | (**A**,C))	✓	✓
(A, (B,C))		(A,B,C)		✓
(A?,B)		((A,B) |B)		✓
(A+)		(A,A*)		✓
(A?)+		(A*)		✓
(**A** | (**A**,B) | (**A**,C))	✓	(A?, (B|C))		3
((**A**,B,C) | (**A**,C,B))	✓	(A, (B&C))		✓

4. A B C C C stimmt mit (A, B, (C|D)*) überein. A B stimmt mit (A,B?, (C|D?)+) nicht überein, da auf B mindestens ein C- oder D-Element folgen müßte. Das Muster ((A|B|**C**)+, (**C**,B)) ist mehrdeutig, weil nicht bestimmt werden kann, ob das Element C der ersten wiederholbaren Gruppe oder der zweiten Gruppe zuzuordnen ist. Für sich genommen entspricht die Folge A B A dem Muster (A|B|C)+ und C B entspricht (C, B). Die ersten beiden Muster sind nicht mehrdeutig.

E.2. Lösungen zu Kapitel 5

1. Die Namen element und ELEMENT sind derselbe Bezeichner, da die Standardsyntax Groß- und Kleinschreibung nicht unterscheidet. Der Name ist zulässig, da an Stellen, an denen Namen auftreten können, die reservierten Namen durch ein vorangestelltes #-Zeichen unterschieden werden. Daher ist auch PCDATA zulässig. t-2, CH2.3 und title5 sind zulässig. absatz.hdr und absatz_kopf sind nicht zulässig, da länger als 8 Zeichen. absatz_kopf enthält außerdem den in Namen nicht zulässigen Unterstrich. 5.3.2-1 ist nicht zulässig, da das erste Zeichen ein Buchstabe sein muß.

---

2 Beim linken Muster wäre A B B zulässig, beim rechten Muster nicht.

3 Beim rechten Muster wäre B zulässig, beim linken Muster nicht.

2. Eine minimale Dokumentinstanz wäre zum Beispiel

```
<text><kopf></kopf>
<absatz></absatz></text>
```

Aber auch

```
<text><kopf></kopf>
<liste></liste></text>
```

wäre minimal, da sich kein Element entfernen läßt, ohne die Übereinstimmung mit der DTD zu verletzen.

3. Die Dokumentinstanz ist fehlerhaft, da cit nur in Absatz inkludiert ist. Ein Zitat außerhalb eines Absatz kann kein Zitat enthalten:

```
<text>
<absatz>
<cit>...<cit>...</cit></cit>...
</absatz>
<cit>
<cit>...</cit>
</cit>
<text>
```

4. Die DTD enthielt folgende fünf Fehler:

```
<⁴DOCTYPE doc⁵ [
<!ELEMENT text - -
   (kopf,(absatz|cit⁶)+) >
<!ELEMENT kopf - - (#PCDATA) >
<!ELEMENT absatz - 0⁷
   (#PCDATA) +(liste|fn) >
<!ELEMENT liste - - (lp)* >
```

---

[4] Es fehlt das Ausrufezeichen nach er spitzen Klammer.

[5] Es ist kein dem Namen der DTD (doc) entsprechendes Basiselement definiert.

[6] Das Element cit erscheint im Inhaltsmodell von text, wird aber nirgends deklariert.

[7] Anstelle des Großbuchstabens O erscheint die Ziffer 0.

```
<!ELEMENT lp - O (#PCDATA) >
<!ELEMENT fn - - (#PCDATA) -fn8 >
]>
```

5. Die eingefügten fünf Markierungen sind fett hervorgehoben:

```
<!DOCTYPE X [
<!ELEMENT X O O (A, B?, C)      >
<!ELEMENT A O O (#PCDATA)       >
<!ELEMENT B - - (C?, #PCDATA)   >
<!ELEMENT C O - (#PCDATA)       >
]>
<X><A>9<B><C>10DATEN</C></B>11
<C>DATEN</C>12</X>
```

6. Man könnte im Fall der Liste `<liste></liste>` nicht entscheiden, ob es sich um eine leere Liste oder um eine Liste mit einem leeren Punkt handelt.

7. Wenn auf die Startmarkierung `<table>` Daten folgen (wie in `<table>`Kenn...), so wird der Start von `row` und `cell` impliziert. Die folgende leere Markierung wird also zu `<cell>` expandiert und alles ist in Ordnung. Für `<row>`Kapazit... gilt dasselbe: hier wird der Start von `cell` impliziert und die folgende leere

---

8   Ein Namensgruppe muß in runde Klammern eingeschlossen sein.

9   Ein leeres Element muß mindestens eine Startmarkierung besitzen. Die Endemarkierung ist nicht notwendig, da der Start von B das Ende von A impliziert.

10   Da ein C-Element in der Dokumentinstanz nur zweimal auftreten kann, muß die folgende Endemarkierung zum optional in B enthaltenen C-Element gehören. Da die Startmarkierung eines optionalen Elements nicht implizert wird, muß sie nach der Startmarkierung von B und vor der Endemarkierung von C erscheinen.

11   Da B keine zwei C-Elemente enthalten kann, muß B vor dem Start des zweiten C-Elements enden. Die Endemarkierung von B wird aber nicht impliziert, da sie nicht minimierbar ist.

12   Das Ende von X impliziert das Ende von C, die Endemarkierung von C aber ist nicht minimierbar.

Startmarkierung wird wieder zu <cell>. Wird aber die erste Startmarkierung weggelassen oder leer gelassen, hat man <table><>, das zuletzt geöffnete Element ist table und das expandierte Resultat ist <table><table>. Das aber ist nicht zulässig.

E.3. Lösungen zu Kapitel 6

1. Ein Zeichen ist etwas, das Bedeutung tragen kann und es auch tut (also verstanden wird). Ein Buchstabe ist die physische Erscheinungsform eines Zeichens. Ein Zeichensatz ist eine eindeutige Zuordnung von Zeichen und Zahlen[13].

2. `»¡No pasaran!«`

   `In §ion; 12 wird die erforderliche Schichtdicke auf 5 µm mit einer Toleranz von ± 10&percent; festgelegt.`

   `Der Gesamtwiderstand wird mit ≤ 5 Ω angegeben.`

3. Siehe dazu die Dateien im Verzeichnis

   `\entities\display`

   auf der beiliegenden Diskette.

---

[13] Eine Zuordnung von Zeichen und Zahlen ist eindeutig, wenn jedem Zeichen genau eine Zahl entspricht. Es gibt also keine zwei Zeichen, denen die gleiche Zahl zugeordnet ist. Die Zuordnung braucht nicht umkehrbar zu sein, d. h. nicht jeder Zahl muß ein Zeichen entsprechen.

E.4. Lösungen zu Kapitel 7

1.   a.) Es kann zu jedem Element nur eine Attributliste deklariert werden. Korrekte Deklaration:

```
<!ELEMENT e1 - - (#PCDATA) >
<!ELEMENT e2 - - (#PCDATA) >
<!ATTLIST e1
   att1 CDATA #IMPLIED >
<!ATTLIST e2
   att1 CDATA #IMPLIED
   att2 CDATA #IMPLIED  >
```

b.) 3pt-Roman ist kein zulässiger Bezeichner, da das erste Zeichen kein Buchstabe ist. Korrekte Deklaration:

```
<!ATTLIST e3
   font NMTOKEN "3pt-Roman" >
```

c.) Der Wert hoch erscheint in zwei Namenslisten und kann daher nicht eindeutig einem Attribut zugeordnet werden. Das Problem wird durch Wahl eines anderen Namens für einen der Attributwerte behoben:

```
<!ATTLIST e4
   format (hoch|quer) hoch
   blatt  (a3|a4|legal) a4
   prior  (gering|normal|vorrang)
          normal >
```

d.) Hier liegt kein SGML-Fehler, sondern vermutlich ein Denkfehler vor, da Entitätsreferenzen in CDATA-Attributen nicht aufgelöst werden. In einem solchen Fall ist es besser, statt einem Attribut ein Element mit entsprechendem Inhalt zu verwenden. Mögliche Lösung daher:

```
<!ELEMENT e5 - - (absender, ...) >
<!ELEMENT absender - - RCDATA >
```

e.) ID-Attribute können nicht #CURRENT als Voreinstellung haben. Das würde auch keinen Sinn
machen, da eine ID nicht zweimal vergeben
werden kann. Alternative Deklaration:

```
<!ATTLIST e9
  id ID #IMPLIED >
```

f.) Bei FIXED-Attributen muß ein Wert angegeben
werden, zum Beispiel:

```
<!ATTLIST e10
  version CDATA #FIXED "1.0" >
```

2. Die folgende Deklaration definiert vier Attribute UNIT,
HEIGHT, WIDTH und SCALE. Dabei gibt UNIT die zu-
grundeliegende Einheit an, HEIGHT und WIDTH sind
Höhe und Breite so skaliert, daß die Werte ganzzahlig
sind, und SCALE ist die verwendete Skalierung.

```
<!ATTLIST pict
  UNIT (mm|cm|pt) mm
  HEIGHT NUMBER #REQUIRED
  WIDTH  NUMBER #REQUIRED
  SCALE  NUMBER 1
>
```

Beispiel: Ein Bild mit der Höhe 2,35 cm und der Breite
4,355 cm würde beschrieben durch:

```
<pict scale=100 height=2350 width=4355>
```

Man hat also als Einheit Millimeter (Voreinstellung),
die Höhe ist 2350/100 mm = 2,35 cm und die Breite ist
4355/100 mm = 4,355 cm.

E.5. Lösungen zu Kapitel 8

1.   a) Attributlisten können höchstens ein ID-Attribut enthalten:

```
<!ATTLIST    e1
   id          ID      #IMPLIED
   altid       ID      #IMPLIED >
```

b) Elemente mit #CONREF-Attribute können als Inhalt nicht EMPTY haben:

```
<!ELEMENT    e2  - O  EMPTY  >
<!ATTLIST    e2
   id           ID      #IMPLIED
 . qual         NAME    #CONREF >
```

c)

```
<!ELEMENT    e3  - O  (#PCDATA)  >
<!ATTLIST    e3
   name         NAME    #CONREF >
```

d) Der Name pathnames ist zu lang (mehr als 8 Zeichen), und ID-Attribute können nicht Voreinstellung #CONREF haben:

```
<!ELEMENT    e4  - O  (#PCDATA)  >
<!ATTLIST    e4
   pathnames NAMES #IMPLIED
   name         ID      #CONREF >
```

e) Die Deklaration ist korrekt. Der Name idref kann problemlos verwendet werden.

```
<!ELEMENT    e5  - -  EMPTY  >
<!ATTLIST    e5
   idref        IDREF   default >
```

f) Bei Elementen mit #CONREF-Attributen muß die Endemarkierung minimierbar sein.

```
<!ELEMENT    e6  - -  (#PCDATA)  >
<!ATTLIST
   idrefs       IDREFS  #CONREF >
```

g) Die Deklaration ist korrekt. Attributlisten können beliebig viele `IDREF` (und `IDREFS`-)Elemente enthalten.

```
<!ELEMENT    e6 - O EMPTY >
<!ATTLIST
   dest      IDREF #IMPLIED
   altdest   IDREF #IMPLIED >
```

2. a) Da ein Wert für das Attribut angegeben wurde,
muß der Inhalt des Elements `EMPTY` sein. Dementsprechend kann auch keine Endemarkierung
erscheinen.

```
<!ELEMENT    e1 - O (#PCDATA) >
<!ATTLIST    e1
   name      NAME    #CONREF >
...
<e1 name=chap1>Kapitel 1</e1>
```

b) Der Attributwert `chap9.sect7` ist zu lang
(mehr als 8 Zeichen). Werte von `ID`-Attributen
unterliegen den gleichen Beschränkungen wie
Namen.

```
<!ELEMENT    e2 - - (#PCDATA) >
<!ATTLIST    e2
   id        ID      #IMPLIED >
...
<e2 id=chap9.sect7>Kapitel 9,
Abschnitt 7
</e2>
```

c) Die Instanz ist korrekt. Daß der Inhalt leer ist,
ist kein Problem:

```
<!ELEMENT    e3 - O (#PCDATA)
<!ATTLIST    e3
   name        IDREF   #CONREF >
...
<e3></e3>
```

3. Grundsätzlich ist es ohnehin besser, Attributwerte in Anführungszeichen einzuschließen. In diesem Fall ist es notwendig, da <a<b> eine zulässige Minimierung von <a><b> ist (siehe Abschnitt 5). Daher würde

```
<idxent sort=masse<>
```

als

```
<idxent sort=masse><idxent>
```

interpretiert werden. Die zweite `idxent`-Startmarkierung entsteht dabei durch Expansion einer vermeintlich leeren Startmarkierung.

E.6. Lösungen zu Kapitel 9

1.   a.) Element mit CDATA-Inhalt können keine minimierbare Endemarkierung haben.

```
<!ELEMENT e1 - O CDATA >
```

  b.) Es gibt keinen primitiven Bestandteil von Inhaltsmodellen #CDATA. Primitive Bestandteile sind #PCDATA und Elementnamen.

```
<!ELEMENT e2 - - (#CDATA | elem) >
```

  c.) In Elemente mit RCDATA-Inhalt kann es weder Inklusionen noch Exklusionen geben. Außerdem müßte vor (%floats) ein entsprechendes Plus- oder Minuszeichen stehen.

```
<!ELEMENT e3 - - RCDATA (%floats) >
```

  d.) Bei NOTATION-Attributen muß eine Liste mit den Namen der zulässigen Notationen angegeben werden.

```
<!ELEMENT e4 - O CDATA >
<!ATTLIST e4
   fmt      NOTATION ?Notationen?
#REQUIRED >
```

e.) Elemente mit NOTATION-Attributen können als Inhalt nicht EMPTY haben.

```
<!ELEMENT e5 - O EMPTY >
<!ATTLIST e5
   fmt      NOTATION (f1|f2) #REQUIRED
>
```

f) Dem Inhalt eines Elements kann nur eine Notation zugeordnet werden. Daher können Attributlisten höchstens ein NOTATION-Attribut enthalten.

```
<!ELEMENT e6 - O CDATA >
<!ATTLIST e6
   fmt      NOTATION (f1|f2) #IMPLIED
   altfmt   NOTATION (a1|a2) #IMPLIED
>
```

g.) Startmarkierungen von CDATA-Elemente sind nicht minimierbar.

```
<!ELEMENT e7 O - CDATA >
```

h.) Für externe SDATA-Entitäten muß eine Notation deklariert werden.

```
<!ENTITY e8 SYSTEM "ent6.dat" SDATA
?Notation? >
```

i.) SDATA ist als Inhaltsdeklaration nicht zulässig. Zulässig sind nur Inhaltsmodell, CDATA, RCDATA, EMPTY und ANY.

```
<!ELEMENT e9 - - SDATA >
```

j.)

```
<!ELEMENT e10 - O EMPTY >
<!ATTLIST e10
   data     ENTITY #CONREF >
```

2. Die Frage ist: Was sollte #CDATA in einem Inhaltsmodell bedeuten? Ist #CDATA einziger Bestandteil, so müßte wohl (#CDATA) und CDATA dasselbe bedeuten und #CDATA ist dann überflüssig. Somit könnte #CDATA nur noch in einem gemischten Inhaltsmodell

Sinn machen. Beim folgender Elementdeklaration und -instanz gäbe es aber Probleme:

```
<!ELEMENT x - - (#CDATA, y) >
<!ELEMENT y - - (#PCDATA) >
...
<x>zzzzz<y>zzzz</y></x>
```

Der fett markierte Teil würde nämlich dem #CDATA-Teil des Inhaltsmodells zugeschlagen und die y-Ende-markierung als Fehler gemeldet werden.

3. Siehe die Datei ueb9-3.dtd.

4. Man wird dpe statt als CDATA als RCDATA deklarieren. Die kritischen Teile des Inhalts werden durch Entitäts-referenzen wiedergegeben:

```
<!ELEMENT dpe - - RCDATA >
<!ENTITY etago "</" >
<!ENTITY amp "&" >
...
<dpe>
Das ist <ul>unterstrichener&etago;ul>
Text
</dpe>
```

E.7. Lösungen zu Kapitel 10

1. Bei der Normierung werden Zeilentrenner innerhalb des Literals durch Leerzeichen ersetzt. Das Resultat der Normierung ist daher:

```
"ISO 646-1983//_CHARSET International
Reference Version (IRV)//_ESC 2/5 4/0"
```

Dieses Literal entspricht jedoch nicht der Syntax für PUBLIC-Bezeichner.

2. Siehe dazu die Datei ueb10-2.sgm.

3. Die Namenslänge wird geändert, indem in der Quanti-täts-Spezifikation NAMELEN auf 32 gesetzt wird. Au-

ßerdem muß IDCAP und IDREFCAP in der Kapazitäts-Spezifikation modifiziert werden. Man setzt als Wert $2000 \times 32 = 64000$ für IDCAP und $3000 \times 32 = 96000$ für IDREFCAP. Zur Summe zählt man nach den Standardwert für TOTALCAP (35000) hinzu und erhält als neuen Wert für TOTALCAP 195000. Siehe dazu auch die Datei ueb10-3.dcl.

E.8. Lösungen zu Kapitel 11

1. Siehe dazu die Datei ueb11-1.dtd.

2. Untenstehend die korrigierte Fassung. Siehe auch die Datei ueb11-2.dtd.

```
<!DOCTYPE text [
<!ELEMENT text    - - (absatz | list)+ >
<!ELEMENT absatz - - (#PCDATA) >
<!ELEMENT list    - - (lpunkt+) >
<!ELEMENT lpunkt - - (#PCDATA) >
]>14
<!LINKTYPE stdfmt text #IMPLIED15 >
<!ATTLIST absatz
   einzug   CDATA "0cm"
   einzugl CDATA "0cm"
>
<!ATTLIST lpunkt
   einzug   CDATA "0cm"
   einzugl CDATA "0cm"16
   marke (ast | bullet | hyphen) hyphen >
```

---

[14] Die LPD ist nicht Teil des DTD-Subsets, sondern gleichberechtigter Teil des Prologs.

[15] Das Kennwort lautet IMPLIED und nicht IMPLICIT.

[16] Auch in LPDs kann es zu jedem Element nur eine Attributlisten-Deklaration geben.

```
<!LINK #INITIAL17
  absatz [ einzug1="1cm" ]
  lpunkt [ einzug="1cm" hyphen18 ] >
]>
```

17 Zuerst muß der Name des Stils (hier: #INITIAL) erscheinen, dann die betreffenden Elemente (hier: absatz).

18 Das Attribut hyphen gehört zu lpunkt und nicht zu absatz.

Index

-- 212
- 213
" 212
72; 125; 213
#DEFAULT 114
#EMPTY 235
#IMPLIED 125; 238
#NOTATION 177
#PCDATA 55
#REQUIRED 125
#RESTORE 244
#SIMPLE 238
% 110; 213
& 57; 102; 212
&# 212
' 212
* 57; 213
+ 57; 213
, 56; 213
/ 213
; 213
< 213
<! 212
</ 212
<? 213
= 213
> 212; 213
? 57; 213
[212
] 212
]] 213
| 58; 213
1:1-Beziehung 144
1:n-Beziehung 144
A 268
AAP 378
Abbildung 178
Abkürzungsverzeichnis 162
abstrakte Syntax 206

Abwärtskonvertierung 300
ACTION 283
ADDRESS 281
ADEPT Editor 307
ADEPT Publisher 307
Adobe Type Manager 16
Adobe-Zeichennamen 202
AIR Mosaic 327
Akzente 346–48
Aldus PageMaker 15
ALIGN 262
Alphabet 96
    Unabhängigkeit vom 99
Alphabeterweiterung 339–53
    PUBLIC-Bezeichner 339
    standardisierte 112
ALT 262
Alternativmuster 220
American National Standards
    Institute *Siehe* ANSI
American Standard Code for
    Information Interchange
    Siehe ASCII
Amsterdam Parser 303
AND 212
and connector 212
AND-Konnektor 57
    Grafik 64
Anführungszeichen 126; 127
Angebot 47
Animation 185
Anker 143
Annotation 143; 165
ANSI 21
archie 385
architectural form 134
ARCSGML 355
ARC-SGML 302
ASCII 25; 94; 334

ASP 303
ATTCAP 204
ATTCHCAP 204
ATTCNT 215
Attribut 18; 119–40; 119
   CDATA 124
   CURRENT 134
   Deklaration 121
   Deklarations-Liste 138
   ENTITIES 181
   ENTITY 180–85
   FIXED 132–34
   Gebrauch 135–37
   ID 145–48
   IDREF 145–48
   IMPLIED 125
   NAME 128
   NAMES 128
   NMTOKEN 129
   NMTOKENS 129
   NUMBER 128
   NUMBERS 128
   NUTOKEN 128
   NUTOKENS 128
   REQUIRED 125
   Voreinstellung 121
   Wertangabe 120
Attribut-Deklarations-Liste 123
Attribut-Spezifikation 123
Attributwert 120
   Entität als 127
   Länge 129
   Normierung 128; 129
   Verifikation 131
ATTSPLEN 215
Aufwärtskonvertierung 298
Auswertbarkeit 59
Author/Editor 306
AVGRPCAP 204
B 260
Balise 315
Bartlett, Geoff 304
BASE 278
base character set 97
Basiselement 60; 68
Basiszeichensatz 97
Batch-Programm 355
Bereichs-Spezifikation 206
Berners-Lee, Tim 255
Bernhard, Thomas 50
Besitzer 195
   registrierter 195
Besitzerkennung 195
   ISBN 195

ISO 195
Bestandteil 24
   beweglicher 34
   dynamischer 45
   freier 34
   statischer 45
Bestellung 47
beweglicher Bestandteil 34; 75
   Minimierung 81
bewegliches Element 110
Bezeichner
   externer 68
B-Folge 233
bidirektional 143
Binärdaten 179
Binärzahl 94
Bit 94
BLOCKQUOTE 280
BODY 279
bracketed text 232
Brief 47
British Standards Institution
   Siehe BSI
Browser 300
browsing 45
Bruce, Thomas R. 326
Bryan, Martin 6
BSEQLEN 215
BSI 21
Buchdruck 2
Buchstabe 95; 96
Button 147
CADE 328
CADE Groupware 328
CALS 46; 375
CAPACITY (Textklasse) 196
CAPACITY (Validierung) 226
CDATA 104
CDATA (Status) 245
CDATA-Attribut 124
CDATA-Element 171
   Ende 173
CDATA-Entität 180
Cello 326
CFCM 384
CGA 377
CGI 284
CGM 178
character data 172
character reference open
   delimiter 212
CHARSET (Textklasse) 196;
   199
CHECKBOX 288

CHECKED 289
CITE 258
Clark, James 302; 355
Client 385
Client-Server-Modell 254
CODE 258
COLS 292
COM 212
comment delimiter 212
Common Gateway Interface
     Siehe CGI
comp.text.sgml 382
COMPACT 268
CompuServe 261; 327
Computer Aided Document
     Engineering *Siehe* CADE
Computer Graphics Metafile
     178
CONCUR 221
Connolly, Dan 255
CONREF 149–50; 178
content model ambiguity 62
Copenhagen SGML Tool
     Siehe CoST
core concrete syntax 225
CoST 314
CRO 212
Cross-Translation 299
CURRENT 134
Darstellungskennung 197
Darstellungsversion 197; 340
DASH 384
data content 60; 73
data tag group 220
data tag group close delimiter
     212
data tag group open delimiter
     212
Database Publishing 19; 44;
     378
DATATAG 219
Daten 13
     binäre 179
Daten-Attribut 177
     Gebrauch 184
     Regeln 177
     Spezifikation 184
Datenbank 18; 32
Datenbanksystem
     objektorientiertes 18
Daten-Entität 179
     externe 180
     Referenz 179
Daten-Entitäten 106

Dateninhalt 60; 73
Datenmarkierungsgruppe 220
     Syntax 221
Davenport-Gruppe 384
DBSIG 378
DD 266
DDE 320
DDE-Schnittstelle 326
declaration subset close
     delimiter 212
declaration subset open
     delimiter 212
DEFAULT-Entität 113; 360
DELIM 212
delimiter 212
DELIM-Spezifikation 231
     Syntax 213
Department of Defense 47
DESCSET 199
Deutsches Institut für Normung
     Siehe DIN *Siehe* DIN
diakritische Zeichen 341; 346–
     48
DIN 21; 48
DIR 267
display entity set 117
display version 197
DL 266
DocBook-DTD 384
DOCTYPE-Deklaration 67
DOCUMENT (Textklasse) 196
Document Architect 307
Document Style Semantics and
     Specification Language
     Siehe DSSSL
DoD 46
Dokument
     Bestandteile 12
     Definition 11
     Formatierung 13
     Instanz 53
     Markierung 11
     Multimedia- 13
     Struktur 13
Dokumentation 46
Dokumentinstanz 29; 53; 68
Dokumentklasse 29; 53
Dokument-Typ 24; 29; 53
Dokument-Typ-Definition 53;
     67
DosLynx 327
Down-Translation 300
Druckknopf 147
DSC 212

DSIG 378
DSO 212
DSSSL 375
DT 266
DTAGLEN 215
DTD 53; 67
    Modularisierung 112
DTD (Textklasse) 196
DTD Viewer 329
DTD-Subset 70
DTD-Tools 301; 328
DTEMPLEN 215
DTGC 212
DTGO 212
DTP-Programm 15
Dynamic Data Exchange
    Siehe DDE
EBCDIC 94; 336
EDI 374; 375
Editor 14
EDLIN (Editor) 14
Einbindung
    von Dateien 101
einfacher LINK-Prozeß 241–
    42
Einheiten (Zeichen) 348
Electronic Data Interchange
    Siehe EDI
Electronic Publishing 45
elektronisches Publizieren 45
ELEMCAP 204
Element 26; 55; 71
    Inhalt 26; 55
element content 60; 73
Element Structure Information
    Set *Siehe* ESIS
Elementdeklaration 71
    Syntax 72
Elementende 82
Elementinhalt 60; 73
ELEMENTS (Textklasse) 196
EM 259
Emacs 305
Emacs (Editor) 14
Email 381
EMPTY 235
Enactor 312
end tag open delimiter 212
Endemarkierung 26; 173
    leere 87; 173
    reduzierte 88
Enhanced Mosaic 1.0 327
ENTCAP 204
ENTCHCAP 204

Entität 100
    als Attributwert 127
    CDATA 104; 180
    Daten- 179
    Deklaration 101
    extern 107
    generisch 110
    NDATA 106; 179
    Parameter- 109
    Referenzierung 101
    SDATA 104; 180
    SUBDOC 108
    Text- 180
Entitätsdeklaration
    Daten-Attribute in 183
    Syntax 180; 186
Entitäts-Ende 107
Entitätsreferenz 102
    Begrenzung 102
ENTITIES 131; 138
ENTITIES (Textklasse) 196
ENTITIES-Attribut 181
entity 100; 131; 138
    in NAMECASE-
        Spezifikation 211
entity end 107
entity reference open delimiter
    212
ENTITY-Attribut 180–85
Entity-Manager 114
ENTLVL 215
EPSIG 378
ergänzender Übergang 144
ERO 212
ersetzender Übergang 144
Escape-Zeichen 210
ESIS 302
ETAGO 173; 212
EWS 379
EXCLUDE (Validierung) 226
exclusion 213
EXGRPCAP 204
Exklusion 77
EXNMCAP 204
EXPLICIT 221; 241
EXPLICIT (Merkmal) 237; 242
expliziter LINK-Prozeß 240–41
externe Entität 107
    Deklaration 180
externer Bezeichner 68
Extra-Verknüpfung 145
FastTag 317
FEATURES 217
File Transfer Protocol 382

FIXED 132–34
flache Indizierung 158
flache Struktur 50
floating material 75
FORM 282
FORMAL 222
FORMAL (Validierung) 226
Formatierung 13; 73; 133
Formel 174
Formeln 374
Formelnotation 174
Formular 47
Fragment-ID 269
Frame, 47
FrameBuilder 47; 313
FrameMaker 313
freier Bestandteil 34
FTP 382
FUNCHAR 210
Funktionszeichen 209
Fußnote 142; 165
Gebrauchsanweisung 46
geklammerter Text 232
gemischter Inhalt 60; 74
GENERAL 211
GENERAL (Validierung) 226
general entity 110
Generalized Markup Language
    48
generische Entität 110
Gesetzestext 48
GIF 261
Gliederungsfunktion 17
Gliederungsstruktur 33
Glossar 142; 161
    Verweisungen auf 162
GML 48
Goldfarb, Charles 302; 355
Gopher 252; 386
Graphics Interchange Format
    261
griechische Zeichen 350–53
GRPCAP 204
GRPCNT 215
GRPGTCNT 215
GRPLVL 215
Gruppe 58
Guided Tour 36
GWHIS 327
halbautomatische Indizierung
    152
Hammer 318
Harawitz, Howard 320
HEAD 277

HIDDEN 290
hierarchische Indizierung 158
hierarchische Struktur 33
History-Liste 323
Host 273
Hotlist 323
HoTMetaL 321
    DTD 321
HP-GL 178
HR 265
HREF 269
HTML 148; 251–95; 382
    A 268
    ACTION 283
    ADDRESS 281
    B 260
    BASE 278
    Basiselement 257
    BLOCKQUOTE 280
    BODY 279
    CHECKBOX 288
    CHECKED 289
    CITE 258
    CODE 258
    COLS 292
    COMPACT 268
    DD 266
    Definitionsliste 266
    DIR-Liste 267
    DL 266
    DT 266
    EM 259
    Entitäten 257
    Etikette 293
    externe Links 269
    FORM 282
    Formulare 281
    geordnete Liste 265
    Gliederung 263
    Grafiken 261
    HEAD 277
    Hervorhebungen 258
    HIDDEN 290
    HR 265
    HREF 269
    Hypertext-Links 268
    I 260
    IMAGE 289
    IMG 261
    INPUT 284
    ISINDEX 277
    ISMAP 290
    KBD 259
    Kommentare 281

LI 265
LINK 278
Listen 265
lokale Links 269
MAXLENGTH 285
MENU-Liste 268
META 278
METHOD 283
MULTIPLE 291
NAME 269; 285
OL 265
OPTION 291
P 257
PASSWORD 286
PRE 279
RADIO 287
RESET 286
ROWS 292
SAMP 259
SELECT 291
SELECTED 291
SIZE 291
SUBMIT 286
Tabellen 279
TEXT 285
TEXTAREA 292
TITLE 277
TT 259
TYPE 285
UL 266
ungeordnete Liste 266
VALUE 285
VAR 259
VERSION 257
vorformatierter Text 279
WIDTH 280
Zeilenumbruch 258
HTML 2.0 255
HTML 3.0 255
HoTMetaL-DTD 321
HTML Assistant 320
HTML+ 255; 264
HTML-Anwendungen 319
HTML-Editoren 320
HTTP-Protokoll 290
Hypermedia 45
Hypermedia/Time Based
Structuring Language
Siehe HyTime
Hypertext 34; 45
Hypertext Markup Language
Siehe HTML
Hypertext-Link 45
HyTime 45; 134; 375; 378

architectural form 134
Text des Standards 376
I 260
IANA 272
IBM 46; 94
ID 131; 138
ID-Attribut 145–48
Voreinstellung 147
IDCAP 204
IDREF 131; 138
IDREF-Attribut 145–48
IDREFCAP 204
IDREFS 131; 138
IGNORE 245
IMAGE 289
Image Map 263
IMG 261
IMPLICIT 221
IMPLICIT (Merkmal) 237
IMPLIED 125
implied tags 79
implizierte Markierung 79
impliziter LINK-Prozeß 237–40
include 101; 245
inclusion 213
Index 142; 150–61
Indizierung 150–61
flache 158
Formen 151
halbautomatische 152
hierarchische 158
inline 153
qualifizierte 158
systematische 158
Volltext- 151
informational units 45
informationelle Einheit 36
Inhaltsmodell 55
Inhaltsverzeichnis 162
inhärent optional 84
Inklusion 76
Inkonsistenz 41
inline-Indizierung 153
INPUT 284
Instanz 53 Siehe
Dokumentinstanz
Intellitag 308
Interleaf 47; 313
International Organization for
Standardization Siehe ISO
Internet 380
FTP 382
Informationssuche im 384
Mail 381

News 382
Internet Assigned Number
    Authority *Siehe* IANA
Internet Protocol 273
Inter-Verknüpfung 145
Intra-Verknüpfung 145
Invarianten 29
IP-Adresse 273
ISBN-Nummer 195
ISINDEX 277
ISMAP 262; 290
ISO 21
ISO 2022 197; 210
ISO 639 196
ISO 646 25; 94; 334
ISO 8859 335
ISO 8859-1 197
ISO 8879 21
    Text des Standards 373
ISO 9069 226
ISO Latin 1 200; 335; 342–44
ISO 646
    PUBLIC-Bezeichner 98
ISOamsa 341
ISOamsb 341
ISOamsd 341
ISOamsn 341
ISOamso 341
ISOamsr 341
ISObox 341
ISOcyr1 341
ISOcyr2 341
ISOdia 341; 346
ISOgrk1 350–53
ISOgrk2 341
ISOgrk3 350–53
ISOgrk4 342
ISO-Kennung 195
ISOlat1 342
ISOlat2 342
ISOnum 342; 345; 346; 348;
    349
ISOpub 342; 346; 348
ISO-Standard 21
ISOtech 342; 349
Kapazitätspunkt 203
Kapazitätspunkte 356
Kapazitäts-Spezifikation 203–
    5
    Syntax 205
Kapazitätswerte 203
Kardinalität 144
Katalog 49
KBD 259

Kennwort 214
Klammern 346–48
Klasse 53
Kluwer 48
Knuth, Donald E. 5; 47
Kommentar 70
konkrete Syntax 206
konkurrente Strukturen 221
Konnektor 56
    AND-Konnektor 57
    OR-Konnektor 58
    SEQ-Konnektor 56
    Sequenz 56
Konsistenz 147
Kontext 104; 107
Kontroll-Code 208
Kreuzkonvertierung 299
Kurzreferenz 231–36
Kurzreferenz-Abbildung 232
LCNMCHAR 211
LCNMSTRT 211
leere Endemarkierung 87
leere Startmarkierung 86
leere Stilregel 244
Leserkreis 7
Lexikon 49
Lexikonartikel (Beispiel) 39
LI 265
lineare Struktur 34
Link 45; 143; 217
LINK (HTML Element) 278
link anchor 143
link destination 143
link process definition 236
link rule 239
link set 237
link source 143
LINK-Attribut 236
LINK-Attribut-Deklaration 238
LINK-Merkmale 221; 242
LINK-Prozeß 236–44
    einfacher 241–42
    expliziter 240–41
    impliziter 237–40
    Verkettung 241
LINK-Prozeß-Definition 236
LINK-Regel 239
LINKTYPE 238
LIT 212
LITA 212
Literal 69
literal delimiter 212
Literaturangabe 164
Literaturverweis 163

Literaturverzeichnis 142; 163
LITLEN 105; 215; 216
LKNMCAP 204
LKSETCAP 204
localhost 276
look-ahead 62; 304
Lorie, Raymond 48
lower case name character
    211
lowercase name start
    character 211
LPD 236
LPD (Textklasse) 196
LPD-Subset 238
Lynx 327
m:n-Beziehung 144
Mail-Server 381
Makro 101
man (Unix-Befehl) 1
Manual 46
MAPCAP 204
Marginalie 143; 165
marked section 245
marked section close delimiter
    213
markierte Bereiche
    beim PD-Parser 359
markierter Bereich 245–47
    Syntax 246
Markierung
    implizierte 79
Mark-It (Parser) 304
markup declaration close
    delimiter 212
markup declaration open
    delimiter 212
markup scan in character 210
markup scan out character
    210
markup scan suppress
    character 210
mathematische Symbole 349–
    50
MAXLENGTH 285
MDC 212
MDO 212
Mehrdeutigkeit 59; 62
Mehrfachverwendung 43
MENU 268
Merkmal 216–22
META 278
METHOD 283
Methode 18
Metrik 16

Microsoft Word 15; 310
Minimal-Literal 193; 194
    Normalisierung 194
Minimal-Zeichensatz 193
Minimierung 28; 80
    beweglicher Bestandteil 81
    Kriterien 81
    Merkmale 217
    von Endemarkierungen 79
    von Startmarkierung 82
MINIMIZE 217
MINUS 213
mixed content 60; 74
MODEL (Validierung) 226
Modularisierung 112
Mosaic 322
Mosher, Edward 48
MPEG 185
MSC 213
MSICHAR 210
MSOCHAR 210
MSSCHAR 210
MS-Windows 95 327
Multimedia 13; 45
Multimedia-Element 185
MULTIPLE 291
Multiple Master Font 16
Muster 152
    in
        Datenmarkierungsgrup
        pen 220
Name 71; 128
    Definition 130
    reservierter 71
NAME (HTML-Attribut) 269;
    285
name list 77
NAMECASE 129; 211
NAMELEN 130; 204; 216
Namensliste 77
NAMES 128; 214
    Definition 130
NAMING 210
Navigation 322
NCSA Mosaic 322
NDATA 106
NDATA-Entität 179; 180
Near & Far 328
net 88; 213
net-enabling start-tag 88
Netscape 324
    News 325
Netzwerk-Dokument 148
    neugriechisches Alphabet 341

Newcomb, Stephen R. 379
Newsgroup 382
nichtlineare Struktur 34
    Bestandteile 141
NMTOKEN 129
    Definition 130
NMTOKENS 129
    Definition 130
NONSGML (Textklasse) 196
NONSGML (Validierung) 226
non-SGML data 106; 179
Norm 48
Normierung
    von Attributwerten 129
NORMSEP 216
NOTATION 131; 139; 174–80;
    175
    Daten-Attribut 177
    Deklaration 175
NOTATION (Textklasse) 196
NOTATION-Attribut 178
Notationsdeklaration
    Syntax 175; 186
NOTCAP 204
NOTCHCAP 204
nroff (Formatierprogramm) 5
nroff (Formatierungsprogramm)
    46
NSGMLS (Parser) 303
null end tag 88
null end-tag delimiter 213
NUMBER 128
    Definition 130
NUMBERS 128
    Definition 130
NUTOKEN 128
    Definition 130
NUTOKENS 128
    Definition 130
O 72; 80; 83
Object Oriented Database
    Management System 18
Objekt 18
objektorientiert 18
objektorientiertes
    Datenbanksystem 18
OCLC 378
OCR 16; 318
ODA 375
Office Document Architecture
    Siehe ODA
OL 265
OMITTAG 218
OmniMark 316

Online Shopping 282
Online-Dokument 44
OO 18
OODBMS 18
Open Software Foundation 46;
    384
OPT 213
Optical Character Recognition
    16
OPTION 291
*optional and repeatable
    indicator* 213
optional occurence indicator
    213
optionaler Bestandteil 57
OR 213
or connector 213
OR-Konnektor 58
    Grafik 63
Ortsregister 158
OS/2 327
OSF 46; 384
OTHER 217; 221
owner identifier 195
P 257
PACK 226
PageMaker 15
Parameter 19
parameter entity 109
*parameter entity reference
    open delimiter* 213
Parameter-Entität 109
    in Dokumentinstanz 246
parsable character data 56
PASSWORD 286
PCDATA 55
PDF 16; 20
PD-Parser 355–71
Pepper, Steve 297
Periodikum 49
PERO 213
Personenregister 158
PIC 213
PILEN 216
PIO 213
Platzhalter-Zeichen 152
PLUS 213
Portable Document Format 16
PostScript 15; 16
PRE 279
processing instruction 103
*processing instruction close
    delimiter* 213

processing instruction open
delimiter 213
Prolog 67
Syntax 238
Prozedur 19
prozedural 18
PSGML 305
Public Domain 302
Public Domain Software 389–91
public entity set 113
public text class 195
public text description 196
public text display version 197
public text language 196
PUBLIC-Bezeichner 69; 113; 193
für Notationen 176
Merkmal FORMAL 222
Syntax 194
qualifizierte Indizierung 158
QUANTITY 214
Quark XPress 15
Querverweis Siehe Verweis
RACT 357
RADIO 287
Ragget, David 255
RANK 218
rank group 219
RANK-Gruppe 219
RCDATA
Status 245
RCDATA-Element 172
Ende 173
RE 99; 209
Recherche 41
Rechnung 47
Record End 99; 209
Record Start 99; 209
reduzierte Endemarkierung 88
REFC 213
reference close delimiter 213
reference concrete syntax 206
Referenz-Syntax 206
PUBLIC-Bezeichner 206
Referenztext 49
Register 158 Siehe Index
regulärer Ausdruck 130
Reihe 49
REP 213
Reparaturanleitung 46
REQUIRED 125
required and repeatable
indicator 213

reserved name 214
reserved name indicator 125; 213
reservierter Name 71
RESET 286
RESTORE 244
reusable document 44
Rich Text Format 40
Richard, Pierre 304
Richtung
einer Verknüpfung 143
RNI 125; 213
ROWS 292
RS 99; 209
RTF 16; 40
RulesBuilder 306
SAMP 259
Satzzeichen 346–48
Scan-Unterdrückung 210
Schlagwortverzeichnis Siehe
Index
Schrift 1; 96
Schriftfamilie 96
Schriftgröße 96
Schriftschnitt 96
SCOPE 206
SDATA 104
SDATA-Entität 180
SDIF 226
SELECT 291
SELECTED 291
Semiotik 95
Separatorzeichen 210
SEPCHAR 209; 210
SEQ 213
SEQ-Konnektor 56
Grafik 63
sequence connector 213
sequentiellen Verarbeitung 315
Sequenzkonnektor 56
Server 385
SGML
als Austauschformat 20; 68
als formale Sprache 21; 303
ISO-Standard 21
SGML (Validierung) 226
SGML Author for Word 310
SGML Project 379; 383
SGML_PATH 366
SGML-Datenbanken 300; 318
SGML-Deklaration 67; 97; 191

APPINFO 222
Beispiel 192
Bereichs-Spezifikation 206
CHARSET 99
des PD-Parsers 370–71
Kapazität 203–5
Merkmale 216–22
SYNTAX 99; 192
Syntax-Spezifikation 205–16
Umsetzungstabelle 98
Version 192
Zeichensatz-Spezifikation 198–205
SGML-Dokument
Formatierung 73
SGML-Editoren 298
SGML-Hammer 318
SGML-Name 71
SGML-Parser
Funktion 59
SGMLS 302; 355–71
Aufruf 355
externe Entitäten 366–70
Optionen 356–61
Pfadmuster 366
SGML-Deklaration 370–71
sgmls: 362–65
SGML-Software
Anbieter 391–99
in der Public Domain 390
SGMLUG 377
short reference 231–36
short reference delimiter 233
short reference map 232
SHORTREF 234
SHORTREF (Textklasse) 196
SHORTREF-Deklaration 232
Syntax 236
SHORTTAG 217
SHUNCHAR 99; 199; 208
shunned character 99
SIG 377
SIGHyper 378
SIMPLE 221
SIMPLE (Merkmal) 237; 242
SIZE 291
Socket-Schnittstelle 327
Sonderzeichen 339–53
akzentuierte Zeichen 342–44
alphabetische 342
Blöcke 341
diakritisch 341; 346–48

griechisch 350–53
ISO Latin 1 342–44
Klammern 346–48
kyrillisch 341
Liniensymbole 341
mathematisch 349–50
neugriechisch 341
Satzzeichen 346–48
SGML 345
Trennzeichen 346–48
Umlaute 342–44
Sortierfolge 154
Sortierung 154
SP (Parser) 302
SPACE 99; 209
SPDL 375
Special Interest Groups 377
Speicherbedarf 203
Sprachkennung 196
SRC 262
STAGO 213
Standard Page Description
Language Siehe SPDL
Standard-Alphabeterweiterung 339–53
standardisierte
Alphabeterweiterung 112
Startmarkierung 26
leere 86
Minimierbarkeit 84
Startseite 273
start-tag open delimiter 213
Status
eines markierten Bereichs 245
Statuskennwort 245
Priorität 247
Stichwortverzeichnis Siehe
Index
Stil 236
Stildeklaration
Syntax 239
Stilregel 239
Syntax 244
STRONG 259
Struktur 13
abstrakte 23
Begriff 23
flache 50
hierarchische 33
konkrete 23
lineare 34
nichtlineare 34
Style-Sheet 299

SUBDOC 222
SUBDOC (Textklasse) 196
SUBDOC-Entität 108
SUBDOC-Merkmal 109
Subdokument 108; 222
    Verweise in 148
SUBMIT 286
SureStyle 312
SYNTAX (Textklasse) 196
Syntax-Notation 70
Syntax-Spezifikation 205–16
    Syntax 208
Syntax-Zeichensatz 208
SYSTEM 115
systematische Indizierung 158
SYSTEM-Bezeichner 69
    für Notationen 176
Systemdeklaration 223–26
    Beispiel 223
TAB 99; 209
Tabellen 306
Tabulatoren
    Expandieren von 177
Tabulatorzeichen 99; 194
Tag 26
tag close delimiter 213
TAGC 213
Tagged Image File Format 179
TAGLEN 216
TAGLVL 216
TagWizard 312
TCL 314
technischer Text 47
TEI 386
TEMP 245
TeX 47; 174
TEXT 285
TEXT (Textklasse) 196
Text Encoding Initiative *Siehe*
    TEI
text entity 109
TEXTAREA 292
Textbeschreibung 196
Textentität 180
Text-Entität 109
Text-Entitäten 106
Textklasse 195
Textverarbeitung 12
Textverarbeitungsprogramm
    14
Thread 325
TIFF 132; 179
Titel 162
TITLE 277

Tool Command Language
    Siehe TCL
Topologie 325
TOTALCAP 204
Trennzeichen 346–48
troff (Formatierprogramm) 5
troff (Formatierungsprogramm)
    46
TT 259
TYPE 285
überschneidende Bereiche
    157
UCNMCHAR 211
UCNMSTRT 211
UL 266
unavailable text indicator 196
Unicode 103; 202
unidirektional 143
Uniform Resource Identifier
    Siehe URI
Uniform Resource Locator
    Siehe URL
Uniform Resource Name
    Siehe URN
unit 45
Unix 4
UNPACK 226
UNUSED 99; 199; 208
uppercase name character
    211
*uppercase name start
    character* 211
Up-Translation 298
URI 270
URL 270
    Abfrageteil 274
    file 276
    ftp 275
    http 274
    lokale Dokumente 276
    mailto 275
    news 275
    partieller 275
    relativer 275
    Schema 272
URL-Kodierung 274
URN 270
    Syntax 271
USELINK-Deklaration 243
    implizite 244
    Parameter-Entität in 247
    Syntax 244
USEMAP-Deklaration 232
    #EMPTY 235

in Dokumentinstanz 234
    Parameter-Entität in 247
    Syntax 236
Usenet 47
VALIDATE 225
Validierung 225; 298
VALUE 285
value indicator 213
VAR 259
Verarbeitungsanweisung 103
Verknüpfung 141
    bidirektionale 143
    Extra- 145
    Inter- 145
    Intra- 145
    Kardinalität 144
    Richtung 143
    Übergang 144
    unidirektionale 143
Version 192; 257
Verweis 141; 143
    inkonsistenter 41
    Konsistenz 147
    Quelle 143
    Ziel 143
Verweisstruktur 34
Verzeichnis 142; 162
    automatische Generierung
       162
VI 213
VI (Editor) 14
Volltext-Indizierung 151
Volltextsuche 41
vorformatierter Text 176; 183
Vorrang 58
VRE 317
Währungssymbole 348
WAIS 386
WEB (Dokumentationssystem)
    5
Wedel, Wally 302
WIDTH 280
wiederholbarer Bestandteil 57
Wiederholungsmuster 220

wildcard-Zeichen 152
Windows Metafile 179
WinWeb 1.0 327
WinWord 6.0 310
WMF 178
Word Perfect 308
WordPerfect 15
World Wide Web 148 *Siehe*
    WWW
Wörterbuch 49
WriterStation 307
WWW 148; 251–95; 387
    Internet-News über 382
WWW-Browser 322
    Bildaufbau 324
    Lizensierung 326
    Plattformen 327
    Seiten-Caching 324
    Stabilität 326
WWW-Client 254
WWW-Server 254
    Proxies 325
WYSIWYG 299; 306
YASP (Parser) 304
Yorktown Advanced SGML
    Parser *Siehe* YASP
Zeichen 95
Zeichencode 94; 96
Zeichenreferenz 102
Zeichensatz 95; 96
    Unabhängigkeit vom 97
Zeichensatz-Deklaration 98
Zeichensätze 333–37
Zeichensatzkennung 197
Zeichensatz-Spezifikation
    198–205
    DESCSET 199
    Syntax 198
Zeilentrenner 73
Zielgruppe 7
ZIFTech DTD Viewer 329
Zwischenraumzeichen 99; 209
    als Kurzreferenz 233

PAGE. PUBLIZIEREN UND PRÄSENTIEREN MIT DEM PERSONAL COMPUTER
C 10842 E
September 1992
7. Jahrgang
12 Mark
12 Franken
90 Schilling
1000 Ptas
ISSN 0935-6274
PAGE.
Revolution im Studio
Digitale Fotografie
Lokaltermin bei internationalen Fotografen
Gratis!
Deutschlands erstes
Magazin auf CD-ROM
Abrufkarte in diesem Heft
Jan Tschichold –
Renaissance
eines Klassikers
Alles über
Filmmaterial für
Laserbelichter
Starfotograf Gerhard Vormwald und Modell, fotografiert mit Rollei 6006 und ScanPack

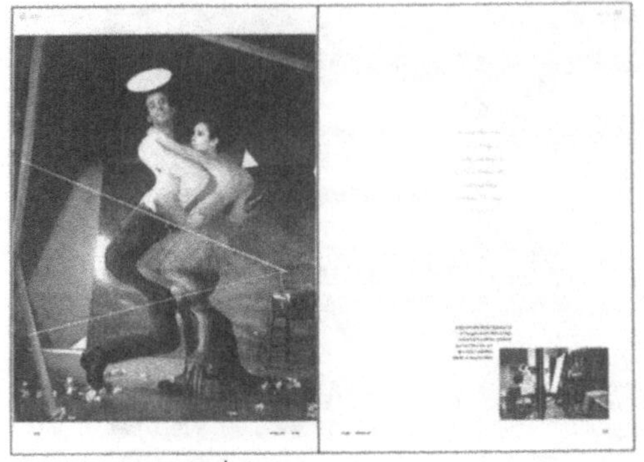 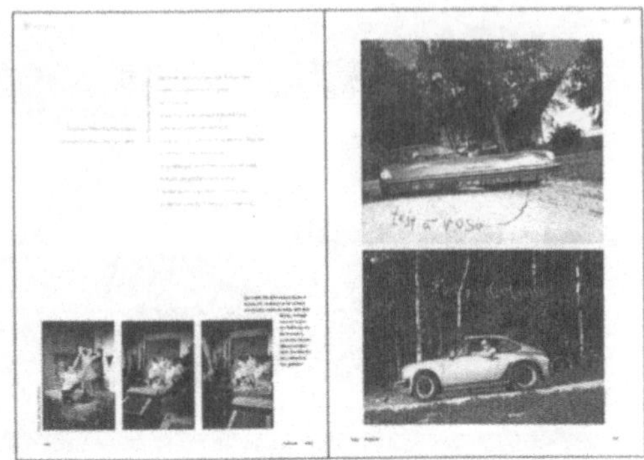

PAGE. Das Computermagazin für Kreative

**Die Monatszeitschrift zu
Techniken und Trends
der visuellen Kommunikation**

■ Zu den aufregendsten Herausforderungen unserer Zeit gehört die grafische Gestaltung von Medien. Darüber informiert PAGE. Aktuell und unabhängig von speziellen Rechnersystemen berichtet PAGE über computergestützte Werkzeuge, Methoden und Trends der visuellen Kommunikation. Bereits seit 1986 vermittelt PAGE anwendungsorientiert traditionelles gestalterisches Können und zeigt auf, wie es Designer und Produktioner mit neuen Techniken zeitgemäß umsetzen. PAGE wendet sich gleichermaßen an gestaltungsinteressierte, erfahrene PC-Nutzer wie an professionelle Computereinsteiger, zum Beispiel Grafiker, Produktioner, Setzer, Gestalter und Illustratoren.

In PAGE finden Sie

→ Gestaltungsanregungen und Typografietips
→ Digitale Fotografie und Bildbearbeitung
→ Internationales Grafikdesign
→ Soft- und Hardwarebesprechungen
→ Anwenderreportagen
→ Produktionsabläufe Schritt für Schritt
→ Meldungen zu Produkten und aus der Szene
→ Multimedia-Berichte und Trends
→ Branchenhintergrund aus Europa und den USA
→ Einen großen Serviceteil mit umfassender Belichtungstabelle

PAGE informiert über neue Ideen, Produkte und Techniken und gibt geldwerte Anregungen für Ihren unternehmerischen Erfolg.

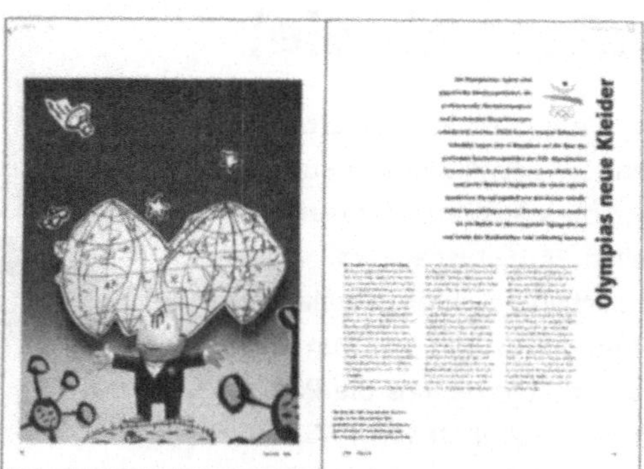

Olympias neue Kleider

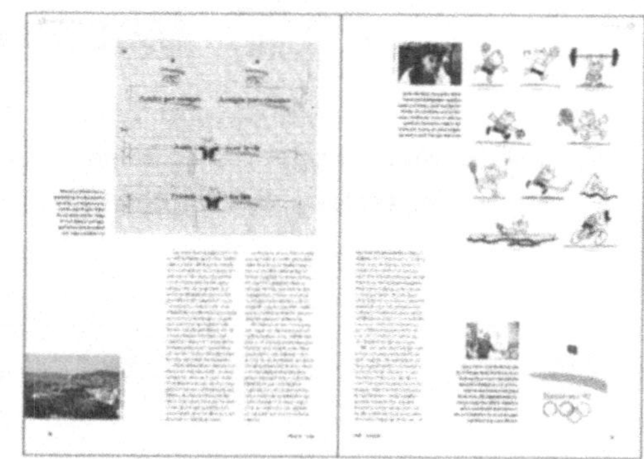

**Pinsel oder Maus –
auf die Hand kommt's an**

Bildschirmillustrierte

PAGE. Das Probeheft für Sie!

BSE zählt zu den ersten Firmen in Deutschland, die sich auf die Anwendung von SGML in der elektronischen Dokumentverarbeitung spezialisiert haben. BSE steht für

- Beratung,
- Schulung und
- Entwicklung

im Bereich SGML-Integration und Electronic Publishing.

BSE bietet in diesem Bereich eine vollständige Palette von Dienstleistungen an. Dazu gehört:

- Erstellung von Dokument-Typ-Definitionen,
- Integration von SGML in anwenderspezifische Umgebungen,
- Entwicklung von SGML-Applikationen und
- Aufbereitung von Dokumenten für Hypertext-Anwendungen.

Büro für Software-Entwicklung Wolfgang Rieger
Frankfurter Ring 193a
80807 München
Tel.+Fax: 089/323 19 93

Email: rieger@bse.de
WWW: http://www.bse.de/

Aus dem Kursangebot:

- **SGML für die Praxis:** Ein eintägiges, kompaktes Seminar, das die für den Einsatz von SGML notwendigen Informationen zu vermitteln. Für Praktiker, Führungskräfte und Fachleute aus Produktion und EDV.

- **SGML für Entwickler:** Einführung in die Analyse und die formale Beschreibung von Dokumentstrukturen. Die verschiedenen Bestandteile der "Sprache" SGML werden ausführlich behandelt: Elemente, Entitäten, Attribute, Referenzen usw. Für Entwickler von DTDs, sowie Fachleute aus Produktion und EDV, die sich mit den technischen Aspekten von SGML vertraut machen wollen.

- **DTD-Workshop:** Anhand eines konkreten Projekts werden die verschiedenen Möglichkeiten und Alternativen, die beim Entwurf einer DTD auftreten, diskutiert und auf ihre Vor- und Nachteile hin untersucht.

- **Elektronisches Publizieren im World Wide Web:** Das eintägige Seminar gibt einen Einstieg für zukünftige Anbieter von Informationen im WWW. Behandelt wird die Erstellung von HTML-Dokumenten, die Installation von WWW-Servern, Protokolle, Schnittstellen und die Handhabung von Zugangs- und Zugriffskontrolle.

LEX2SGML

- BSE ist insbesondere spezialisiert auf den Einsatz von SGML bei der Publikation juristischer und ähnlicher Texte im Druck und in elektronischen Medien.

- LEX2SGML ist ein leistungsfähiges Konvertierungswerkzeug, das durch automatisches Erzeugen von Verweisen (Hypertext-Links) die elektronische Publikation von Gesetzestexten wesentlich vereinfacht.

Springer-Verlag und Umwelt

Als internationaler wissenschaftlicher Verlag sind wir uns unserer besonderen Verpflichtung der Umwelt gegenüber bewußt und beziehen umweltorientierte Grundsätze in Unternehmensentscheidungen mit ein.

Von unseren Geschäftspartnern (Druckereien, Papierfabriken, Verpackungsherstellern usw.) verlangen wir, daß sie sowohl beim Herstellungsprozeß selbst als auch beim Einsatz der zur Verwendung kommenden Materialien ökologische Gesichtspunkte berücksichtigen.

Das für dieses Buch verwendete Papier ist aus chlorfrei bzw. chlorarm hergestelltem Zellstoff gefertigt und im pH-Wert neutral.